陇上学人文存

LONGSHANG XUEREN WENCUN

陇上学人文存

郑炳林 卷

郑炳林 著 赵青山 编选

甘肃人民出版社

图书在版编目（C I P）数据

陇上学人文存. 郑炳林卷 / 范鹏，马廷旭总主编 ；郑炳林著 ；赵青山编选. -- 兰州 ：甘肃人民出版社，2021.12（2024.1 重印）
ISBN 978-7-226-05763-6

Ⅰ. ①陇… Ⅱ. ①范… ②马… ③郑… ④赵… Ⅲ. ①社会科学－文集 Ⅳ. ①C53

中国版本图书馆CIP数据核字(2021)第247998号

责任编辑：李青立
封面设计：王林强

陇上学人文存·郑炳林卷
范鹏　马廷旭　总主编
郑炳林　著　赵青山　编选
甘肃人民出版社出版发行
（730030　兰州市读者大道 568 号）
德富泰（唐山）印务有限公司印刷
开本 890 毫米 × 1240 毫米　1/32　印张 13.625　插页 7　字数 343 千
2022 年 3 月第 1 版　2024 年 1 月第 2 次印刷
印数：1001 ~ 3000
ISBN 978-7-226-05763-6　定价：60.00 元

《陇上学人文存》第五辑

《陇上学人文存》第七辑

总　序

陇者甘肃，历史悠久，文化醇厚。陇上学人，或生于斯长于斯的本地学者，或外来而其学术成就多产于甘肃者。学人是学术活动的主体，就《陇上学人文存》（以下简称《文存》）的选编范围而言，我们这里所说的学术主要指人文社会科学研究。《文存》精选中华人民共和国成立以来，甘肃人文社会科学领域成就卓著的专家学者的代表性著作，每人辑为一卷，或标时代之识，或为学问之精，或开风气之先，或补学科之白，均编者以为足以存当代而传后世之作。《文存》力求以此丛集荟萃的方式，全面立体地展示新中国为甘肃学术文化发展提供的良好环境和陇上学人不负新时代期望而为我国人文社会科学事业做出的新贡献，也力求呈现陇上学人所接续的先秦以来颇具地域特色的学根文脉。

陇原乃中华文明发祥地之一，人文学脉悠远隆盛，纯朴百姓崇文达理，文化氛围日渐浓厚，学术土壤积久而沃，在科学文化特别是人文学术领域的探索可远溯至伏羲时代，大地湾文化遗存，举世无双的甘肃彩陶、陇东早期周文化对农耕文明的贡献、秦先祖扫六合以统一中国，奠定了甘肃在中国文化史上始源性和奠基性的重要地位；汉唐盛世，甘肃作为中西交通的要道，内承中华主体文化熏陶，外接经中亚而来的异域文明，风云际会，相摩相荡，得天独厚而人才辈出，学术思想繁荣发达，为中华文明做出了重要贡献。

近代以来，甘肃相对于逐渐开放的东南沿海而言成为偏远之地，反而少受战乱影响，学术得以继续繁荣。抗日战争期间作为大后方，接纳了不少内地著名学府和学者，使陇上学术空前活跃。新中国成立之后，人文社会科学领域的专家学者更是为国家民族的新生而欢欣鼓舞，全力投入到祖国新的学术事业之中，取得了一大批重要的研究成果，涌现出众多知名专家，在历史、文献、文学、民族、考古、美学、宗教等领域的研究均居全国前列，影响广泛而深远。新中国成立之后，人文社会科学几次对当代学术具有重大影响的争鸣，不仅都有甘肃学者的声音，而且在美学三大学派（客观派、主观派、关系派）、史学“五朵金花”（史学在新中国成立之后重点研究的历史分期、土地制度史、农民战争史等五个方面的重点问题）等领域，陇上学人成为十分引人注目的代表性人物。改革开放以来，甘肃学者更是如鱼得水，继承并发扬了关陇学人既注重学理求索又崇尚经世致用的优良传统，形成了甘肃学者新的风范。宋代西北学者张载有言：“为天地立心，为生民立命，为往圣继绝学，为万世开太平”，此乃中华学人贯通古今、一脉相承的文化使命，其本质正是发源于陇原的《易》之生生不已的刚健精神，《文存》乃此一精神在现代陇上得到了大力弘扬与传承的最佳证明。

《文存》启动于中华人民共和国成立六十周年之际，在选择入编对象时，我们首先注重了两个代表性：一是代表性的学者，二是代表性的成果，欲以此构成一部个案式的甘肃当代学术史，亦以此传先贤学术命脉，为后进立治学标杆。此议为我甘肃省社会科学院首倡，随之得到政界主要领导、学界精英与社会各界广泛认同与政府大力支持，此宏愿因此而得以付诸实施。

为保证选编的权威性，编委会专门成立了由十几位省内人文社会科学领域著名学者组成的专家指导委员会，并通过召开专题会议研讨、发放推荐表格和学术机构、个人举荐等多种方式确定入选者。为使读者对作者的学术成就、治学特色和重要贡献有比较准确和全面的了解，在出版社选配业务精良的责任编辑的同时，编委会为每一卷配备了一位学术编辑，负责选编并撰写前言。由于我院已经完成《甘肃省志·社会科学志》（古代至 1990 年卷，1990 至

2000 年卷）的编辑出版工作，为《文存》的选编提供了坚实的基础和基本依据，加之同行专家对这一时期甘肃人文社会科学发展的研究，使《文存》能够比较充分地反映同期内甘肃人文社会科学的基本状况。

我们的愿望是坚持十年，《文存》年出十卷，到 2019 年中华人民共和国成立七十周年之际达至百卷规模。若经努力此百卷终能完整问世，则从 1949 至 2009 年六十年间陇上学人以“人一之、我十之，人十之、我百之”的甘肃精神献身学术、追求真理的轨迹和脉络或可大体清晰。如此长卷宏图实为新中国六十年间甘肃人文社会科学全部成果的一个缩影，亦为此期间甘肃人文社会科学学术业绩的一次全面检阅，堪作后辈学者学习先贤的范本，是陇上学人献给祖国母亲的一份厚礼。此一理想若能实现，百卷巨著蔚为大观，《文存》和它所承载的学术精神必可存于当代，传之后世，陇上学人和学术亦可因此而无愧于我们所处的伟大时代，并有所报于生养我们的淳厚故土。

因我们眼界和学术水平的局限，选编过程中必定会出现未曾意料的问题，我们衷心期望读者能够及时教正，以使《文存》的后续选编工作日臻完善。

是为序。

2009 年 12 月 26 日

目 录

编选前言

郑炳林先生是我的授业恩师。第一次目睹先生风采，是在榆中校区先生为兰州大学历史文化学院做的一场学术讲座上，对于这样的学术大人物的到来，自然是座无虚席，甚至有人席地而坐。先生对材料非常熟悉，信手拈来，挥洒自如。讲台下的听众鸦雀无声，沉浸在先生构造的历史情境中。2005年，我忝列先生门下攻读硕士学位，之后又跟随先生攻读博士学位，毕业后承蒙先生不弃留校任教至今。十几年间，我有幸随侍先生左右，亲承先生教诲，但资质愚钝，未得先生之一鳞半爪。先生著述丰富，堪称一流，虽已至花甲之年，仍笔耕不辍，启发后学。

一、教学工作：鹤发银丝映日月，丹心热血沃新花

先生自1981年留校以来，一直为西部的教育默默耕耘，直到现在仍然站在教学第一线，每年坚持面向本科生、研究生开课。长期主讲的课程有“中国历史地理”“敦煌文献专题研究”“西北历史地理”“敦煌学前沿概论”“唐五代西北区域史研究”。先生上课每每旁征博引，趣味横生，开设的课程深受学生喜爱。在教学过程中，编写了《敦煌石窟艺术概论》《敦煌石窟雕塑艺术概论》《敦煌石窟壁画艺术概论》等教材。主讲的“敦煌学前沿研究概述”被评为2012年甘肃省省级精品课程、2016年甘肃省省级精品资源共享课，牵头组建的“敦煌

学教学团队”获得 2014 年“甘肃省高等学校教学团队”荣誉称号。在长期的教学工作中，先生不断完善兰州大学历史文化学院课程、教学、教材体系，为敦煌文化在本科生群体中的普及起到积极作用，为中国历史，特别是魏晋南北朝历史、隋唐历史和宋元历史等方面的研究，培养了青年人才和后备力量。

截至目前，先生已经培养出博士研究生近 80 人，其中近 30 人晋升教授，40 余人晋升副教授。他们在全国范围内的中国历史研究领域崭露头角，展示出兰州大学学子的精神风貌，学术水准得到学界的一致认可。截至目前所指导的博士研究生有 1 人获全国百篇优秀博士论文奖，2 人获全国百篇优秀博士学位论文提名奖，4 人获得甘肃省优秀博士学位论文奖，1 人入选教育部长江学者奖励计划青年项目，1 人入选国家百千万人才工程，获得“有突出贡献中青年专家”荣誉称号。

因教学成绩突出，先生 1997 年享受国务院政府特殊津贴，1998 年获宝钢优秀教师奖，2001 年被授予甘肃省优秀专家称号，2005 年被授予兰州大学师德标兵，2005 年被授予甘肃省文化宣传系列创新拔尖人才，2006 年被评为甘肃省优秀教师，获园丁奖，2006 年获兰州大学优秀博士论文指导教师，2007 年获全国百篇优秀博士学位论文指导教师，2008 年、2010 年获全国百篇优秀博士学位论文提名论文指导教师，2011 年获全国教育系统职业道德建设标兵称号，2012 年被评为教育部长江学者奖励计划特聘教授，2013 年入选甘肃省宣传文化系统四个一批人才，2014 年荣获兰州大学隆基教学名师、甘肃省高等学校教学名师奖，2015 年入选甘肃省教学名师和甘肃省领军人才。

二、学术研究：择一事，终一生

先生深耕教育和培养人才的同时，潜心学术，主要从事敦煌学、西北史地等方面的研究，作出了令国内外学术界瞩目的成绩。先后在国内外重要学术刊物上发表论文 200 余篇，出版专著 20 余部，主编丛书 10 余种（详见附录）。主持完成国家冷门绝学团队项目、国家社科基金项目、教育部社科基金项目和重大攻关项目、教育部人文社会科学重点重大项目、全国高校古籍整理委员会项目、科技部科技支撑文化项目，国家文物局重大委托项目以及国务院港澳办、国务院台办办公室项目，教育部港澳台办公室项目等 20 余项。

先生在敦煌文献整理与研究方面成绩斐然，对敦煌解梦文书、敦煌地理文献、敦煌碑铭赞的整理研究尤为精深。

解梦文书的整理与研究。敦煌写本解梦文书是晚唐五代敦煌地区的卜师文士为占梦需要，对各种传入敦煌地区的解梦书进行改编、修订并吸收敦煌当地民俗民风等而成的一种新的解梦书，这类文书在宗教学、民俗学、思想史的研究方面，具有重要的学术价值。先生通过爬梳校订各国藏敦煌文书，于 1995 年出版《敦煌本梦书》。此书被学界认为是“梦书类文书研究的集大成者”（中国社会科学院黄正建研究员语），“为了解梦书的价值，利用梦书进一步认识唐宋时期敦煌地区的社会生活、民俗、宗教、思想等等方面提供了方便，且对相关领域研究也大有裨益”（北京大学史睿副研究员语）。之后，先生又不断吸收最新公布的英藏、法藏、俄藏敦煌文献中的梦书写本，对旧作进行修订、增补，在《敦煌本梦书》的基础上又出版了《敦煌本解梦书校录研究》。对于敦煌解梦文书，先生鲜明地提出了“行为决定论”“多解与归一法”观点，精准地概括了古代敦煌解梦的行为特点和占卜方法。

敦煌地理文书的校注。敦煌地理文书是敦煌遗书中最珍贵的部分之一。自罗振玉以来陆续有一部分文书和影印件、石印本、铅印本及校注本发表。但从数量来看,不足总文书量的三分之一。且其中讹误较多。先生依据俄、法、英等国藏敦煌文书,对敦煌地理文书进行了全面整理,明其异同,正其乖误,形成了《敦煌地理文书汇辑校注》,共收 41 卷文书,内容涉及"沙州、伊州、西州地区残地志""敦煌地理杂文书""全国性地志""往西域行记""往五台山行记""姓氏地理遗书"六大类。敦煌地理文书中的多数既不被古代书目所著录,也不为他人征引,《敦煌地理文书汇辑校注》无疑为学者的利用提供了方便,对促进我国古代历史地理和古代方志学的研究具有重要意义。目前先生已经着手《敦煌地理文书汇集校注》修订工作,计划在原来 30 万字的基础上拓展成上下两册了 80 万字,并对部分地理文书的年代定名进行重新的研究,特别是对敦煌写本《西方记》等写本进行的研究,弥补了学术界研究的不足。

敦煌碑铭赞的整理。敦煌碑铭赞是敦煌修功德记、墓志铭、邈真赞等人物传记文献的简称。先生从 1989 年开始辑录碑文和抄本,历时三年撰成《敦煌碑铭赞辑释》,就当时所能见到的敦煌文书中关于碑文、墓志铭、邈真赞等人物传记资料都收录齐全。该书被认为是碑铭赞研究的扛鼎之作,饶宗颐先生赞许"有类《元史本证》"。2019 年,先生在原书基础上又出版《敦煌碑铭赞辑释(增订本)》,经过这次增补修订,所收文书增至 211 篇,文字 130 万有余,内容宏富,考证翔实精当。

此外,先生还组织敦煌学界专家开展敦煌吐蕃文献的整理和研究,完成《敦煌吐蕃文献选辑》10 卷,目前已出版文化、文学、社会经济、占卜文献等五卷。

先生当年做文书整理时,各国藏敦煌文书还没有高清图版公布,从事敦煌学研究的基本资料，一是缩微胶卷，二是黄永武先生编的《敦煌宝藏》。两者尺寸大小有限,图像模糊,释读不易。在如此有限的条件下,先生一个卷子一个卷子地查看,一个字一个字地释读,孜孜矻矻,锲而不舍。《敦煌本解梦书校录研究》《敦煌地理文书汇辑校注》《敦煌碑铭赞辑释》等一部部巨著就是在这种条件下诞生的。先生心无杂念、潜心学术的治学态度和精益求精、追求完美的治学精神,让我们动容。

先生治学的另外一个重点就是敦煌学和西北史地。先生常常语重心长地说,我们处于西部地区,挖掘西部地区的历史与文化,研究丰富多彩的敦煌文化,才是我们的立身之本。

纵观先生的研究内容,大致可以概括为五个方面:一是敦煌区域经济研究。先生论证了晚唐五代敦煌地区已经开始种植棉花的史实,考察了畜牧业经济的发展史以及畜牧管理制度和草场管理制度;研究了敦煌手工业分工情况及手工业行会组织;分析了敦煌地区人口、民族分布;探讨了民族贸易往来;研究了商业贸易中的一般等价物等诸问题。部分研究成果被人大复印资料转载，观点被从事敦煌学研究、中国西北区域史研究的专家所引用。二是敦煌区域历史地理研究。先生解决了归义军政权管辖范围的演变和实行的行政区划制度,这一研究对敦煌学和中国西北区域史的研究具有推动作用。考证了金鞍山、都河等山、河名的来历及它们在当地政治和经济中的影响;探讨了敦煌地区村落名称命名的方式，研究的观点对了解晚唐五代敦煌地区的村落分布与居民结构具有重要的意义。三是敦煌和归义军历史研究。这些成果主要收集在《敦煌归义军专题研究》《敦煌归义军专题研究续编》《敦煌归义军史专题研究三编》《敦煌归义军专题研究四编》等论著中,清晰地、多角度地勾勒出了敦煌和归义军的相关史实。四是对敦煌历史的宏观叙述。2016 年,先生承担了教育部人文社会科学重点研究基地重大项目“敦煌通史”七卷本，将汉代以来的敦煌历史分为两汉卷、魏晋十六国北朝卷、隋及唐前期卷、吐蕃卷、张氏归义军卷、曹氏归义军卷、西夏元明清卷等，这项工程将弥补敦煌历史研究的空白。

三、基地建设：孜孜矻矻，殚精竭虑

近40年来，先生坚守在大西北土地上，将教育部人文社会科学重点研究基地兰州大学敦煌学研究所发展成为国际敦煌学学术研究、人才培养、学术交流、图书资料中心。

“道籍人弘，法依人住”。兰州大学敦煌学研究所的发展，归根到底还是依赖于人才队伍的建设。先生在研究所发展初期，就确定了敦煌学研究所发展的方向为石窟艺术和历史文献两大块，先生通过选留优秀博士毕业生、引进国内外人才、兼聘校外专家等多种渠道，吸引了一大批相关研究人员聚集到兰州大学敦煌学研究所从事科研教学工作，并取得了辉煌的成绩。近年来，在审视兰州大学的地理位置和兰大敦煌所发展态势后，先生又敏锐地提出兰州大学敦煌学要想有新的突破，必须拓展敦煌学研究领域，“东进”要进入中原找到敦煌文化的根源，“西出”要进入新疆乃至中亚，利用胡语文献探索中外文化交流史。在“东进西出”发展战略下，先生大力引进蒙古文、突厥文、回鹘文、梵文、藏文文献方面的专家，同时引进了6位专门从事石窟研究、12位专门从事西北地区历史和文献研究的教师。目前兰州大学敦煌学研究所教师队伍中拥有长江学者特聘教授、长江学者讲座教授、长江学者青年教授、全国百篇优秀博士学位论文指导教师、甘肃省优秀博士学位论文指导教师、甘肃省教学名师、甘肃省优秀专家、全国教育系统职业道德建设标兵、甘肃省领军人才等高层次人才。在先生的带领下，兰州大学敦煌学研究团队已经成为一支研究方向明晰、年龄结构合理、学术素养较高的学术队伍。

“它山之石,可以攻玉”。为了能够使兰州大学敦煌学研究所站在学术前沿,拥有学术研究的话语权,先生通过举办学术会议、学术访问、申请国际项目、聘请国内外专家讲学等不同渠道广泛地开展学术交流。先后将10余名学生送到美国哈佛大学、弗吉尼亚大学、宾夕法尼亚大学,以及日本九州大学、神户大学、名古屋大学等国际知名大学深造。并与耶鲁大学、早稻田大学、神户大学等国外名校签订了学术交流合作项目,互派教师交流访学。

“寺有佛像,有僧徒,而无经典,寂寥精舍,不闻法音,三宝缺一,我愿未满”。先生常常戏称:“资料建设就是修‘庙’的过程,有了‘庙’,‘和尚’才愿意来,来了有研究基础也才不会离开,学科发展才能稳定。”先生自担任敦煌学研究所负责人以来,一直留心于研究所资料中心的建设。在资料中心建设初期,也就是20世纪90年代,因资金有限,再加上地处西北信息和交通闭塞,图书配置非常不易,先生常常利用去外地或国外开会机会购置图书,为了节约运费,常常将书直接背回,满足研究所老师和学生的科研需求。对于一些难得的国外资料,先生四处化缘,通过复印的方式给所里配齐。经过多年的努力,敦煌学研究所现共有藏书12万余册,其中中文图书11万余册,外文图书1万2千余册。有关国内外的敦煌学书籍基本囊括其中,为敦煌学专业培养一流的人才、出产标志性成果提供了必要的研究条件。目前基地资料中心已经成为国内知名的敦煌学信息资料中心。

为集中展示兰州大学敦煌学研究所的科研成果,激励学生的研究热情,鞭策后辈学子奋力前行,先生主编出版了“敦煌学研究文库”“敦煌学博士文库”“归义军史专题研究”“敦煌与丝绸之路石窟艺术文库”“敦煌与丝绸之路研究丛书”“丝绸之路石窟研究文库”“敦煌往事丛书”等敦煌学系列丛书。这些丛书所收多数为博士学位论文,学生毕业后经过多年修改汇聚出版,从石窟艺术、历史文化、宗教信仰、民族交融等方面体现了兰州大学敦煌学研究所的教育成果。

“敦煌在中国,敦煌学在世界”。因敦煌藏经洞所出文书和文物被劫掠至他国,因此敦煌学一开始就是一门国际显学。在日本、法国涌现了一批重要的学者和显著的成果，在敦煌学研究领域占有重要的地位,但是国内则很难见到他们的研究成果,再加上语言隔阂,使得学界利用不便。先生为了改善国内学界研究的状况,组织翻译出版了“法国汉学研究丛书”“国际敦煌学研究文库(日本卷)”,还将我国港澳台学者的论文集结,出版了100卷本“港台敦煌学文库”,成果惠及学界,善莫大焉。

“有志者,事竟成”。兰州大学敦煌学研究所在先生的带领下,由小至大,由弱至强。1984年,获得历史文献学(含敦煌学、古文字学)硕士学位授予权,1998年获得历史文献学（敦煌学）博士学位授予权,1999年与敦煌研究院实行联合共建敦煌学研究所，并首批入选教育部人文社会科学重点研究基地,2003年建成历史学(敦煌学)博士后科研流动站,2003年成立了兰州大学“985工程”敦煌学哲学社会科学创新基地。2007年被批准为历史文献学(敦煌学)国家重点(培育)学科。2010年获批历史一级学科博士点,2011年调整为中国史一级学科博士点，并自主设置敦煌学二级学科博士点,2019年建成兰州大学敦煌与西域文明研究院。经过几十年的发展,兰州大学敦煌学研究所占领了学术制高点,掌握了学术研究话语权,其中每一步的发展无不浸润着先生的心血和精力。

“老骥伏枥,志在千里”。2009年,习近平同志视察兰州大学敦煌学研究所时,就曾鼓励先生要把敦煌学做大、做强,为国争光。多年来，在先生的带领下，兰州大学敦煌学研究所已经成为学术界的标杆。2019年8月,习近平总书记到甘肃考察调研,在敦煌研究院同有关专家学者和文化单位代表座谈，先生在座谈会上发言表示，研究者要加强敦煌文献的挖掘，并吸引更多的学者加入敦煌学研究队伍，扭转“敦煌在中国，敦煌学在国外”的被动局面，使中国成为敦煌学研究的中心。

先生现在已经“功成名就”，但每天依然勤奋著述，沉浸在他心爱的学术净地中，“世乃浮云何足问，莫若书室读书时”，先生之谓也。

赵青山

2021 年 11 月

历史地理篇

前凉行政地理区划初探(凉州)

前凉是东晋十六国时期由张轨以河西之地为主建立的一个区域性政权。西汉时,匈奴浑邪王杀休屠王降,汉武帝以其故地置武威、酒泉、张掖、敦煌等河西四郡。昭帝时打败西羌置金城郡,合称河西五郡。东汉增置西平、西海、西郡。晋惠帝又置狄道郡。加上陇西、南安共十郡之地。前凉的政区主要是在这十郡的基础上进行分割与增设,对后凉、南凉、西凉、北凉,西秦各政权及北魏、北周的河西陇右政区划分有着很大的影响。由于《晋书·地理志》不载前凉政区,《魏书·地形志》又过于疏阔,使我们难以窥其大概。清洪亮吉作《十六国疆域志》[1],对前凉疆域考证存在很多问题。第一是考证失误,前凉张骏于咸和五年乘前赵灭亡之机,出兵收复河南地,疆域东至狄道,设五屯护军与后赵分境,其界线约从今天甘肃靖远县北石门起,经靖远、定西、陇西、岷县境到迭部。至张重华继位,疆域不超过这个界线。永和九年张骏置河州统有汉中郡,洪亮吉将河州汉中郡附会西晋梁州汉中郡,显然是误。第二是考证前后矛盾,枹罕县置兴晋郡,大夏县置有大夏郡。第三是失载,《晋书·张轨传》《十六国春秋辑补·前凉录》记载前凉置有西河等郡而洪氏失录。近年来史学界就前凉发表了许多论

①二十五史刊行委员会:《二十五史补编》第三册,上海:开明书店,1936 年,第 4083—4209 页。

著，但对于前凉行政地理区划研究甚少。所以我们有必要对前凉行政地理区划作系统的探讨。

前凉州郡县都在不断地增设，而影响最大的是州的划分和郡的增设。前凉初有西晋凉州一州之地，张寔分武兴、西平、广武、安故郡置定州，张茂又于永昌初年“取陇西南安之地，以置秦州”①。到张骏时，又对前凉州郡进行重新调整划分，“时骏尽有陇西之地，分武威、武兴、西平、张掖、酒泉、建康、西海、西郡、湟河、晋兴、广州(武)合十一郡为凉州，以世子重华为五官中郎将、凉州刺史；分金城、兴晋、武始、南安、永晋、大夏、武城、汉中八郡为河州，以宁戎校尉张瓘为刺史；分敦煌、晋昌、高昌三郡及西域都护、戊己校尉、玉门大护军三营为沙州，以西胡校尉杨宣为刺史”②。不久又废沙州，至张祚又于敦煌置沙州。③从此以后，基本上没有什么变动。前凉所置的郡，据《魏书·张寔传》张骏置有二十二个郡，校之《晋书·地理志》《晋书·张轨传》及《十六国春秋·前凉录》等史籍，到前凉末年共有郡三十多个。在同一区域中，是西晋时期的两倍多。前凉时期郡县在不断地增设，而辖区却在不断地缩小。

前凉疆域中部变化不大，西部、东部变化较大。在西部，张骏使杨宣降服西域诸国，擒赵贞置高昌郡之后，趋于稳定。东部前凉先后与前赵、后赵、前秦为邻，疆域表现了极大的伸缩性，最远时达到略阳、天水，最近时仅保黄河以西，一般则以五屯护军为界。张寔以前，东界

①《晋书》卷86《张轨传》附《张茂传》，北京：中华书局，1974年，第2232页。

②[北魏]崔鸿编：《十六国春秋》卷72《前凉录三》，《景印文渊阁四库全书》，台北：商务印书馆，1982年，第463册，第905页。

③[北魏]崔鸿编：《十六国春秋》卷72《前凉录四》，《景印文渊阁四库全书》，第463册，第913页。

至陇西、南安以东，置秦州。张骏对前赵战争失败，将军“张阆、辛晏帅其众数万降赵，骏遂失河南之地”[①]。后赵灭前赵，“骏因长安乱，复收河南地，至于狄道，置武卫、石门、侯和、漒川、甘松五屯护军，与勒分境”[②]。至张重华时，后赵将麻秋、王擢进据大夏，“麻秋又据枹罕，有众十二万，进屯河内，遣王擢略地晋兴、广武，越洪池岭，至于曲柳，姑臧大震”。张重华遣谢艾击之，“王擢与前锋战，败，遁还河南”[③]。后赵灭亡，前凉又取河南地，疆域达陇西一带。

下面我们以《晋书·地理志》记载凉、河、沙三州统郡为线索，据《十六国春秋辑补》《魏书》《隋书》《元和郡县图志》等文献，对前凉各州统郡及郡所辖县分别进行考察。

凉州，治姑臧。汉武帝分全国为十三刺史部，管八郡，东汉治所在陇县。献帝时分凉置雍，移治姑臧，至晋不改。晋惠帝永宁元年以张轨为凉州刺史，领八郡地。张骏分辖区为三州，西至酒泉、东至黄河置凉州。《晋书·地理志》记载：“张骏分武威、武兴、西平、张掖、酒泉、建康、西海、西郡、湟河、晋兴、广武合十一郡为凉州。”[④]《魏书·张寔传》同。但《资治通鉴》胡三省注有须城、安故，而无西海、广武[⑤]；《十六国春秋辑补·前凉录》有广州而无广武。广州、须武，疑为广武之误；安故郡按地望应属河州。《前凉录》记载张骏时有西河郡；《晋书·地理志》记载张玄靓置有祁连郡，张天锡置有临松郡；《元和郡县图志》记载张天锡

---

①《资治通鉴》卷 93《晋纪十五》，[元]胡三省音注，北京：中华书局，1956 年，第 2945 页。

②《晋书》卷 86《张轨传》附《张骏传》，第 2238 页。

③《晋书》卷 86《张轨传》附《张重华传》，第 2243 页。

④《晋书》卷 14《地理志》上，第 434 页。

⑤《资治通鉴》卷 97《晋纪十九》，第 3068 页。

置有广源郡；敦煌文书《氾氏人物传》记载有番禾、苍梧(松)郡[①]。这样，整个前凉时期，在凉州辖区共置郡十七个。

武威郡，治姑臧。《晋书》《魏书·张寔传》《前凉录》记载凉州辖有武威郡。《氾氏人物传》："武威十郡之首，绳举尤难，……以(氾)昭部武威。"[②]晋武威郡统县七：姑臧、宣威、揖次、仓松、显美、骊靬、番禾[③]。前凉张轨分武威置武兴郡，宣威诸县属之。后又分武威置番禾、苍松二郡。北魏又分武威置武安郡，二郡统县三：林中、襄城、宜盛[④]。前凉武威郡统县据史籍考证有：

姑臧，《晋志》武威郡统有姑臧县，《晋书·张轨传》(以下称《张轨传》)记载有姑臧令辛岩，《前凉录》记载"武威姑臧人有白兴者"[⑤]，北魏改为林中[⑥]。

祖厉，P.4506《金光明经卷第二》题记曰："皇兴五年岁在辛亥大魏定州中山郡卢奴县城内西坊里住当乡凉州武威郡租厉县梁泽北乡武训里方亭南苇亭北张巢主父宜曹讳昺张保兴自慨多难，父亲思育，兼以仰报。"[⑦]《舆地广记》卷十七会州乌兰县："乌兰县，本汉祖厉

①敦煌文书 S.1889 号，参郑炳林《敦煌地理文书汇辑校注》，兰州：甘肃教育出版社，1989 年，第 120—126 页。

②郑炳林：《敦煌地理文书汇辑校注》，第 123 页。

③《晋书》卷 14《地理志》上，第 433 页。

④《魏书》卷 106《地形志》下，北京：中华书局，1974 年，第 2622—2624 页。

⑤[北魏]崔鸿编：《十六国春秋》卷 72《前凉录三》，《景印文渊阁四库全书》，第 463 册，第 907 页。

⑥《嘉庆重修一统志》卷 267《凉州府》，北京：中华书局，1986 年，第 13183 页。

⑦P.4506《金光明经卷第二》，图版参见法国国家图书馆、上海古籍出版社编《敦煌西域文献》，第 31 册，上海：上海古籍出版社，1995 年，第 214 页。

县,……前凉张轨收其县人入于凉州,别置祖厉县。”[①]《太平寰宇记》记载,马城,又名祖厉城,亦称休屠城,前凉分休屠县置祖厉县。[②]《水经注》卷四十武始泽:“泽水又东北流,迳马城东,城,即休屠县之故城也。”[③]《元和郡县图志》卷四十:“休屠城,在(姑臧)县北六十里。”[④]卷四会州乌兰县:“本祖厉县地……前凉张轨收其县人,于凉州故武威县侧近别置祖厉县。”[⑤]《嘉庆重修一统志》凉州府休屠故城条认为祖厉“盖皆五凉时所侨置,非汉县也”[⑥]。

鹯阴,又称鹯武,鹑阴。《晋书·乞伏乾归载记》西秦攻后凉,“使乞伏益州攻克支阳、鹯武、允吾三城,俘获万余人而还”[⑦]。《太平寰宇记》卷一五二凉州姑臧县:“鹯阴城在县东,鹯,水名,是汉鹑阳城,今废,城存。”鹑阴县原在今靖远县,前凉迁徙县人于姑臧,别立鹑阴县于姑臧县东,统于武威郡。《嘉庆重修一统志》凉州府休屠故城:“又有鹯阴城在县东,俗名正阴城,盖皆五凉时所侨置,非汉县也。”[⑧]

武安,疑前凉置。《地形志》凉州武安郡统宜盛一县。《隋书·地理

---

①[宋]欧阳修:《舆地广记》卷16《陕西秦凤路下》,《景印文渊阁四库全书》,第471册,第364页。

②[宋]乐史:《太平寰宇记》卷152《陇右道三》,《景印文渊阁四库全书》,第470册,第432页。

③[北魏]郦道元:《水经注》卷40,《景印文渊阁四库全书》,第573册,第599页。

④《元和郡县图志》卷40《陇右道下·凉州》,贺次君点校,北京:中华书局,1983年,第1019页。

⑤《元和郡县图志》卷4《关内道四》,第98页。

⑥《嘉庆重修一统志》卷267《凉州府》,第13207页。

⑦《晋书》卷125《乞伏乾归载记》,第3119页。

⑧《嘉庆重修一统志》卷267《凉州府》,第13207页。

志》武威郡姑臧县"又后魏置武安郡"[①]。《元和郡县图志》卷四十凉州姑臧县:"武安戍,在县北一百八十里。"

襄城、治城、蒙水、新阳、榆中,《魏书·地形志》武威郡统有"襄城,有休屠城,武始泽"[②]。《隋书·地理志》作襄武县。按《晋志》襄武县属陇西郡,显然是侨治县,陇西一带居民徙居敦煌是在前凉时期,故县当设于此时,至北魏把凉州居民大量徙往平城,《魏书·沮渠蒙逊传》:"徙凉州民三万余家于京师。"[③]故凉州侨治郡县不可能置于后魏,只能设于前凉。榆中县,据《晋志》属金城郡;新阳县,据《晋志》属天水郡,亦侨治县,疑亦置于前凉。蒙水、治城待考。

番禾郡,治番禾。《晋志》武威郡统有番禾县。前凉改为番禾郡,《氾氏人物传》记载前凉置有番禾郡:"氾存,字世震,西海太守讳之孙也。为护羌参军、番禾太守。……凉文王张骏嘉之,辟为都官从事。"[④]是证张骏时已有番禾郡之设。《元和郡县图志》卷四十凉州"天宝县,本汉番禾县,……北凉沮渠蒙逊立为番禾郡"[⑤]。误。《晋书·吕纂载记》吕纂封吕弘为番禾公,又以吕超为番禾太守。《魏书·地形志》番禾郡领彰、燕支二县。《隋书·地理志》武威郡:"番禾,后魏置番禾郡。后周郡废,置镇。开皇中为县,又并力乾、安宁、广城、障、燕支五县之地入焉。"

番禾,番禾郡治所在。

彰,《地形志》番禾郡领有彰县。《隋书·地理志》作鄣。彰县,两汉

①《隋书》卷29《地理志上》,北京:中华书局,1973年,第815页。
②《魏书》卷106《地形志下》,第2624页。
③《魏书》卷99《卢水胡沮渠蒙逊传》,第2208页。
④郑炳林:《敦煌地理文书汇辑校注》,第122页。
⑤《元和郡县图志》卷40《陇右道下·凉州》,第1020页。

属陇西郡，当前凉时侨置番禾。武兴郡之新鄣县，当针对彰县而言。

茗藋，《晋书·沮渠蒙逊载记》记载，吕光征乞伏乾归兵败，沮渠麹粥建议沮渠罗仇反吕光：“……岂若勒众向西平，出茗藋，奋臂大呼，凉州不足定也。”[①]又曰：“蒙逊西祀金山，……蒙逊西至茗藋。”[②]说明茗藋一名出现早于后凉，在今民乐县境。《晋书·秃发傉檀载记》记载秃发傉檀代北凉，“五道俱进，至番禾、茗藋，掠五千余户”[③]。由此看来，茗藋属番禾郡，拥有这样多的户口，当是县。

骊靬，《晋志》武威郡统有骊靬县。《张轨传》记载，张祚“遣其将和昊率众伐骊靬戎于南山，大败而还”[④]。《晋书·秃发利鹿孤载记》：“徙显美、丽靬二千户而归。”[⑤]《嘉庆重修一统志》凉州府骊靬废县，“颜师古曰：骊音力迟反，靬音虔。今其土俗人呼骊靬，疾言之曰力虔。按《隋志》，开皇中，并力乾县入番禾，盖即骊靬之讹也”[⑥]。

燕支，《地形志》番禾郡领有燕支县，《隋书·地理志》记载隋开皇年中以燕支县并入番禾县。疑燕支县设置在前凉。《嘉庆重修一统志》认为燕支即武兴郡之乌支，应误。

苍松郡，治苍松。《氾氏人物传》称：“（氾）咸弱冠从苍梧太守同郡令狐溥受学，明通经纬，行不苟合。”[⑦]按苍梧郡属广州，氾咸不可能从敦煌去万里之外的苍梧学习，苍梧，乃苍松之误。据《十六国春秋辑

①《晋书》卷129《沮渠蒙逊载记》，第3189页。
②《晋书》卷129《沮渠蒙逊载记》，第3197页。
③《晋书》卷126《秃发傉檀载记》，第3154页。
④《晋书》卷86《张轨传》附《张祚传》，第2247页。
⑤《晋书》卷126《秃发利鹿孤载记》，第3147页。
⑥《嘉庆重修一统志》卷267《凉州府》，第13212页。
⑦郑炳林：《敦煌地理文书汇辑校注》，第122页。

补·后凉录》记载吕光麟嘉四年以郭麐谶言改为昌松，又有昌松太守孟祎。与县改名同时郡亦改名。又记载焦松迎大豫陷昌松郡。昌松郡，原名苍松，当置于前凉。《嘉庆重修一统志》亦认为郡置于前凉："汉置苍松县，属武威郡。后汉曰仓松。晋太和二年，凉张天锡击李俨于陇西，自将至仓松。其后改为昌松，并置郡。《十六国春秋》吕光太安二年，以郭麐谶言，改昌松为东张掖郡。"[①]昌松改东张掖，非新设，昌松置郡当在后凉以前。《元和郡县图志》卷四十以为后凉置昌松郡，误。《魏书·地形志》："昌松郡，领县三：……温泉，揟次，莫口。"[②]《隋书·地理志》："昌松，后魏置昌松郡，后周废郡，以揟次县入。开皇初改县为永世，后改曰昌松。又有后魏魏安郡，后周改置白山县，寻废。"苍松郡统县可考者有：

苍松，《晋书·地理志》武威郡统有苍松县，《十六国春秋辑补》吕光改苍松为昌松县，是证前凉有苍松县。北魏改为温泉，隋改为永世，后改为昌松。

揟次，《晋志》武威郡辖有揟次县，《魏书·地形志》昌松郡辖有揟次县。《晋书·吕光载记》记载焦松等"起兵数千，迎大豫于揟次，陷昌松郡"[③]。《水经注》："与长泉合水出姑臧东揟次县，王莽之播德也。"[④]《晋书·张轨传》记载张骏太宁元年有黄龙见于揟次之嘉泉。《氾氏人物传》记载氾昭在张寔时，"拜揟次长，黄龙见其界"[⑤]。

---

①《嘉庆重修一统志》卷267《凉州府》，第13209页。

②《魏书》卷106《地形志》下，第2624页。

③《晋书》卷122《吕光载记》，第3057页。

④[北魏]郦道元：《水经注》卷40，《景印文渊阁四库全书》，第573册，第599页。

⑤郑炳林：《敦煌地理文书汇辑校注》，第123页。

显美,《晋志》武威郡辖有显美县;《晋书·秃发利鹿孤载记》记载:“遣傉檀又击吕隆昌松太守孟祎于显美,克之。”[①]是知前凉置有显美县,属苍松郡。《十六国春秋辑补》载并同。

莫口,《魏书·地形志》昌松郡辖有莫口县。《晋书·秃发利鹿孤载记》记载:“利鹿孤闻吕光死,遣其将金树、苏翘率骑五千屯于昌松、莫口。”[②]《晋书·秃发傉檀载记》记载姚兴遣姚弼伐秃发傉檀,“弼众至漠口,昌松太守苏霸婴城固守”[③]。吕光时莫口已是县,由此推测莫口县置于前凉。《十六国春秋辑补》记载并同。

神鸟,《晋书·张轨传》记载谢艾击王擢“军次神鸟,王擢与前锋战,败,遁还河南”[④]。《元和郡县图志》卷四十:“神鸟县,本汉鸾鸟县,张天锡改置武兴县,后废。”《太平寰宇记》凉州昌松县:“鸾鸟城,前凉张轨时有五色鸟集于此,遂筑城以美之。后魏改为神鸟城。”《凉州记》曰:“昌松县,有鸾鸟城,魏改为神鸟县,张轨时,有五色鸟集于其处,故筑城。”由此看前凉有神鸟县。

武兴郡,治武兴。《晋书·张轨传》:“中州避难来者日月相继,分武威置武兴以居之。”[⑤]武兴郡的设置主要是安置从中州迁来的流民,特别是秦、雍一带的流民。所以一部分县仍然沿用旧名。《晋志》记载:“永宁中,张轨为凉州刺史,镇姑臧,上表请合秦雍流移人于姑臧西北,置武兴郡,统武兴、大城、乌支、襄武、晏然、新鄣、平狄、司监等

①《晋书》卷126《秃发利鹿孤载记》,第3146页。
②《晋书》卷126《秃发利鹿孤载记》,第3144页。
③《晋书》卷126《秃发傉檀载记》,第3151—3152页。
④《晋书》卷86《张轨传》,第2243页。
⑤《晋书》卷86《张轨传》,第2225页。

县。”[①]《十六国春秋辑补·前凉录》记载亦同。《地形志》武兴郡领晏然、马城、休屠三县。《元和郡县图志》卷四十凉州嘉麟县:“东南至州一百八十里。本汉宣威县地,前凉张轨于此置武兴郡,后凉吕光改置嘉麟县。”前凉武兴郡统县可考者有:

武兴,《晋志》《十六国春秋辑补·前凉录》武兴郡统有武兴县。《西凉录》:“沮渠宜得……封武兴县侯。”《元和郡县图志》卷四十凉州姑臧县:“武兴盐池,眉黛盐池,并在县界,百姓咸取给焉。”神乌县“张天锡改置武兴县,后废”。

晏然,《晋志》《前凉录》武兴郡统有晏然县。《地形志》武兴郡亦辖有晏然县。

襄武,《晋志》《前凉录》武兴郡统有襄武县。《汉书·地理志》《续汉书·郡国志》《晋志》襄武县属陇西郡。前凉张轨以襄武县移民设侨置襄武县于此。《隋书·地理志》武威郡姑臧县“又后魏置武安郡、襄武县,并西魏废”。

新鄣,当在番禾郡鄣县之后设置。《晋志》《前凉录》武兴郡辖新鄣县,《续汉书·地理志》《晋志》记载,东汉陇西郡、西晋南安郡统有鄣县。新鄣县,当分南安郡鄣县移民设置的侨置县。《张轨传》:“咸和初,惧为刘曜所逼,使将军宋辑、魏纂将兵徙陇西南安人二千家于姑臧,使聘于李雄,修邻好。”番禾郡的鄣县、武兴郡的新鄣县都是以南安鄣县移民设置。

平狄,《晋志》《前凉录》武兴郡领有平狄县。

司监,《晋志》《前凉录》武兴郡领有司监县。《资治通鉴》卷九八穆帝永和六年:“冬,十月,苻建长驱至长安,杜洪、张琚奔司竹。”胡三省

---

①《晋书》卷14《地理志上》,第434页。

注:“扶风盩厔县有司竹园。宋白曰:竹在鄠、盩厔之间。汉官有竹丞,魏置司守之官,后魏有司竹都尉。”[①]《元和郡县都图志》卷四十京兆府盩厔县:“司竹园,在县东十五里。《史记》曰‘渭州千亩竹’。今按:园周回百里,置监承掌之,以供国用。”由此看,西晋置有司竹监,前凉以司竹监移民置侨县,名之司监,乃司竹监字称。

大城,《晋志》《前凉录》武兴郡领有大城县。

乌支,《晋志》《前凉录》武兴郡领有乌支县。《嘉庆重修一统志》凉州府焉支废具:“在永昌县西。《晋书·地理志》永宁五年,张轨置武兴郡,统焉支,新鄣二县。”认为乌支乃焉支也。然据《地形志》《隋书·地理志》番禾郡有燕支县。疑乌支乃乌氏之误。据《汉书·地理志》《续汉书·郡国志》《晋志》安定郡辖有乌氏县。前凉置乌支县,乃以安定乌氏一带移民为主设置,因置地在燕支,往往误作乌支,或误以为作焉支。

宣威,《晋志》西晋武威郡领有宣威县,《元和郡县图志》卷四十凉州嘉麟县:“本汉宣威县,前凉张轨于此置武兴郡。”宣威疑为其中一县。

西郡,治日勒。《晋志》《十六国春秋辑补》《魏书·张寔传》等皆记载张骏置凉州辖有西郡。西郡在今山丹县,南北两山相夹,地理形势十分险要,是姑臧西部第一关口。《晋书·沮渠蒙逊载记》曰:“(段)业将伸蒙逊攻西郡,众皆疑之。蒙逊曰:‘此郡据岭之要,不可不取。’”[②]《资治通鉴》卷一百一十胡三省注曰:“郡在武威西,据岭之要。”[③]《隋书·地理志》记载张掖郡删丹县“后魏曰山丹,又有西郡”。《地形志》不

---

①《资治通鉴》卷98《晋纪十八》,胡三省音注,第3019页。

②《晋书》卷129《沮渠蒙逊载记》,第3190页。

③《资治通鉴》卷110《晋纪三十二》,胡三省音注,第3470页。

记载西郡,《晋志》曰:“西郡,统县五,…… 日勒,删丹,仙提,万岁,兰池。”《旧唐书·地理志》甘州删丹县:“晋分删丹置兰池、万岁、仙提三县。炀帝废,并入删丹。”[①]前凉西郡辖县有:

日勒,两汉属张掖郡,汉献帝置西郡,治日勒县,魏晋因之,至前凉不改。《十六国春秋辑补·前秦录》《晋书·索泮传》记载索泮于张天锡时“出为中垒将军,西郡武威太守、典戎校尉”[②]。西秦时“寻迁建威将军,西郡太守”[③]。《十六国春秋辑补·北凉录》沮渠蒙逊击西郡,“太守杨统以日勒降之”[④]。《通典·州郡典四》甘州张掖郡删丹县,“又汉日勒县故城在东南”[⑤]。

删丹,《晋志》西郡领有删丹县,《隋书·地理志》删丹县属张掖郡。前凉当因晋置删丹县。

仙提,《晋志》西郡有仙提县。《旧唐书·地理志》记载西晋分删丹置仙提县。

万岁,《晋志》西郡有万岁县,《旧唐书·地理志》西晋分删丹置万岁县。《十六国春秋辑补》记载建和二年秃发利鹿孤遣将袭蒙逊于张掖,至万岁、临松。

兰池,《晋志》《旧唐书·地理志》西晋分删丹县置兰池县,属西郡。

---

①《旧唐书》卷40《地理志》,北京:中华书局,1975年,第1641页。

②《晋书》卷115《索泮传》,第2954页。

③[北魏]崔鸿编:《十六国春秋》卷42《前秦录十》,《景印文渊阁四库全书》,第463册,第677页。

④[北魏]崔鸿编:《十六国春秋》卷89《南凉录二》,《景印文渊阁四库全书》,第463册,第1031页。

⑤[唐]杜佑:《通典》卷174《州郡四》,王文锦等点校,北京:中华书局,1988年,第4554页。

《晋志·张轨传》有“兰池长赵奭上军士张冰得玺,文曰‘皇帝玺’”[①]。《十六国春秋辑补·前凉录》:“又兰池送玄石,大如丸。”[②]是知前凉置有兰池县。

临洮,《晋志》临洮县陇西郡。《张轨传》记载南阳王司马保死,“其众散奔凉州者万余人”[③];咸和初,张骏将军宋辑、魏纂将兵徙陇西、南安人二千余家于姑臧,当因临洮县移民置临洮县,属西郡。《晋书·吕光载记》:“大豫自西郡诣临洮,驱略百姓五千余户,保据俱城。光将彭晃、徐炅攻破之,大豫奔广武,穆奔建康,广武人执大豫,送之,斩于姑臧市。”[④]《资治通鉴》者一百七记载并同。显然临洮在西郡界,不然王穆何以从千之外的临洮西奔建康,大豫往广武去送死。当时乞伏乾归据金城,彭奚念据白土,黄河以南非后凉辖区,所以此临洮只能在西郡界。《吕光载记》曰:“光命吕纂讨业,沮渠蒙逊进屯临洮,为业声势。战于合离,纂师大败。”[⑤]当时段亚遣蒙逊占取西郡,合黎山在张掖县界。故临洮在西郡界。

张掖郡,治永平。《晋志》《魏书·张寔传》《十六国春秋辑补·前凉录》张骏置凉州领有张掖郡。西汉张掖郡统县十,东汉统县八,又分张掖置西海、西郡。《晋志》张掖郡统县三——永平、临泽、屋兰。据考前凉张掖郡统县有:

永平,汉觻得县,晋改为永平县。前凉因之置永平县。《氾氏人物

①《晋书》卷86《张轨传》,第2227页。

②[北魏]崔鸿编:《十六国春秋》卷70《前凉录一》,《景印文渊阁四库全书》,第463册,第889页。

③《晋书》卷86《张轨传》,第2230页。

④《晋书》卷122《吕光载记》,第3057页。

⑤《晋书》卷122《吕光载记》,第3061—3062页。

传》:"汜瑗,字彦玉,晋永平令宗之孙也。"[1]《元和郡县图志》卷四十甘州张掖县:"本汉觻得县,属张掖郡。……晋改名永平县。"[2]

临泽,本汉昭武县,晋改为临泽县。《晋志》:"临泽,汉昭武县,避文帝讳改也。"[3]《晋书·沮渠蒙逊载记》,"太史令张衍言于蒙逊曰:'今岁临泽城西当有破兵。'"[4]《宋书·氐胡传》记载沮渠蒙逊击西秦,西凉李歆乘虚攻张掖,"蒙逊回军西归,歆退走,追至临泽,斩歆兄弟三人"[5]。由此得知,临泽自西晋改名以来,至北凉没有变动,故前凉设有临泽县。

屋兰,《晋志》张掖郡领有屋兰县。至北凉沿用不变,《十六国春秋辑补·北凉录》记载沮渠安周"封屋兰县侯"[6]。前凉当置有屋兰县无疑。

氐池,《资治通鉴》卷一百二十胡三省注曰:"氐池县,汉属张掖郡,晋省,其地属甘州张掖县界。"《宋书·符瑞志》:"泰始三年四月戊午,有司奏:'张掖太守焦胜言,氐池县大柳谷口青龙见。'"[7]后凉改作丘池,《晋书·吕光载记》:"是岁,张掖督邮傅耀考核属县,而丘池令尹兴杀之,投诸空井。"[8]吕光案实,杀丘池令尹兴。《十六国春秋辑补·后

---

①郑炳林:《敦煌地理文书汇辑校注》,第124页。

②《元和郡县图志》卷40《陇右道下·凉州》,第1021页。

③《晋书》卷14《地理志四》上,第433页。

④《晋书》卷129《沮渠蒙逊载记》,第3198页。

⑤《宋书》卷98《氐胡传》,北京:中华书局,1974年,第2414页。

⑥[北魏]崔鸿编:《十六国春秋》卷96《北凉录三》,《景印文渊阁四库全书》,第463册,第1081页。

⑦《宋书》卷28《符瑞志》中,第799页。

⑧《晋书》卷122《吕光载记》,第3059页。

凉录》同。北凉又作氐池,《晋书·秃发傉檀载记》:“傉檀于是率师伐沮渠蒙逊,次于氐池。”[①]北魏又作丘池,《魏书·灵征志》:“真君五年二月,张掖郡上言:‘往曹氏之世,丘池县大柳谷山石表龙马之形,石马脊文曰:大讨曹。而晋氏代魏。’”[②]又曰:“今张掖郡列言:丘池县大柳谷山大石青质白章,……”[③]由此得知,丘池县亦氐池县。吕光改氐池作丘池,避其出身氐族之讳也。《嘉庆重修一统志》甘州府:“氐池故城,在山丹县西南,汉置,属张掖郡。后汉因之。晋省,后复置。”[④]《十六国春秋》:“吕光麟嘉二年,张掖督邮傅曜考覆郡县,氐池令尹兴杀之,投于南亭空井中。秃发乌孤太和三年,吕纂攻段业于张掖,遣利鹿孤救之。纂惧,烧氐池、张掖谷麦而去。沮渠蒙逊永安元年,举兵袭段业,比至氐池,众逾一万,进壁侯坞,业军溃。秃发傉檀宏昌五年伐蒙逊,次于氐池。……《通鉴》注:氐池故城,在张掖县界。”把氐池、丘池作为一地。

金泽,前凉置硇石县,张骏改作金泽县。《十六国春秋辑补·前凉录》:“建元元年,骏田于建西硇石县,秋九月,改硇石县为金泽县。”《晋书·吕光载记》曰:“是时麟见金泽县,百兽从之,光以为己瑞,以孝武太元十四年僭即三河王位,置百官自丞郎已下,赦其境内,年号麟嘉。”[⑤]《凉州记》曰:“张掖金泽有麟见,群兽皆从,改元麟嘉。”

临池,《魏书·沮渠蒙逊传》记载段业占取张掖,“业以蒙逊为张掖

---

①《晋书》卷126《秃发傉檀载记》,第3149页。

②《魏书》卷112《灵征志》下,第2954页。

③《魏书》卷112《灵征志》下,第2955页。

④《嘉庆重修一统志》卷266《甘州府》,第13149页。

⑤《晋书》卷122《吕光载记》,第3059页。

太守,封临池侯"[1]。《晋书·沮渠蒙逊载记》:"业封蒙逊临池侯。""业惮蒙逊雄武,微欲远之,乃以蒙逊从叔益生为酒泉太守,蒙逊为临池太守。……蒙逊既为业所惮,内不自安,请为西安太守。业亦以蒙逊有大志,惧为朝夕之变,乃许之。"[2]从文中看,临池在张掖郡境,段业既以临池置郡,疑临池在此前设县。

临松郡,治临松。前凉张天锡分张掖郡置。《晋书·地理志》曰:"张天锡又别置临松郡。"[3]《十六国春秋辑补·前凉录》亦曰:"太和二年,天锡别置临松郡。"后凉、北凉沿用不变。据《十六国春秋辑补》记载,吕光龙飞二年,沮渠蒙逊起兵袭光中田护军马邃,进攻临松郡;蒙逊元始十二年,乞伏幕末攻临松郡。又《地形志》记载,临松郡领安平、和平二县。临松郡因张掖临松山得名,《太平寰宇记》卷一五三甘州张掖县有临松山,"魏太和中置临松郡,故城在此山下"[4]。《嘉庆重修一统志》记甘州府"临松故城,在张掖县南"[5]。

临松,《隋书·地理志》:"张掖,旧曰永平,……又有临松县,后周废。"[6]《北史·史宁传》记载史宁曾祖豫仕北凉为临松令。《十六国春秋辑补》记载秃发傉檀嘉平二年,伐蒙逊,掠临松千余户。后凉又有临松令井祥。疑前凉亦置有临松郡。

和平,《地形志》临松郡统和平县,北凉置有和平县。《晋书·沮渠

---

①《魏书》卷99《盧水胡沮渠蒙逊传》,第2203页。

②《晋书》卷129《沮渠蒙逊载记》,第3190—3191页。

③《晋书》卷14《地理志四》上,第433页。

④[宋]乐史:《太平寰宇记》卷152《陇右道三》,《景印文渊阁四库全书》,第470册,第435页。

⑤《嘉庆重修一统志》卷266《甘州府》,第13148页。

⑥《隋书》卷29《地理志上》,第815页。

蒙逊载记》:“署从兄伏奴为镇军将军、张掖太守、和平侯。”[①]疑亦设于前凉。

中田,《晋志·吕光载记》:“罗仇弟子蒙逊叛光,杀中田护军马邃,攻陷临松郡,屯兵金山。”[②]《沮渠蒙逊载记》记载蒙逊起兵临松,“遂斩光中田护军马邃、临松令井祥以盟”[③]。由此看,中田属临松郡,设护军,疑置于前凉。

西海郡,治居延。西汉居延县属张掖郡,东汉张掖郡领居延属国,汉献帝兴平二年,以居延县立西海郡。《晋志》:“西海郡,故属张掖,汉献帝兴平二年,武威太守张雅请置,统县一……居延。”[④]前凉亦置有西海郡,属凉州。《晋书·张轨传》有“建威将军、西海太守张肃,寔叔父也”[⑤]。《敦煌氾氏人物传》:“氾毗,字公辅,西海太守祎之弟也。”张骏时有氾世震,“西海太守祎之孙也”[⑥]。氾祎,前凉人。

居延,《晋志》西海郡领居延县,《十六国春秋辑补·前凉录》曰:“氾祎,字休臧,敦煌人。……祎左迁居延令,后仕寔为左长史。”[⑦]是证前凉有居延县。

祁连郡,治汉阳。《晋书·地理志》:“永兴中,置汉阳县以守牧地,张玄靓改为祁连郡。”[⑧]《十六国春秋辑补·前凉录》:“隆和元年……复

---

①《晋书》卷129《沮渠蒙逊载记》,第3192页。

②《晋书》卷122《吕光载记》,第3061页。

③《晋书》卷129《沮渠蒙逊载记》,第3189页。

④《晋书》卷14《地理志四》上,第434页。

⑤《晋书》卷86《张轨传》,第2228页。

⑥郑炳林:《敦煌地理文书汇辑校注》,第122页。

⑦[北魏]崔鸿编:《十六国春秋》卷75《前凉录六》,《景印文渊阁四库全书》,第463册,第928页。

⑧《晋书》卷14《地理志四》上,第434页。

改南州(汉阳)为祁连郡。”①

汉阳,《晋志》祁连郡领有汉阳县。

祁连,《十六国春秋辑补·前凉录》记载咸和五年张骏以侯亮为祁连令。《晋书·吕光载记》张大豫起兵反吕光,祁连都尉严纯等起兵响应。

建康郡,治建康。《晋志》张骏置凉州,领有建康郡。当分酒泉郡置。《晋书·张轨传》载:张祚即位,以子庭坚为建康王。《晋书·吕光载记》载,张大豫起兵反吕光,建康太守李隰起兵应之。龙飞二年沮渠男成推建康太守段业为凉州牧、建康公。《读史方舆纪要》卷六三甘肃卫:“建康城,镇西二百里,前凉张轨置建康郡。”《嘉庆重修一统志》肃州直隶州:“建康故城,在高台县南,晋置。”②

建康,《晋书·吕光载记》记载张大豫起兵反吕光:“乃遣穆求救于岭西诸郡,建康太守李隰、祁连都尉严纯及阎袭起兵应之。……光将彭晃、徐灵攻破之,大豫奔广武,穆奔建康。”③显然王穆是投建康太守李隰。《十六国春秋辑补》记载吕光龙飞二年沮渠男成自乐涫进逼建康,推太守段业为主。建康郡治建康,建康乃郡之附郭县。

乐涫,《晋志》酒泉郡统乐涫县,前凉置建康郡领有乐涫县。《通鉴》卷一一四胡三省注:“汉志,乐涫属酒泉郡;张氏分为建康郡。”④《十六国春秋辑补》记载后凉有乐涫县。《晋书·吕光载记》:“蒙逊从兄男成先为将军,守晋昌,闻蒙逊起兵,逃奔赀虏,扇动诸夷,众至数千,

---

①[北魏]崔鸿编:《十六国春秋》卷74《前凉录五》,《景印文渊阁四库全书》,第463册,第918页。

②《嘉庆重修一统志》卷278《肃州府》,第13570页。

③《晋书》卷122《吕光载记》,第3057页。

④《资治通鉴》卷114《晋纪三十六》,胡三省音注,第3587页。

进攻福禄、建安。宁戎护军赵策击败之，男成退屯乐涫。吕纂败蒙逊于忽谷。酒泉太守垒澄率将军赵策、赵陵步骑万余讨男成于乐涫，战败，澄、策死之。男成进攻建康。”[①]《嘉庆重修一统志》肃州直隶州：“乐涫故城，在高台县西北，镇夷城西南。”[②]

表氏，《北史·史宁传》：“史宁，字和平，建康表氏人也。”[③]《晋志》表氏属酒泉郡，前凉置建康郡，以表氏属之。

酒泉郡，治福禄。西汉酒泉郡统县九：福禄、表是、乐涫、天陈、玉门、会水、池头、安弥、乾齐。东汉无天依、池头而有延寿、沙头。前凉张骏统河西，分酒泉郡属凉州。据《晋书·张轨传》记载张轨时有酒泉太守张镇，张骏时有酒泉太守马岌，张重华时有酒泉太守谢艾，张玄靓时有酒泉太守马基。《敦煌氾氏人物传》记载有酒泉太守马模。《晋志》酒泉郡统县有：福禄、会水、安弥、骍马、乐涫、表氏、延寿、玉门、沙头。后分乐涫、表氏置建康郡。又分玉门等县置延兴郡及玉门大护军营，属沙州。前凉酒泉郡统县可考有：

福禄，西汉至西晋，酒泉郡治福禄县。《元和郡县图志》卷四十：“酒泉县，本汉福禄县也，属酒泉郡，自汉至隋不改。”[④]《晋书·张轨传》：“西平王叔与曹祛余党麴儒等劫前福禄令麴恪为主，执太守赵彝，东应裴苞。”[⑤]张寔以讨曹祛功，晋爵福禄县侯；张重华封谢艾福禄伯。《敦煌氾氏人物传》氾祎曾“徙福禄令”[⑥]。氾毗“永兴二年举秀才，

①《晋书》卷122《吕光载记》，第3061页。

②《嘉庆重修一统志》卷278《肃州直隶州》，第13570页。

③《北史》卷61《史宁传》，北京：中华书局，1974年，第2185页。

④《元和郡县图志》卷40《陇右道下·凉州》，第1023页。

⑤《晋书》卷86《张轨传》，第2225页。

⑥郑炳林：《敦煌地理文书汇辑校注》，第121页。

除郎中、酒泉令、太宰参军。……好雅贤致士,荐酒泉赵彝平,田祐皆至二千石"[①]。

会水,《晋志》会水属酒泉郡。《水经注》卷四十:"合离山在酒泉会水县东北。"[②]《元和郡县图志》卷四十肃州酒泉县:"白亭海,在县东北一百四十里。一名会水,以众水所会,故曰会水。"[③]在今金塔县境。

安弥,《晋志》酒泉郡有安弥县。《十六国春秋辑补·后凉录》建元二十一年吕光自西域归,凉州刺史梁熙遣子拒之于酒泉,光将彭晃与战于安弥,败之。《宋书·氐胡传》记载义熙"二年二月,蒙逊袭李暠,至安弥,去城六十里,暠乃觉"[④]。沮渠牧键又以无讳为安弥县侯。由此推之,前凉置有安弥县。

骍马,《晋志》酒泉郡统有骍马县。《晋书·吕光载记》吕光击王穆,"率步骑三万攻酒泉,克之,进次凉兴。穆引师东还,路中众散,穆单马奔骍马,骍马令郭文斩首送之"[⑤]。《通鉴》卷一百七胡三省注:"骍马县属酒泉郡,盖魏、晋间所置也。"[⑥]西晋、后凉有骍马县,前凉亦设骍马县无疑。《嘉庆重修一统志》安西直隶州"骍马废县,在玉门县界"。

延寿,《晋志》酒泉郡领延寿县,疑前凉亦有延寿县。《嘉庆重修一统志》:"延寿废县,在玉门县东南。"[⑦]

---

①郑炳林:《敦煌地理文书汇辑校注》,第 122 页。

②[北魏]郦道元:《水经注》卷 40,《景印文渊阁四库全书》,第 573 册,第 599 页。

③《元和郡县图志》卷 40《陇右道下·凉州》,第 1024 页。

④《宋书》卷 98《氐胡传》,第 2413 页。

⑤《晋书》卷 122《吕光载记》,第 3059 页。

⑥《资治通鉴》卷 107《晋纪二十九》,胡三省音注,第 3382 页。

⑦《嘉庆重修一统志》卷 279《安西州》,第 13615 页。

凉宁,《晋书·张轨传》:“(张)祚先烝重华母马氏,马氏遂从缉议,命废耀灵为凉宁侯而立祚。”[①]疑前凉置凉宁郡,《十六国春秋辑补·北凉录》:“蒙逊所部酒泉、凉宁二郡叛降于西凉李暠。”[②]《地形志》凉宁郡领园池、贡泽二县。《嘉庆重修一统志》认为凉宁在玉门县境。

西平郡,治西平。汉献帝分金城置西平郡。前凉张轨分西平置晋兴,张骏分西平置湟河西河郡,张天锡又以晋兴、西平二郡迁远,分置广源郡。《晋志》西平郡统西都、临羌、长宁、安夷四县。西平郡统县可考者有:

西平,《张轨传》张轨时有西平人王叔等劫麴恪为主以叛,张玄靓时西平人卫琳据郡叛。《晋书·秃发乌孤载记》乌孤迁都乐都,以“傉檀为车骑大将军、广武公,镇西平”。又“以利鹿孤为凉州牧,镇西平”[③]。《秃发利鹿孤载记》“又徙居于西平”[④]。《秃发傉檀载记》傉檀都乐都,袭沮渠蒙逊番禾郡,“徙三千余家于西平”[⑤]。《十六国春秋辑补》记载永宏二年沮渠蒙逊拔西平,执太守麴承。由此看,前凉至南凉,西平太守治所在西平,西平乃西平郡之附郭县。

临羌,《晋志》西平郡领有临羌县。《十六国春秋辑补·前凉录》:“永嘉四年冬十一月,黄龙出于临羌。”[⑥]《水经注·河水注》羌水“又东

---

①《晋书》卷86《张轨传》,第2245—2246页。

②[北魏]崔鸿编:《十六国春秋》卷94《北凉录一》,《景印文渊阁四库全书》,第463册,第1061页。

③《晋书》卷126《秃发乌孤载记》,第3143页。

④《晋书》卷126《秃发利鹿孤载记》,第3144页。

⑤《晋书》卷126《秃发傉檀载记》,第3154页。

⑥[北魏]崔鸿编:《十六国春秋》卷70《前凉录一》,《景印文渊阁四库全书》,第463册,第889页。

北，经临羌城西，东北流注于湟，湟水又东，经临羌县故城北”①。临羌县在西平西。

安夷，《晋志》西平郡领有安夷县。《晋书·秃发乌孤载记》：“后三岁，徙于乐都，署弟利鹿孤为骠骑大将军、西平公，镇安夷。”②由此推之，前凉有安夷县。《水经注·河水注》湟水经西平：“湟水又东，安夷川水注之，水发远山，西北迳控众川，北屈迳安夷城西北，东入湟水。湟水又东还安夷县故城，城有东西门，去（在）西平亭东七十里。”③

廉川，《晋书·吕光载记》郭馨与杨轨反吕光，“杨轨闻馨走，南奔廉川”④。《资治通鉴》卷一百八胡三省注：“廉川在湟中。”⑤廉川之地在前凉时属张氏辖区，虽此名于后凉初始见，当是前凉政区。

西河郡，治乐都。前凉张氏分西平郡置西河郡。《十六国春秋辑补·前凉录》：“永和九年秋九月，重华欲诛西河相张祚，厩马四十匹其夜无尾。”⑥《晋书·五行志》成帝咸康八年，“是年，张重华在凉州，将诛其西河相张祥（祚），厩马数十匹，同时悉无后尾也”⑦。《宋书·五行志》同。《后凉录》记载郭馨等反吕光，推杨轨为盟主，河西太守程肇谏止，不听，以司马郭纬为西平相率军赴援郭馨。河西即西河。《晋书·吕光

①[北魏]郦道元：《水经注》卷2《河水注》，《景印文渊阁四库全书》，第573册，第41页。

②《晋书》卷126《秃发乌孤载记》，第3143页。

③[北魏]郦道元：《水经注》卷2《河水注》，《景印文渊阁四库全书》，第573册，第42页。

④《晋书》卷122《吕光载记》，第3063页。

⑤《资治通鉴》卷108《晋纪三十》，胡三省音注，第3422页。

⑥[北魏]崔鸿编：《十六国春秋》卷73《前凉录四》，《景印文渊阁四库全书》，第463册，第912页。

⑦《晋书》卷29《五行志》，第905—906页。

载记》:“初,光徙西海郡人于诸郡,至是,……遂相扇动,复徙之西河乐都。”[①]又作乐都郡。《晋书·秃发乌孤载记》:“降光乐都、湟河、浇河三郡。”[②]《元和郡县图志》卷三十九鄯州:“后凉吕光改西平为西河郡。”按:前凉有西河郡,张天锡时有西平相赵疑。后凉西平,西河二郡并存。《元和郡县图志》记载有误。

乐都,《晋志》西平郡统西都县,《隋书·地理志》:“湟水,……旧曰西都,后周置乐都郡。”[③]《吕光载记》称西河乐都,亦证西河郡治乐都县。

破羌,汉县,西晋废入西都县,前凉复置。《张轨传》张楚征西平太守曹祛,“寔诡道出浩亹,战于破羌”[④]。《水经注·河水注》:“湟水又东迳乐都城南,东流,……东迳破羌县故城南。”[⑤]

广源郡,疑治长宁。《元和郡县图志》卷三十九鄯州:“前凉张轨分西平置晋兴郡。张天锡以晋兴、西平二郡辽远,分为广源郡。”[⑥]

长宁,《晋志》西平郡领有长宁县。《张轨传》张寔讨曹祛,“别遣从事田迥、王丰率骑八百自姑臧西南出石驴,据长宁”[⑦]。张祚任西河相,封宁侯。即位后封弟天锡长宁王。《水经注·河水注》湟水经破羌新县:“湟水又东,长宁川水注之。水出松山,东南流,……长宁水又东南,养女川水注之,水发养女北山,有二源……乱流出峡,南迳长宁亭,东城

①《晋书》卷122《吕光载记》,第3060页。

②《晋书》卷126《秃发乌孤载记》,第3142页。

③《隋书》卷29《地理志上》,第814页。

④《晋书》卷86《张轨传》,第2224页。

⑤[北魏]郦道元:《水经注》卷2《河水注》,《景印文渊阁四库全书》,第573册,第42页。

⑥《元和郡县图志》卷39《陇右道上·鄯州》,第991页。

⑦《晋书》卷86《张轨传》,第2224页。

有东西门,东北隅有金城,西平西北四十里。"[①]《十六国春秋辑补·南凉录》建和二年春正月"龙见于长宁"[②]。

绥羌,《南凉录》建和二年春正月"麒麟游于绥羌"[③]。疑前凉置有绥羌县。

广武郡,治枝阳。前凉张寔分金城郡置。《晋书·地理志》:"及张寔,分金城之令居枝阳二县,又立永登县,合三县立广武郡。"[④]张骏置凉州,广武郡属之。《晋书·张轨传》张重华时金城太守降后赵将麻秋,"重华扫境内,使其征南将军裴恒御之。恒壁于广武,欲以持久弊之"[⑤]。麻秋据枹罕,"遣王擢略地晋兴、广武,越洪池岭,至于曲柳,姑臧大震"[⑥]。

枝阳,《晋志》广武郡领有枝阳县。《元和郡县图志》卷三十九:"广武县,本汉枝阳县地,前凉张骏三年分晋兴置广武郡。"后凉置枝阳郡。

令居,《晋志》广武郡领有令居县。《晋书·张轨传》张骏兵败沃干岭,后赵"(刘)胤乘胜追奔,济河,攻陷令居,入据振武,河西大震"[⑦]。又曰:"(韩)璞等退走,追至令居,骏遂失河南之地。"[⑧]

---

①[北魏]郦道元:《水经注》卷2《河水注》,《景印文渊阁四库全书》,第573册,第41页。

②[北魏]崔鸿编:《十六国春秋》卷88《南凉录一》,《景印文渊阁四库全书》,第463册,第1026页。

③[北魏]崔鸿编:《十六国春秋》卷88《南凉录一》,《景印文渊阁四库全书》,第463册,第1026页。

④《晋书》卷14《地理志四》上,第434页。

⑤《晋书》卷86《张轨传》,第2240页。

⑥《晋书》卷86《张轨传》,第2243页。

⑦《晋书》卷86《张轨传》,第2234页。

⑧《晋书》卷86《张轨传》,第2238页。

广武,《旧唐书·地理志》:“广武,汉枝杨县,属金城郡。张骏置广武郡。”[①]后凉继前凉置广武县,《晋书·秃发乌孤载记》:“吕光遣使署为假节,冠军大将军、河西鲜卑大都统、广武县侯。”[②]广武县,分枝阳县置。

永登,《晋志》《十六国春秋辑补·前凉录》广武郡领有永登县。

振武,《晋书·张轨传》张骏时,后赵刘胤“攻陷令居,入据振武”。张重华时谢艾击麻秋,“引师出振武”[③]。《晋书·沮渠蒙逊载记》:“署文支镇东大将军、广武太守、振武侯。”[④]振武县,在永登县西北。

允吾,《晋书·吕光载记》:“光寻擢(尉)祐为宁远将军、金城太守。祐次允吾,袭据外城以叛,祐从弟随据鹯阴以应之。”[⑤]《水经注·河水注》浩亹水“又东流注于湟水,……又东迳允吾县北”[⑥]。《元和郡县图志》卷三十九兰州广武县:“允吾故城,在县西南一百六十里。”[⑦]

晋兴郡,治晋兴。前凉张轨分西平、金城郡置晋兴郡。《晋志》记载:“永宁中,张轨为凉州刺史,镇武威,……又分西平界置晋兴郡,统晋兴、枹罕、永固、临津、临鄣、广昌、大夏、遂兴、罕唐、左南等县。”[⑧]张骏置凉州,领有晋兴郡。又分晋兴郡置兴晋、大夏、永晋等郡。《晋书·张轨传》前凉有晋兴相常璩、晋兴相彭知正。《十六国春秋辑补·西秦

①《旧唐书》卷40《地理志》,第1634页。

②《晋书》卷126《秃发乌孤载记》,第3141页。

③《晋书》卷86《张轨传》,第2241页。

④《晋书》卷129《沮渠蒙逊载记》,第3195页。

⑤《晋书》卷122《吕光载记》,第3056页。

⑥[北魏]郦道元:《水经注》卷2《河水注》,《景印文渊阁四库全书》,第573册,第42页。

⑦《元和郡县图志》卷39《陇右道上·兰州》,第988页。

⑧《晋书》卷14《地理志四》上,第434页。

录》记载南凉有晋兴太守阴畅。

晋兴，《晋志》《前凉录》晋兴郡统有晋兴县。允吾县西四十里有小晋兴城。《水经注·河水注》，湟水“东迳破羌县故城南，……湟水又东南迳小晋兴城北，故都尉治。阚骃曰：允吾县西四十里，有小晋兴城”①。《晋书·吕光载记》：“南羌彭奚念入攻白土，都尉孙峙退奔兴城。”②尉祐据允吾叛，“光将羌飞又击败祐众。祐奔据兴城”③。兴城，疑即晋兴县治晋兴城。

左南，《晋志》《前凉录》张轨置晋兴郡领左南县。《晋书·张轨传》记载张天锡征李俨，使“晋兴相常据为使持节、征东将军，向左南”④。左南县有左南津，河西各政权出兵河南及河南袭击河西，多取道左南。《水经注·河水注》：“河水又东，与漓水合。河水又东迳左南城南。《十三州志》曰：石城西一百四十里有左南城者也，津亦取名焉。”⑤

白土，《晋志》西晋金城郡领有白土县。《晋书·张轨传》记载张天锡征李俨，使“游击将军张统出白土”⑥。《十六国春秋辑补·后凉录》“南羌彭奚念入攻白土，都尉孙峙奔兴城”⑦。“炽磐率众攻秃发傉檀三

---

①[北魏]郦道元：《水经注》卷2《河水注》，《景印文渊阁四库全书》，第573册，第42页。

②《晋书》卷122《吕光载记》，第3059页。

③《晋书》卷122《吕光载记》，第3056页。

④《晋书》卷86《张轨传》，第2250页。

⑤[北魏]郦道元：《水经注》卷2《河水注》，《景印文渊阁四库全书》，第573册，第38页。

⑥《晋书》卷86《张轨传》，第2250页。

⑦[北魏]崔鸿编：《十六国春秋》卷81《后凉录一》，《景印文渊阁四库全书》，第463册，第983页。

河太守昊阴于白土,克之,以出累代为太守。”[①]白土县有白土津,后凉于白土置三河郡。据《水经注·河水注》白土城在临津县北黄河北岸,左南津西六十里。按地望应属晋兴郡。

广昌、临鄣、遂应、罕唐,据《晋志》属晋兴郡。地望无考。

浩亹,《晋志》西晋金城郡领有浩亹县。《晋书·张轨传》张寔征曹祛,“寔诡道出浩亹,战于破羌”[②]。《十六国春秋辑补·后凉录》:“龙飞元年夏四月,五龙见于浩亹。”[③]又《西秦录》乞伏炽磐以王基为晋兴太守镇浩亹。《南凉录》秃发乌孤使从叔吐若留镇浩亹。

湟河郡,治湟河。前凉张氏分西平郡南界置湟河郡,属凉州。《敦煌氾氏人物传》:“氾漫,晋时凉人也。……后为湟河太守,民夷歌德,加陵江将军,转振武将军。”[④]《文献通考》廓州“前凉以其地为湟河郡”[⑤]。《舆地广记》亦曰:“廓州,……前凉置湟河郡。”[⑥]《十六国春秋辑补·北凉录》记载,秃发文支以湟河郡降蒙逊,“自西平已南,连城归顺”[⑦]。北凉有湟河太守王建、沮渠汉平;南凉有湟河太守秃发文支;后凉有湟河太守张稠等。湟河统县可考者有:

---

①[北魏]崔鸿编:《十六国春秋》卷86《西秦录一》,《景印文渊阁四库全书》,第463册,第1010页。

②《晋书》卷86《张轨传》,第2224页。

③[北魏]崔鸿编:《十六国春秋》卷81《后凉录一》,《景印文渊阁四库全书》,第463册,第984页。

④郑炳林:《敦煌地理文书汇辑校注》,第123页。

⑤[元]马端临:《文献通考》卷322《舆地考》八,北京:中华书局,1986年,第2536页上。

⑥[宋]欧阳修:《舆地广记》卷16《陕西秦凤路下》,《景印文渊阁四库全书》,第471册,第364—365页。

⑦[北魏]崔鸿编:《十六国春秋》卷94《北凉录一》,《景印文渊阁四库全书》,第463册,第1065页。

湟河,《晋书·吕光载记》记载吕光讨彭奚念,军于左南,“奚念大惧,于白土津累石为堤,以水自固,遣精兵一万距守河津。光遣将军王宝潜趣上津,夜渡湟河”①。湟河,在白土县西,《水经注·河水注》白土城西有湟河城:“河水又迳石城南,……河水又东迳黄河城南,西北去西平二百一十里。”②黄河城,即湟河城。《十六国春秋辑补·南凉录》秃发利鹿孤迁乐都,以“叔父素渥镇湟河”③;后又以文支镇湟河。前凉湟河郡当统有湟河县。

广威,据《水经注·河水注》湟河城东有广威城:“河水又东北迳黄河城南,……河水又东北迳广违城北。”④广违即广威。《旧唐书·地理志》广威县:“前凉置湟河郡。后魏置石城郡。”⑤由此推测,前凉当有广威县。

邯川,《元和郡县图志》卷三十九廓州米川县:“本前凉张天锡于此置邯川戍,后魏孝昌二年于戍城置广威县。”⑥按:《旧唐书·地理志》廓州有广威,米川县,广威乃北魏石城县。南凉置邯川护军。《晋书·秃发傉檀载记》:“邯川护军孟恺表镇南、湟河太守文支荒酒愎谏,不卹政事。”又曰“邯川人卫章等谋杀孟恺。”⑦《水经注·河水注》:“河水又

①《晋书》卷122《吕光载记》,第3060页。

②[北魏]郦道元:《水经注》卷2《河水注》,《景印文渊阁四库全书》,第573册,第36页。

③[北魏]崔鸿编:《十六国春秋》卷88《南凉录一》,《景印文渊阁四库全书》,第463册,第1024页。

④[北魏]郦道元:《水经注》卷2《河水注》,《景印文渊阁四库全书》,第573册,第36页。

⑤《旧唐书》卷40《地理志》,第1638页。

⑥《元和郡县图志》卷39《陇右道上·廓州》,第994页。

⑦《晋书》卷126《秃发傉檀载记》,第3154—3155页。

东北迳广违城北,……河水又东迳邯川城南。”[①]

(原文发表于《敦煌学辑刊》1993 年第 1 期,第 32—42 页)

①[北魏]郦道元:《水经注》卷 2《河水注》,《景印文渊阁四库全书》,第 573 册,第 36 页。

前凉行政地理区划初探(河州、沙州)

河州,治枹罕。前凉张骏分黄河以南诸郡置河州,以宁戎校尉兼河州刺史。据《晋书·张轨传》张骏以宁戎校尉张瓘为河州刺史,治所在枹罕。《十六国春秋辑补·前凉录》记载"(张)祚宗人河州刺史张瓘时镇枹罕"①。《元和郡县图志》卷三十九河州:"张骏二十一年,以州界辽远,分置河州,以《禹贡》'导河积石,至于龙门',积石州界,故曰河州。"②《旧唐书·地理志》:"枹罕,汉县,……张骏于县置河州。"③前凉河州辖区全部在黄河以南故称河南地。前凉与前赵、后赵、前秦的战争主要在这一带进行,得失几易,疆界伸缩不定,因此郡县的变化也比较大。河州统郡记载不一。《晋书·张轨传》分"东界六郡置河州"④;而《魏书·张寔传》《晋书·地理志》《十六国春秋辑补·前凉录》及《资治通鉴》卷一百胡三省注都记载张骏分东界八郡置河州。《晋志》记载河州所统八郡是兴晋、金城、武始、南安、永晋、大夏、武城、汉中等。其实,无论是六郡,还是八郡,都不能反映前凉在河州设郡的基本状况。据《晋书》《十六国春秋辑补》等史籍考证,前凉在河州辖区设郡有十

---

①[北魏]崔鸿编:《十六国春秋》卷73《前凉录四》,《景印文渊阁四库全书》,台北:商务印书馆,1982年,第463册,第914页。

②《元和郡县图志》卷39《陇右道上·河州》,贺次君点校,北京:中华书局,1983年,第988—989页。

③《旧唐书》卷40《地理志》,北京:中华书局,1975年,第1635页。

④《晋书》卷86《张轨传》,北京:中华书局,1974年,第2237页。

一个。

兴晋郡，治枹罕。前凉张骏分晋兴置兴晋郡。《晋志》《魏书·张寔传》等张骏置河州，领有兴晋郡。《晋书·张轨传》记载："俄而麻秋进攻枹罕，时晋阳太守郎坦以城大难守宜弃外城。"校勘记曰："时晋阳太守郎坦：时，各本作兴，今从殿本'晋阳'。"[①]《通鉴》卷九十九作"晋阳"。据河州统有兴晋郡，时应作兴，阳乃衍字。兴晋郡太守驻枹罕，枹罕乃兴晋郡治所。《元和郡县图志》卷三十九河州："晋惠帝立枹罕护军。前凉张轨保据凉州，立为晋兴郡。"[②]晋兴，应作兴晋。又《资治通鉴》卷一百三记载，前秦以"河州刺史李辩领兴晋太守，还镇枹罕"。胡三省注："兴晋，枹罕，河西张氏皆置为郡。兴晋亦当近枹罕界。"[③]卷一百九记载乞伏乾归以"定州刺史翟瑥为兴晋太守，镇枹罕"[④]。前凉不设枹罕郡，由此得知兴晋郡治枹罕。兴晋郡统县可考者有：

枹罕，张轨置兴晋郡，统有枹罕县，张骏分枹罕等县置兴晋郡。《十六国春秋辑补·前凉录》张轨时"枹罕令严羌妻产一龙一鹫"[⑤]。《晋书·五行下》永嘉"五年五月，枹罕令严根妓产一龙，一女，一鹅"[⑥]。是证前凉设有枹罕县。

永固，本汉白石县，张轨时属晋兴郡，张骏置兴晋郡，改白石为永固县，属兴晋郡。《旧唐书·地理志》河州凤林县："汉白石县，属金城

---

①《晋书》卷86《张轨传》，第2242、2254页。

②《元和郡县图志》卷39《陇右道上》，第988页。

③《资治通鉴》卷一百三《晋纪二十五》，胡三省音注，北京：中华书局，1956年，第3254页。

④《资治通鉴》卷一百九《晋纪三十一》，第3455页。

⑤[北魏]崔鸿编：《十六国春秋》卷73《前凉录四》，《景印文渊阁四库全书》，第463册，第914页。

⑥《晋书》卷29《五行志下》，第909页。

郡。张骏改白石为永固。”[①]《晋书·乞伏炽磐载记》:“又遣其镇东昙达与松寿率骑一万,东讨破休官权小郎……进据白石城。”[②]白石即前凉永固县。按《晋志》记载张轨时有永固县属晋兴郡,《嘉庆重修一统志》兰州府凤林故城:“晋惠帝时,张轨分置永固县,属晋兴郡。……按:汉白石县,晋末,其城尚在。《旧唐志》事谓张氏改为永固,特置于其地耳。《寰宇记》又云张骏八年改,《晋志》张轨时已有永固县,亦非骏改也。”[③]认为永固、白石为两地。

河内,《晋书·张轨传》记载张重华时,石勒将“麻秋又据枹罕,有众十二万,进屯河内,遣王擢略地晋兴、广武,越洪池岭,至于曲柳,姑臧大震”[④]。河内当在枹罕北、晋兴南的缘河一带。

金城郡,治金城。两汉及晋,金城郡属凉州,张骏分置河州,统有金城郡。张轨置晋兴郡,金城郡白土、左南、浩亹三县属晋兴,张寔分金城郡黄河以北境置广武郡。《晋志》金城郡领县五:榆中、允街、金城、白土、浩亹,至此仅统三县。

金城,《晋志》金城郡领有金城县。《十六国春秋辑补·前凉录》后赵麻秋侵前凉,“金城太守张冲降之,县令敦煌车济守节不屈,伏剑而死”[⑤]。是知前凉亦置有金城县。《元和郡县图志》卷三十九兰州五泉县:“五泉县,本汉金城县地,属金城郡。前凉张寔徙金城郡理焉。”[⑥]

允街,前凉金城郡领允街县。《晋志》西晋金城郡统允街县,《宋

---

①《旧唐书》卷40《地理志》,第1635页。

②《晋书》卷125《乞伏炽磐载记》,第3123页。

③《嘉庆重修一统志》卷253《兰州府》,北京:中华书局,1986年,第12668页。

④《晋书》卷86《张轨传》附《张重华传》,第2243页。

⑤[北魏]崔鸿编:《十六国春秋》卷73《前凉录四》,《景印文渊阁四库全书》,第463册,第908页。

⑥《元和郡县图志》卷39《陇右道上》,第987页。

书·鲜卑吐谷浑传》记载:"先是晋末,金城东允街县胡人乞伏乾归拥部众据洮河、罕幵,自号陇西公。"[①]东乃西之误。《水经注·河水注》湟水"又东迳允吾县北,……湟水又东迳允街县故城南,汉宣帝神爵二年,置王莽之修远亭也"[②]。

榆中,《晋志》金城郡领有榆中县,《魏书·地形志》河州金城郡统有榆中县,故前凉金城郡当辖有榆中县。

安故郡,治安故。前凉张氏分陇西郡置,张骏置河州,安故属陇西郡管辖。《晋志》记载:"张茂分武兴、金城、西平、安故为定州。"[③]安故郡当置于张轨时。两汉陇西郡有安故县,晋废。《晋志》《魏书·张寔传》记载张骏时郡中无安故郡,而《通鉴》卷九十七胡三省注中有安故郡,属凉州。按:金城、武始二郡在安故北,属河州,安故亦当属河州。张寔时有安故太守贾骞,《资治通鉴》卷九十建武元年正月:"寔遣太府司马韩璞、抚戎将军张阆等帅步骑一万东击汉;命讨虏将军陈安、安故太守贾骞、陇西太守吴绍各统郡兵为璞前驱。"[④]《晋书·张轨传》:"命讨虏将军陈安、故太守贾赛、陇西太守吴绍各统郡兵为璞前驱。"[⑤]校勘记认为脱一安字。《通鉴》胡三省注认为:"按安故县,二汉属陇西郡。《水经注》:洮水自临洮县东流,又屈而北流,迳安故县故城西,又北流迳狄道县故城西。狄道,时已置武始郡;安故郡,盖即汉之一县置郡。"[⑥]前凉

---

①《宋书》卷96《鲜卑吐谷浑传》,第2372页。

②[北魏]郦道元:《水经注》卷2《河水注》,《景印文渊阁四库全书》,第573册,第41—43页。

③《晋书》卷14《地理志上》,第434页。

④《资治通鉴》卷90《晋纪十二》,第2842页。

⑤《晋书》卷86《张轨传》,第2228—2229页。

⑥《资治通鉴》卷九十《晋纪十二》,第2842页。

安故郡统县有：安故，前凉以安故废县置安故郡。

石门，《晋书·张轨传》记载张骏置有石门屯护军。《魏书·地形志》临洮郡领有石门县，亦前凉之石门屯护军。《水经注·洮水注》："洮水又屈而北，经龙桑城城西而西北流，……又北出门峡，……又北历峡。"[①]门峡，当即石门峡，今有地名石门口，前凉石门当在这一带。

桑城，《晋书·张轨传》："会保为刘曜所逼，迁于桑城，将谋奔寔。"桑城，又称桑壁，延兴三年刘曜攻前凉，遣"呼延寔攻宁羌护军阴鉴于桑壁"[②]。桑城在安故县南。《水经注·洮水注》："洮水又东北，迳桑城东，又北会蓝州水，……历桑城北，东入洮水，……洮水北迳安故县故城西。"[③]前凉当设有桑城县，并于县置宁羌护军。

武始郡，治狄道。前凉张骏分置河州，领有武始郡。《晋志》记载："惠帝分陇西之狄道、临洮、河关，又立洮阳、遂平、武街、始兴、第五、真仇六县，合九县置狄道郡，属秦州。张骏分属凉州，又以狄道县立武始郡。"[④]凉州乃河州之误。武始郡由晋狄道郡改。除临洮、洮阳别置郡外，武始郡统县有七：

狄道，《晋志》前凉武始郡治狄道县。《晋书·张轨传》："及石勒杀刘曜，骏因长安乱，复收河南地，至于狄道。"[⑤]《水经注·河水注》："洮

---

①[北魏]郦道元：《水经注》卷2《洮水注》，《景印文渊阁四库全书》，第573册，第39页。

②《晋书》卷86《张轨传》，第2230—2231页。

③[北魏]郦道元：《水经注》卷2《洮水注》，《景印文渊阁四库全书》，第573册，第39页。

④《晋书》卷14《地理志上》，第436页。

⑤《晋书》卷86《张轨传》，第2243页。

水北迳安故县故城西，……洮水又北迳狄道故城西。阚骃曰：今曰武始也。”[①]

武街，《晋志》晋惠帝置狄道郡，领有武街县《晋书·张轨传》张骏置有武街屯护军；《十六国春秋辑补·前凉录》：“未几，虎遣将军王擢袭武街，执护军曹权胡宣等，徙七千余户于雍州。”[②]武街在狄道县东南，《水经注·洮水注》：“……滥水又西北，迳武阶城南，又西北迳狄道故城东，……滥水又西北，流注于洮水。”[③]武阶即武街，前凉武始郡当领有武街县。

始兴，《晋志》狄道郡领始兴郡。前凉亦有始兴县，《晋书·石季龙载记》：“麻秋寻次曲柳，刘宁、王擢进攻晋兴武街。”校勘记曰：“晋兴，各本晋兴作始兴。”[④]

第五、真仇、遂平，《晋志》惠帝置属武始郡。疑前凉置有这三县。

大夏郡，治大夏。前凉张骏置河州，统有大夏郡。《晋志》载张轨置晋兴郡领大夏县，张骏分晋兴郡大夏等县置大夏郡。《晋书·张轨传》记载张重华时，“季龙又令麻秋进陷大夏，大夏护军梁式执太守宋晏，以城应秋”[⑤]。《资治通鉴》卷一百一胡三省注：“宋白曰，张骏十八年，分武始、兴晋、广武置大夏郡；唐为大夏县，属河州。”[⑥]《元和郡县图

---

①[北魏]郦道元：《水经注》卷2《洮水注》，《景印文渊阁四库全书》，第573册，第39页。

②[北魏]崔鸿编：《十六国春秋》卷73《前凉录四》，《景印文渊阁四库全书》，第463册，第908页。

③[北魏]郦道元：《水经注》卷2《洮水注》，《景印文渊阁四库全书》，第573册，第40页。

④《晋书》卷107《石季龙载记》下，第2781、2799页。

⑤《晋书》卷86《张轨传》，第2241页。

⑥《资治通鉴》卷101《晋纪二十三》，第3204页。

志》卷三十九河州大夏县、《旧唐书·地理志》记载张骏于大夏县置大夏郡。大夏郡辖县当于武始、广武、兴晋三县中求之。

大夏,前凉张轨置晋兴郡领大夏县,后张骏分晋兴等郡置大夏郡于大夏县。《元和郡县图志》卷三九河州:"大夏县,本汉旧县,属陇西郡。前凉置大夏郡,县属焉。"[①]《旧唐书·地理志》河州:"大夏,汉县,属陇西郡。张骏于县置大夏郡及县,取西大夏水为名。"[②]《太平寰宇记》卷一五四河州大夏县,"《十六国春秋》云:张骏十八年,分武始、晋兴、广武置大夏郡及县,取县西大夏水为名"[③]。《资治通鉴》卷九七胡三省注:"大夏县,汉属陇西郡;张轨分属晋兴郡,后又置大夏郡。"[④]是知前凉大夏郡领有大夏县。

河关,西晋属狄道郡,前凉初因之,后置武始郡,以河关县属焉。河关县在大夏北,武始郡在大夏南,以地理位置论,当属大夏郡。

宛戍,《十六国春秋辑补·前凉录》后赵将麻秋"进陷大夏,大夏护军梁式执太守宋晏以城应之。遗书诱致宛戍都尉宋矩,矩乃自刎"[⑤]。宛戍属大夏郡。

金剑,《太平寰宇记》卷一五四大夏县:"金剑山在县西二十里,亦有金剑故城,一号金柳城,前凉曾为金剑县于其中。"[⑥]前凉所置金剑

---

①《元和郡县图志》卷39《陇右道上》,第990页。

②《旧唐书》卷40《地理志》,第1635页。

③[宋]乐史:《太平寰宇记》卷154《陇右道三·河州》,《景印文渊阁四库全书》,第470册,第446页。

④《资治通鉴》卷97《晋纪十九》,第3072页。

⑤[北魏]崔鸿编:《十六国春秋》卷73《前凉录四》,《景印文渊阁四库全书》,第463册,第908页。

⑥[宋]乐史:《太平寰宇记》卷154《陇右道三·河州》,《景印文渊阁四库全书》,第470册,第446页。

县应属大夏郡。

南安郡，治豲道。《晋志》前凉张骏分置河州，领有南安郡。《晋书·张轨传》记载张寔遣韩璞等伐刘曜，“及璞次南安，诸羌断军路，相持百余日，粮竭矢尽”[①]。张茂时，“(陈)珍募发氐羌之众，击曜走之，克服南安”[②]。以陇西、南安置秦州。张骏“使将军宋辑、魏纂将兵徙陇西、南安二千余家于姑臧”[③]。南安郡领县，据《晋志》统县三：豲道、新兴、中陶。《魏书·地形志》南安郡领县二：桓道、中陶。桓道即豲道。

豲道，《晋志》《地形志》南安郡领有豲道县。《元和郡县图志》卷三十九渭州陇西县：“本汉豲道县也，属天水郡，后汉末于此置南安郡。”[④]故前凉南安郡当领有豲道县。

中陶，《晋志》《地形志》南安郡领有中陶县，故知前凉置有中陶县。

广晋郡，治彰。《晋志》《魏书·地形志》《魏书·张寔传》不记广晋郡。见载于《晋书·凉武昭王李玄盛传》和《十六国春秋辑补·西凉录》。《西凉录》记载晋义熙元年，“遣舍人黄始、梁兴间行奉袠诣京师曰：‘……臣之群僚，以臣高祖东莞太守雍、曾祖北地太守柔，荷宠前朝，参忝时务。伯祖(祖)龙骧将军广晋太守长宁侯卓、亡祖武卫将军天水太守安世亭侯弇，毗佐凉州，著功秦陇，特(殊)宠之隆，勒于天府。’”《晋书·凉武昭王李玄盛传》记载相同。由“毗佐凉州，著功秦陇”[⑤]看，广晋与天水一样，当设在天水、陇西一带。“祖弇，仕张轨为武卫将军、

①《晋书》卷86《张轨传》，第2229页。

②《晋书》卷86《张轨传》，第2232页。

③《晋书》卷86《张轨传》，第2238页。

④《元和郡县图志》卷39《陇右道上》，第984页。

⑤《晋书》卷87《凉武昭王李玄盛传》，第2260页。

安世亭侯。”[①]卓与弇为同时代人，卓为广晋太守长宁侯；前凉曾置广源郡于长宁县。由此推之，广晋郡当前凉张轨时置。据《资治通鉴》西秦置有广宁郡：“南安诸羌万余人叛秦，推南安将军、督八郡诸军事、广宁太守焦遗为主。”[②]广宁郡疑由前凉广晋郡改。前凉以晋臣自居，所置晋兴、永晋、兴晋、广晋等郡都有规复晋土之意，对于与东晋、前凉为敌的少数民族来说，难以接受，很可能在后赵（或前秦）改广晋为广宁郡。《地形志》广宁郡领县二：彰，新兴。

彰，《嘉庆重修一统志》巩昌府认为西秦广宁郡治彰县，《地形志》广宁郡领有彰县，疑前凉广晋都领有彰县。

新兴，西晋属南安，北魏属广宁，疑前凉属广晋郡。

陇西郡，治襄武。《晋志》《魏书·张寔传》张骏置河州，统郡中无陇西郡。据《晋书·张轨传》张寔时有陇西太守吴绍；张茂时“（刘）曜阴欲引归，声言要先取陇西，然后回灭桑壁”[③]。前凉张茂又使韩璞等取陇西、南安之地以置秦州；张骏使宋辑等徙陇西、南安人二千余家于姑臧；后赵灭亡，王擢降张重华，“复授擢兵，使攻秦州，克之。……太尉桓温入关，时王擢屯陇西”[④]。张玄靓时陇西人李俨“诛大姓彭姚，自立于陇右，奉中兴年号，百姓悦之”[⑤]。天锡时李俨又降前凉。从记载看，整个前凉时期，陇西郡基本始终存在。又南安郡在陇西东南，故前凉河州领有陇西郡。《晋志》陇西郡领有襄武、首阳、狄道、临洮，晋惠帝分狄道、临洮置狄道郡，故陇西郡统县有二：

①《晋书》卷87《凉武昭王李玄盛传》，第2257页。

②《资治通鉴》卷121《宋纪三》，第3825页。

③《晋书》卷86《张轨传》，第2232页。

④《晋书》卷86《张轨传》，第2244—2247页。

⑤《晋书》卷86《张轨传》，第2248页。

襄武,《晋志》《魏书·地形志》陇西郡治襄武县,故前凉陇西郡领有襄武县。

首阳,《晋志》《魏书·地形志》陇西郡领有首阳县,前凉陇西郡当领有首阳县。

武城郡,治武城。《晋志》《魏书·张寔传》及《十六国春秋辑补·前凉录》前凉河州领有武城郡。永和三年后赵将麻秋攻枹罕,武城太守张悛与兴晋太守郎坦助宁戎校尉张璩守枹罕。关于武城郡位置,《嘉庆重修一统志》兰州府:"武城废郡,在河州东。晋时,前凉张氏置。《十六国春秋》咸康元年,张骏分武城郡属河州。永和初,赵将麻秋来伐,武城太守张悛同守枹罕。又西秦乞伏国仁,亦置武城郡。"[①]顾祖禹《读史方舆纪要》卷五十九认为在河州东南:"武城山,在府东南。"武城县"盖以山名县也,武城县盖后魏置,旋废,故志不载"[②]。《嘉庆重修一统志》巩昌府宁远县有武城山、武城水。武城山在宁远县西南六十里,武城川水,在宁远县西南。前凉、北魏于此置武城县,县在南安东,今武山县境。《水经注·渭水注》:"(新兴川)又东北注于渭水,渭水又东迳武城县西,武城川水入焉,津源所导,出鹿部西山。"[③]前凉武城郡为因武城县而置。西秦乞伏国仁亦置有武城郡,乞伏国仁据陇西起事,所置十二郡皆在陇西左右,天水、略阳、武阳在其东,漒川、甘松、白马在其西,安故、武始、菀川在其北,西不越洮水。大夏、枹罕仍控制在秦将

---

①《嘉庆重修一统志》卷253《兰州府》,第12669—12670页。

②[清]顾祖禹:《读史方舆纪要》卷59《陕西八》,北京:中华书局,2005年,第2812页。

③[北魏]郦道元:《水经注》卷17《渭水注》,《景印文渊阁四库全书》,第573册,第275页。

毛兴、卫平手中。因此武城郡只能在武城县。前凉张重华时,因与后赵发生战争,武始等郡都丢失了,武城太守率部西撤枹罕,并很可能一度寄理河州枹罕东部。

武城,《晋志》《魏书·地形志》没有武城县,见载于《水经注》,疑武城县设于前凉。

武阳,《晋书·乞伏国仁载记》有武阳郡。《水经注·渭水注》:"渭水又东迳武城县西,武城川入焉,……渭水又东入武阳川。"[①]西秦之武阳郡疑因前代武阳县置,武阳疑置于前凉。

汉中郡,治临洮。《晋志》《魏书·张寔传》前凉张骏分置河州,统有汉中郡。《续汉书·郡国志》天水郡后汉明帝永平十七年更名汉阳,以境南有西汉水而名之。《水经注·漾水注》漾水又名西汉水。《羌水注》载嘉陵江又称西汉水。临洮、甘松一带正处于西汉水两条支流之间,前凉很可能将这一带称作汉中郡。西秦于这一带置甘松、漒川、白马、略阳诸郡。北魏置临洮、洪和二郡。汉中郡统县可考者有:

临洮,北晋属陇西郡,惠帝分属狄道郡,疑前凉于县置汉中郡。《晋书·张轨传》记载刘曜将刘咸伐前凉,"临洮人翟楷、石琮等逐令长,以县应曜,河西大震"[②]。张骏时刘曜攻枹罕,"骏使韩璞、辛岩率步骑二万击之,战于临洮,大为曜军所败"[③]。

水池,《地形志》洪和郡"水池,真君四年置郡,后改"[④]。疑水池县置于前凉。

---

①[北魏]郦道元:《水经注》卷17《渭水注》,《景印文渊阁四库全书》,第573册,第275页。

②《晋书》卷86《张轨传》,第2231页。

③《晋书》卷86《张轨传》,第2238页。

④《魏书》卷106《地形志二》下,第2620页。

赤水，西秦于赤水初置略阳郡。后置梁州，《地形志》临洮郡统有赤水县。《晋书·乞伏乾归载记》："因率骑二万讨吐谷浑支统阿若干于赤水，大破降之。"[①]《乞伏炽磐载记》："遣其将昙达、王松寿等讨南羌弥姐康薄于赤水，降之。"[②]《嘉庆重修一统志》巩昌府："赤水废县，在岷州东北，古索西城也。"[③]《水经注·洮水注》："洮水又东北流，屈而迳索西城西。……赤水城亦曰临洮东城也。"《沙州记》曰："从东洮至西洮，一百二十里者也。"[④]赤水县，疑置于前凉。

洮阳，晋惠帝置洮阳县以属狄道郡，前凉当分属汉中郡。

甘松，《晋书·张轨传》记载张骏置甘松护军。西秦因之置甘松郡。据《元和郡县图志》卷三十九芳州常芬县有甘松府，当是前凉甘松县地。

候和，《张轨传》记载张骏置候和护军，《晋书·苻坚载记》记载王猛救李俨，使王抚守候和。《资治通鉴》卷七八胡三省注，"《水经注》：洮水迳洮阳城，又东迳共和山南，城在四山中，又东迳迷和城北。意候和即此地也"[⑤]。

漒川，《张轨传》载张骏置有漒川护军。《晋书·乞伏炽磐载记》载炽磐击南羌于赤水，"炽磐攻漒川，师次沓中"。又"遣其左卫匹逵、建威梯君等讨彭利和于漒川，大破之，利和单骑奔仇池"[⑥]。西秦置益州

①《晋书》卷125《乞伏乾归载记》，第3122页。

②《晋书》卷125《乞伏炽磐载记》，第3124页。

③《嘉庆重修一统志》卷256《巩昌府》，第12802页。

④[北魏]郦道元：《水经注》卷2《洮水注》，《景印文渊阁四库全书》，第573册，第39页。

⑤《资治通鉴》卷78《魏纪十》，第2461—2462页。

⑥《晋书》卷125《乞伏炽磐载记》，第3124—3125页。

于南漒。

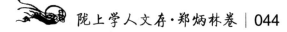

永晋郡,疑治治城。《晋志》前凉张骏分置河州,统有永晋郡。《十六国春秋辑补·前凉录》同。永晋郡疑同兴晋、大夏郡一样,当分晋兴郡置。其地理位置史籍不载,据《张轨传》张骏以东界六郡置河州,当在黄河之南。按河州诸郡设置的地理位置,东部有金城、武始、安故、陇西、南安、武城等郡,中部有大夏、兴晋、汉中等郡,唯西北部不见设郡。据《十六国春秋辑补》枹罕西北有治城、谭郊等县,即前凉置。疑前凉永晋郡置于此。

治城,前凉分临津县置。《读史方舆纪要》卷六十河州:"治城,在州西北百十里,晋时前凉张氏所置城也。"[①]西秦继之有治城县。《十六国春秋辑补·西秦录》沮渠蒙逊伐西秦,"南安太守翟承伯等据罕开谷以应蒙逊,暮末击破之,进至治城"。蒙逊又遣沮渠兴国击西秦,"暮末逆击兴国于治城,擒之,追击遣击蒙逊至于谭郊"[②]。治城县有河津,《夏录》记载赫连定被北魏所迫,"拥秦民十万余口,自治城济河"。《水经注·河水注》白土城南有临津县,在枹罕西北,治城当分临津县置。

谭郊,《十六国春秋辑补·西秦录》乞伏公府杀乾归,南奔嵻崀南山,"追获之,并其四子轘之于谭郊"[③]。沮渠兴国击暮末,"暮末逆击兴国于治城,擒之,追击遣击蒙逊至于谭郊"。谭郊在治城西北。疑前凉于此置县。

临津,前凉分西平、金城置晋兴郡,辖有临津县,张骏置永晋郡,

---

①[清]顾祖禹:《读史方舆纪要》卷60《陕西九》,第2883页。

②[北魏]崔鸿编:《十六国春秋》卷86《西秦录二》,《景印文渊阁四库全书》,第463册,第1017页。

③[北魏]崔鸿编:《十六国春秋》卷85《西秦录一》,《景印文渊阁四库全书》,第463册,第1010页。

按地理位置当统有临津县。《水经注·河水注》:“河水又东迳邯川城南,……河水又东,临津溪水注之,水自南山北迳临津城西,而北流注于河。河水又东迳临津城北,白土城南。”[①]《敦煌氾氏人物传》:“氾漫者,晋时凉人也。性沉邃有志行,凉王举秀才,拜临津都尉。”[②]

盘夷,《晋书·吕光载记》记载南羌彭奚念入攻白土县,“武贲吕纂、强弩窦苟率步骑五千南讨彭奚念,战于盘夷,大败而归”[③]。疑前凉置有盘夷县。

沙州,治敦煌,前凉张骏分玉门以西诸郡置沙州,以西胡校尉杨宣为刺史,治所在敦煌。《元和郡县图志》卷四十沙州:“前凉张骏于此置沙州,盖因鸣沙山为名。……以西胡校尉杨宣为刺史,后三年宣让州,复改为敦煌郡。”[④]《晋书·地理志》张骏分“敦煌、晋昌、高昌、西域都护、戊己校尉、玉门大护军三郡三营为沙州。……张祚又以敦煌郡为商州”[⑤]。商州疑为沙州之误。《晋书·凉武昭王李玄盛传》:“吕光末,京兆段业自称凉州牧,以敦煌太守赵郡孟敏为沙州刺史。”[⑥]《敦煌氾氏人物传》记载氾存于凉文王张骏时,“托以他事还郡,为沙州记室从事”[⑦]。沙州统郡,《晋书·张轨传》记载:“又分州西界三郡置沙州。”[⑧]三郡所指,《魏书·张寔传》记载张骏分“敦煌、晋昌、高昌、西域都护、戊

①[北魏]郦道元:《水经注》卷2《河水注》,《景印文渊阁四库全书》,第573册,第36页。

②郑炳林:《敦煌地理文书汇辑校注》,兰州:甘肃教育出版社,1989年,第123页。

③《晋书》卷122《吕光载记》,第3059页。

④《元和郡县图志》卷40《陇右道下》,第1025页。

⑤《晋书》卷14《地理志上》,第434页。

⑥《晋书》卷87《凉武昭王李玄盛传》,第2257页。

⑦郑炳林:《敦煌地理文书汇辑校注》,第122页。

⑧《晋书》卷86《张轨传》,第2237页。

己校尉、玉门大护军，三郡三营为沙州，以西胡校尉杨宣为刺史”[1]。《十六国春秋辑补》与此同。《晋志》原缺高昌郡，中华书局本据《魏书·张寔传》增补高昌郡，《资治通鉴》卷九十七胡三省注亦曰：“《晋志》惟载敦煌、晋昌二郡，……而一郡不见于史，盖缺文也。”[2]我们据《十六国春秋辑补·前凉录》张祚于“骏之二十一年，拜延兴太守，封长宁侯”[3]。是沙州又统有延兴郡。《敦煌氾氏人物传》记载有冥安郡。所以三郡最初不包括高昌郡，后戊己校尉赵贞投降，始以高昌置郡。

敦煌郡，治敦煌。《晋志》《魏书·张寔传》《十六国春秋辑补·前凉录》张骏置沙州，统有敦煌郡。《晋书·张轨传》记载张骏擢黄斌为敦煌太守。《晋志》记载敦煌郡统县十二：昌蒲、敦煌、龙勒、阳关、效谷、广至、宜禾、冥安、深泉、伊吾、新乡、乾齐。惠帝分宜禾、伊吾、冥安、深泉、广至等五县属晋昌。又新乡、乾齐二县在晋昌以东，不应属前凉敦煌县。这样前凉时敦煌郡统县仅有五个：

敦煌，《晋志》敦煌郡领敦煌县。前凉因之。

阳关，《晋志》敦煌郡统有阳关县，《元和郡县图志》卷四十沙州寿昌县：“阳关，在县西六里，以居玉门关南，故曰阳关。本汉置也，谓之南道，西趣鄯善、莎车。后魏尝于此置阳关县，周废。”[4]由此得知前凉置有阳关县。

效谷，《晋志》敦煌郡领有效谷县。北凉继前凉置有效谷县，《晋书·凉武昭王李玄盛传》，“吕光末，京兆段业自称凉州牧，……署玄盛

---

①《魏书》卷99《私署凉州牧张寔传》，第2195页。

②《资治通鉴》卷97《晋纪十九》，第3068页。

③[北魏]崔鸿编：《十六国春秋》卷73《前凉录四》，《景印文渊阁四库全书》，第463册，第912页。

④《元和郡县图志》卷40《陇右道下》，第1027页。

为效谷令”[1]。《嘉庆重修一统志》安西直隶州:“效谷废县,在敦煌县西。……《十六国春秋》:段业时,沙州刺史孟敏署李暠为效谷令。”[2] S.2005《沙州督府图经》:“古效谷城,右在州东北卅里,是汉时效谷县。……后秦苻坚(汉献帝)建元廿一年,为酒泉人黄花(华)攻破,遂即废坏。”是证效谷县在沙州东。

凉兴,前凉新置县。《敦煌氾氏人物传》氾漫“至后梁(凉)主即位,漫以佐命之功,封安乐亭侯,拜凉兴令”[3]。《晋书·凉武昭王李玄盛传》记载:“(段)业乃杀嗣,遣使谢玄盛,分敦煌之凉兴、乌泽,晋昌之宜禾三县为凉兴郡。”[4]是知凉兴置于前凉。S.788《沙州图经》:“凉兴胡(湖)泊,县西北一百五十余里。”P.2691《沙州城土境》:“兴胡泊一,州西北一百一十里。”兴胡泊即凉兴湖泊,凉兴县,当置于这一带。《隋书·地理志》敦煌郡:“常乐,后魏置常乐郡。后周并凉兴、大至、冥安、闰泉,合为凉兴县。开皇初郡废。”[5]

乌泽,《李玄盛传》《十六国春秋辑补·西凉录》以敦煌郡乌泽县等属凉兴郡。疑前凉敦煌郡置有乌泽县。

龙勒,《晋志》敦煌郡领龙勒县。《寿昌县地境》、S.788《沙州图经》记载寿昌乃汉龙勒县,北魏正光六年改为寿昌郡。《隋书·地理志》记载后周并敦煌、龙勒等六县为鸣沙县。是证前凉亦有龙勒县。

昌蒲,《晋志》敦煌郡领昌蒲县。疑前凉置有昌蒲县。

晋昌郡,治冥安。晋惠帝分敦煌、酒泉置晋昌郡,张骏又分晋昌置

---

①《晋书》卷87《凉武昭王李玄盛传》,第2257页。

②《嘉庆重修一统志》卷279《安西州》,第13614页。

③郑炳林:《敦煌地理文书汇辑校注》,第123页。

④《晋书》卷87《凉武昭王李玄盛传》,第2258页。

⑤《隋书》卷29《地理志》上,第816页。

延兴郡。《晋志》记载:“元康五年,惠帝分敦煌郡之宜禾、伊吾、冥安、深泉、广至等五县,又分酒泉之沙头县,又别立会稽、新乡,凡八县为晋昌郡。”[①]《敦煌氾氏人物传》作冥安郡:“氾祎,字休臧,晋冥安太守,素刚直。”[②]历官福禄令、居延令,张茂、张寔时人。可能在前凉初以晋昌郡改作冥安郡。张骏时,又分晋昌郡之会稽、新乡等县置延兴郡。

冥安,《晋志》惠帝分敦煌之冥安属晋昌郡。据《隋书·地理志》记载北魏亦有冥安县。是前凉设有冥安县。《元和郡县图志》卷四十:“晋昌县,本汉冥安县,属敦煌郡,因县界冥水为名也。晋元康中改属晋昌郡,周武帝省入凉兴郡。”[③]

宜禾,《晋志》晋昌郡领有宜禾县,《李玄盛传》段业以晋昌之宜禾属凉兴郡。是知前凉有宜禾县。《元和郡县图志》卷四十常乐县:“本汉广至县,……魏分广至置宜禾县,后魏明帝改置常乐郡。”[④]《旧唐书·地理志》:“常乐,汉广至县,属敦煌郡。魏分广至置宜禾县。李暠于此置凉兴郡。”[⑤]

伊吾,《晋志》晋昌郡统有伊吾县,前凉继晋置有伊吾县。《十六国春秋辑补·前凉录》:“索浮,……骏怒,出为伊吾都尉,累迁张掖太守。”《元和郡县图志》卷四十伊州:“至魏立伊吾县,晋立伊吾都尉,并寄理敦煌北界,非今之伊州。”[⑥]《文献通考》卷三二二《舆地八》:“晋

①《晋书》卷 14《地理志上》,第 434 页。
②郑炳林:《敦煌地理文书汇辑校注》,第 121 页。
③《元和郡县图志》卷 40《陇右道下》,第 1028 页。
④《元和郡县图志》卷 40《陇右道下》,第 1028 页。
⑤《旧唐书》卷 40《地理志三》,第 1643 页。
⑥《元和郡县图志》卷 40《陇右道下》,第 1029 页。

昌，唐县，有伊吾故城。”①《嘉庆重修一统志》安西直隶州：“伊吾废县，在州北，晋置。初属敦煌郡，元康五年，分属晋昌郡，后魏废。《通典》：在晋昌县北。”②

渊泉，《晋志》晋昌郡领有深泉县，校注曰：“深泉，《考异》：渊泉作深泉，避唐讳。”③《隋书·地理志》：“常乐，后魏置常乐郡，后周并凉兴、大至、冥安、闰泉，合为凉兴县。”④闰泉即渊泉，据此前凉置有渊泉县。

延兴郡，治延兴。前凉张氏分酒泉之玉门、晋昌之会稽、新乡，又别立延兴县，置延兴郡。北凉继之，西凉分延兴置玉门郡、会稽郡。《隋书·地理志》曰：“玉门，后魏会稽郡。后周废郡，并会稽、新乡、延兴为会稽县。”⑤张骏时有延兴骏，《十六国春秋辑补·前凉录》张骏二十一年，拜张祚延兴太守、封长宁侯。延兴郡统县可考者有：

延兴，前凉置，后周并入会稽县。

玉门，西晋属酒泉郡，前凉分属延兴郡。

会稽，《晋书》会稽县属晋昌郡。前凉张氏分会稽县属延兴郡。《十六国春秋辑补·西凉录》载阚玖官至会稽令，西凉因之置会稽构。《嘉庆重修一统志》安西直隶州：“玉门县……东晋时，西凉分置会稽郡。”⑥又《读史方舆纪要》卷六十三肃州卫：“会稽城在玉门故城西，汉沙头县地。”⑦

---

①[元]马端临：《文献通考》卷322《舆地考八》，北京：中华书局，2015年，第2536页上。

②《嘉庆重修一统志》卷279《安西州》，第13614页。

③《晋书》卷14《地理志上》，第445页。

④《隋书》卷29《地理志上》，第816页。

⑤《隋书》卷29《地理志上》，第816页。

⑥《嘉庆重修一统志》卷279《安西州》，第13599页。

⑦[清]顾祖禹：《读史方舆纪要》卷63《陕西十二》，第2983页。

沙头,《晋志》沙头县初属酒泉郡,晋惠帝置晋昌郡,又分属晋昌郡。后置延兴郡,又属之。《十六国春秋辑补·北凉录》北凉酒泉王德叛降西凉,“蒙逊追至沙头,大破之,掳其妻子部曲而还”①。按地理位置应属延兴郡。

新乡,《晋志》晋惠帝置新乡县属晋昌郡。前凉分属延兴郡。《晋书·张轨传》记载,“骏观兵新乡,狩于北野,因讨轲没虏,破之”②。《隋书·地理志》后周并新乡入会稽县。

乾齐,《晋志》属敦煌郡。《嘉庆重修一统志》安西直隶州“乾齐废县,在玉门县西南,……晋改属敦煌郡,后魏省”③。按地理位置,疑前凉属延兴郡。

高昌郡,治高昌。西晋及前凉初置戊己校尉,张骏于此置高昌郡。《魏书·高昌传》:“汉西域长史、戊己校尉并居于此。晋以其地为高昌郡,张轨、吕光、沮渠蒙逊据河西,皆置太守以统之。”④此处记载高昌郡设置时间有误。据《晋书·张轨传》记载,张骏之前有戊己校尉治高昌:“初,戊己校尉赵贞不附于骏,至是,骏击擒之,以其地为高昌郡。”⑤《元和郡县图志》卷四十西州:“晋成帝咸和中,张骏置高昌郡。”⑥《旧唐书·地理志》高昌“张骏置高昌郡,后魏因之”⑦。《通典·州郡四》同。《太平寰宇记》卷一五六西州:“地势高敞,人庶昌盛,故立高昌垒,……

---

①[北魏]崔鸿编:《十六国春秋》卷94《北凉录一》,《景印文渊阁四库全书》,第463册,第1060页。

②《晋书》卷86《张轨传》,第2235页。

③《嘉庆重修一统志》卷279《安西州》,第13616页。

④《魏书》卷101《高昌传》,第2243页。

⑤《晋书》卷86《张轨传》,第2238页。

⑥《元和郡县图志》卷40《陇右道下》,第1031页。

⑦《旧唐书》卷40《地理志三》,第1645页。

其实本中州人,故以高昌为地之称,晋咸和中,张骏于此立高昌郡。"[1]关于高昌郡领县,《通典》《旧唐书》《北史·西域传》《太平寰宇记》等记载高昌有八城,即八县,即前凉初置郡时统县,今可考者五县。

高昌,《晋书·张轨传》张寔时有高昌侯隗谨。TAMI 号出土《西凉建初十四年韩渠妻随葬衣物疏》记载高昌郡领有高昌县。是北凉继前凉置高昌郡及高昌县。

横截,《十六国春秋辑补·北凉录》:"时安周屯横截城, 和攻拔之。"[2]《魏书·唐和传》同。横截城即横截县,TAM22《横截县被符查鹿角文书》(北凉),北凉横截县当继前凉设置。高昌王国时升为郡。

田地,《太平寰宇记》卷一五四:"高昌县,……本晋田地县之地,按《舆地志》云:晋咸和二年,置高昌郡立田地县。"[3]北凉高昌郡统有田地县:TKM91《建□某年兵曹下高昌、横截、田地三县符为发骑守海事》(北凉)、TKM96《功曹下田地县符为以孙改补孝廉事》(北凉)。高昌王国升之为郡。

高宁,《十六国春秋辑补·北凉录》:"(唐和)又攻拔高宁、白力二城,遣使请降于魏。"[4]《魏书·唐和传》:"又克高宁、白力二城,斩其戍主。"[5]TKM91《高宁县上言》(北凉),北凉高宁县当继前凉置。

---

①[宋]乐史:《太平寰宇记》卷 156《陇右道七·西州》,《景印文渊阁四库全书》,第 470 册,第 457 页。

②[北魏]崔鸿编:《十六国春秋》卷 96《北凉录三》,《景印文渊阁四库全书》,第 463 册,第 1080 页。

③[宋]乐史:《太平寰宇记》卷 156《陇右道七·西州》,《景印文渊阁四库全书》,第 470 册,第 458 页。

④[北魏]崔鸿编:《十六国春秋》卷 96《北凉录三》,《景印文渊阁四库全书》,第 463 册,第 1080 页。

⑤《魏书》卷 43《唐和传》,第 962 页。

白力，《北凉录》《魏书·唐和传》记载北凉高昌郡有白力城，即白力县。

戊己校尉，前凉张氏继西晋置有戊己校尉，治所在高昌。张骏置沙州，以戊己校尉属之。《晋书·张轨传》记载张骏时有戊己校尉赵贞；《晋志》《魏书·张寔传》及《十六国春秋辑补·前凉录》记载张骏分置沙州统有戊己校尉。

西域长史，治楼兰。《晋志》《魏书·张寔传》沙州领有西域都护。据《晋书·张轨传》记载张轨时有西域长史李柏。海头楼兰遗址发现有李柏文书。前凉西域都护疑由西域长史改置。

玉门大护军，治玉门。《晋志》《魏书·张赛传》沙州领有玉门大护军。

通过以上考证，得知前凉置郡三十二，设县可考者一百四十多。其中凉州统都十八，县八十多；河州统郡十一，县三十六；沙州统郡四，县二十三。但这还不能完整地反映前凉的政区面貌，在郡一级后凉、北凉、西凉都设凉宁郡，没有记载设郡的时间，还不能肯定凉宁郡是设于后凉还是继前凉之制。至于县一级行政单位，因史籍记载不足，缺漏当然十分严重。所以本文所探，只能反映前凉政区的一般状况。这些郡县在区域分布上也是不平衡的，河州分布稀疏，而凉州分布密集，最密集的是在姑臧周围的武威等五郡。就所知设县来说，前凉置县比西晋增加了一倍。

前凉政区，是在不断增设和析分。张轨时的一州之地，至张寔、张茂时分为凉、定二州，又增设秦州于南安。至张骏分凉、河、沙三州，此后变动不大。而县的设置更多更加紊乱，武威一郡，西晋统县七，前凉分为四郡，统县二十四。在名称上武兴郡有襄武县，陇西郡亦有襄武县；汉中郡有临洮县，西郡亦领有临洮郡。其增设的县，一部分是继两汉旧县而重置。另一部是新设的县及侨置县。

前凉政区变化的原因主要有三：

第一，大量移民进入前凉辖区。尤其以武兴郡的设置最为显著，它是为安置秦、雍移民而设的。移民的迁入有三方面：一、永嘉之乱，中原战乱，一直漫延到关中、陇右，广大汉族人民迫于战争的威胁，纷纷西迁到凉州，《晋书·张轨传》“中州避难来者日月相继”[①]。二、西晋军队被前赵击败之后逃往凉州，晋愍帝被俘，南阳王司马保以宗室的威望，号召秦陇、关中起兵反抗，不久兵败身死，其所率军队万余人逃往凉州；后赵灭亡，后赵将王擢率部投降凉州。三、强制迁徙，前凉先后与前赵、后赵、前秦为邻，疆域随战争的胜败而伸缩；在收缩时大量秦陇人民被迁入河西。张骏时“（王）惧为刘曜所逼，使将军宋辑、魏纂将兵徙陇西、南安人二千余家于姑臧”[②]。武威之祖厉、鹑阴是张轨迁原来两县人于武威置县。前凉与前赵等三个政权的战争主要是争夺人口，敦煌的李、辛、麹原望陇西、金城，徙居敦煌是战争的结果。前凉河西出现大量新设县及侨置县，也说明中原及秦陇人民大量西移。

第二，夸耀强盛。张轨、张寔、张茂做凉州牧，以晋臣自居。至张骏东面尽有陇右，西擒赵贞、征服西域，建宫置省，始称凉王，在政区上除了置州而外，大量设新郡，高昌、延兴、西何、永晋、兴晋、大夏、汉中、武城、湟河等皆置于此时，其中晋兴析分为四，西平析分为三，分武始置汉中，分南安置武城。如果说前凉张氏在河西地区置郡是为了安置移民，那么在河南地区土不见广、人不见增的情况下而增置郡县，显然是为了夸耀强盛。

第三，战争的需要。以前凉整个疆域分析，三州划分是迫于战争

---

①《晋书》卷86《张轨传》，第2225页。

②《晋书》卷86《张轨传》，第2238页。

的需要。前凉的凉州是本土,东有黄河、洪池岭为障,南阻祁连、南山,北隔大漠、北山,西有玉门、西郡峡口之险,利于防守;包有湟水平原及马城河、弱水、会水等经济区,物质力量雄厚。沙州所统诸郡、营,都处东来西往的咽喉要地,是前凉西部一个完整的防御体系,保护前凉西陲安全和控制西域诸国。河州统郡十一,是前凉的东部防线,前凉与前赵、后赵、前秦的战争主要以河州为中心进行。将河南地诸郡划分为一个政区单元,便于战争中统一指挥。后赵将麻秋以十二万大军久攻枹罕不下,石虎叹曰:"吾以偏师定天下,今以天下之师困于枹罕。"

前凉的行政地理区划对后凉、西凉、南凉、北凉、西秦及北魏政区都有很大的影响。后凉沿袭前凉制度,稍有增设,分张掖置西安郡,改西平为乐都郡,分湟河置浇河郡,分晋兴置三河郡。西凉有敦煌、高昌、晋昌、会稽、玉门、凉宁、广夏、酒泉、西海、建康、凉兴、新城、堪泉、张掖、武威、武兴诸郡,即在前凉建康、西海以西诸郡基础上大规模析分、侨置而来。北凉在后凉的基础上将原有的郡再分割,分西安置金山郡,分张掖置临池郡等。南凉在前凉、后凉的基础上除分乐都置湟川郡外,基本沿袭旧制。西秦在前凉、后凉基础上,改广晋为广宁、罡汉中,又增置苑川、西安、武威、秦兴、白马、漒川、甘松、略阳等郡。北魏在陇右河西继五凉西秦旧规稍加调整。

(原文发表于《敦煌学辑刊》1993年第2期,第69—80页、第101页)

晚唐五代敦煌归义军行政区划制度研究（之一）

晚唐五代敦煌归义军政权的疆域演变，我们以前曾经做了研究[①]，但晚唐五代敦煌归义军政权的行政区划制度到目前为止还没有人进行研究。归义军政权的行政区划是归义军史研究中的关键问题，只有弄清归义军行政区划，归义军史研究的其他问题才能得到解决，所以晚唐五代敦煌归义军行政区划制度是归义军史研究中非常重要的问题。8世纪后期吐蕃人占领唐朝河西节度使驻地敦煌，完成了对河西陇右及西域地区的占领，一方面他们采用唐朝的制度在河州、鄯州、凉州、瓜州等地设立节度使建制，在其他州县设立都督等官职进行管理；另外一方面将吐蕃地区的节儿、部落使等制度搬到河西陇右地区，取消了唐代的乡里制度，特别在敦煌地区实行蕃汉两套行政管理官职。[②]归义军政权建立后，以恢复唐朝在敦煌及河西的行政区划制度为目的，除了张承奉自称金山国以外，归义军政权大部分时间都是

①郑炳林：《晚唐五代归义军疆域演变研究》，《历史地理》第15辑，1999年，第56—73页。

②王继光、郑炳林：《敦煌汉文吐蕃史料综述——兼论吐蕃控制时期的职官制与统治政策》，《中国藏学》1994年第3期，第44—45页；郑炳林、屈直敏：《晚唐五代兰州建置隶属辨析》，载金钰铭主编：《兰州历史地理研究》，兰州：兰州大学出版社，1999年，第187—191页。

作为唐朝或五代时期中原王朝的一个藩镇出现的，因此归义军政权的最高行政区划是州。唐代的军等军事建制，归义军时期也恢复了起来，每个州基本都设有军，一般来说归义军时期的州刺史都兼领军使之职；在县一级行政单位不但恢复了唐代的旧县，而且又将唐代的镇、守捉等军事建制增设为县。我们从敦煌文献中可以看出来，归义军时期出现了一些新的县名，而这些县在两唐书《地理志》中都没有记载。归义军政权长期处于诸少数民族的包围之中，即所谓"四面六蕃围"，经常战争不断，为了防御周边诸少数民族对敦煌归义军政权的侵犯和骚扰，消除其对归义军政权的威胁，从归义军政权建立伊始，军镇就普遍设立，有州的地方都设置军，有县的地方都设置镇，县之外的军事要地也设置了许多镇。在行政区划上表现出来了一种地方特点，即州军并置、镇县并置。但是在县镇一级，县令与镇遏使不互相兼任，县令行使其行政管理职能，镇遏使行使其军事防御职能。除了军、镇之外，归义军政权还在其统辖区划分了几个军事防御区域，肃州防戍都和凉州防戍都等，后期由于管辖范围不断缩小，仅保瓜沙二州之地，故在金山国和曹氏归义军时期，东部控制在昌马河新乡镇和新城镇、玉门镇一线，西部大部分时间辖区都在寿昌县一带，作为军事防御区域的防戍都废而不置。

关于晚唐五代敦煌归义军政权的行政区划制度的设置情况，新旧《唐书·地理志》《元和郡县图志》《通典》等史书都没有记载。敦煌文献发现以来，特别是散藏世界各地的敦煌文献相继刊布，为解决这一问题创造了条件。敦煌文献中有很多关于归义军政权行政区划设置的直接或间接的记载，这些文献虽然零散琐碎，只要对之进行爬梳，考校研究，分类排比，归义军政权的行政区划制度大致面貌还是可以弄清楚的。为了方便研究，我们将逐州逐县进行研究考证。

关于晚唐五代敦煌归义军政权州一级政区设置的情况，其设置数量是随着归义军的疆域变化而变化的。大中二年(848)归义军取得瓜、沙二州之地,大中三年收复了甘、肃二州,大中四年取得伊州,咸通二年(861)取得凉州,归义军的管辖范围“西尽伊吾,东接灵武,得地四千余里,户口百万之众。六郡山河,宛然而旧”。到张淮深任归义军节度使的乾符二年(875),伊州被回鹘占领,在《张淮深变文》中提到“秉节河西理五州”,称天使“又见甘、凉、瓜、肃,雉堞凋残,居人与蕃丑为肩,衣着岂忘于左衽,独有沙州一郡,人物风华,一同内地”[①]。这表明在张淮深担任归义军节度使的后期,归义军政权的管辖范围已剩沙、瓜、肃、甘、凉五州之地。金山国及以后的曹氏归义军政权仅保瓜沙二州之地,直到归义军灭亡,也无太大的变化。

沙州

沙州是晚唐五代敦煌归义军节度使的治所所在,归义军政权于大中二年(848)一建立,沙州的建制就被恢复起来。《敕河西节度兵部尚书张公德政之碑》记载归义军收复敦煌之后就设置有沙州,首任归义军沙州刺史是张议潭:“皇考,讳议潭,前沙州刺史、金紫光禄大夫、检校鸿胪太卿,守左散骑常侍,赐紫金鱼袋。”[②]张议潭出任沙州刺史仅此一见。根据《唐会要》卷七州县改置下陇右道沙州条、《旧唐书·宣宗纪》《资治通鉴》等记载,大中五年(851)张议潮遣其兄张议潭入朝,被唐朝留作人质,张议潮又以议潭子淮深继承父职,仕沙州刺史:“公则故太保之贵侄也。芝兰异馥,美彻窗闻,诏令承父之任,充沙州刺

①王重民等编:《敦煌变文集》,北京:人民文学出版社,1957年,第121—128页;郑炳林《敦煌本〈张淮深变文〉研究》,《西北民族研究》1994年第1期,第142—155页。

②荣新江:《敦煌写本〈敕河西兵部尚书张公德政之碑〉校考》,见《周一良先生八十生日纪念论文集》,北京:中国社科学出版社,1993年,第206—216页。

史、左骁卫大将军。”[①] 张淮深任沙州刺史一直到咸通八年(867)。莫高窟第 156 窟甬道南壁第 2 身供养人题:“侄男银青光禄大夫检校太子宾客上柱国[左骁卫]大将军使持节诸军[事沙州刺史]紫金鱼袋淮深一心供养。”[②]虽然“太保(张议潮)咸通八年归阙之日,河西军务,封章陈款,总委侄男淮深”,但直到咸通十三年(872)张议潮病死之前,张淮深的正式官职还是沙州刺史。张球撰写于咸通八年初的 P.3425《金光明变相一铺》记载张淮深的结衔是:“使持节沙州刺史充归义军兵马留后使当管营田等使左骁卫大将军赐紫金鱼袋。”[③] S.10602《归义军节度使张议潮奏表》记载张淮深的职官是沙州刺史。[④] P.3720《悟真告身》第四件记载咸通十年张淮深的结衔是“河西道沙州诸军事兼沙州刺[史]御史中丞”[⑤]。第四件黄牒唐悟真的僧官是“释门河西都僧统摄沙州僧政法律三学教主洪辩, 入朝使沙州释门义学都法律师悟真”。前者是张淮深在敦煌地区的自称官职,后者是唐朝中央认可的张淮深在敦煌的官职。这些记载表明归义军政权一建立就恢复了唐朝沙州建制。按照唐朝的制度,节度使治所所在之州,不设置刺史而设置长史之职。从张淮深之后,归义军政权基本按照唐朝的制度实行的。

---

①荣新江:《敦煌写本〈敕河西兵部尚书张公德政之碑〉校考》,载《周一良先生八十生日纪念论文集》,第 206—216 页。

②敦煌研究院:《敦煌莫高窟供养人题记》, 北京: 文物出版社,1983 年,第 735 页。

③荣新江:《归义军史研究——唐宋时代敦煌历史考索》,上海:上海古籍出版社,1996 年,第 81 页。

④荣新江:《英国图书馆藏敦煌汉文非佛教文献残卷目录(S.6981~13624)》,台北:新文丰出版公司,1994 年,第 48 页。

⑤唐耕耦、陆宏基编:《敦煌社会经济文献真迹释录》第 4 辑,北京:全国图书文献缩微复制中心,1990 年,第 32 页。

继张淮深之后是索勋之父索琪担任沙州长史之职，见载于《大唐河西道归义军节度索公纪德之碑》："父琪，前任敦煌郡长史，赠御史中丞。早承高荫，咸显才能；儒雅派衍，弓裘不□□□（堕，于时）宣宗启运，乃眷西顾。太保东归，□平□义。河西克复，昔年土宇，一旦光辉，没□□□□□。"[①]由 P.3410《崇恩析产遗嘱》得知，大中十二年（858）左右索琪的官职还是都督，又张淮深在咸通十二年（871）时的官职还是沙州刺史，因此索琪出任沙州刺史的时间当在咸通十二年之后。

索琪之后出任沙州长史者见载于敦煌文献的是李弘愿。《唐宗子陇西李氏再修功德记》记载："长男使持节沙州诸军事□沙州刺史兼节度副使、检校右散骑常侍、御史大夫、上柱国弘愿，辅唐忧国，正立祥风，忠孝颇恳于君亲，礼让靡亡于伯玉，六条布化，千里随车，人歌来慕之谣，永颂龚黄之绩。"根据荣新江先生的研究，李弘愿是以长史的身份诛灭索勋的，长史就成了他的固定称号，到他执掌归义军大权时，改称沙州刺史。敦煌文书中还记载有好几位任职长史的人，他们的官职很可能就是沙州长史。如上引碑文记载李弘谏的结衔是"朝议郎前守左神武将军长史兼侍御史"[②]，李弘谏出任长史，又 P.3418《唐沙州诸乡欠枝夫人户名目》记载敦煌乡不纳枝户中有"长史李弘谏欠三十一束"。至于李弘谏的长史是否就是沙州行政长官，还待进一步研究。到曹氏归义军时期，从敦煌文书的记载看，沙州刺史一职被恢复了。P.4909《辛巳年（981）十二月十三日后诸色破用历》："三月一

①郑炳林：《〈索勋纪德碑〉研究》，《敦煌学辑刊》1994 年第 2 期，第 61—76 页。

②李永宁：《敦煌莫高窟碑文录及有关问题（一）》，《敦煌研究》1982 年第 1 期，第 56—79 页。

日，看刺史使君面伍斗煮油用。"S.6452《壬午年(982)净土寺常住库酒破历》记载四月："七日，酒壹瓮，刺史亡用。"①这两件文书记载的刺史都是指沙州刺史之职。

瓜州

瓜州是张议潮大中二年收复瓜、沙二州之后，与沙州同时恢复的唐朝建制。《敕河西节度兵部尚书张公德政之碑》记载："敦煌、晋昌，收复已讫，时当大中二载。"归义军政权最早出任瓜州刺史者，根据敦煌文献的记载是阎英达。P.4660《阎英达邈真赞并序》：

> 银青光禄大夫检校国子祭酒使持节瓜州诸军事守瓜州刺史兼御史中丞赐紫金鱼袋上柱国阎公邈真赞并序……元戎大将，许国分忧。助开河陇，秘策难俦。先施百战，复进七州。功藏府库，好爵来醻，圣恩高奖，宠寄无休。晋昌太守，墨离之侯。②

根据《通鉴考异》引《实录》的记载，阎英达在大中五年时的官职是部落使，又根据P.3410《崇恩析产遗嘱》记载，当时作为见证人和收益人的阎英达，他的官职是大将。索崇恩死于咸通十年，因此P.3410《崇恩析产遗嘱》的写作年代应当是咸通十年，表明直到咸通十年阎英达还没有出任瓜州刺史一职。阎英达出任瓜州刺史亦见载于S.5697《申报河西政情状》："奉前后文，□阎使君等同行安置，瓜州所有利害事由，并与阎使君状咨申同。缘河西诸州，蕃浑嗢末羌龙狡杂，

---

①唐耕耦、陆宏基编：《敦煌社会经济文献真迹释录》第3辑，第185、224—226页。

②郑炳林：《敦煌碑铭赞辑释》，兰州：甘肃教育出版社，1992年，第160页。

极难调伏。”[①]唐耕耦判定为占领河西之前，应是归义军时期的文书，阎使君当指阎英达。继阎英达之后康使君又出任了瓜州刺史之职。P.4660《康使君邈真赞并序》记载：

> 银青光禄大夫检校太子宾客使持节瓜州诸军事守瓜州刺史兼左威卫将军赐紫金鱼袋上柱国康使君邈真赞并序……伟哉康公，族氏豪宗。生知礼仪，禀气恢宏。夙标勇捍，早著骁雄。练磨星剑，蕴习武功。虚弦落雁，射比冯蒙。辕门处职，节下高踪。助开河陇，有始有终。南征北伐，自西自东。三场入战，八阵先冲。前贤接踵，后背卧龙。荐其术业，名称九重。银章紫绶，鱼符九通。一身崇秩，荣耀多丛。领郡晋昌，百里宣风。刚柔正直，率下劝农。[②]

这篇邈真赞的写作年代，根据P.4660号的排列年代顺序应当是乾符六年(879)，说明康使君出任瓜州刺史的时间在乾符三年(876)到乾符六年。康使君之后出任瓜州刺史的是索勋，索勋出任瓜州刺史见载于《大唐河西道归义军节度索公纪德之碑》：

> 公则我河西节度张太保之子婿也，武冠当时，文兼识达，得抉轟之上策，□□□□□明主□□□□□皇王之□□。□韬钤而五凉廓清，布鹤列而生擒六戎。□□□□姑臧宄扰，□□□□□□□□□。上褒厥功，特授昭武校尉持节瓜州诸□□□□墨离军押蕃落□□□□□□史。继先人之阀阅，不丑于荀彧；效忠烈于□□，□□□牢。落□天□□□□□□□外，乏金汤之险。自从莅守，葺以貌全，筑巍□□□

---

①郑炳林：《敦煌碑铭赞三篇证误与考释》，《敦煌学辑刊》1992年第1、2期，第96—103页。

②郑炳林：《敦煌碑铭赞辑释》，第151页。

□□□烟布□疆□□□□□□□□之名郡。厥田唯上，周回万顷，沃壤肥农，溉用都河，□□□□，□□□□，积为□□；河道不通，渠流顿绝。洎从分竹，乃运神机；土宇宏张，延堤□□，□□□□，□□腾飞。□□□□则，残功俄就。布磐石，拥云汉，川响波澜。众流辐凑，□□□□□□□□□濡西成□□□威感神，灵踪□应，水源均布，人无荷锸之劳。鼓腹□□□□□□□□设法以济人；摧漯圮楼台，悉置功而再治。①

索勋出任瓜州刺史还见载于P.4638《瓜州牒状》，牒文称：

牒河西开复，绵地数千。建旗起自于龙沙，袭逐远闻于破竹……索中承出身陇上，文武双兼。有陈安抚养之能，怀介子馘戎之效。一从旌旆，十载征途。铁衣被于严霜，出剑几劳于大汉。积功累效，岂丑于曹参；向国输诚，无惭于己信。况当亲懿，德合潘阳；久辅辕门，颇修职业。专城符竹，须藉仁明；剖析疆场，必凭武略。切以晋昌古郡，曾驻全军，城坚凤鸟之形，地控天山之险。必资果敢，共助皇风。继接连营，共每曹公之术。事须请守使持节瓜州刺史，乃便交割印文，表次闻奏。②

由于这篇文书的具体写作年代不能确定，所以索勋出任瓜州刺史的时间还无法确定。我们只有根据康使君病死于乾符六年(879)而推测索勋出任瓜州刺史的时间是乾符六年。

索勋担任瓜州刺史多长时间，敦煌文书没有具体的记载。索勋于景福元年(892)任归义军节度使，次年被李氏推翻，这一阶段任瓜州

①郑炳林：《〈索勋纪德碑〉研究》，《敦煌学辑刊》1994年第2期，第61—76页。

②唐耕耦、陆宏基编：《敦煌社会经济文献真迹释录》第4辑，第374页。

刺史的人敦煌文献缺载。索勋之后敦煌文献见载出任瓜州刺史的是李弘定。竖立于敦煌莫高窟第148窟南厢《唐宗子陇西李氏再修功德记》及P.4640《大唐宗子陇西李氏再修功德记》有关于李弘定担任瓜州刺史的详细记载：

> 次男使持节瓜州刺史、墨离军押蕃落等使、兼御史大夫弘定，文武全才，英雄贾勇。晋昌要险，能布颇牧之威；巨野大荒，屏荡匈奴之迹。挟纩有幽于士卒，泯燧不丑于襄阳。都河自注，神知有道之君；积贮万厢，东郡著雕金之好。①

P.3718《李绍宗(润晟)邈真赞并序》记载：

> 府君讳绍宗(旁注：润晟)，字继祖，即前河西一十一州节度使张太保[外]孙，使持节墨离军诸军事守瓜州刺史银青光禄大夫检校左散骑常侍兼御史大夫李公长(次)子矣。②

李弘定担任瓜州刺史之职又见载于敦煌莫高窟第9窟供养人题记：

> ……瓜州刺史……光禄大夫检校左□□□□□□□□(散骑常侍兼御史)大夫上柱国□(陇)西李弘定一心供养。③

从这些记载中得知，归义军政权的瓜州刺史兼任墨离军押蕃落等使之职。这表明归义军时期唐朝的墨离军建制已经得到了恢复，同唐代的情况差不多，都是以瓜州刺史加使持节瓜州诸军事兼任墨离军使。

①郑炳林：《敦煌碑铭赞辑释》，第41—53页。

②郑炳林：《敦煌碑铭赞辑释》，第466—469页。

③敦煌研究院：《敦煌莫高窟供养人题记》，第6页。

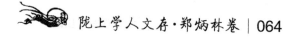

继李弘定之后是一位张姓人出任瓜州刺史，P.3556《周故敦煌郡灵修寺阇梨尼临坛供奉大德沙门张氏香号戒珠邈真赞并序》记载曰：

阇梨者，即前河西陇右一十一州张太保之贵侄也，父墨离军诸军事使[持节]守瓜州刺史金紫光禄大夫检校工部尚书兼御史大夫上柱国张公之的子矣。①

李正宇先生认为这位担任瓜州刺史的张公就是张议潭。②但据《敕河西节度兵部尚书张公德政之碑》，张议潭没有担任过瓜州刺史。咸通十三年张议潮病逝，时年七十四，而张议潭病死时也是七十四岁，因此张议潭死于咸通十三年（872）以前，张戒珠死于后周时（951—960），中间相差约80多年，所以这位张公不可能是张议潭，张戒珠不是张议潭之女。这位担任瓜州刺史的张公当另有其人，我们推测这位张公是继李弘定之后出任瓜州刺史的。

从敦煌文献的记载得知出任瓜州刺史的，还有五代时的慕容归盈。慕容归盈是曹议金任归义军节度使时出任瓜州刺史的，《旧五代史》《新五代史》《册府元龟》、敦煌文献、莫高窟及榆林窟供养人题记都有关于慕容归盈担任瓜州刺史时入贡的大量记载，学术界也有很多研究。关于慕容归盈的生平事迹及出任瓜州刺史的时间，郭锋先生曾经作了专门的考证和研究，认为慕容归盈出任瓜州刺史的时间是914—940年③。慕容归盈的影响一直到开宝四年(971)还很大，瓜州的僧俗官吏还上报沙州归义军政权要求为慕容归盈建立祠庙。

---

①郑炳林：《敦煌碑铭赞辑释》，第398—399页。

②李正宇：《敦煌地区古代祠庙寺观简志》，《敦煌学辑刊》1988年第1、2期，第70—85页。

③郭锋：《慕容归盈与瓜沙曹氏》，《敦煌学辑刊》1989年第1期，第90—106页。

随着归义军政权管辖的范围越来越小，瓜州在归义军政权中的地位越来越重要，自从慕容归盈死后，瓜州刺史便不再让异姓人担任，曹氏归义军时期出任瓜州刺史、瓜州团练使、瓜州防御使者，根据史书记载有曹元忠、曹元恭、曹延继、曹延恭、曹延晨、曹延瑞、曹宗寿、曹宗文、曹贤惠等。[①]

肃州

大中三年(849)张议潮收复甘、肃二州之后，就恢复唐代肃州的建制。《敕河西节度兵部尚书张公德政之碑》记载大中二年收复敦煌、晋昌，“次屠张掖、酒泉，攻城野战，不逾星岁，克获两州”，由此得知归义军收复肃州、甘州是在大中三年。根据S.2589《唐中和四年(884)十一月一日肃州防戍都营田康使君县丞张胜君等状》的记载，唐中和四年(884)时肃州还在归义军的控制之下，有肃州建制，且从这卷文书我们还可以看出肃州之下领有县。S.389《肃州防戍都状》：

> 肃州防戍都状上
>
> 右当都两军军将及百姓，并平善，堤备一切仍旧。自十月卅日崔大夫到城家，军将索仁安等便将本州印与崔大夫。其大夫称授防御使讫，全不授其副使。

退浑及通颊 羌等250余人投靠肃州。S.6333《肃州防戍都状上》记载“肃州防戍都状上。右盖缘防戍有限，遂……”[②]至于归义军何时

---

①罗振玉：《瓜沙曹氏年表》，《雪堂丛刻》；姜亮夫：《瓜沙曹氏年表补正》，《杭州大学学报(哲学社会科学版)》1980年第1—2期，第86—105页；贺世哲，孙修身：《〈瓜沙曹氏年表补正〉之补正》，《甘肃师范大学学报》1980年第3期，第72—81页。

②S.2589、S.389、S.6333。参唐耕耦、陆宏基编：《敦煌社会经济文献真迹释录》第4辑，第485—490页。

放弃了肃州，敦煌文书没有明确的记载，根据我们推测，是在金山国时期。曹氏归义军时期曾经与甘州回鹘在张掖、酒泉多次发生战争，力图恢复归义军初期的疆域范围，但是都没有成功。

甘州

甘州是与肃州同时收复并恢复的唐代州制。大中三年(849)，张议潮收复张掖，随即恢复了唐甘州建制。P.4660《康通信邈真赞》记载康通信曾任甘州删丹镇使①，证实甘州中和元年(881)以前得到了恢复。S.2589《唐中和四年(884)十一月一日肃州防戍都营田康使君县丞张胜君等状》记载："其甘州共回鹘和断未定，二百回鹘常在甘州左右捉道劫掠，甘州自胡进达去后，更无人来往。"S.389《肃州防戍都状》记载甘州："又今月七日，甘州人杨略奴等五人充使到肃州称，其甘州吐蕃三百，细小相兼伍百余众……我甘州便共回鹘为一家，讨尔嗢末，莫道不报。"从这篇文书记载看，甘州的局势动荡不定，回鹘势力有所增长，但是甘州的局势还控制在归义军政权手中，特别是甘州刺史还由归义军政权任命。乾宁二年(895)李氏诛灭索勋之后，李明振第三子李弘谏出任甘州刺史。《唐宗子陇西李氏再修功德记》记载曰："次男使持节甘州刺史兼御史中丞上柱国弘谏，飞骑拔拒，唯庆忌而难酬；七步穿杨，非由基而莫比。洎分符张掖，政恤茕孤。布皇化于专城，悬鱼发咏。"又，P.3418《唐沙州诸乡欠枝夫人户名目》记载敦煌乡全不纳户中有"长史李弘谏欠三十一束"。关于P.3418号的年代，从本件文书的记载平康乡全不纳户中有" 张怀政欠枝五束""阴仁贵枝三十一束"；敦煌乡欠枝户中有"慕容归盈欠二十束"；赤心乡全不

①郑炳林：《敦煌碑铭赞辑释》，第114页。

纳户中有"郎君李弘定三十三束"。由是得知,P.3418号的写作年代是在乾宁元年以前。文中记载的长史李弘谏显然不是指出任甘州刺史时的官职,当是乾宁元年以前在归义军政权中的任职。

关于甘州何时被甘州回鹘所占领,敦煌文献没有明确的记载,从记载张承奉称西汉金山国的《龙泉神剑歌》《白雀歌》记载来看,大约在900年前后[①],归义军政权失去了甘州。曹氏归义军政权时期,虽然曹议金执政时期,归义军曾经两次派兵攻打甘州,但是没有任何结果,最后归义军政权不得不同甘州回鹘言和,建立姻亲关系。

凉州

凉州是张议潮于唐咸通二年(861)收复的。《敕河西节度兵部尚书张公德政之碑》记载:

> 姑臧虽众,忽见神兵动地而至,无心掉战,有意逃形,奔投星宿、岭南,葛偷生于海畔。我军乘胜逼逐,掳群畜以川量,掠其郊野,兵粮足而有剩。

但是,没有记载收复凉州的具体时间,《新唐书·吐蕃传》记载咸通二年张议潮收复凉州,而《新唐书·懿宗纪》记作唐咸通三年张议潮克凉州。S.6342《张议潮咸通二年收复凉州奏表并批答》曰:

> 张议潮奏:咸通二年收复凉州……伏以凉州是国家边界,嗢末百姓,本是河西陇右陷没子将,国家弃掷不收,变成部落……今若废凉州一境,则自灵武西去,为毳幕所居。比年使州县辛勤,却是羯胡修建,言之可为痛惜。今凉州之界,咫尺帝乡,有兵为藩垣,有地为襟带,扼西戎之冲要,为东夏

①郑炳林:《晚唐五代归义军疆域演变研究》,《历史地理》第15辑,1999年,第56—73页。

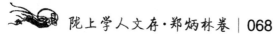

关防，捉守则内有金汤之安，废指(置)则外无墙堑之固。[①]

表明归义军政权在咸通八年(867)以前已有凉州的设置。关于凉州刺史的设置，敦煌文书没有明确的记载。《唐宗子陇西再修功德记》记载李明振于大中年间(847—860)任凉州司马：

公其时也，始蒙表荐，因依献捷，亲拜彤廷。宣宗临轩，问其所以。公[具]家谍，面奏玉阶。上冲容破颜，群公愕视。乃从别敕授凉州司马、检校国子祭酒、兼御史中丞上柱国，赐金银宝贝。诏命陪臣，乃归戎幕。二十余载，河右麾戈，拔帜抉纛。龙颜尽展，克复神乌，而一戎衣。

根据P.4640《大唐宗子陇西李氏再修功德记碑》记载：

公其时也，始蒙表荐，因依献捷，亲拜彤廷。宣宗临轩，问其所以。公(具)家谍，面奏玉阶。上亦冲融破颜，群公愕视。乃从别敕授凉州司马，赐金银宝贝。[②]

P.4615、P.4010《李端公讳明振墓志铭》记载李明振的官衔是"唐故河西节度凉州左司马检校国子祭酒兼御史中丞上柱国"[③]。P.3720《阴海晏墓志铭并序》记载"皇父，凉州防御使上柱国讳季丰"。P.2482《阴善雄墓志并序》记载"皇祖敕授凉州防御使、检校工部尚书、兼御史大夫上柱国讳季丰"[④]。这些记载都表明早在凉州还没有收复时，归义军及唐朝已经预先置凉州官吏，因此凉州一收复，恢复唐朝凉州的建制就是必然的了。虽然不见凉州刺史的记载，但是凉州防御使的设置，足以说明凉州当时已经恢复。

---

①唐耕耦、陆宏基编：《敦煌社会经济文献真迹释录》第4辑，第363—364页。

②郑炳林：《敦煌碑铭赞辑释》，第41—53页。

③郑炳林：《敦煌碑铭赞辑释》，第293—299页。

④郑炳林：《敦煌碑铭赞辑释》，第280—284页。

至于归义军政权何时放弃凉州的控制权，敦煌文书没有明确的记载，但是我们从敦煌文书的间接记载可以推测出，归义军政权失去凉州的控制权的具体时间，S.2589《唐中和四年(884)十一月一日肃州防戍都营田康使君县丞张胜君等状》记载凉州的形势：

……路过到凉州，其同行回鹘使并……游弈使白永吉、押衙阴清儿等，十月十八日平善已达嘉麟，缘凉州闹乱，郑尚书共□□□□之次，不敢东行，宋润盈一行□□凉州未发。

由此看凉州是由郑尚书来管辖，很可能是唐中央直接派官吏军队来对凉州实施行政管理的。唐朝中央何时从归义军手中收回凉州的行政控制权，敦煌文书没有明确的记载，但是有一点是明确的，就是在中和四年以前归义军已经失去了凉州的控制权。S.389《肃州防戍都状》记载凉州嗢末：

二乃有妹一人，先嫁与凉州田特啰禄，其妹夫身死，取前件妹兼取肃州旧人户十家五家，其肃州印，崔大夫称不将与凉州防御使，去不得，其索仁安临发之时，且称将去，发后，其印避崔大夫，衷私在氾建立边留下……其使今即未回，其龙王衷私发遣僧一人，于凉州嗢末首令边充使。

这里反映出两种情况，即凉州嗢末和凉州防御使，似乎凉州的居民是嗢末人，总的局势是由嗢末人所控制，而凉州防御使是由归义军派出的，凉州还控制在归义军政权手中。

P.2482《阴善雄墓志铭并序》记载："皇祖敕授凉州防御使、兼御史大夫、上柱国讳季丰，门承礼训，代袭温良，行洁贞松，无幽不察。故得威临大郡，政化先彰，安边效静塞之功，奉主运子房之策。"P.3720《阴海晏墓志铭并序》："皇父，凉州防御使上柱国讳季丰。"①阴季丰出

①郑炳林：《敦煌碑铭赞辑释》，第261—265页。

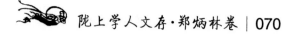

任凉州防御使的时间，敦煌文献没有明确的记载。P.3569《酒户马三娘龙粉堆状》是马三娘等上给归义军官府的状文，状后有张淮深的批署："付阴季丰算过。廿二日。淮。"批署之后是勘算每笔酒支出的细目，末尾有阴季丰的署名："光启三年四月日押衙阴季丰状。"[①]由此得知光启三年(887)阴季丰的官职是归义军节度押衙，主管归义军酒司事务。那么阴季丰出任凉州防御使是887年之后，归义军政权失去凉州是在阴季丰任凉州防御使之后。

伊州

敦煌归义军政权对伊州的管辖大约是从大中四年到乾符三年(850—876)这段时间。张议潮收复伊州的时间，《敕河西节度兵部尚书张公德政之碑》没有记载，在S.366《沙州伊州地志》记载："伊州……大业六年于城东买地置伊吾郡，隋乱，复没于胡。贞观四年，首领石高年率七城来降，我唐始置伊州。宝应中陷吐蕃。大中四年，张议潮收复，因沙州卌户居之，羌龙杂处，约一千三百人。"[②]这是关于张议潮收复伊州具体时间的唯一记载。张议潮对伊州的收复并不是全部，仅仅取得了伊州的一部分土地。P.2962《张议潮变文》记载：

> 敦煌西北一千里镇伊州城西有纳职县，其时回鹘及吐浑居住在彼，频来抄劫沙州，俘虏人物，侵夺畜牧，曾无暂安。仆射乃于大中十年六月六日，亲统甲兵，诣彼击逐伐除。不经旬月中间，即至纳职城……仆射与犬羊决战一阵，回鹘大败，各自苍黄抛弃鞍马，走投入纳职城，把劳(牢)而守。于是中军举华(画)角，连击铮铮，四面□兵，收夺驮马之类一

---

①唐耕耦、陆宏基编：《敦煌社会经济文献真迹释录》第4辑，第622—624页。

②郑炳林：《敦煌地理文书汇辑校注》，兰州：甘肃教育出版社，1989年，第65—73页。

万头匹。我军大胜,匹骑不输,遂即收兵,即望沙州而返。

至(大中)十一年八月五日,伊州刺史王清和差走马使至,云:"有背叛回鹘五百余帐,首领翟都督等将回鹘百姓已到伊州侧(后缺)"。①

从变文的记载得知,张议潮对伊州的收复并不全面,张议潮虽然恢复了唐伊州建制,但是纳职县还被回鹘所占领,张议潮多次对居住于纳职城的回鹘用兵,但没有收复纳职城。除了王清和出任伊州刺史而外,敦煌文书P.4660《敦煌名人名僧邈真赞集》中还记载有一位伊州刺史:

故前伊州刺史改授左威卫将军银青光禄大夫检校太子宾客殿中侍御临(淄)左公赞……封疆受土,典郡西陲。四方使达,君命应期。尽忠奉国,尽节众推。名高凤阙,玉塞声飞。②

这篇邈真赞大约写于咸通八年(867),由是得知左公出任伊州刺史的时间当在唐咸通八年以前,左公是继王清和之后出任伊州刺史的。

伊州当在乾符三年(876)被回鹘所占领,主要见载于敦煌文书P.5007《诗》中:"仆固俊天王乾符三年四月二十四日打破伊州。"从此结束了敦煌归义军政权对伊州的行政管辖。

敦煌归义军政权对其他相邻州郡的管辖,主要是对东部地区兰州、鄯州实施的短期行政管辖和西部地区的西州通过回鹘内附而名义上的管辖。

敦煌归义军政权建立之后,特别是张议潮任归义军节度使期间,

---

①张鸿勋:《敦煌讲唱文学作品选注》,兰州:甘肃人民出版社,1987年,第214—221页。

②郑炳林:《敦煌碑铭赞辑释》,第182—183页。

致力于归义军疆域的开拓。在西部地区一度由于西州回鹘驱逐吐蕃后通过归义军政权而内附，这样一来，归义军从名义上就取得了西州、庭州地区。P.4640《住三窟禅师伯沙门法心赞》记载张议潮时归义军的疆域范围:“万里横戈,执刀铤于瀚海。”“东收神乌,西接二庭。”①张承奉时称其先代“西取天山瀚海军”。天山指唐朝的天山军,置在西州城内;瀚海指唐朝的瀚海军,置在庭州城内。这表明归义军的疆域在张议潮时期西部已到西州、庭州等地。《资治通鉴》卷250咸通七年(866):“春,二月,归义军节度使张义(议)潮奏北庭回鹘仆固俊克西州、北庭、轮台、清镇等城。”胡三省注引《考异》曰,“《实录》:‘义(议)潮奏俊收复西河及部落,胡、汉皆归伏,并表贺收西州等城事。’”《新唐书·吐蕃传》记载:“(咸通)七年,北庭回鹘仆固俊击取西州,收诸部。”《新唐书·回鹘传》记载:“懿宗时,大酋仆固俊自北庭击吐蕃,斩论尚热,尽取西州、轮台等城,使达干米怀玉朝,且献俘,因请命,诏可。”我们推测张议潮在大中年间连续对居住在伊州一带的回鹘进行战争,将其置于归义军政权的控制之下,居住于北庭的回鹘同伊州回鹘是一体的,所以仆固俊打下西州之后,张议潮为其代奏朝廷。因此,从某种意义上说,张议潮时期归义军政权的西部管辖范围名义上就有了西州、庭州,实际上归义军政权根本没有对其实行过有效的行政管理。

东部地区敦煌归义军政权行政管辖范围的扩展，是在咸通二年(861)收复凉州并恢复唐凉州行政建制之后,主要是对兰州、鄯州部分地区的收复与行政管辖。《敕河西节度兵部尚书张公德政碑》在记载归义军政权收复凉州之后，吐蕃在归义军政权强大的军事压力之下,逼迫逃亡到星宿、岭南,苟且偷生于青海湖一带,归义军的军队乘

---

①郑炳林:《敦煌碑铭赞辑释》,第80—82页。

机追击到这里。根据河西地理形势,河西地区通往青海有三条路线,敦煌南部的当金山口、张掖南部的大斗拔谷及经由兰州的广武到鄯州等地,吐蕃南逃和归义军追击的军队毫无疑问是经由广武到鄯州,由鄯州而西到青海湖及星宿海一带。P.4640《住三窟禅师伯沙门法心赞》说法心“陪太保以南征……既平神乌,克复河湟”,后“南入洪源,舍俗出家”。这里河湟是指以鄯州为中心的河湟平原,洪源作为地名,在凉州南部地区。《资治通鉴》卷206则天圣历二年(699):“夏四月,赞婆帅所部千余人来降,太后命左武卫铠曹参军郭元振与河源军大使夫蒙令卿将骑迎之,以赞婆为特进、归德王。”关于将赞婆部安置在何处,《旧唐书·吐蕃传》曰:“赞婆率所部千余人及其兄子莽布支等来降……仍令领其部兵于洪源谷讨击。”说明唐朝将赞婆等降部安置在洪源谷一带。《新唐书·吐蕃传》载:“赞婆以所部及兄子莽布支等款塞……赞婆即领部兵戍河源,死,赠安西大都护。”河源,当指唐朝所置鄯州城内的河源军。次年居住洪源的莽布支攻打凉州,双方战于洪源谷。《资治通鉴》卷207则天久视元年(770)闰七月:“丁丑,吐蕃将麹莽布支寇凉州,围昌松,陇右诸军大使唐休璟与战于港源谷……六战皆捷,吐蕃大奔,斩首二千五百级,获二裨将而还。”港源即洪源之误。长安二年(702)吐蕃臣论弥萨入朝,见到唐休璟说“洪源之战,此将军猛厉无敌”。《旧唐书·吐蕃传》载:“久视元年,吐蕃又遣将麹莽布支寇凉州,围逼昌松县。陇右诸军州大使唐休璟与莽布支战于洪源谷,斩其副将二人,获首二千五百级。”为了防吐蕃对凉州的进攻,长安元年(701)在凉州南境破口置和戎城。从这些记载来看,洪源谷当在凉州之南与鄯州相邻的山峡一带,根据地形来推测,应在今大通河流域的门源一带。由于其地属于鄯州管辖,因此洪源也指鄯州,这样才能与“复河湟之故地”“克复河湟”等记载相符。P.4660号中有唐咸通八年(867)鄯州龙支县圣明福德寺惠苑在敦煌为宋志贞撰写邈真赞。[1] 既然归义军将领法心出家于鄯州，鄯州龙支县圣明福德寺的僧侣惠苑咸通年间又在敦煌活动，亦表明在唐咸通八年时归义军曾经一度收复鄯州并对其实行行政管辖。由于归义军在鄯州的行政管辖时间不长，所以在归义军的各种官私文书很少记载鄯州地区行政区划的设置情况。

归义军政权对兰州收复及行政管辖，敦煌文书缺乏直接的记载。P.3633《龙泉神剑歌》记载张承奉在追述其先祖功绩时称“东取河兰广武城”，从自然地理地貌来看，威通二年(861)归义军收复凉州后对逃亡到星宿、岭南的吐蕃用兵，行军路线必须经由兰州广武县，因此归义军政权对兰州广武县收复与行政管辖是必然的。

军虽然不是行政区划，但是在归义军时期州刺史往往兼任军使之职。归义军时期设置的军，在敦煌文书记载虽然有，但是并不多，常见的主要是墨离军和玉门军。阎英达任瓜州刺史时，同时兼任“墨离之侯”，即墨离军使，说明在归义军初期，唐朝的墨离军建制已经恢复起来了。索勋出任瓜州刺史时也兼任墨离军押藩落等使，后唐时出任瓜州刺史的慕容归盈，根据莫高窟供养人题记的记载，他亦兼任墨离军使之职。玉门军是单独设置，曹议金任归义军节度使时以其长兄曹良才为玉门军使。慕容言长任玉门军使的结衔，据莫高窟第256窟东壁南侧第二身供养人记载：“窟主玉门诸军事守玉门军使银青光禄大夫检校尚书左仆射兼御使大夫上柱国慕容言长。”[2]S.11343《曹仁裕献酒状》记载曹仁裕的结衔是“衙内都押衙守玉门军使银青光禄大夫检校国子祭酒兼御使大夫上柱国曹仁裕”[3]。P.3718《张明德邈真赞并

---

①郑炳林:《敦煌碑铭赞辑释》,第185—187页。

②敦煌研究院:《敦煌莫高窟供养人题记》,第109—110页。

③荣新江:《归义军史研究——唐宋时代敦煌历史考索》,第233页。

序》记载：

> 唐故河西节度都头知玉门军事银青光禄大夫检校国子祭酒兼御史中丞上柱国清河张府君邈真赞并序
>
> 府君讳明德，字进达，则芝公第廿一代之云孙也……输忠累制，先王独委边城；玉门故军，再耸千门献主。遂使权机奉化，赋税民无告劳。六教居怀，三端恒备于己。实乃奇功出众，府主诏就于阶庭。别擢崇班，内燕仝欢而偏奖。①

随着归义军政权管辖范围的缩小及甘州回鹘对归义军威胁的加重，玉门军在归义军政权中的地位越来越重要。因此在曹氏归义军时期，玉门军使一般不轻易授给别人，曹仁裕担任此职是因为他是曹议金的长兄，慕容言长因为他是原墨离军诸军事瓜州刺史慕容归盈之孙。

（原文发表于《敦煌研究》2002 年第 2 期，第 11—19 页）

---

①郑炳林：《敦煌碑铭赞辑释》，第 459—461 页。

晚唐五代敦煌归义军行政区划制度研究（之二）

晚唐五代敦煌归义军政权在州之下设有县一级政区，同时又置有镇，关于镇与县之间的关系，我们从有关敦煌文书的记载得知，镇和县平行设置，所以有时往往提镇而不提县，S.4276《管内三军百姓奏请表》称："归义军节度左都押衙银青光禄大夫检校国子祭酒兼御史大夫安怀恩并州县僧俗官吏兼二州六镇耆寿及通颊退浑十部落三军蕃汉百姓一万人上表。"[①]文中的"州县"与"二州六镇"具有相同的含义，敦煌莫高窟第108窟曹仁裕供养人题记也称"管内二州六镇"，表明县、镇同时平行设置。P.2496《残状》末尾题："二月一日内亲从都头知二州八镇管内都渠泊使兼御使大夫翟。宰相阁下，谨空。"从状文有宰相来看，应是金山国时期所写，反映了金山国时期行政区划的设置情况，即镇提到了与县平级的地位。下面我们根据敦煌文书的记载，对归义军政权管辖的县一级政区进行考订。

敦煌县

晚唐五代敦煌归义军政权在大中二年(848)收复敦煌之后，随即恢复了敦煌县的建制。P.4640《翟家碑》记载翟法荣："弟承庆，前沙州敦煌县尉，禀风云之气，怀海岳之灵；去三惑以居贞，畏四知而体道。

①唐耕耦、陆宏基编:《敦煌社会经济文献真迹释录》第4辑，第386页。

惟忠惟孝，行存鲵軏之名，莅职廉平，颖拔貂蝉之后。”[①]P.4660《翟神庆邈真赞》记载：“大唐河西道沙州敦煌郡将仕郎守敦煌县尉翟公神庆邈真赞……花（化）县匡政，梅山荐敦；槐市早习，炫曜芳春……时咸通五载四月廿五纪。”[②]翟神庆即翟承庆，敦煌莫高窟第85窟甬道北壁晚唐供养人像列西向第二身题名“弟将仕郎守敦煌县尉承庆[供养]”。足以证明归义军政权一建立，敦煌县的建制就得到了恢复。P.4615、P.4010《李端公讳明振墓志铭》记载李明振长子曾任敦煌县尉：“沙州敦煌县尉曰弘愿。”P.3718《张清通写真赞并序》记载：

> 唐故宣德郎试太常寺协律郎行敦煌县令兼御史中丞上柱国张府君写真[赞并序]……府君讳清通，字文信。裔派临池，敦煌人也。年初别俊异杰，天聪神童。智效先成，龆龀早能立事。龄当二八，辩对响应无穷。大中赤县沸腾，驾行西川蜀郡……衙举敦煌县令，光荣墨绶，莅职以王奂同年。制锦灵符，百里扇仁风训俗……佥之大县，理物周旋。白鸟俄集，翔及青坛。甑尘动咏，大论烹鲜。贞之洁己，庭鹊何喧。仓廪告实，贮积根盘。十一之税，指掌无偏。[③]

由这篇记载得知，张清通任敦煌县令约30余年，任职约在张承奉到曹议金担任归义军节度使时期。P.4908《庚子年（940或1000）后某寺交割常住什物点检历》载：“邓县令锁壹副并钥匙具全，在华严藏。”S.1519《辛亥年（891或951）某寺诸色斛斗破历》载十一月“五日，酒壹角，送路曹县令用”[④]。文中的邓县令和曹县令都是敦煌县令。

---

①郑炳林：《敦煌碑铭赞辑释》，兰州：甘肃教育出版社，1992年，第54—62页。

②郑炳林：《敦煌碑铭赞辑释》，第197页。

③郑炳林：《敦煌碑铭赞辑释》，第441—443页。

④唐耕耦、陆宏基编：《敦煌社会经济文献真迹释录》第3辑，北京：全国图书文献缩微复制中心，1990年，第37—38、187页。

寿昌县

大中二年张议潮收复敦煌之后，随即恢复了唐朝寿昌县的建制，隶属沙州管辖。写于后汉乾祐二年的P.2691《沙州城土境》记载“寿昌县，东北去州一百二十里”，说明归义军政权设置有寿昌县。S.788《沙州图经》载：“寿昌县……右汉龙勒县，正光六年改为寿昌郡，武德二年为寿昌县，永徽六(元)年废，乾封二年为寿昌置(县)，建中初陷吐蕃，大中二年张议潮收复。”这表明张议潮于大中二年收复寿昌后就恢复了寿昌县的建制。《寿昌县地镜》尾题曰：“晋天福十年乙巳岁六月九日，州学博士翟上寿昌张县令《地镜》一本。”[①]北图143:6718(4)《请何僧正等为慈母娘子百辰追念疏》末尾题“建[隆]元年四月十三日哀子弟子内亲从都头守寿昌县令……”建隆元年即960年。S.4453《宋淳化二年(991)十一月八日归义军节度使帖》：

> 使帖寿昌都头张萨罗赞、副使翟哈丹等。右奉处分，今者官中车牛载白柽去，今都知将头随车防援，急疾到县日，准旧看待，设乐支供粮料。其都知安永成一人，准亲事例，给料看待。又车牛踏料并庄客亦依旧例偏支兵马羊口，酒壹瓮，面伍斗。仍仰准此指挥者。淳化二年十一月八日帖。使。又报诸家车牛等，吾有廉子茨萁，仰汝等每车搭载一两束将来，仰都知安永成管领者，都知安永成管领者。[②]

从帖中记载“急疾到县日，准旧看待”表明归义军时期寿昌既置县又置镇。

---

①郑炳林：《敦煌地理文书汇辑校注》，兰州：甘肃教育出版社，1989年，第39—64页。

②唐耕耦、陆宏基编：《敦煌社会经济文献真迹释录》第4辑，第306页。

紫亭县

唐设置紫亭镇，P.2005《沙州都督府图经》记载甘泉水流经子亭镇，子亭镇即紫亭镇。子亭镇名又见载于P.2942《唐永泰年代（765—766）河西巡抚使判集》，其中有一则判文记载："豆卢军请西巡远采健儿全石粮，子亭回绝，所以加粮，平下两巡，援例又请，若依支给，众口无言，以此商量，理合从记。"①归义军政权时期，亦设置紫亭镇，敦煌文献中多处见载，P.3556《府君庆德邈真赞并序》记载庆德曾出任紫亭镇镇将，其文："后迁紫亭镇将，数年而控扼南番（蕃），恒以廉洁奉公，累载讨除北虏……后居南镇，控扼边疆。"②P.3718《张良真生前写真赞并序》记载：

> 金山王时，光荣充紫亭镇主。一从莅任，独静边方。人皆赞舜日之欢，野老叹尧年之庆。三余无暇，奉国输劳。是时西戎起万里之危，域土隘千重之险。君主愠色，直欲自伐貔徒。贤臣匡谏而从依，乃选谟师而讨掠。……偏优镇将，二八余年。③

所谓镇将、镇主都是指紫亭镇遏使，除了张良真、庆德出任紫亭镇遏使外，还有P.4640《己未年—辛酉年（899—901）归义军衙内纸布破历》所记紫亭镇使杨神海多处。S.8446+8468+8445《丙午年（946）三月九日归义军羊司诸见得紫亭羊名目》《丙午年（946）二月十九日归义军税巳年（945）紫亭出羊名目》《丙午年（946）二月二十四日归义军

---

①唐耕耦、陆宏基编：《敦煌社会经济文献真迹释录》第2辑，第620—632页。

②郑炳林：《敦煌碑铭赞辑释》，第392—395页。

③郑炳林：《敦煌碑铭赞辑释》，第421—423页。

紫亭副使陈保定监使王速略罚羊数名目》《辛亥年(851)正月廿七日归义军紫亭镇羊数名目》,根据文书标题旁记载“紫亭”二字,当为紫亭地区罚羊数目。S.8448a《辛亥年(951)正月二十七日归义军紫亭镇羊数名目》、S.8448b《某年归义军紫亭镇羊数名目》羊主人有王镇使、李副使等①,都没有紫亭县的记载。紫亭作为镇的建制,敦煌文献记载比较多,而作为县到目前为止还没有见到有关记载的文书。紫亭作为县的记载,仅见于敦煌莫高窟第431窟窟椽后梁题记:“窟主节度内亲从知紫亭县令兼衙前都押衙银青光禄大夫检校刑部尚书兼御史大夫上柱国阎员清。”窟椽前梁题记是太平兴国五年(980)曹延禄的题记,表明在曹氏归义军时期设置紫亭县。从敦煌文献关于紫亭镇和紫亭县的记载得知,紫亭镇与紫亭县是同治同地、平行设置的。

常乐县

唐代瓜州管辖的有常乐县,归义军收复瓜州之后就恢复了常乐县的建制。P.4640《己未年—辛酉年(899—901)归义军衙内纸布破历》记载有常乐县令氾唐彦和安再宁。P.2970《阴善雄邈真赞并序》记载阴善雄的官职是“唐故河西归义军节度使内亲从都头守常乐县令”,赞文云:

> 常乐贵县,国之要冲,睹公良能,荐迁莅职。故得仁风载扇,正风远流,驱鸡之善不遗,弹琴之名无怠。猛虎负子,人无告劳。临危而畏若秋霜,抚众而爱同春雨。扶倾济弱,遣富留贫。行五库以恤黎民,避四知而存清洁。城邑创饰,寺观重

①荣新江:《英国图书馆藏敦煌汉文非佛教文献残卷目录(S.6981—13624)》,台北:新文丰出版公司,1994年,第88—92页。

修。一县敬仰于神明，万类遵承于父母……常乐治县，改俗移风。每施政舍，化美一同。戎寇屏迹，外贼无踪。张掖再复，独立殊荣。酒泉郡下，直截横冲。”①

P.2482《阴善雄墓志铭并序》记载：“唐故河西归义军节度使内亲从都头守常乐县令银青光禄大夫检校国子祭酒兼御史大夫上柱国阴府君墓志铭并序……府君天生俊骨，受性英灵，治县而恩威并行，才高而文武双美。”②从邈真赞和墓志铭的记载看，阴善雄是在曹氏归义军时期出任常乐县令的。阴善雄之后薛善通又出任了常乐县令，P.3718《薛善通邈真赞并序》记载：“晋故归义军都头守常乐县令银青光禄大夫检校国子祭酒兼御史大夫上柱国薛君邈真赞并序……伏自曹王秉政，收复甘肃二州。公乃战效勇于沙场，纳忠勤于柳境。初任节度押衙，守常乐县令。主辖当人，安边定塞。畏繁喧于洗耳，怯光荣于许由。辞位持家，谯公再邀于御史。”③同时我们从敦煌文献看，归义军政权在常乐县设置副使一职，见载于敦煌文书P.2482《常乐副使田员宗启》。由此可以证实归义军时期常乐县设置常乐镇。

酒泉县

唐代设置酒泉县，P.3451《张淮深变文》记载：“天使才过酒泉，回鹘王子领兵西来，犯我疆场。”这里的酒泉是指酒泉县。S.2589《唐中和四年(884)十一月一日肃州防戍都营田康使君县丞张胜君等状》记载的“县丞张胜君”是酒泉县丞，表明归义军时期恢复了酒泉县的设置。

---

①郑炳林：《敦煌碑铭赞辑释》，第476—479页。

②郑炳林：《敦煌碑铭赞辑释》，第480—484页。

③郑炳林：《敦煌碑铭赞辑释》，第464—465页。

玉门县

唐代肃州管辖的有玉门县,归义军时期设置玉门军,并设置玉门镇。玉门镇见载于P.4640《己未年—辛酉年(899—901)归义军衙内纸布破历》庚申年(900)七月:"十七日,支于玉门镇使索通达细纸壹帖。"辛酉年(901)二月六日:"又都押衙罗通达传处分……又支与玉门副使张进达细纸壹帖。""十九日,都押衙罗通达传处分,支与玉门副使张进达细纸两帖。"玉门镇有正副使。根据归义军政权设置州县的一般规律,我们推测归义军时期应设置有玉门县。

振武县

唐代肃州管辖诸县中没有振武县,而敦煌文书记载肃州有振武县。P.2672《胡桐树诗十二首》载:"金河,亦名呼蚕水。县名标振武,波浪出西凉。直入居延海,分流洗战场。塞城滋黍稷,地利赖金汤。道性通川静,风涛怨异乡。"金河,根据《新五代史·四夷附录三》所载《高居诲使于阗记》记:"西北行五百里至肃州,渡金河。"[①]得知金河就是今酒泉北大河,属肃州管辖区域。由此可证归义军时期肃州管辖的有振武县。振武县是归义军政权新设置的县,其名不见于《新唐书·地理志》《旧唐书·地理志》和《元和郡县图志》《通典·州郡》等地理志书,或是归义军时期将原有县改名振武县。

姑臧县

唐凉州管辖的有姑臧县。《敕归义军节度兵部尚书张公德政碑》

---

①《新五代史》卷74《四夷附录三》,北京:中华书局,1974年,第917页。

记载张议潮收复凉州，“姑臧虽众，勍寇坚营”，注曰“姑臧者凉州郡县名”。从这条记载得知，归义军收复凉州就恢复了姑臧县的建制。P.4660《王景翼邈真赞并序》载：“河西都防御右厢押衙银青光禄大夫检校太子宾客侍御史兼御史中丞王公讳景翼邈真赞并序：兹绘像者，何处贤良，太原望族，派引(分)敦煌。名高玉塞，倜傥殊常。助开河陇，决胜先行。身经百战，顺孝名彰。刚柔正直，列职姑臧。弟(第)其术业，好爵弥光。功成身退，今也云亡。人嗟府县，亲昵悲伤。痛临坟之哽噎，写真赞于真[堂]。”[①]从这篇邈真赞得知归义军时期河西都防御驻守于凉州，同时，凉州姑臧县得到了恢复。P.4660《康通信邈真赞并序》记载他“列职姑臧，不行遭窀”。所谓“列职姑臧”可能就是出任姑臧县令。P.3871《姑臧县君十七娘子状》足以证实归义军政权设置了姑臧县：

（前缺）

1.照察，未由拜偈，空增瞻慕，谨因

2.押衙回，谨奉状不宣，谨状。

3.二月十四日从姑臧县君十七娘子状。

这篇文书没有明确的年代，但可以肯定是归义军时期的，既然有人被封为姑臧县君，则表明姑臧县在归义军时期恢复起来了。

神鸟(乌)县

归义军政权于咸通二年(861)收复凉州后就恢复了凉州神鸟县的建制。P.4640《沙州释门索法律窟铭》载：“次子押牙忠凯，勇冠三军，射穿七札；助收六郡，毗赞司空……驻军神鸟，镇守凉城。积祀累

---

①郑炳林：《敦煌碑铭赞辑释》，第158—159页。

龄，长冲白刃。”S.530 抄卷索忠凯的官职是“厶官兼察侍御[史]”①，可能是神鸟的镇将或是神鸟县的县令。总之，表明了凉州神鸟县得到恢复。P.2672《胡桐树诗十二首》载：“平凉堡，太延五年拓跋残凉：魏主曾都击五凉，天恶移国道消亡；残云瓦解西陲阵，偃月戈钺入帝乡。旧日柳营今作镇，昔时州县废封疆；山河上(尚)在犹繁盛，莫道将军更卧墙。”可见旧时的州县封疆有所变化，在北魏设置平凉堡的地方，归义军时期设置了军镇。由此可以看出归义军时期，凉州既设置县又设置军镇，形成了县与军镇平行设置的政区建制。

嘉麟县

唐代凉州管辖嘉麟县。关于嘉麟县，敦煌文献有多处记载，表明归义军收复凉州之后，嘉麟县的建制恢复了。S.2589《唐中和四年(884)十一月一日肃州防戍都营田康使君县丞张胜君等状》记载游弈使白永吉、押衙阴清儿等于十月十八日平善已达嘉麟。S.389《肃州防戍都状》记载到嘉麟：“先送崔大夫回鹘九人，内七人便随后寻吐蕃纵亦往向南，二人牵栊嘉麟报去甘州共回鹘和断事由。”P.2672《胡桐树诗十二首》有：“嘉麟县：道悄勘泣过嘉麟，县矩西凉后魏臣。昔日百城曾卧治，如今五柳不知春。□□□□□□□，旁仰橐驼城战轮。户□残□随羌虏，狭□乡□□拟知。”虽然这首诗残缺不全，但是从中可以看出归义军时期凉州嘉麟县得到了恢复。

番禾县

唐代凉州管辖的有番禾县，归义军时期的敦煌文献也记载到番

①郑炳林：《敦煌碑铭赞辑释》，第 72—77、90—101 页。

禾县。P.2672《胡桐树诗十二首》有："番禾县：五柳和风多少年，琴堂溃毁旧山川；城危硖口当冲要，地接沙场种水田。经乱不输乡国税，昔日繁盛起狼烟。夷人相竞耕南亩，愿拜乘凫贡上天。"番禾县是唐代旧县，归义军政权收复凉州之后又恢复了番禾县的建制，由凉州管辖。

伊吾县

唐伊州管辖伊吾县，《敕归义军节度兵部尚书张公德政碑》记载归义军的西部疆域到了伊吾，说明归义军收复伊州后就恢复了伊吾县的设置。张大庆写于光启元年(885)的S.367《沙州伊州地志》记载伊州管辖有伊吾县："伊吾县，在郭下。"[①]我们根据敦煌文献S.367《沙州伊州地志》等的记载得知，大中四年(850)收复伊州，乾符三年(876)放弃了伊州，伊吾县当设置在这一段时间。

柔远县

唐伊州管辖柔远县，吐蕃时期敦煌居民就贩铁于柔远，归义军收复伊州后自然地恢复了柔远县的建制。S.369《沙州伊州地志》记载伊州管辖着柔远县："柔远县，西南去州二百四十里……右相传隋大业十二年伊吾胡共筑营田，贞观四年胡归国，因此为县，以镇为名。"又载："柔远镇，县东七里，隋大业十二年置伊吾郡，因置此镇。"表明归义军收复伊州后就恢复了柔远县、柔远镇的建制。

龙支县

P.4660唐代龙支县属鄯州，归义军时期龙支县仅见载一处。《宋

①郑炳林：《敦煌地理文书汇辑校注》，第65—73页。

志贞律伯彩真赞》:“敦煌唱导法将兼毗尼藏主广平宋律伯赞,鄯州龙支县圣明福德寺前令公门徒释惠菀述……维大唐咸通八年岁次丁亥六月庚午朔五日甲戌题记。宋法和尚灵塔,讳志贞,灵图寺。”[①]这说明归义军时期一度取得鄯州,并设置有龙支县。

广武县

《龙泉神剑歌》叙述其祖辈功绩时说“东取河兰广武城”,P.3633根据《新唐书·地理志》《旧唐书·地理志》《通典·州郡典》《元和郡县图志》卷39的记载,广武县属兰州管辖,而此表明归义军政权曾一度取得了兰州的广武县。

晋昌县

据《新唐书·地理志》《旧唐书·地理志》《通典·州郡典》《元和郡县图志》卷40的记载,瓜州管辖的有晋昌县。归义军从大中二年(848)收复敦煌、晋昌之后,一直到归义军政权灭亡,瓜州一直是归义军政权的管辖区域,但是关于晋昌县,敦煌文献却没有记载。从当时的实际情况来分析,晋昌县肯定是设置的。上海博物馆藏26(25885)《书信》提到上州,这与P.2943《开宝四年瓜州衙推氾愿长牒》称呼沙州的口气是一样的,都称之为上州,由此我们推测这卷文书是瓜州晋昌县上给归义军节度使的:“(前缺)□速还上州,以表令公大王心肠则是妙也。今日但往通状起居不宣。昨得寄书一封,见县令都头恳切。谨状略上都头书一首,衣裳□□□缘粗疏不敢我(?),远闻驮内匹物多□□□□□上好罗,则便缝缀好衣,对掼善□□□□□袴布褐寻常紫有恐怕研身□□娥孤女小儿不肯来,思量甚事问惟□愿作县令果入

①郑炳林:《敦煌碑铭赞辑释》,第185—187页。

城,面见说苦道此□总得来时嘱起讫,心中在子息逆心,不问来弟一点红□人之交我难亦好追装倍(以下未抄完)。”[①]既然敦煌文书有晋昌县上给归义军节度使的书信,那么设置晋昌县就是必然的。

从敦煌文书的记载得知,归义军政权建立之后,唐代的旧县基本上都被恢复并重新设置,《新唐书·地理志》《旧唐书·地理志》《通典·州郡典》《元和郡县图志》卷40等记载河西诸州所管辖的县和镇,都基本上恢复了,且名称大部分在敦煌文献中或多或少地都有记载,只有少部分不见记载,可能是敦煌文献缺载。还有一部分县在唐代或唐以前没有记载,如紫亭县、振武县等,当是归义军政权收复了这些地区之后,由于政治军事的需要在一些要地新置了少量的县。紫亭县是归义军政权通往南山的山口;振武县是肃州与达怛交往的要道,也是河西东西来往的交通要道。

镇县同治同地、平行设置的情况有寿昌县与寿昌镇、紫亭县与紫亭镇、常乐县与常乐镇、山丹县与山丹镇、番禾县与番禾镇等。寿昌镇见载于敦煌文书P.4640《己未年—辛酉年(889—901)归义军衙内纸布破历》,有寿昌镇使研罗悉兵、寿昌镇使张义成,S.4453《宋淳化二年(991)十一月八日归义军节度使帖》有寿昌都头张萨罗赞、副使翟哈丹,都头是寿昌县的官员,副使是寿昌镇的官员。有寿昌县令、寿昌镇使与副使,表明归义军时期寿昌县与寿昌镇是同治同地、平行设置的镇县。紫亭县与紫亭镇前面已经作了论述,在归义军前期的敦煌文书中,紫亭镇的记载比较多,如P.4640《己未年—辛酉年(889—901)归义军衙内纸布破历》记载的紫亭镇使张从武等,还有常乐副使。P.4660《敦煌名人名僧邈真赞汇集》中《康通信邈真赞并序》记:

---

①上海古籍出版社、上海博物馆编:《上海博物馆藏敦煌吐鲁番文献》,上海:上海古籍出版社,1993年,第223页。

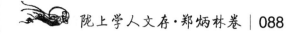

"番禾镇将,山丹治人。先公后私,长在军门。天庭奏事,荐以高勋。姑臧守职,不行遭窀。"由此证实,归义军时期在凉州之番禾县、甘州之山丹县都设置镇。

《新唐书·地理志》《旧唐书·地理志》《通典·州郡典》《元和郡县图志》卷40等记载河西诸州管辖县的情况:沙州管辖敦煌、寿昌二县,瓜州管辖晋昌、常乐二县,肃州管辖酒泉、玉门、福禄三县,甘州管辖张掖、山丹二县,凉州管辖姑臧、神乌、昌松、天宝、嘉麟五县。其中沙州之敦煌县、瓜州之晋昌县、甘州之张掖县、肃州之酒泉县及凉州之姑臧县等,皆是附郭县,在这些附郭县里都没有设置镇。而附郭县之外的其他县,基本上都设有镇,像沙州管辖的寿昌县和后来设置的紫亭县,瓜州管辖的常乐县,肃州管辖的玉门县,甘州管辖的山丹县,凉州管辖的番禾县、神乌县等,都设置着镇。其他如嘉麟县、昌松县、天宝县、福禄县及后来设置的振武县等设镇情况不明,是敦煌文献缺载。由此我们可以得出结论,在归义军时期除了附郭县不设镇之外,一般的县都设镇,以适应当时归义军政权经常与其他少数民族进行战争的实际情况。

晚唐五代归义军管辖的敦煌所实行的行政区划制度,除了州县之外还有军和镇。关于归义军所管辖的军,最常见的是墨离军和玉门军。归义军时期所管辖的镇,研究的人就比较多,黄盛璋先生于1983年第一届全国敦煌学术讨论会上提供了《沙州曹氏二州六镇与八镇考》,指出六镇主要指寿昌镇、常乐镇、悬泉镇、新城镇、子亭镇、雍归镇;曹氏归义军后期的曹延禄时发展为八镇,在原来六镇的基础上加上会稽镇和玉门镇。[①]黄先生忽视了一个问题,即金山国时期已经出现了八镇的称说和名称。

---

①黄盛璋:《沙州曹氏二州六镇与八镇考》,载《1983年全国敦煌学术讨论会论文集·文史遗书编上》,兰州:甘肃人民出版社,1987年,第269—281页。

归义军时期镇与县的关系，敦煌文献记载较多的是州镇，如S.4276《管内三军百姓奏请表》记载“二州六镇”、敦煌莫高窟第108窟曹良才供养人题记“故兄归义军节度应管内二州六镇马步军诸司都管将使检校司空兼御史大夫上柱国谯郡曹延裕”，不提县一级行政单位，其原因主要是归义军政权从一建立就处于少数民族的包围中，“四面六蕃围”的局面一直得不到改变，所以归义军政权的政治中心是以军事为重，镇将行政职能除了军事之外，还有民政和治安等职责。这一点可以从P.3518《张保山邈真赞并序》看出：“金王会临，超先拔选，东陲大镇，最是要关。公之量宽，佥然委任。新城固守，已历星霜。兹镇清平，人歌邵(绍)泰。堰都河而清流不泛，浚沟洫而湍涌云波。五谷山积，东皋是望。贮功廪实，抚备边城。”[①]应当说，张保山任新城镇将时期的功绩，主要是治理都河河道使新城农业丰收。敦煌文书有新城农家向归义军政权送粮食的记载，都证实归义军时期新城使的职责不但镇守边疆，而且负责当地的民政事务，乃至于农田水利等。新城镇是这样，其他的军镇情况差不多，这样一来，镇就代替了县而行使行政职能。归义军政权统治之下，镇与县并行设置，即设镇的地方不置县，由镇来行使县的职能，既管理军事又管理民政事务，镇不但可以直接上州，而且可以上报归义军节度使。有时归义军节度使越过州直接管理镇，镇将直接对归义军节度使负责。还有一种情况是不设镇的县，县令除了负责民政事务之外还要负责军事和地方治安的“安边定塞”。在镇和县同治同地的地方，镇使负责军事和社会治安，县令有的也插手军事事务，常乐县令就有时管理军事治安等。

（原文发表于《敦煌研究》2002年第3期，第68—73页）

---

①郑炳林：《敦煌碑铭赞辑释》，第506—509页。

晚唐五代归义军疆域演变研究

归义军是晚唐五代宋初在中国西北以敦煌为中心建立的区域性政权。自唐大中二年张议潮驱逐吐蕃统治者收复敦煌(大中五年唐朝廷授张议潮归义军节度使)，到北宋皇祐年间曹贤顺领归义军事，前后两百余年时间，归义军政权前后可分为三个时期：张氏归义军政权，从张议潮初建归义军政权，东收甘、肃、凉州，西取伊州，统有六州之地；咸通八年张议潮入朝，侄张淮深代主归义军事，西部伊州丢失，东部甘州回鹘兴起，辖区逐渐缩小，历张淮鼎、索勋及李氏时期，归义军疆土无大改观。张承奉西汉金山国时期，张承奉乃张淮鼎之子，张议潮之孙，在李氏扶持下上台，895年前后清除了李氏兄弟，并在对伊州回鹘、石城仲云等的战争中稍有起色，即于后梁时建立西汉金山国，自称金山国白衣帝，后在甘州回鹘军事压力之下，疆域东部不越金河，仅保瓜沙二州八镇之地。曹氏归义军政权，914年前后曹议金代张承奉而重新建立归义军政权，内部以保境安民为主，对外以友好睦邻为宗，娶甘州回鹘天公主为妻，虽与甘州回鹘两度发生战争，但疆域无大发展，到其子曹元德、曹元深、曹元忠时，大的战争不见发生，直至灭亡。归义军的政区制度，在继承唐后期藩镇、州、县三级制的基础上，又进行了适应归义军四边六蕃围这一状况的变革，作为县级政区的军事建置的镇普遍设立，有县的地方都有镇的建置。关于归义军的政治、军事、经济、民族、宗教等，都已有了较深的研究，有许多重大的历史问题都已得到了解决，又有许多重大的发现，这一系列研究并随着敦煌文书大量整理出版，对于归义军疆域政区研究十分有利。但是,到目前为止,无论是敦煌学界还是历史地理学界,都没有对这一个问题进行必要的研究和探讨。《中国历史地图集》也未标出归义军疆域政区,这也是谭先生生前未竟事业,今天我们来研究这个问题,作为对历史地理学家谭其骧先生的悼念。本文准备从疆域方面进行研究,不足之处,谨请专家学者斧正。

影响归义军疆域变化的地理条件

归义军疆域主要以河西走廊为主,包括哈密地区,形成了东西狭长、南北窄短的疆域特征,这种疆域地理形状特征完全取决于自然地理因素,自然地貌对归义军政权疆域政区乃至政治、对外关系都产生了巨大的影响。

在河西走廊的南部是祁连山,西接阿尔金山,东连乌鞘岭,山上常年积雪,只有少数几个山口可以穿过。形成横卧在柴达木盆地、青藏高原与河西走廊南垣之间的天然屏障，成为河西走廊农业区与青藏高原畜牧业经济区的分界线。《元和郡县图志》卷四〇“凉州条”称,河西“地势西北邪出,在南山之间,隔绝西羌、西域,于时号为断匈奴右臂”[1]。又曰:“姑臧南山,一名雪山,在县南二百三十里。”[2]甘州南有祁连山、焉支山、雪山,“雪山,在县南一百里。多材木箭竿”[3]。瓜州南有“雪山,在县南一百六十里,积雪夏不消。东南九十里,南连吐谷浑界”[4]。《太平寰宇记》卷一五二陇右道三凉州条记载“姑臧南山,一名

①《元和郡县图志》卷40《陇右道下》,北京:中华书局,1983年,第1017页。

②《元和郡县图志》卷40《陇右道下》,第1019页。

③《元和郡县图志》卷40《陇右道下》,第1022页。

④《元和郡县图志》卷40《陇右道下》,第1028页。

雪山，无冬夏，多积雪，故曰雪山”。“白岭山在(昌松)县西南，山顶冬夏积雪，望之若皓然，乃谓白岭山，寒气异于余处，深冬绝人行路，鸟飞不下。”[①]《大明一统志》卷三七陕西行都指挥使司：“姑臧南山，白岭山与之同。”又“昆仑山，在肃州卫城西南二百五十里，南与甘州山连，其颠峻极，经夏积雪不消，世呼雪山”[②]。而敦煌西南之金鞍山，亦积雪皑皑，经夏不消。多数山脉不可翻越，只有大斗拔谷及阿尔金山山口两条道路可达青海地区，隋炀帝征吐谷浑就从这两处运兵进入青海地区。因此从汉代起，河西走廊与青海柴达木盆地就是两个地理单元，隋炀帝打败吐谷浑建立河源、西海、且末、鄯善四郡，版图包括了柴达木并达到其南缘，亦未将这两个地区一体化。祁连山之南是畜牧经济区，是少数民族居住地区，隋亡后青海失之吐谷浑就是明证。五凉时期河西建立了许多政权，除前凉占湟河地区外，之后都没有建立跨越祁连山南北的政权。南凉多次出兵征后凉，北凉多次出兵打南凉，然都不能据有其地，不是别的原因，乃地势所致。祁连山山脉自古至今都是少数民族居住的地区，在河西走廊南部有许多高山河谷地带，自古至今都是放牧场所。故《元和郡县图志》卷四〇甘州称：“祁连山，在(张掖)县西南二百里。张掖、酒泉二界上，美水茂草，山中冬温夏凉，宜放牧，牛羊充肥，乳酪浓好，夏泻酥不用器物，置于草上不解散，作酥特好，一斛酪得斗余酥。”“焉支山，一名删丹山，故以名县。山在县南五十里，东西一百余里，南北二十里，水草茂美，与祁连山同。”[③]

---

①[宋]乐史：《太平寰宇记》卷152《陇右道三·凉州》，《景印文渊阁四库全书》，台北：新文丰出版公司，1982年，第470册，第431—432页。

②[明]李贤：《大明一统志》卷37《陕西行都指挥使司》，西安：三秦出版社，1990年，第654页。

③《元和郡县图志》卷40《陇右道下·甘州》，第1021页。

在祁连山山脉之间形成许多美丽的纵谷，雪水下融，在这些纵谷之间流贯着甘泉水、都河、张掖河、金河、横水、谷水等，在流域的河谷地带为畜牧提供了适宜的河谷牧场。这里自古以来就生活游牧民族，有羌、胡、吐谷浑、吐蕃、南山等少数民族，与走廊盆地绿洲形成了显明的差异。①

在河西走廊北部是低山与沙漠戈壁相间，据S.529《定州开元寺归文启》称："昨于五月二十三日已达灵州，妆将缘身之衣物，买得驼两头，准备西登碛路，此后由恐平沙万里，云峤千寻，鱼鸟希逢，归文罕遇，切望相对度日，以道为怀。"②是叙述腾格里沙漠。据《元和郡县图志》卷四〇张掖县西北有合黎山，东北有甘峻山，玉门县北有独登山、北山山地和龙首山，成为北部屏障，与北部蒙古草原经济区域形成天然分界线。

河西走廊并不是浑然一体的一块绿洲，而是为戈壁草场间隔成为几块绿洲，分为石羊河、张掖河、疏勒河三个大的绿洲，农业居民主要分布在这些绿洲地带。由于走廊的地理特征对河西历史地理产生了很大影响，汉代的河西四郡，唐代的河西五州，基本上都以每个块状绿洲为一个地理单元。十六国时河西建立的前、后、北、西凉四个区域性政权，其疆域发展也深受这种地理特征的影响。

河西走廊东西狭长、南北窄短，制约了唐五代归义军辖区的发展变化，辖区也呈南北稳定而东西波动，冲突主要在东西两个方面。张议潮收复河西诸州，首先收复疏勒河流域，其次是张掖河流域和石羊

①[日]前田正名著，陈俊谋译：《河西历史地理学研究》，北京：中国藏学出版社，1993年，第1—11页。

②唐耕耦、陆宏基编：《敦煌社会经济文献真迹释录》第5辑，北京：全国图书馆文献缩微复制中心出版，1990年，第13页。

河流域，后期的疆域也是从东西两头丧失，辖区最后退缩至疏勒河流域和党河流域，仅保瓜、沙二州之地。

张议潮任归义军节度使时辖区的发展

张议潮，其先南阳白水人。[①]父张谦逸，吐蕃时任"敦煌郡大都督赐紫金鱼袋并万户侯，其公则威光奕奕，皎似珠星，精彩岩岩，净如冰雪。授赐南朝，拜谢重恩，腾星进路，德奉天庭，承恩回还，暗色来侵，不皇本郡"[②]。P.3556《张氏墓志铭并序》："高祖谦逸，赠工部尚书，高踪出俗，劲节超时，誉满公卿，笑看荣辱。属以羯胡屯集，陇右陷腥俗之风，国耻邦危，尘外伴逍遥之客。"[③]都督夫人安氏，乃居住敦煌粟特人安氏，吐蕃时有安都督，亦出自其家庭。故张议潮父辈依靠姻亲与九姓胡人建立了政治联盟。兄张议谭，娶妻索氏，而佛教教团教授索崇恩，侄都督索琪，崇恩母乃都部落使阎英达之姑。[④]议潮娶妻宋氏，

---

①《张怀寂墓志》："君讳怀寂，字德璋，南阳白水人也。昔轩后诞孕，手文疏得姓之源；锡壤崇基，白水为封侯之邑；贤明继轨，代有人焉。佐汉相韩，备该策史。襄避霍难，西宅敦煌，余裔迁波、奄居蒲渚，遂为高昌人也。"《张雄妻麹氏墓志铭》："君讳雄，字太欢，本南阳白水人也。天分翼轸之星，地列敦煌之郡。英宗得于高达，茂族擅其清华。西京之七叶貂蝉，东土之一门龙凤。则有寻源昆阆，倚柱凉城，跗萼散于前庭，波澜流于右地，因家遂久，避代不归，故为高昌人焉。"P.2913《张淮深墓志铭》称为"南阳张府君"。P.3552《儿郎伟》称李明振妻张议潮女为"南阳郡君张氏"。故得知张议潮其先为南阳白水人。

②P.3551《药师琉璃光如来赞并序》，参黄永武《敦煌宝藏》第129册，台北：新文丰出版公司，1981—1986年，第33页。

③郑炳林：《敦煌碑铭赞辑释》，兰州：甘肃教育出版社，1992年，第400—401页。

④参P.4615、P.4010《索崇恩和尚修功德记》，郑炳林《敦煌碑铭赞辑释》，第285—287页。参郑炳林：《〈索崇恩和尚修功德记〉考释》，载《敦煌吐鲁番文献研究》，兰州：兰州大学出版社，1995年，第147—178页。

嫁女李、索等[①]，是张氏以联姻方式同敦煌大姓索氏、阎氏、宋氏、李氏等建立了政治军事联盟关系，积蓄力量，准备起事。

大中二年，张议潮趁吐蕃内乱，起兵赶走吐蕃驻敦煌行政军事长官节儿并出兵夺取吐蕃瓜州节度使治所晋昌。S.6161、S.3329、S.6973、P.2762、S.11564《敕河西节度兵部尚书张公德政之碑》说张议潮："侠少奇毛，龙骤虎步。论兵讲剑，蕴习武经。得孙吴白韩之精见，见韬铃之骨髓。上明乾象，下达坤形。觏荧或(惑)而芒衰，知吐蕃之运尽。誓心归国，决意无疑。盘桓卧龙，候时而起。率貔貅之众，募敢死之师，俱怀合辙之欢，引阵云而野战。六甲运孤虚之术，三宫显天一之神。吞陈平之六奇，启武侯之八阵。纵绕牛之策，破吐蕃之围。白刃交锋，横尸遍野。残烬星散，雾卷南奔。敦煌、晋昌收复已讫，时当大中二载，题笺修表，纡道驰函，上达天闻。"注曰："沙州既破吐蕃，大中二年，遂差押牙高进达等驰表函入长安城，已献天子。"[②]S.788《沙州图经》："寿昌县……右汉龙勒县，正光六年改为寿昌郡，武德二年为寿昌县，永徽六年废，乾封二年复为寿昌置(县)，建中初陷吐蕃，大中二年张议潮收复。"[③]是证张议潮于大中二年起兵赶走吐蕃节儿收复敦煌，吐蕃瓜州驻军出兵围攻敦煌，张议潮破敌后，趁势攻克晋昌。《新唐书》《旧唐书》之

---

①敦煌莫高窟156窟张议潮出行图后有夫人宋氏出行图。《大唐河西道归义军节度索公纪得之碑》记载索勋为张议潮之子婿，参郑炳林：《〈索勋纪德碑〉研究》，《敦煌学辑刊》1994年第2期，第61—76页。P.4640《大唐宗子陇西李氏再修功德记碑》记载李明振妻乃张议潮女(参郑炳林：《敦煌碑铭赞辑释》，第41—43页)。

②参荣新江：《敦煌写本〈敕河西节度兵部尚书张公德政之碑〉校考》，载《周一良先生八十生日纪念论文集》，北京：中国社会科学出版社，1993年，第206—216页。

③郑炳林：《敦煌地理文书汇辑校注》，兰州：甘肃教育出版社，1989年，第56—57页。

《宣宗纪》及《资治通鉴》等都记载张议潮于大中五年以瓜沙伊西甘肃等十一州地图户籍贡献唐朝廷。《新唐书·吐蕃传》记载入贡在大中四年，收复应在此之前。“始义潮（议潮）阴结豪英归唐，一日，众擐甲譟州门，汉人皆助之，虏守者惊走，遂摄州事。缮甲兵，耕且战，悉复余州。以部校十辈皆操挺，内表其中，东北走天德城，防御使李丕以闻。帝嘉其忠，使使者赍诏收慰，擢义潮沙州防御使，俄号归义军，遂为节度使。”①《新唐书》是将大中四年前的事混在一起一并记载。《资治通鉴》系于大中五年：“春正月，壬戌，天德军奏摄沙州刺史张义潮来降。义潮，沙州人也，时吐蕃大乱，义潮阴结豪杰，谋自拔归唐；一旦，帅众披甲譟于州门，唐人皆应之，吐蕃守将惊走，义潮遂摄州事，奉表来降。以义潮为防御使。”②很显然，诸史在记到张议潮收复敦煌都是追记性质。故张议潮收复敦煌、晋昌的时间当以敦煌文书为准。

大中三年，收复甘、肃二州。张议潮收复瓜、沙二州之后，仍未解脱吐蕃围困的局面。要打通与唐朝廷联系的孔道，将辖区与唐朝疆域连成一片，直接取得唐朝的政治与军事援助，就必须向东扩展，攻取相邻的张掖河流域的绿洲地带。《旧唐书·宣宗纪》《新唐书·宣宗纪》记载大中五年张议潮所献河西诸州中有甘、肃二州。至于张议潮何时打下甘、肃二州，史籍无明确记载，《敕河西节度兵部尚书张公德政之碑》亦未明确记载张议潮收复甘、肃二州的具体时间。只是将此事放在收复敦煌之后的一年内：“次屠张掖、酒泉，攻城野战，不逾星岁，克获两州，再奏天阶。依前封赐，加授左仆射。”③据之可以推断张议潮收

---

①《新唐书》卷216《吐蕃下》，北京：中华书局，1975年，第6107—6108页。

②《资治通鉴》卷249，《唐纪六十五·宣宗大中五年》，北京：中华书局，1956年，第8044—8045页。

③参荣新江：《敦煌写本〈敕河西节度兵部尚书张公德政之碑〉校考》，载《周一良先生八十生日纪念论文集》，第206—216页。

复甘、肃二州在大中三年。

大中四年收复伊州。伊州收复在《敕河西节度兵部尚书张公德政之碑》中没有记载,唯 S.367《沙州伊州地志》:“伊州……贞观四年首领石高年率七城来降,我唐始置伊州,宝应中陷吐蕃,大中四年,张议潮收复,因沙州四十户居之,羌龙杂处,约一千三百人。”[①]至于张议潮收复伊州情况,我们根据 P.2962《张议潮变文》:“敦煌北一千里镇伊州城西有纳职县,其时回鹘及吐谷浑居住在彼,频来抄掠伊州,俘虏人物,侵夺畜牧,曾无暂安。仆射乃于大中十年六月六日亲统甲兵,诣彼击逐伐除。不经旬日中间,即至纳职城。贼等不虞汉兵忽到,都无准备之心。我军遂乌云之阵,四面急攻。蕃贼獐狂,星分南北,汉军得势,押背便追。不过十五里之间,煞戮横尸遍野……仆射与犬羊决战一阵,回鹘大败,各自苍黄,抛弃鞍马,走投入纳职城,把牢而守。于是中军举华(画)角,连击铮铮,四面口兵,将夺驼马之类一万头匹。我军大胜,匹马不输,遂即收兵,即望沙州而返。”[②]又记载大中十一年八月伊州刺史王清和报告敌情。这从一个侧面说明了张义潮收复伊州,但是仅控制了州城及附近地区,纳职城仍为回鹘和吐谷浑控制。

咸通二年收复凉州。张议潮收复了瓜、沙、甘、肃、伊等州之后,基本上解除了吐蕃对归义军的威胁,归义军辖区与唐朝的灵州仅隔凉州一郡之地。因此,归义军的当务之急是驱逐凉州吐蕃守军,收复凉州,将归义军辖地与唐朝廷辖区连成一片。《敕河西节度兵部尚书张公德政之碑》记载:“姑臧虽众,勍寇坚营,忽见神兵动地而至,无心掉

①郑炳林:《敦煌地理文书汇辑校注》,第 65—69 页。

②P.2962《张议潮变文》,录文参王重民等编:《敦煌变文集》(上集),北京:人民文学出版社,1957 年,第 114—120 页。

战，有意逃形，投奔星宿、岭南，苟偷生于海畔。我军乘胜逼逐，虏群畜以川批，掠其郊野，兵粮足而有剩，生擒数百，使乞命于戈前，魁首斩腰，似尸染于蓁莽。良图既遂，摅祖父之沉冤。"注称："姑臧者，凉州郡县名。"关于张议潮收复凉州时间，S.6342《张议潮咸通二年收复凉州奏表并批答》："张议潮奏：咸通二年收凉州，今不知却□，又杂蕃浑。近传嗢末隔勒往来，累询状人，皆云不谬。伏以凉州是国家边界，嗢末百姓，本是河西陇右陷没子将。国家弃掷不收，变成部落。昨方解辨，只得抚柔……使为豺狼荆棘，若……馈运不充，比千赘疣。置……弃掷，与犷俗连耕。相牵状(吠)尧，犯关为寇。国家又须诛剪。不可任彼来侵。若征举兵戈，还挠州县。今若废凉州一境，则自灵武西去。为毳幕所居。比年使州县辛勤，却是羯胡修建，言之可为痛惜。今凉州之界，咫尺帝乡。有兵为藩垣，有地为襟带，扼西戎冲要，为东夏关防。捉守则内有金汤之安，废指(置)则外无墙堑之固。披圆(图)可羚，指事足明，不待多言，希留圣鉴。今岂得患其盗(资)给，放为寇仇。臣恐边土之人，坐见劳弊。"又载："敕凉州朝廷旧地，收复亦甚辛勤，藩屏……，固不抛弃。但以鞠长申奏，粮料欠……途，踅见权宜，亦非久制，近知蕃……，不便改移，今已允依，一切仍旧……心推许国，遽有奏论。念其恳……深可嘉奖，宜令中书门下宣示。"[①]这道奏表及批答，说明了以下几点：一、咸通二年张议潮收复凉州；二、收复凉州的军事行动非常艰难；三、凉州地理位置非常重要，为襟带之地，扼西戎冲要，为东夏关防，凉州不守，灵武以西皆为毳幕所居。《新唐书·吐蕃传》："咸通二年，义潮奉凉州来归。"[②]《新唐书·懿宗纪》记作咸通三

①录文参唐耕耦、陆宏基编：《敦煌社会经济文献真迹释录》第4辑，第363—364页。

②《新唐书》卷216下《吐蕃下》，第6108页。

年:“(三年)三月戊寅,归义军节度使张义潮克凉州。”[①]纪传互为矛盾。《旧唐书·懿宗纪》《资治通鉴》未载。当以咸通二年为是。

张议潮收复凉州，其疆域范围为归义军极盛时期,《敕河西节度兵部尚书张公德政碑》记载:“西尽伊吾,东接灵武,得地四千余里,户口百万之家,六郡山河,宛然而旧。”[②]凉州东邻灵武,是归义军入朝必经之地。《元和郡县图志》卷四〇“凉州东接灵州九百里”。六郡当指沙州敦煌郡、瓜州晋昌郡、肃州酒泉郡、甘州张掖郡、伊州伊吾郡、凉州武威郡等六州之地。六郡是归义军的基本政区和管辖范围。

张议潮时期归义军的辖区和控制范围东西部发展变化是相当复杂的,为了对张议潮实际控制区有一个明确的回答,我们对归义军与西州之间是否发生过隶属关系，归义军取得凉州后是否向原兰州金城郡、鄯州西平郡辖地发展做一些探讨。关于归义军是否收复西州,冯培红《有关敦煌文书的两则读书札记》之“张议潮究竟有无收复西州”,认为咸通七年归义军在名义上收复西州,主要根据是《资治通鉴》卷二五〇咸通七年,“春,二月,归义军节度使张义潮奏北庭回鹘仆固俊克西州、北庭、轮台、清镇等城”;胡三省注:“回鹘固俊。《新书》及《考异》正文皆作‘仆固俊’。《考异》曰《实录》:‘义潮奏俊收复西河及部落胡、汉皆归伏,并表贺收西州等城事。’《新·吐蕃传》曰:‘七年,俊击取西州,收诸部。’按大中五年,义潮以十一州图籍来上,西州已在其中。今始云收西州者，盖当时虽得其图籍，其地犹为吐蕃所据耳。”[③]《新唐书·吐蕃传》:“(咸通)七年,北庭回鹘仆固俊击取西州,收

①《新唐书》卷9下9《懿宗纪》,第257页。

②参荣新江:《敦煌写本〈敕河西节度兵部尚书张公德政之碑〉校考》,载《周一良先生八十生日纪念论文集》,第206—216页。

③《资治通鉴》卷250《唐纪六十六·懿宗七年》,第8113页。

诸部。"[①]并认为归义军没有派军进驻西州并进行统治。当仆固俊据有西州并站稳脚跟后开始与张议潮脱离关系进而与归义军争夺伊州。[②]关于仆固俊取西州事,在《新唐书·回鹘传下》:"懿宗时,大酋仆固俊自北庭击吐蕃,斩论尚热尽取西州、轮台等城,使达干米怀玉朝,且献俘,因请命,诏可。"[③]这就证实仆固俊是从吐蕃手中夺取西州的,归义军节度使张议潮自咸通二年收复凉州,直接取得唐中央军事政治的支持,威望大振。仆固俊是依靠张议潮的支持方攻下西州,或者说,张议潮在咸通年间连续对伊州回鹘用兵,多次挫败回鹘,已将回鹘置于其控制之下,仆固俊打下西州,而张议潮为之代奏朝廷。所以从某种意义上讲,张议潮时归义军政权曾一度收复西州,并将轮台、庭州等划归其管辖范围。P.3633《龙泉神剑歌》叙其先代功绩时称"西取天山瀚海军""北扫燕然□岭镇"[④],天山军在西州,瀚海军在庭州,此□岭镇或指清镇。这从侧面证实张议潮时管辖范围达到西州。

张议潮是否取得石城镇,据敦煌写本《寿昌县地境》在石城、屯城、新城、葡萄城、萨毗城、鄯善城、故屯城、西寿昌城、播仙镇等条之后记载:"已前城镇并落土(吐)蕃,亦是胡戎之地也。"[⑤]这是天福十年六月九日州学博士翟奉达上给寿昌张县令的。S.367《沙州伊州地志》在石城等城镇之后也说"以前城镇并陷吐蕃"[⑥]。这是光启元年十二月廿五日张大庆从灵州安慰大使处借抄本。从这种地志看,似乎张议潮

---

①《新唐书》卷216下《吐蕃传下》,第6108页。

②冯培红:《有关敦煌文书的两则读书札记》,《敦煌学辑刊》1995年第2期,第128—131页。

③《新唐书》卷217下《回鹘传下》,第6133—6134页。

④唐耕耦、陆宏基编:《敦煌社会经济文献真迹释录》第4辑,第381—383页。

⑤郑炳林:《敦煌地理文书汇辑校注》,第62页。

⑥郑炳林:《敦煌地理文书汇辑校注》,第66页。

时归义军辖区没有达到石城,但是我们应当注意到S.367号记载到张议潮占取伊州也只是在州下记了一句,县之下没有任何记载。石城属寿昌县,寿昌县据S.788号记载大中二年收复,石城等处陷吐蕃是指《寿昌县地境》县下所载"建中初陷吐蕃",还是指张议潮之后再陷吐蕃?我们由P.2962《张议潮变文》得知张议潮于大中十年前对沙州西南吐蕃采取了一次大的军事行动。"(前缺)诸川吐蕃兵马还来劫掠沙州,奸人探得事宜,星夜来报仆射:'吐浑王集诸川蕃贼欲来侵凌抄掠,其吐蕃至今尚未齐集。'仆射闻吐浑王反乱,即乃点兵,鏨凶门而出,取西南上把疾路进军。才经信宿,即至西同侧近,便拟交锋。其贼不敢拒敌,即乃奔走。仆射遂号令三军,便须追逐。行经一千里已来,直到退浑国内,方始趁趚。仆射即令整理队伍,排比兵戈,展旗帜,动鸣鼍,纵八阵,骋英雄。分兵两道,裹合四边。人持白刃,突骑争先。须臾阵合,昏雾涨天,汉军勇猛而乘势,拽戟冲山直进前。蕃贼胆怯奔南北,汉将雄豪百当千。……决战一阵,蕃军大败。其吐浑王怕急,突围便走,登涉高山,把险而住。其宰相三人,当时于阵面上生擒,只向马前,按军命而寸斩。生口细小等活捉三百余人,收夺得驼马牛羊二千头匹,然后唱《大阵乐》而归军幕。"①西同,在《张淮深变文》中记载作西桐,旁有湖泊,称作西桐海,出产芦苇,又有林木,在敦煌西南方向。根据这一地理位置及特征,我们研究认为西同在疏勒河末端马圈湾一带,即《寿昌县地境》所载曲泽一带。②若西同在曲泽一带,张议潮攻打西桐之吐蕃亦当在此,"行经一千里以来,直到退浑国内"。此退浑国内指何处,从地理位置来说,应指石城一带。S.367《沙州伊州地志》:

①王重民等编:《敦煌变文集》,第114—120页。

②参郑炳林:《敦煌本〈张淮深变文〉研究》,《西北民族研究》1994年第1期,第142—155页;王重民等编:《敦煌变文集》,第121—128页。

"东去沙州一千五百八十里。"[①]P.5034《沙州地志》六所道路:"一道南路,[从镇东去屯]城一百八十里,从屯城取碛路,由西关向沙州一千四百里,总有泉七所,更无水草,其镇去沙州一千五百八十里。""一道南路,从镇东去沙州一千五百里,其路由古阳关向沙州,多缘险隘,泉有八所,皆有草,道险不得夜行。春秋二时雪涤,道闭不通。"[②]《新唐书·地理志》引贾耽《四道记》:"又一路自沙州寿昌县西十里至阳关故城,又西至蒲昌海南岸千里。自蒲昌海南岸,西经七屯城,汉伊修城也,又西八十里至石城镇,汉楼兰国也。"[③]石城镇在中唐亦陷没于吐蕃,石城镇从地理位置上说,也与张议潮追击吐蕃至退浑国内相符。另外,张氏归义军建立后,与于阗国等建立了友好的往来关系,经常互相通使,敦煌的许多工匠被派往于阗,敦煌迎接于阗使是在寿昌县或马圈口,说明通使是取道石城的。若张议潮不解决石城吐蕃问题,这种通使是不可能的。因此,我们认为张议潮于大中十年六月前曾一度夺取石城,并在这里建立了短暂的管理机构。不久就失去了,故《沙州伊州地志》称之皆陷吐蕃。

在张议潮时期,归义军打下凉州后,实际控制区到达哪里,直到目前,还没有对这一问题进行更多实际性的研究。《敕河西节度兵部尚书张公德政之碑》记载凉州吐蕃被张议潮率军打败后,"奔投星宿、岭南,苟偷生于海畔。我军乘胜追逐,虏群畜以川量;掠其郊野,兵粮足而有剩"[④]。星宿指青海境内之星宿,岭南当指祁连山以南地区,是

---

①郑炳林:《敦煌地理文书汇辑校注》,第65—69页。

②郑炳林:《敦煌地理文书汇辑校注》,第43—49页。

③《新唐书》卷43下《地理志下》,第1151页。

④参荣新江:《敦煌写本〈敕河西节度兵部尚书张公德政之碑〉校考》,载《周一良先生八十生日纪念论文集》,第206—216页。

证明归义军兵锋所及已到青海境内的河湟地区。其次我们从 P.4640《住三窟禅师伯沙门法心赞》亦可证实:“禅伯,即谈广之仲父也。本自轩门,久随旌旆,三秋弥猎,陪大保以南征,万里横戈,执刀铤于瀚海。既平神乌,克服河湟。职业崇隆,以有悬车之至(志)。数年之后,师乃喟然叹曰:‘樊笼人事,久累沉阿(疴),徇日趋名,将无所益。’遂辞旌戟,南入潢(湟)源,舍俗出家,俄然落发。期年受具,仗锡西还,一至宕泉,永抛尘迹。”[①]从赞文记载看,张议潮在收复凉州之后,随即进军河湟。河潭,指今青海省湟水流域。S.4276《管内三军百姓奏请表》:“臣本归义军节度使张某乙,自大中之载,伏静河湟,虏逐戎蕃,归于逻娑,伏承圣朝鸿泽,陇右再晏尧年,玄德流晖,姑臧会同舜日。遂乃束身归阙,宠秩统军。不在臣言,事标唐史。”[②]P.4638《瓜州牒状》:“河西开复,绵地数千。建旗起自于龙沙,袭逐远闻于破竹。太保应五百之间生,宣宗盛垂衣之美化。介开疆域,遐拓河源。”河源,唐鄯州鄯城县置河源军,即今青海省西宁市。P.4660《康通信邈真赞》《康使君邈真赞并序》《阎英达邈真赞并序》有“助开河陇”[③];《令狐公邈真赞》作“助收河陇”[④],河陇当包括河湟地区在内。另外我们还可以惠苑任职证明这一点。P4660《都毗尼藏主阴律伯真仪赞》撰写人署名“龙支圣明福德寺僧惠苑述”[⑤],龙支是鄯州下属县名,此真仪赞从粘贴关系看,是吐蕃时期所撰。张议潮收复敦煌后,惠苑在敦煌,约大中二年至七年(848—852)间杜牧所撰《敦煌郡僧正惠苑除临坛大德制》可证:“敕。

①郑炳林:《敦煌碑铭赞辑释》,第 80 页。

②唐耕耦、陆宏基编:《敦煌社会经济文献真迹释录》第 4 辑,第 386 页。

③郑炳林:《敦煌碑铭赞辑释》,第 114、151、160 页。

④郑炳林:《敦煌碑铭赞辑释》,第 144 页。

⑤郑炳林:《敦煌碑铭赞辑释》,第 219 页。

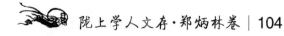

敦煌管内释门都监察僧正兼州学博士僧惠苑。敦煌大藩，久陷戎垒，气俗自异，果产名僧。彼上人者，生于西土，利根事佛，余力通儒，悟执迷尘俗之身，譬喻火宅；举君臣父子之义，教尔青襟。开张法门，显白三道。遂使悍戾者好空恶杀，义勇者徇国忘家，裨助至多，品地宜峻。领生徒坐于学校，贵服色举以临坛。若非出群之才，岂获兼荣之授，勉弘两教，用化新邦。可充京城临坛大德，余如故。"[①]惠苑是敦煌高僧。但至咸通八年撰P.4660《敦煌唱导法将兼毗尼藏主广平宋律伯真仪赞》惠苑署名"鄯州龙支县圣明福德寺前令公门徒释惠苑述"[②]，是证咸通八年时，鄯州龙支县还控制在归义军手中。

凉州东南所邻兰州金城郡，据《龙泉神剑歌》称其先代开疆土"东取河兰广武城"似乎疆土已达兰州之广武县，即今兰州市永登县。P.4640《大唐宗子陇西李氏再修功德记》记载李明振随张议潮东征西讨"二十余载，河右麾戈，拔帜抉纛，龙韬尽展，克复神乌，而一戎衣。歼勍寇于河兰，馘獯戎于瀚海。加以陇头雾卷，金河泯湍濑之波，蒲海枭鲸，流沙弛列烽之患。复天宝之子孙，致唐尧之寿域，晏如也。百[城]无拜进之虞，十郡丰登，吏士贺来苏之政"[③]。神乌为凉州神乌县，索义辩侄忠凯曾"驻军神乌，镇守凉城"[④]。河兰即河湟地区和兰州，瀚海指庭州，金河即今酒泉北大河，蒲海即蒲昌海。蒲海枭鲸当指张议潮西同之役追击吐蕃至石城镇。是证张议潮兵锋所及已达兰州之广

---

①[唐]杜牧：《樊川文集》卷20，上海：上海古籍出版社，1978年，第305—306页。

②郑炳林：《敦煌碑铭赞辑释》，第185页。

③郑炳林：《敦煌碑铭赞辑释》，第41—43页。

④P.4640《沙州释门索法律窟铭》。参郑炳林：《敦煌碑铭赞辑释》，第72—75页。

武县及河湟部分地区。其中十郡作何解释？S.530《大唐沙州释门索法律义辩和尚修功德记碑》记作六郡，[①]与《敕河西节度兵部尚书张公德政之碑》同。而《新唐书·宣宗纪》大中五年所献为瓜、沙、伊、肃、鄯、甘、河、西、兰、岷、廓十一州。《旧唐书》记载皆为十一州但未标出全部州名，亦有七州之说。十一州乃张议潮大中五年所献图籍，并不表示归义军实际控制区已达到了十一州。六郡为瓜、沙、甘、肃、伊、凉六州，为张议潮实际控区，十郡当指归义军一度取得东部的兰州、鄯州二州之地及西部的西州、庭州等地。

到此我们对张议潮时期的疆域扩展有了一个比较明确的认识，大中二年收复瓜沙二州，取得疏勒河流域，三年收复甘、肃二州，取得了张掖河流域，四年取伊州地区，十年前不久经战争一度取得石城镇，咸通二年收复凉州，取得石羊河流域，同时出兵岭南，将吐蕃赶往青海南部雪山，收复了河湟地区的鄯州及兰州黄河以北的广武县地。到咸通七年，回鹘仆固俊归附，张议潮通过回鹘又取得了西州、庭州之地。从张议潮时期归义军疆域发展来看，以敦煌为中心向东西两方面发展，南北因受地理因素制约，一般来说变化不大。

张淮深任节度使时归义军疆域稳定但渐见收缩

咸通八年张议潮入朝不归，留居长安，兄子沙州刺史张淮深代主归义军事，张淮深主持归义军事务之后，一面加强与唐朝廷的联系，争取唐朝廷的支持，早授河西旌节，另一方面稳固张议潮开拓的疆域范围。张淮深以沙州刺史入主归义军事，迟迟不得授河西节度使，咸

---

①郑炳林：《敦煌本〈张淮深变文〉研究》，《西北民族研究》1994年1期，第142—155页。

通十年十二月职官仍是沙州诸军事沙州刺史。其幕僚张景球的职官迟到咸通十二年仍是沙州判官,乾符三年称归义军诸军事判官。据研究,张议潮入朝后,其势力还在,像唐悟真、张敖、张大庆等张议潮幕僚班子还把持着政务,张淮深虽主归义军事,仍名不正言不顺,事事受其掣肘,另外张议潮是留居长安还是返回敦煌还未最后定夺。[①]咸通十三年张议潮病死长安,乾符二年唐授张淮深户部尚书充河西节度,不久加授兵部尚书,地位稳固,到大顺元年(890)被杀,基本上无大变动。在辖区上,初期继承张议潮时期的管辖范围,后期发生了一系列变化,直接影响到归义军的疆域范围。

张淮深时西部辖区变化,影响最大的事件主要是仆固俊脱离归义军与西桐之战。

仆固俊借助张议潮的威力于咸通七年取得西州、北庭、轮台等城,使归义军疆域名义上"东收神乌,西接二庭"[②],据有西州、庭州。但是归义军的实际力量并没有达到这里,不是归义军的实土,故《敕河西节度兵部尚书张公德政之碑》仅称六郡。仆固俊附属归义军是慑于归义军的强大军事压力,咸通八年张议潮入朝不归,张淮深久久不得名正言顺主持归义军事务,加之归义军内部矛盾重重,议潮系与淮深系之争,削弱了归义军的力量及对外影响力,仆固俊趁机自立,脱离与归义军的羁縻关系,并出兵攻打伊州、瓜州及西桐地区。据 P.3451《张淮深变文》记载:"尚书……业,累致逃亡,使安西……之窟,奈何先陈降……非一二,据汝狂猖,尽……且留性命。"又曰:"敢死破残回

①郑炳林:《论晚唐敦煌文士张球即张景球》,《文史》第 43 辑,北京:中华书局,1997 年,第 111—119 页。

②P.4640《住三窟禅师伯沙门法心赞》,参郑炳林《敦煌碑铭赞辑释》,第 80 页。

鹘贼,星驰羽□□□□,初言纳款投旌戟,续变□□□□□;早向瓜州欺牧守,今朝此处□□□。黄天不许辜神德,败绩横□□□□。”回鹘是以安西为中心,并攻打归义军管辖的瓜州,显然这支回鹘不是来自于东部。变文又记载:“无何猃狁侵唐境,引旆奔冲过大泉。圣主远忧怀轸虑,皇情颁诏虏庭宣。月霄内使人难见,土岭风沙塞草寒。跋涉金河劳俊(骏)骑,深惭常侍降楼兰。”从这段变文看,西州回鹘已占取了楼兰。从下文记载西州回鹘再次侵犯敦煌:“天使才过酒泉,回鹘王子,领兵西来,犯我疆域,潜于西桐海畔,蚁聚云屯,远侦烽烟,即拟为寇。”张淮深:“当即胤兵,凿凶门而出。风驰雾卷,不逾信宿,已近西桐。贼且依海而住,控险为势,已(以)拒官军。尚书乃处分诸将,尽令卧鼓倒戈,人马衔枚,东风猎□,微动风尘,六龙才过,誓不空回。先锋远探,后骑相催,铁□千队,战马云飞。分兵十道,齐突穹庐。鞞鼓大振,白刃交麾,匈奴丧胆,獐窜周诸。头随剑落,满路僵尸,回鹘大败。”“尚书闻贼犯西桐,便点偏师过六龙。总是敦煌豪侠士,□曾征战破羌戎。……血染平原秋草上,满川流水变长红。南风助我□威急,西海横尸数十重。”①敦煌西有九陇、三陇沙等,三陇沙在白龙堆东、玉门关外,九陇是阳关以西地区,包括六陇、三陇,是其总称。六陇指阳关以西,三陇以东的地区。西桐,又名西同,有水泽称西桐海,亦名西海,是唐五代归义军时期敦煌的主要畜牧区之一,也是敦煌对西州、石城交通关口。取得西桐,既可形成对敦煌的威胁,又扼守南北二路,防止归义军对西州、石城的攻击。虽然张淮深对西桐回鹘的战争取得了胜利,但并没有恢复张议潮时期的隶属关系,也没有收复石城镇。至此

①录文参郑炳林:《敦煌本〈张淮深变文〉研究》,《西北民族研究》1994 年第 1 期,第 142—155 页。

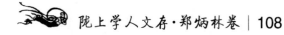

归义军西部仅有玉门阳关,不越西桐之域。石城镇、西州、庭州等脱离归义军管辖。

紧接着是伊州丢失。伊州是归义军的北部交通咽喉之地,是归义军的实控区。张议潮收复伊州,然纳职城为回鹘所占据,张议潮以伊州为根据地,于大中十年、大中十二年多次攻打回鹘,对西州回鹘用兵,用军事压力迫使仆固俊附于归义军。归义军任用大将出任伊州使刺守卫疆土,P.2962《张议潮变文》记载伊州刺史王和清"至(大中)十一年八月五日,伊州刺史王和清差走马使至,云'有背叛回鹘五百余帐,首领翟都督等将回鹘百姓已到伊州侧。(下缺)'"[①] 王和清可能是第一位出任伊州刺史的官员,其职责为守土安民,对外防止回鹘入侵,及时汇报回鹘的情况。P.4660 号有《故前伊州刺史授左威卫将军银青光禄大夫检校太子宾客殿中侍御临留[淄]左公赞》,称左公是"金方茂族,间生一枝","俗感知变,暗晓前机。嘉谋济代,承旨阶墀。封疆受土,典郡西陲。四方使达,君命应期。尽忠奉国,尽节众推。名高凤阙,玉塞声飞,蒸哉古往,赫矣今时"[②]。从 P.4660 号本篇抄本粘连在咸通十年悟真撰《索义辩邈真赞》之前,故此赞当撰于咸通八年至十年间。推知在此之前伊州还在归义军控制之中。归义军丢失伊州,是西桐之战的直接后果。乾符元年秋张淮深征伐西桐回鹘,二年正月战争结束。[③]乾符三年四月西州回鹘仆固俊攻下伊州,伊州丢失。P.5007《诗》中记载了这个事实:"仆固天王乾符三年四月二十四日打破伊州。"可能是对归义军乾符元年间两次征伐西桐等处回鹘的

①录文参王重民等编:《敦煌变文集》,第 117 页。

②郑炳林:《敦煌碑铭赞辑释》,第 182 页。

③《毛诗卷第九残卷》背题:"咸通拾陆年正月十五日,官吏待西桐打却回鹘至。"咸通十六年即乾符二年。

报复，回鹘出兵西桐，主要是为了切断伊州与敦煌的联系，最终占领伊州，消除归义军对其威胁。随着伊州的丢失，西州回鹘与归义军处于均衡之势，西部疆域也趋于稳定。变文称张淮深击破西桐回鹘之后辖区“□节河西理五州”，当指瓜、沙、甘、肃、凉诸州。

东部辖区变化，关键问题是甘州回鹘的兴起及甘州丢失的时间问题。甘州回鹘何时占领甘州及归义军失去对甘州的控制权，这是长期以来争论不休的问题，也是关系到归义军东部辖区的重大问题。荣新江《甘州回鹘成立史论》认为：“中和四年(884)末，龙家退出甘州，甘州为回鹘占领，渐渐成为回鹘可汗的牙帐所在地。‘甘州回鹘’一名首次出现在光启三年(887)的敦煌文书中，标明甘州回鹘政权的正式成立应在884—887年中间。”[①]邓文宽《张淮深平定甘州回鹘史事钩沉》认为《张淮深变文》记载史事发生在乾符年间，是关于张淮深讨伐甘州回鹘的记载。[②]若此论成立，那么甘州被回鹘占领要在此前。甘州回鹘问题，是个相当复杂的问题，S.2589《中和四年十一月一日肃州防戍都营田康使君县丞张胜君等状》报告“其甘州共回鹘和断未定，二百回鹘常在甘州左右捉道劫掠，甘州自胡进达去后，更无人来往”。从内容分析，甘州作一方，回鹘作一方，是证甘州还没有被回鹘占领，政权还控制在归义军一方。S.389《肃州防戍都状》状文提及“甘州共回鹘和断事由”，甘州城内住的吐蕃、退浑、龙家、通颊及羌等，部分人因甘州缺乏粮用，来到肃州逐粮。在P.3569《唐光启三年(887)四月为官酒户马三娘龙粉堆支酒本和算会牒附判词》，供酒对象为“西庭、璨微

①荣新江：《甘州回鹘成立史论》，《历史研究》1993年第5期，第32—39页。(人大复印报刊资料《魏晋南北朝隋唐史》1993年第12期，第59—66页，全文转载)

②邓文宽：《张淮深平定甘州回鹘史事钩沉》，《北京大学学报(哲学社会科学版)》1986年5期，第86—98页。

及凉州、肃州、蕃使等”。各条所载招待对象有西州回鹘使、璨微使、凉州使、凉州嗢末、肃州使，没有记载到甘州回鹘，足以说明甘州还未被回鹘占取。P.4660 号唐中和元年十一月悟真撰《康通信邈真赞》记载其官职为“大唐前河西节度押衙银青光禄大夫检校太子宾客甘州删丹镇遏[使]充凉州西界游弈防采营田都知兵马使兼殿中侍御史”，赞文称他“助开河陇，效职辕门，横戈阵面，骁勇虎贲。番禾镇将，删丹治人。先公后私，长在军门。天庭奏事，荐以高勋。姑臧守职，不行遭窀”①。康通信是死在删丹镇将的职位上，既然删丹在张掖东部，删丹在归义军掌握之中，那么甘州就不会被回鹘占取。莫高窟 148 窟的《唐宗子陇西李氏再修功德记》记载李明振“次男使持节甘州刺史兼御史中丞上柱国弘谏，飞驰拔拒，唯庆忌而难俦；七札穿扬，非由基而莫比。洎分符于张掖，政恤茕孤，布皇化于专城，悬鱼发咏”②。从碑文记载看，李弘谏任甘州刺史不是虚衔遥领，有一定政绩。其任职时间当在大顺元年(890)之后，乾宁元年(894)之前。这些记载都说明甘州迟至 894 年还在归义军手中。

凉州，前引 P.4660《康通信邈真赞》说他“姑臧守职，不行遭窀”，可能是出任姑臧县令或凉州刺史。不论何职，都说明中和元年凉州处于归义军控制之下。又 P.4615、P.4010《李端公讳明振墓志铭》李明振官职为河西节度凉州左司马检校国子祭酒兼御史中丞上柱国。“大中初辅政辕门，经略河外，讨荡吐蕃，先登执馘，有庆忌之勇。方期分阃维城，继先人之……悲也。当龙纪二祀七月十有六日……敦煌县漠高

①郑炳林：《敦煌碑铭赞辑释》，第 114 页。

②录文参[清]徐松著，朱玉麒整理：《西域水道记(外二种)》卷 3，北京：中华书局，2005 年，第 157 页；研究参李永宁：《敦煌莫高窟碑文录及有关问题》，《敦煌研究》总第 1 期，1980 年，第 56—79 页。

里，从吉兆也。”[①]P.4640《大唐宗子陇西李氏再修功德记》：“公其时也，始蒙表荐，因依献捷，亲拜彤廷。宣宗临轩，问其所以。公具家谍，面奏玉阶，上亦冲融破颜，群公愕视。乃从别敕授凉州司马，赐金银宝贝。诏命陪臣，乃归戎幕。二十余载，河右麾戈，拔帜抉纛，龙韬尽展，克服神乌，而一戎衣。”由此可证李明振授凉州左司马时，凉州还未收复，属虚衔遥领。凉州收复后，仍未见其在凉州有何实际政绩。又死于敦煌，故凉州左司马只是名义而已。P.3659号记载光启三年归义军招待的有凉州使曹万成三人及凉州嗢末使，P.3281《押衙马通达状稿》：“先随司空到京，遣来凉州，却送家累，拟欲入京，使被卢尚书隔勒不放。尚书死后，拟随慕容神护入京，又被凉州麹中丞约勒不达。”S.2589《唐中和四年肃州防戍都营田康使君县丞张胜君等状》：“游弈使白永吉押衙阴清儿等，十月十八日平善已达嘉麟，缘凉州闹乱，郑尚书共□□护仁之次，不敢东行。”S.389《肃州防戍都状》：“其龙王衷私发遣僧一人，于凉州嗢末首令（领）边充使。将文书称，我龙家共同回鹘和定之后，恐被回鹘侵凌，甘州事须发遣嗢末三百家已来同住甘州，似将牢固。如若不来，我甘州便共回鹘为一家，讨你嗢末，莫道不报。”从这些记载看，张淮深时凉州分两股势力：一是以嗢末为首的少数民族，二是唐朝官府力量。与归义军的关系上看，仍是若即若离，归义军对其控制相当松散。关于这一点，我们还可以从S.5139《凉州节院使押衙刘少晏状》中看出，其次从文书中已看不出归义军政权在河湟地区行使任何职权，故这时河湟地区及兰州广武县均已放弃。

张承奉任节度使及西汉金山国疆域变化

张淮深于大顺元年（890）被杀后，张淮鼎出任归义军节度使，不

①郑炳林：《敦煌碑铭赞辑释》，第293页。

久病死，景福元年(892)索勋以外亲执掌归义军政权，引起张氏及李氏不满，乾宁元年(894)张议潮第十四女、李明振妻率四子弘愿、弘定、弘谏、弘益以“辜恩”为名杀死索勋，扶持张议潮孙张承奉任归义军节度使。[①]“秉持旄钺，总兵戎于旧府。”李氏兄弟共掌大权，弘愿为使持节沙州诸军事、沙州刺史节度副使检校散骑常侍御史大夫，弘定为使持节瓜州刺史墨离军押蕃落等使兼御史大夫，弘谏使持节甘州刺史兼御史中丞，弘益为朝议郎前守左神武军长史兼侍御史。到后来弘愿以长史领节，官崇八座貂蝉，弘谏以司马敦煌太守辅翼，条贯三军守法，奸吏屏迹无喧。[②]李氏势力增长使张承奉无法接受，895年前后张承奉联合张文彻等人杀掉李弘愿、李弘益，于乾宁三年(896)独揽归义军大权。[③]在张承奉执掌政权前期，力图在开拓疆土上有所作为，对南山、西州回鹘、甘州回鹘等用兵，希望恢复其祖父张议潮的“东取河兰广武城，西取天山瀚海军，北扫燕然□岭镇，南当戎羌道莎□”的广大疆域。初期稍有起色，取得楼兰五城，对甘州回鹘战争也稍有进展，然张承奉不甘心只做个附属政权，遂于后梁开平年间（约906)建立西汉金山国，自称西汉金山国圣文神武白衣帝。[④]西汉金山

①罗振玉：《补唐书张议潮传》，载《丙寅稿》。又载于兰州大学历史系敦煌学研究室、兰州大学图书馆合编《敦煌学论文选》，兰州：兰州大学出版社，1983年，第42—50页。

②P.3552《儿郎伟》，参黄征、吴伟：《敦煌愿文集》，长沙：岳麓书社，1995年，第944—946页。

③参荣新江：《晚唐归义军李氏家族执政史探微》，《文献》1989年3期，第87—100页。

④关于金山国建立的时间，学界意见不一。本文采纳李正宇的906年说。(参《谈〈白雀歌〉尾部杂写与金山国建国年月》，《敦煌研究》1987年第3期，第75—79页)参郑炳林：《唐五代敦煌金山国征伐楼兰史事考》，载敦煌研究院编：《段文杰敦煌研究五十年纪念文集》，北京：世界图书出版公司，1996年，第403—415页。

国建立后，甘州回鹘不断侵犯，“遂令百姓不安，多被煞伤，沿路州镇，逦迤破散，死者骨埋□□，生者分离异土，号哭之声不绝，怨恨之气冲天”。甘州回鹘大将狄银领兵打到敦煌境内，千渠三堡、无穷四城及便桥皆战发之地。张承奉在内外交困的情况下于911年派大宰相、高僧大德、敦煌贵族耆寿，“赍持国信，设盟文状，便到甘州”约为父子之国。[①]自张承奉做了甘州回鹘可汗的儿皇帝之后，一蹶不振，到914年政权转入曹议金手中。张承奉执掌归义军政权，建立金山国到灭亡，前后约20年的时间，这个时期是归义军由盛转衰的转折阶段，对后期归义军疆域影响非常大，曹氏归义军政权的疆域范围基本上继承了金山国的疆域范围，以二州八镇（或二州六镇）为主体。

张承奉金山国时期疆域虽然以二州八镇为主，但并不是一成不变。特别是东部辖区退缩，回鹘占据甘州，凉州嗢末、肃州龙家形成，使金山国疆土仅有疏勒河流域。

东部辖区变化的关键是回鹘占领甘州，前面我们说过，迟至乾宁元年甘州还未被回鹘占据，李弘谏仍然是甘州刺史，并且不是遥领虚受。到900年前后回鹘不但占领了甘州，而且进兵敦煌，焚烧了金光明、三界诸寺。S.3905《唐天复元年辛酉年十一月十八日金光明寺造窟上梁文》：“猃狁狼心犯塞，焚烧香阁摧残。”故金光明寺雇佣马都料一批工匠建造，猃狁在文书中一般指回鹘，故知金光明寺被回鹘焚烧。P.3541《张善才和尚邈真赞并序》：“洎金山白帝，闻师守节英明。时遇三界摧残，请移就住建立。官宠释门僧政，并赐紫绶恩荣，仍封京城内外之名，别列临坛阐扬之号。奉命届此，仅经九秋，除古新崇，毕工六

①P.3633《辛未年（911）七月沙州耆寿百姓等一万人状上回鹘可汗》，参唐耕耦、陆宏基编：《敦煌社会经济文献真迹释录》第4辑，第377—380页。

所。况且临坠坏寺,化成雁塔,祁园废业,疲徒合众,全为龙象。"[①]三界寺当与金光明寺同时被摧毁,时间在901年之前。说明回鹘占领甘州从895年到900年。这段时间归义军内部发生最大的事变是张承奉诛杀李氏兄弟。李氏兄弟掌权时,"四方晏然清帖, 猃狁不能犯边。甘州雄身中节,嗢末送款旌旜。西州上拱宝马,焉祁(耆)送纳金钱"[②]。至光化三年李氏四兄弟中三人并亡,S.1177光化三年写《金光明最胜王经》题记:"弟子女太夫人张氏,每叹泡幻,芳兰不久晨昏,嗟乎受别,苦痛心而不见。岂谓天然悔祸,哀迴树先凋,歼我贤良,类高花之早坠。谨为亡男使君、端公、衙推抄《金光明最胜王经》一部,缮写云毕。愿三郎君神游碧落,联接天仙,质(真)往净方,闻经树下。"此使君、端公、衙推当指节度副使李弘愿、甘州刺史御史中丞李弘谏及左神武将军长史李弘益。为什么任甘州刺史之李弘谏会同其兄弟被杀敦煌,而回鹘同时占领甘州并西侵敦煌?这其中包含有很深的政治原因。我们推测,张承奉发动事变,先诛杀了李弘愿及李弘益,重掌政权,当时李弘定、李弘谏任职在外免于斯难,瓜州刺史李弘定屈服于张承奉。而甘州刺史李弘谏联合回鹘进攻敦煌为兄弟报仇,可以说初期所向披靡,一直打到敦煌,这次是复仇而来,故破坏性比较大,三界、金光明等寺被烧,又在无穷、千渠、便桥等地与归义军决战,大概此次李弘谏利用的主要是回鹘兵马,对敦煌地区破坏性太大,遭到当地军民普遍反对。S.2263乾宁三年归义军节度押衙兼参谋守州学博士将士郎张忠贤集《葬录》序中称:"时遇乱世,根浅性□;俗化所易,王教风移。其君欲与贪狼为政,其臣欲与□□求尊,人心变改,邪魅得便,政法不从,非道为美。得事者不师轨,□求同类,擅作异谋,货赂求

①郑炳林:《敦煌碑铭赞辑释》,第352—353页。

②《儿郎伟》,录文参黄征、吴伟:《敦煌愿文集》,第945页。

名,破灭真宗,离害能德。德能既无,恣心非法,非法既盛,邪道日兴。”其中欲与贪狼为政当指联合回鹘,破灭真宗当指焚烧寺院。在当时民众的共同反对之下,李弘谏兵败被杀。这次战争虽以张承奉胜利告终,但对归义军政权却产生了巨大影响。甘州被回鹘占领,肃州龙家又被回鹘控制,凉州悬隔在外,归义军无法对之行使有效的行政职能,亦处于相对独立状态,金山国疆域退缩至金河一线。从 P.4640《己未年—辛酉年(899—901)归义军衙内破用纸布历》中记载州军镇县东部有会稽、新城、玉门、新乡等地,都在疏勒河流域,不超过金河一线。

关于金山国东部疆域范围,我们还可以由 P.3518《张保山邈真赞并序》证实:“金山会临,超先拔选。东陲大镇,最是要关。公之宽量,佥然委任。新城固守,已历星霜。兹镇清平,人歌邵(绍)秦。堰都河而清流不泛,浚沟洫而湍涌沄波。五谷山积,东皋是望。贮功禀什(实),抚备边城。”P.3718《张明德邈真赞并序》记载张明德为河西节度都头知玉门军事,“输忠累制,先王独委边城,玉门故军,再矗千门献主,遂使权机奉化,赋税民无告劳。六教居怀,三端恒备于己”[①]。玉门军、新城镇并称边城、东陲,是证金山国的东部疆域以都河为限。

P.3633《龙泉神剑歌》:“祁连山下留名迹,破却甘州必□迟,金风初动虏兵来,金河东岸阵云开。幕良将,拣人才,出天入地□良牧。先锋委付浑鹞子,须向将军剑下催。”浑鹞子,王重民先生认为是浑子盈。S.5448《浑子盈邈真赞并序》其官职为河西节度押衙兼右二将头。[②]甘

---

①郑炳林:《敦煌碑铭赞辑释》,第 506—507、459—460 页。

②郑炳林:《敦煌禅铭赞辑释》,第 401—415、343—344 页。又参王重民:《金山国坠事零拾》,《国立北平图书馆馆刊》第 9 卷 6 期,收载兰州大学历史系敦煌学研究室、兰州大学图书馆合编《敦煌学论文选》,第 63—87 页。

州回鹘兵力西侵与金山国初交战地点是金河，故金河当是金山国的东部疆界。金河，P.2627《金河诗》："金河，亦名呼蚕水。"《新五代史·四夷附录三》附《高居诲使于阗记》甘州"西北五百里至肃州，渡金河四百里出天门关，又西百里出玉门关，经吐蕃界"①。金河即今酒泉北大河。

金山国的西部疆域变化，张淮深征伐西桐回鹘前，石城、伊州相继失去，归义军西部疆域不越玉门、阳关两关。直到张承奉执掌归义军政权基本相同。不久，张承奉便发动对楼兰的战争。P.2864《白雀歌》描写张承奉征服了甘州回鹘之后，"罗公挺拔催凶敌，按剑先登浑舍人。白雪山岩瀚海清，六戎交臂必须平。我王自有如神将，沙南委付宋中宋。白屋藏金镇国丰，进达偏能报虏戎。楼兰献捷千人喜，敕赐红袍与上功"。罗公即 P.3633《龙泉神剑歌》之"遮收遏后与罗公"。罗公有两指：一是 P.3633《辛未年沙州百姓耆寿一万人状上回鹘可汗》所载联络吐蕃攻打回鹘之罗通达；二指罗进达。罗通达参加征伐石城的战争并为主要指挥官："洎金山王西登九五，公乃倍(陪)位台阶。英高国相之班，宠奖股肱之美。还乃于阗路阻，璨微艰危。骁雄点一千精兵，□以权通迳至。于是境宣韩白谋，运张陈〔计〕。天佑顺盈，神军佐胜；指青蛇未出于匣，蕃丑生降，表白虎才已临旗，戎蛇伏死。弯一击全，地收两城。"②罗通达、罗进达都参加了这次对楼兰的战争。两城，P.3718《张良真生前邈真赞并序》作三城："金山王时，光荣充紫亭镇主，一从莅任，独静边方。人皆赞舜日之欢，野老叹尧年之庆。三余无暇，奉国输劳。是时西戎起万里之危，域土隘千重之险。君主愠色，

①《新五代史》卷74《四夷附录第三》，北京：中华书局，1974年，第917页。
②郑炳林：《敦煌碑铭赞辑释》，第337页。

直欲自伐貔徒。贤臣匡谏而从依,乃选谟师而讨掠。关山迢遰,皆迷故迳(古境),长途暗碛鸣沙,俱惑怨智阡卉陌。公则权机决胜,获收楼兰三城。宕殲雄番(蕃),颖脱囊锥。此日仍充应管内外都牢城使。自居崇列,才经五五之秋。"此赞写于天成四年(929),往前推二十五年即天复五年(905)发生讨伐楼兰的战争。所谓楼兰两城、三城,据S.367《沙州伊州地志》P.5034《沙州地志》及《寿昌城县地境》石城镇附近有屯城、新城、蒲桃城、萨毗城、鄯善城。其中鄯善城在石城镇东廿十步,已毁坏,蒲桃城在石城镇北四里,不甚重要。萨毗城在镇西南480里,唯"新城,东去石城镇二百四十里,康艳典之居鄯善,先修此城,因名新城,汉名弩支城"。"屯城,西去石城镇一百八十里,……汉遣司马及吏士屯田伊循以镇之,即此城是也。"上两城与石城镇合为沙州通使于阗道上的三座重镇。两城,当指屯城、石城,三城当指石城以西新城、萨毗城、蒲桃城等。P.3718《阎子悦邈真赞并序》:"成立之年,权军机而有则,仿设云龙之势,拒破楼兰。"[①]即指这次战争。金山国取得石城后,在这里建立了石城镇,任命李存惠之父李安□为镇使。S.289《李存惠墓志铭并序》:"府君讳存惠,字察远,……皇考归义军节度使都头摄石城镇遏使银青光禄大夫检校左散骑常侍上骑都尉讳安□。"[②]由此可以判定西汉金山国西部疆域在石城一带。

西北部发动了对西州回鹘的战争,出兵攻打西州回鹘统治下的西州、伊州。张承奉派罗通达、罗进达、张良真等率军一千征伐楼兰胜利后,随即又挥师北上讨伐西州回鹘。P.3633《白龙泉神神剑歌》称"□番从此永□授,扑灭狼星壮斗牛。北庭今载和□□,兼拔瀚海以西州"。S.4654《罗通达邈真赞并序》记载罗通达打下楼兰二城之后"回

①郑炳林:《敦煌碑铭赞辑释》,第421页。

②郑炳林:《敦煌碑铭赞辑释》,第553页。

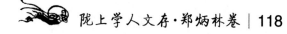

剑征西，伊吾弥扫”。P.3718《张良真生前写真赞并序》：“敌毳幕于雪岭之南，牵星旗于伊君之北。”《阎子悦生前写真赞并序》记打败楼兰后“决胜伊吾之前，凶徒胆裂”。虽然张承奉对伊吾战争取得了一定胜利，纯属精兵偷袭性质，故在伊吾没有任何建置，伊州还不能算作金山国的疆域范围。

曹氏归义军时期疆域由收缩变稳定

曹议金，又名曹仁贵，初娶敦煌大姓广平宋氏，后又娶甘州回鹘天公主为妻。时西汉金山国内忧外困，战争连年不断，民不聊生。在敦煌大姓及甘州回鹘支持下，趁机取而代之，重建归义军政权。长兄曹良才，又名曹仁裕，官职应管内外诸司都指挥使知左马步都押衙，所谓“荣加五州都将，委任一道指挥”，总揽归义军内外兵戎政事。后官至归义军应管内二州六镇马步军诸管将使检校司空。[①]曹议金重建归义军政权后，处境非常严峻。东部已失去了玉门军以东地区，虽多次对甘州回鹘用兵，几乎没有什么结果。西部又恢复了金山国以前的面貌，失去了石城镇。

曹议金于914年任归义军节度使，从914年至920年称号为尚书。在这期间，曹议金对外进行了一系列的军事行动。P.3781《河西节度使尚书建窟功德文》记载他“西定戎烟，镇龙沙而永固，四方开泰，使人不阻于前逞；南征北伐，驲骑往来而无滞”。又曰：“远戍阳关，龙节虎旌，宠高品新，恩将塞次。”“戎夷跪伏，银箭克定狼星，凶丑摧锋，罢战各守本城。”S.1137《道场发愿文》亦记载：“弯弓按剑，落日龙惊，万方献款而子来，百蛮稽首而臣伏。”足以说明曹议金称尚书已着手

---

①参荣新江：《关于曹氏归义军首任节度使的几个问题》，《敦煌研究》1993年第2期，第46—53页。

开拓疆土,由于敦煌文书无具体时间的记载,推知这些战争没有多大进展。P.3702《儿郎伟》:“十道销戈铸戟,三边罢战休征。銮驾早移东阙,圣人再坐西京。南蛮垂衣顺化,北军伏款钦名。优诏宣流紫塞,兼加恩赐西庭。皇帝对封偏奖,驲骑已出龙城。昨闻甘州告捷,平善过□邠宁。朔方安下总了,沙州善使祗迎。比至正月十五,球场必见喜声。尚书封加七百,锦珍恰似散星。”西庭,当指西州回鹘。

西部疆域,到长兴二年石城镇已失去。P.3718《范海印和尚写真赞并序》:“每虑坯躯虚假,翘情礼于五台。圣主遐宣,对诏宠迁一品。复攀昆峰灵集,愿顶普贤神宗。跋涉关山,询求如来圣会。前王观师别俊,偏奖福田之荣。务掌缁流,实匪创于广部。众谈师之奇美,谯公听纳入心。就加紫绶之班,赍赐僧政之列。一从任位,贞帘(廉)不舍于晨昏。每奉严条,守节怀忠而取则。时遇西戎路间,沙漠雁信而难通。举郡诠升,乃命仁师透迳。是以程吞阗域,王宫独步而频邀。累赠珍金,宝玩船车而难返。忽值妖ᅟ起孽,鹊公来而无痊。数设神方,天仙降而未免。俄变生颜稍退,皆嗟落日之悲。桂树萎凋,共叹倾月之切。专人倏届,空回往昔之裳。宝体沉沙,无期得瞻古迹。”①程吞阗域,即归义军通使于阗的道路受阻,这只能是石城为仲云所占领。P.3302《儿郎伟》撰于长兴三年,其中记“海印极甚辛苦”,说明海印出使在此之后。

曹议金时期,归义军政权东部疆域基本继承了西汉金山国的原貌。曹议金两次出兵讨伐甘州回鹘,战争一度进展顺利,曾攻打到张掖,从敦煌文书的记载看,取得了很大的胜利。尽管曹议金作了最大的努力,但他力图恢复张议潮时疆土统一河西地区的理想终成泡影。曹议金讨伐甘州回鹘的战争分前后两次,第一次是在他称太保时进

①郑炳林:《敦煌碑铭赞辑释》,第417—418页。

行的，第二次是在他称大王时进行的。

曹议金称太保的时间，据荣新江先生研究，是925年至927年。[①]P.3270《儿郎伟》第五记载了这次战争："河西汉家旧地，中隘猃狁安居。数年闭塞东路，恰似小水之鱼。今遇明王利化，再开河陇道衢。太保神威发愤，遂便点辑兵衣。略点精兵十万，各各尽擐铁衣。直至甘州城下，回鹘藏举(弃)无知。走入楼上乞命，逆者入火焚戶。大段披发投告，放命安于城除(池)。已后勿愁东路，便是舜日尧时。内使亲降西塞，天子慰曲名师。向西直至于阗，纳供献玉琉璃。四方总皆跪伏，只是不绝汉仪。"[②]P.4011《儿郎伟》亦有记载："甘州数年作贼，直欲欺负侵陵。去载阿郎发愤，点集兵钾军人。亲领精兵十万，围绕张掖狼烟。未及张弓拔剑，他自放火燃烧。一齐披发归伏，献纳金钱城川。遂便安邦定国，永世钦伏承前。不经一岁未尽，他急逆乱无边。准拟再觅寸境，便共龙家相煎。又动太保心境，颇耐欺负仁贤。缉练精兵十万，如同铁石心肝。当便冲山进路，活捉猃狁狼烟。未至酒泉山前，他自魂胆不残。便献飞龙白马，兼及绫罗数般，王子再相□□，散发纳境相传。因兹太保息怒，善神护我川原，河西一道清泰，天子慰曲西边。六蕃总来归伏，一似舜日尧年。"[③]由这两篇儿郎伟得知在曹议金称太保的925—927年间，归义军与甘州回鹘共发生了两次战争，相隔不过一年。第一次战争发生在张掖，是归义军主动出击，原因是回鹘阻碍交通。第二次战争发生在酒泉，原因是甘州回鹘攻打附属归义军的肃州

①荣新江：《沙州归义军历任节度使称号研究》，见中国敦煌吐鲁番学会编《敦煌吐鲁番学研究论文集》，上海：汉语大词典出版社，1990年，第768—816页。

②黄征、吴伟：《敦煌愿文集》，第952、959—960页。

③黄征、吴伟：《敦煌愿文集》，第952、959—960页。

龙家。荣新江先生据S.5139《乙酉年凉州押衙刘少晏状》,“太保阿郎正直（整治），开以河西老道”认为讨伐甘州回鹘发生在同光三年(925)。[①]浑子盈参加了这两次战争并战死于酒泉,S.5448《浑子盈邈真赞并序》:“明闲礼则,传戎音,得顺君情。美舌甜唇,译蕃语,羌浑叹美。东南奉使,突厥见者而趋迎,西北输忠,南山闻之而献顿。……肃州城下,报君主之深恩。白刃相交,乃魂亡于阵下。”又曰:“荣迁将务,治理周旋。东收张掖,左入右穿。玉门破敌,血流平田。明闲轨则,传译蕃言,能降突厥,押伏南山。肃州城下,擐甲冲先。天何不祐,魂归逝川。”[②]由赞文记载顺序看,浑子盈经历了多次战争,第一次是讨伐张掖,第二次是玉门破敌,第三次是肃州之战。P.3718《李绍宗(润晟)邈真赞并序》:“破南山,公把隘寇,众赖沾功。扫羌戎,白刃相交,不贪躯命。后乃张掖城下,立万载之高名。酒泉郡前,播雄声于千古。”[③]记载基本与《浑子盈邈真赞并序》相同,都是先张掖后酒泉。由此记载看,曹议金称太保时两次大的讨伐甘州回鹘军事行动对归义军的疆域没有任何进展。第一次是主动出击,第二次是被动的保境之战。归义军的辖区,仍保持在玉门军到肃州之间。从《张明德邈真赞并序》记载其从金山国到曹议金时以节度都头知玉门军事,玉门军为归义军管辖。

曹议金称大王,据荣新江研究在931至935年。[④]而王惠民先生据莫高窟401窟题记及上海图书馆藏165号《舍施功德疏》后梁龙德

---

①荣新江:《曹议金征甘州回鹘史事表微》,《敦煌研究》1991年2期，第1—12页;

②郑炳林:《敦煌碑铭赞辑释》,第343—344页。

③郑炳林:《敦煌碑铭赞辑释》,第466—467页。

④参荣新江:《沙州归义军历任节度使称号研究》,见中国敦煌吐鲁番学会编《敦煌吐鲁番学研究论文集》,上海:汉语大词典出版社,1990年,第768—816页。

二年已称大王。[①]敦煌文书多处记载了曹议金称大王时讨伐甘州回鹘。P.3718《曹盈达写真赞并序》称曹议金为大王,“狼峤山下(侧),军前输效而应时;金河之郊,执稍决胜于此日”[②]。P.3718《阎胜全写真赞并序》:“凶渠犯塞,舍命而先冲。虏骑交锋,判生而后敌。军州叹美,僚佐吹扬。别举崇班,荣迁上品。”[③]此次战争当是针对甘州回鹘无疑。又P.2850《四门散花燃灯文》记载:“莲府大王,遐延久载。亲征张掖,统鸿军以征东羌。讨伐狼狄,愿清平而归西国……伏愿加盛神力,宴陇道一方之善;伏引鸿军,却归西塞,大王保寿,共天地而俱存,上下康宁肯,尽□欢呼而契庆。”从这篇文书得知,曹议金称大王时发动了一场对甘州回鹘的战争。P.2482《罗盈达邈真赞并序》:“部领军机,每有前盈后胜,重迁宠秩,委任步军都知。而又盛绩双彰,殊勋克著。塞上之雄豪无敌,沙场之猛气过人。誉播衙庭。兼受极任。紫亭贵镇,葺理边城。抚育疲徒,如同父母。又迁上品,委任马步都权。统领洪军,共收河西陇右。”[④]罗盈达任都指挥使在后唐末后晋初年,故他率军讨伐甘州回鹘当在曹议金称大王时。P.3518《张保山邈真赞并序》记载其任右马步都押衙后:“公干当世,韬铃满怀。胆气出群,辛勤百战。不辞寝甲,皓首提戈。常进智谋,再收张掖。洪军霸战,四路传声。要达皇王,刻名玉案。公主猛烈,不顾艰险。又至天廷,所论不阙。慕公忠赤,报以前勋,乃荐左都押衙。”又载“张掖再复,挺剑先冲”[⑤]。这是第二次

---

①王惠民:《一条曹议金称“大王”的新资料》,《北京图书馆馆刊》1994年第C2期,第85—86页。

②郑炳林:《敦煌碑铭赞辑释》,第429—430页。

③郑炳林:《敦煌碑铭赞辑释》,第462—463页。

④郑炳林:《敦煌碑铭赞辑释》,第485—486页。

⑤郑炳林:《敦煌碑铭赞辑释》,第506—507页。

征张掖对回鹘之战。据S.1343《曹仁裕献酒状》张保山任右马步都押衙时，曹良才为都指挥使知左马步都押衙。其升左马步都押衙当在清泰二年(935)之后，那么讨伐张掖之战当在曹议金称大王时。这次战争的结果如何？P.2970《阴善雄邈真赞并序》记载："东收七郡，意气侔樊哙之功。西定六蕃，用兵有烧牛之策。"[①]似乎曹议金时东部疆域扩展很多。根据P.3718《薛善通邈真赞并序》："伏自曹王秉政，收复甘、肃二州。公乃战效勇于沙场，纳忠勤于柳境。初任节度押衙，守常乐县令。"[②]薛善通于清泰四年(937)出任常乐县令，是知曹议金称大王时讨伐张掖的回鹘，一度收复了甘、肃二州。这还可以从战争的顺序看出。P.3556《府君庆德邈真赞并序》记载他任兵马都权后"运张良之计，东静金河。立韩信之谋，北清玉塞。单枪匹马，舍躯命而张掖河边，仗剑轮刀，建功勋于燕脂山下。再举衙内师长，兼任亲从行班"。又曰："西收蕃塞，东静甘凉。"[③]是知曹议金第二次讨伐甘州回鹘，先收肃州，再取甘州，说明了曹议金称大王时一度把甘、肃二州收为辖域。

这种局面只维持了很短时间，在清泰二年(935)四月甘州再次被回鹘占取。P.3718《梁幸德邈真赞并序》记载了935年梁幸德一行入奏使者，在甘州被回鹘劫杀："兼使臣七十余人，意着珠珍，不可筹度。一行匡泰，逍遥往还。回程届此鬼方，忽值奸邪之略。""路隘张掖，猃狁侵缠。"P.3564《莫高窟功德记》："更有题邈未竟，父入秦凉，却值回时，路逢国难。破财物于张掖，害自己于他方，不达本乡，中途殒没。"[④]

---

①郑炳林：《敦煌碑铭赞辑释》，第475—476页。

②郑炳林：《敦煌碑铭赞辑释》，第464—465页。

③郑炳林：《敦煌碑前赞辑释》，第392—393页。

④参郑炳林、梁志胜：《〈梁幸德邈真赞〉与梁愿清〈莫高窟功德记〉》，《敦煌研究》1992年第2期，第62—70页。录文参郑炳林：《敦煌碑铭赞辑释》，第450—451、470页。

说明甘州已失去。

P.4638《丙申年(936)正月马军武达儿状》记载:"去七月会捉道,氾都知将壮羊□口放却,同月闻瓜州贼起,再复境界宁谧,军回至东定城点检。"东定城在沙州附近,这里再复境界是指瓜州被回鹘打下后再行收复,还是平定回鹘骚扰,有待研究。但可以肯定一点,归义军的辖区东部仅有瓜州地区。

曹议金之后归义军的辖域变化怎样,《高居诲使于阗记》称:"(肃州西经吐蕃界)西至瓜州、沙州,二州多中国人,闻晋使者来,其刺史曹元深等郊迎,问使者天子起居。"①说明曹元深时,归义军的辖区只瓜、沙二州。S.526《归义军曹氏时期武威郡夫人阴氏致某和尚书》称"肃州甘州世界不安,斗乱作恶",归义军政令已不能行施于肃州地区。从敦煌文书的记载情况来看,一般来说沿袭了曹议金时期的辖域范围。P.3272《丁卯年(967)正月廿四日甘州使头阎物成去时书本》中记载肃州被甘州回鹘控制:"会宰相密六经肃州再设咒誓,自今已后,若有贼行,当部落内,随处除剪。""自今已后若有一人经甘州偷去,逐处官人,必当刑宪。"甘州回鹘宰相密六到肃州与归义军盟誓,说明肃州已受制于甘州回鹘。这种情况还可以由 P.2155 背《弟归义军节度使曹元忠致甘州回鹘可汗状》证实:"早者,当道差亲从都头曹延定,往贵道复礼。况是两地一家,并无疑阻。使人去后,只务宽快,并不提防。去五月廿七日从向东有贼出来,于雍归镇下,煞却一人,又打将马三两匹,却往东去,运后奔趂问讯,言道趁逃人来。又至六月四日悬泉镇贼下,假作往来使人,从大道,一半乘骑,一半步行。直至城门捉将,作极小口出人,亦乃奔趁相竞。其贼一十八人及前件雍归镇下,并是

①《新五代史》卷74《四夷附录第三》,北京:中华书局,1974年,第918页。

回鹘，亦称趁逃人来……又去五月十五日被肃州家一鸡悉殉作引道人,领达坦贼壹伯已来,于瓜州、会稽两处同日下,打将人口及牛马。此件不忓贵道人也。况且兄弟才敦恩义,永契岁寒,有此恶弱之人,不要两地世界。到日伏希可汗天子细与寻问,勾当发遣,却是久远之恩幸矣。今因肃州人去,谨修状起居咨闻。”甘州回鹘兵马攻打雍归、骚扰悬泉,肃州达坦出兵打瓜州、会稽,曹元忠为此向甘州回鹘可汗提出归还所劫人口,证明肃州在甘州回鹘控制之下,瓜州、会稽、雍归皆临边诸镇。曹元忠时期的辖域只到瓜、肃之间。

因此归义军自曹议金之后,基本保持二州六镇辖区,历曹元德、曹元深、曹元忠、曹延恭、曹延禄等,基本没有什么变化。归义军东部辖区维持在新城、新乡、雍归、会稽及玉门军一带,回鹘及肃州地区的达坦对归义军的这些边镇经常进行骚扰。

（原文发表于《历史地理》1999 年第 15 辑,第 56—73 页）

唐末五代敦煌都河水系研究

在晚唐五代敦煌文献中，多次记载到都河，而从事敦煌文献研究和从事西北史地研究的学者都没有对此进行研究考证，虽然有人在研究敦煌史地时涉及都河，往往指东道西，把河西地区四大水系之一的都河水系当成敦煌甘泉水上的一条灌溉干渠都乡河。这种看法发表之后，并未引起敦煌学界和历史地理学界的重视。都河问题不搞清楚，将会影响到河西历史地理研究的深入；也会给敦煌文书的研究带来不必要的误解。本文针对都河的原名、走向及中游河道变化提出自己的一些看法。

都河不是都乡河

1988 年李正宇先生撰文《敦煌地区古代祠庙寺观简志》道观部分："玉女娘子观，敦煌水神庙，祀当地水神玉女娘子。庙址约在沙州城西南十八里都乡堰附近。S.343《都河玉女娘子文》即盛唐时祭祀此神之文。P.4640《归义军衙纸破历》分别有己未年(889)九月九日及庚申年(900)四月三日都乡口赛神用纸账目。P.4075 背《某寺丁丑年(太平兴国二年，977)破历》载'四月八日官取黄麻五硕，又粟肆斗，太宝(按：即太保，指节度使曹延禄)就玉女娘子观来著酒用'。因知下至北宋犹祀之不替。"[①]S.343 号原卷作"都河"。从李正宇的文章推论，都河

①李正宇：《敦煌地区古代祠庙寺观简志》，《敦煌学辑刊》1988 年第 2 期，第 70—85 页。

玉女娘子观是敦煌水神，庙址在都乡堰，祭祀在都乡口，那么都河即都乡河。而实际上都河与都乡河根本不是一条河。

都乡河，P.2005《沙州都督府图经》甘泉水条记载甘泉水自马圈口堰水溉田，分流灌溉，“北流者名北府；东流者名东河；东南流者二道：一名神农渠，一名阳开渠；州西北又分一渠，北名都渠；又从马圈口分一渠，于州西流，名宣秋渠”。都乡渠是敦煌主干渠之一。七所渠条记载：“都乡渠，长廿里。右源在州西南一十八里甘泉水马圈堰下流，造堰拥水七里，高八尺，阔四尺，诸乡共造，因号都乡渠。”[①]马圈口在州西南二十五里，都乡口在州西南十八里的地方。P3560《敦煌水渠》记载：“都乡大河母依次承阳开、神农了，即放都乡东支渠、西支渠、宋渠、仰渠、解渠、胃渠、髻解渠、冢忿渠、李忿渠、索冢渠。右件已前渠水，都乡河尾依次收用。若水多不受，即向减入阶和、宜谷等渠。”[②]本卷文书记载敦煌大河母除都乡外还有宜秋、北府，称三大河母。据李正宇《唐宋时代敦煌县河渠泉泽简志》研究，灌溉敦煌县龙勒、敦煌、平康三乡境。[③]P.3412、P.3776、P.3384、P.4640、S.4491、S.6235 号等皆有记载。《新五代史·于阗传》附《高居诲使于阗记》记载高居诲一行自西行，“其(沙州)西，渡都乡河曰阳关”[④]。都乡河在敦煌西，是甘泉水上一主干渠。从敦煌往西出阳关，首先须渡过都乡河。从敦煌文书的记载看，凡记载到都乡渠者，都没有简称都河的记载。

---

①郑炳林：《敦煌地理文书汇辑校注》，兰州：甘肃教育出版社，1989 年，第 7 页。

②郑炳林：《敦煌地理文书汇辑校注》，第 91 页。

③李正宇：《唐宋时代敦煌县河渠泉泽简志(一)——附〈唐宋时代敦煌县诸乡位置及渠系分布示意图〉》，《敦煌研究》1988 年第 4 期，第 89—97 页。

④《新五代史》卷 74《四夷附录三·于阗传》，北京：中华书局，1974 年，第 918 页。

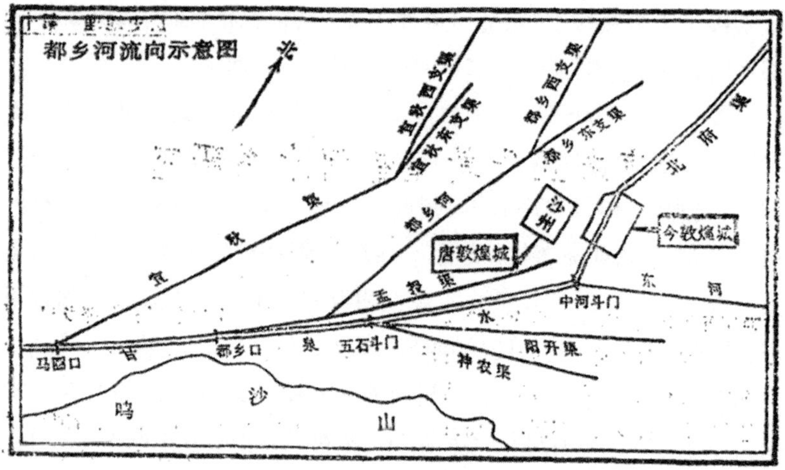

图一

晚唐五代敦煌水司在都乡口祭祀的水神是否就是玉女娘子，文书没有明确的记载。P.4640《归义军衙纸破历》记载归义军使衙在都乡口赛神两条：己未年“九月九日支水司都乡口赛神钱财纸壹帖”。庚申年四月“三日，判支都乡赛神画纸叁拾张”。此外再没有发现都乡口赛神的记载。而两条中只有一条是水司赛神，从中亦看不出水司赛神与玉女娘子有任何关系，所以仅凭此条还不能肯定水司在都乡口赛的神就是玉女娘子。P.4640 号记载水司赛神的地方还有马圈口、平河口，则是马圈口既是水司赛神的地方，又是出使必经之地，还是迎接于阗等地客使的地方。按照唐五代敦煌风俗，出使必须祭祀路神，祭祀的地点是渠口等地方，像鹿家泉、马圈口等。平河口也是通使者必经之地，又是敦煌三大河母之一，不难想象，除了赛水神而外还有赛路神、青苗神、祆神的可能。又据 P.2005《沙州都督府图经》四所杂神条记载：“雨师神，右在州东二里，立舍画神主，境内亢旱，因即祈焉，不知起于何代。”S.1366《归义军油面破用历》、P.3568《光启三年四月官酒户马三娘龙粉堆支酒本和算会牒》有祭祀雨师的记载。P.3247《同光四年具注历》:“三月廿八日,甲申,水平,祭雨师。”敦煌的水神应当是雨师,而不是玉女娘子。

玉女娘子观,名仅见于敦煌文书P.4075号中。抄写于S.343《释门杂文》中的《都河玉女娘子文》曰:“都河玉女娘子文。天威神勇,地泰龙兴;逐三光而应节,随四序而骋申;凌高出而如掣电,闪霹雳如岩崩;吐沧海之洪津,贺云辇衣霓裙。纤纤之玉面,赫赫之红唇;喷骊珠而水涨,引金带如飞鳞;与牛头如牯圣,跨白马而称尊。邦君伏愿小娘子炎光扫弥,春色霞鳞;都河石堰,一修永全;平磨水道,堤防峻坚。俾五稼时稔,百姓丰年;天沭高雨,地涌甘泉;黄金白玉,报赛神前;十方诸[佛],为资胜缘;龙神八部,报愿福田。”若玉女娘子是水神,也只能是都河水神。

玉女娘子,应是指玉女泉神。玉女泉,P.2691《沙州城土境》:“玉女泉,州西北一百八十五里。”一百,疑为衍字。S.788《沙州图经》记载:“玉女泉,郡西北七十里,蛟龙。”又曰:“玉女泉,县西北七十里,蛟龙曾沉此也。唐贞观刺史张孝恭铸铁潜之龙口,逸出于肠,子祚。今长安有龙舌,代见存。今有千称宫在言(焉)。”千称宫,即玉女泉神庙,S.5448《敦煌录一本》记载:“城西[北]八十五里有玉女泉,人传颇虚,每岁郡率童男女各一人充祭湫神,年则顺成,不尔损苗。父母虽苦生离,儿女为神所录,欢然携手而没。神龙中,刺史张孝嵩下车,求郡人告之。太守怒曰:‘岂有川原妖怪,害我生灵!’遂设坛备牲泉侧曰:‘愿见本身,欲亲享。’神乃化为一龙,从水而出。太守应弦中喉,拔剑斩首,亲诣阙进士。玄宗嘉称再三,遂赐龙舌,敕号龙舌张氏,编在简书。”P.3720《瓜沙两郡史事编年并序》记载此事在开元三年,刺史为张嵩,玉女泉的位置在城西北八十五里。虽然文书记载事情发生年代不同,人名亦有差异,说明这是传说,但是玉女泉的位置相同,都在州西北七十至八十五里左右的地方。玉女泉不在州西北十八里，因此作为玉女泉之神的玉女娘子就不可能在都乡口一带。P.4640号记载庚申(900)年八月“十日，赛张女郎神用粗纸叁拾张”，可能指的就是玉女娘子。相传敦煌张氏于玉女泉除龙害而受敕号龙舌张氏，故此泉神俗称张女郎神。《敦煌古迹廿咏》中有玉女泉咏：“用人祭淫水，黍稷信非馨；西豹追河伯，蛟龙遂隐形；红粉随洛浦，绿鬓逐浮萍；尚有销金冶，何曾玉女灵。”①用人祭祀蛟龙，以百年奉。蛟龙除后，玉女之灵为泉神。与《都河玉女娘子文书》相同，当指同一回事。又据S.3914《愿文》记载“先奉为金山圣迹，以定遐蕃，玉女渥注，保清社稷”。玉女泉作为神为当时敦煌人信奉。

玉女娘子观指玉女泉神庙千称宫，在州西北八十五里的地方，那么都河与都乡河也不是一条河流。

都河水系考

据S.343《都河玉女娘子文》等敦煌文书得知，玉女娘子即玉女泉神，在州西北八十五里的都河水系。都河所指，据P.3721《瓜沙二郡史事编年并序》：“开元三年张嵩刺史赴任敦煌，到郡日，问郡人曰，‘此州有何利害？’郡人悲泣而言：‘州城西八十五里，瓜、沙二州水尾下，有一玉女泉，……’”瓜、沙二州水尾，即指沙州甘泉水和瓜州冥水(今疏勒河)。《嘉庆重修一统志》安西直隶州之昌马河“在玉门县西南一百二十里，源出南山，北流迳卫西，又西北入柳沟卫界，为布隆吉尔河，即南籍端水之源也。《肃州新志》河旧口直趋四道沟，过桥湾而西，汇诸沟之水，达于党河之尾，归于哈喇淖尔”。南籍端水又称苏赖河，

①敦煌文书P.3929、P.2748、P2983、P.3870、P.2690、S.6167《敦煌古迹廿咏》。

“西经州北三十里，又西经敦煌县西北，党河自南来注之，又西流三十里许，入哈喇淖尔”①。哈喇淖尔即兴胡泊，P.2691《沙州城土境》：“兴胡泊，州西北一百一十里。”玉女泉在兴胡泊东南三十余里的地方，正是党河与疏勒河交汇的地方。S.788《沙州图经》：“凉兴胡泊，县西北一百五十余里，水皆苦，唯此水可饮，商胡从玉门关往来，皆止于此。”位置亦与哈喇淖尔近似。沙州北只有甘泉水（党河）与冥水（疏勒河）水尾交汇，那么都河只能指疏勒河，即唐之冥水。

关于玉女泉的传说，又见于《太平广记》卷四百二十沙州黑河条：“北庭西北沙州有黑河，深可驾舟，其水往往泛滥，荡室庐，潴原野，由是西北之禾稼尽去，地荒而不可治，居人亦远徙，用逃垫溺之患。其吏于北庭沙州者，皆先备牲酎，望祀于河浒，然后敢视政，否即淫雨连月，或大水激射，圮城邑，则里中民尽鱼其族也。唐开元中，南阳张嵩奉诏都护于北庭，挈符印至境上，且召郊迎吏讯其事。或曰：‘黑河中有巨龙，嗜羔特犬彘，故往往漂浪腾水，以觊郡人望祀河浒。……’”②以下记载与《敦煌录》《瓜沙两郡史事编年并序》记载相同。“北庭”当为“河西”之误，黑河，毫无疑问是指疏勒河。

据敦煌文书记载：都河流经唐瓜州治晋昌县。P.4640《大唐宗子陇西李氏再修功德记》碑抄记载到李明振之“次男，瓜州刺史，英雄价勇，晋昌要险，能补颇牧之威；巨野大荒，屏荡凶奴之迹。挟纩有忧于士卒，泯燧不愧于襄阳；都河自注，神知有道之君；积贮万箱，东郡著雕金之好”。此乃李明振次子李弘定，敦煌莫高窟148窟乾宁元年立《唐宗子陇西李氏再修功德记》：“次男使持瓜州刺史墨离军押蕃落等

①[清]穆彰柯等撰《嘉庆重修一统志》卷279《安西州》，上海：商务印书馆，1934年，第13605—13606页。

②《太平广记》卷420《龙三》，北京：中华书局，1961年，第3423—3424页。

使兼御史大夫弘定，文武全才，英雄贾勇；晋昌要险，能布颇牧之威；巨野大荒，屏荡凶奴之迹；挟纩有忧于上卒，泯燧不愧于襄阳。都河自注，神知有道之君；积贮万厢，东郡著雕金之好。”李弘定任瓜州刺史亦见于莫高窟第9窟供养人题记。巨野，泽名，在唐郓州巨野县[1]；大荒，指辽阔的原野。此处以冥泽比喻巨野泽，从碑文记载看，都河流经瓜州治晋昌县附近，注入大泽之中。

P.2943《宋开宝四年瓜州衙推汜愿长等状》亦记载到都河水流经瓜州治晋昌县:“内亲从都头知瓜州衙推汜愿长与合城僧俗官吏百姓等:右愿长等昨去五月一日城头神婆神着所说神语，只言瓜州城隍及都河水浆一切总是故暮(慕)容使君把勒。昨又都河水断，至今未回，百姓思量无计，意内灰惶。每有赛神之时，神语只是言说不安，故暮(慕)容使君坐位，未敢申说。今者，合城僧俗官吏百姓等，不避斧钺。上告王庭。比欲合城百姓奔赴上州，盖缘浇溉之时，抛离不得。今者申状号告大王，此件乞看合城百姓颜面，方便安置，赐与使君坐位，容不容，望在大王台旨处分。谨具申闻，谨录，状上。牒件状如前，谨牒。开宝四年五月一日内亲从都头知瓜州衙推汜愿长与瓜州僧俗官吏等牒。”从状中记载得都河流经瓜州治晋昌，是晋昌的主要灌溉河流。慕容使君乃五代末至宋初出任瓜州刺史的慕容归盈。这种情况P.4525《宋太平国六年瓜州内亲从都头牒》记载瓜州有水利灌溉事业，灌溉的水源就是都河水。

归义军时期都河流经新城镇。P.3518《张保山邈真赞并序》记载：“金山会临，超先拔选。东陲大镇，最是要关。公之量宽，佥然委任。新城固守，已历星霜。兹镇清平，人歌绍泰。堰都河而清流不泛，浚沟洫

①《元和郡县图志》卷10《河南道六·郓州巨野县》，北京：中华书局，1983年，第257—262页。

而湍涌沄波。五谷积山,东皋是望,贮功廪实,抚备边城。"新城镇即西凉隆安四年增置之新城郡,它的地理位置,黄盛璋《瓜沙曹氏二州六镇与八镇考》虽然根据敦煌文书确定新城是敦煌归义军六镇之一,并没有考证出新城镇的具体位置,又认为新城镇即新乡镇。实际上,新城与新乡是归义军两个镇。[①]由《张保山邈真赞并序》分析,新城镇在金山国的东陲,是金山国管辖范围东边关口。故有边城之称。那么西凉金山国的东部疆域在什么地方?我们据 P.3633《龙泉神剑歌》记载:"我帝威雄人不知,叱咤风云自有时。祁连山下留名迹,破却甘州必□迟。金风初动虏兵来,金河东岸阵云开。慕良将,拣人才,出天入地□良牧。先锋委付浑鹞子,须向将军剑下摧。"金河即酒泉北大河,由此得知西凉金山国疆域约在酒泉郡一带。关于金出国东部疆域在金河一带,这亦可由其他敦煌文书证实。S.5448《浑子盈邈真赞并序》:"肃州城下,报君主之深恩;白刃相交,乃魂亡于阵下。"浑子盈,即《龙泉神剑歌》中之浑鹞子。P.3556《府君庆德邈真赞并序》记载:"运张良之计,东静金河;立韩信之谋,北清玉塞,单枪匹马,舍躯命而张掖河边。"P.3718,《曹盈达写真赞并序》:"狼峤山下,军前输效而应时;金河之郊,执稍决胜于此日。"从金山国到曹氏归义军时期,东部仅以金河左右为界。那么新城镇作为金山国东陲边城,当在瓜州以东地区。又钢和泰藏于阗文《使河西记》瓜州之后是新城,新城应在瓜州之东。按唐代都水走向来推测,新城在今瓜州县布隆吉乡左右的疏勒河流域。

以上考证得知,晚唐五代的都河流,经瓜州、新城镇、玉女泉,与今天的疏勒河流向基本一致,都河即今天的疏勒河。

---

①黄盛璋:《沙州曹氏二州六镇与八镇考》,载《1983 年全国敦煌学术讨论会论文集·文史遗书编上》,兰州:甘肃人民出版社,1987 年,第 269—281 页。

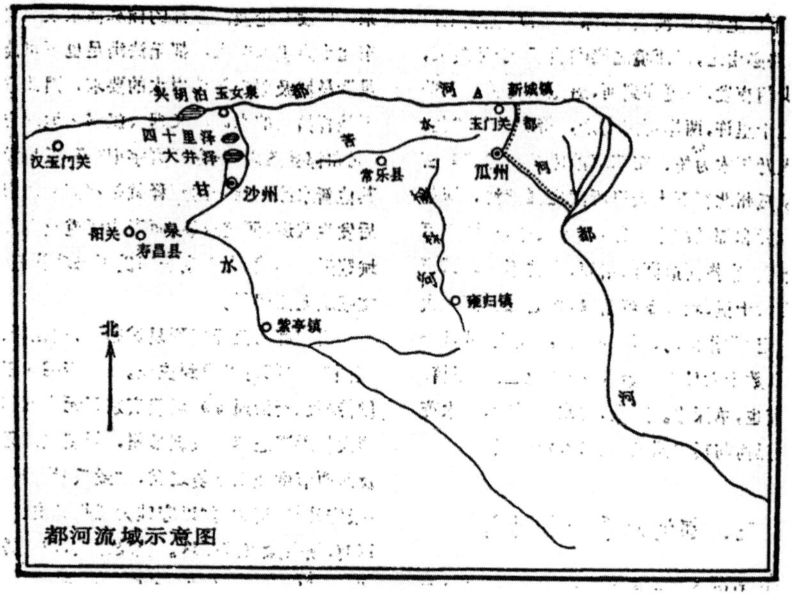

图二

都河原名南籍端水，又称冥水。《汉书·地理志》敦煌郡冥安县：“南籍端水出南羌中，西北入其泽，溉民田。”颜师古注曰，“应劭曰：‘冥水出北，入其泽。’”①《元和郡县图志》瓜州晋昌县：“本汉冥安县，属敦煌郡，因县界冥水为名也。”“冥水，自吐谷浑界流入大泽，东西二百六十里，南北六十里。丰水草。宜畜牧。”②《旧唐书·地理志》：“晋昌，汉冥安县，属敦煌郡，冥，水名。”③又名瓠𤬪河。《大慈恩寺三藏法师传》记载玄奘从凉州西行，“自是不敢公出，乃昼伏夜行，遂至瓜州。……

①《汉书》卷28下《地理志第八下》，北京：中华书局，1962年，第1614—1615页。

②《元和郡县图志》卷40《陇右道下·瓜州晋昌县》，第1028页。

③《旧唐书》卷40《地理志》，北京：中华书局，1975年，第1643页。

法师因访西路。或有报云：从此北行五十余里，有瓠芦河，下广上狭，洄波甚急，深不可渡，上置玉门关，路必由之，即西境之襟喉也”。“于是装束，与少胡夜发，三更许到河，遥见玉关，去关上流十里许，两岸可阔丈余，傍有胡椒树丛，胡人乃斩木为桥，布草填沙，驱马而过。”[①]玄奘从瓜州北行五十余里所渡之瓠𤬴河，即都河。《元和郡县图志》之冥水入大泽，东西二百六十里，当指河道湖泽相间，广狭不一，延袤二百六十里，状以葫芦相串，故名瓠𤬴河。《太平广记》称作黑河。冥，《说文》：幽也，从日一声，日数十六日而月始亏，一亦夜也。《玉篇》：冥，夜也，草深也。冥水，说水色黑暗，草木茂盛。黑河与冥水同义，故名都河为黑河。

都河水系走向问题

从 P.4640《天唐宗子陇西李氏再修功德记》碑抄及 P.2943《宋开宝四年瓜州衙推氾愿长等状》等记载看，唐五代都河流经瓜州治所晋昌县城。关于瓜州治所的位置，P.2005《沙州都督府图经》记载比较明确：“苦水，右源出瓜州东北十五里，名卤涧水，直流至瓜州城北十余里，西南流一百二十里至瓜州常乐县南山南，号为苦水。”另外李并成先生《唐代瓜州（晋昌郡）治所及其有关城址的调查与考证》就唐瓜州治所在锁阳城作了详尽的论证[②]，在此我们不再赘述。但是现在作为唐瓜州治所晋昌县的锁阳城，早已荒废，城址附近的耕地、水渠、河道都变成了历史的遗迹，唐代的都河即今昌马河道徙在百里之外。若汉

---

①《大慈恩寺三藏法师传》卷 1，见《大正新修大藏经》，第 50 册，台北：新文丰出版公司，1983 年，第 2053 页。

②李并成：《唐代瓜州（晋昌郡）治所及其有关城址的调查与考证——与孙修身先生商榷》，《敦煌研究》1990 年第 3 期，第 24—31 页。

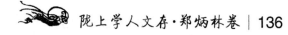

代以现在的地貌状况再以冥水置冥安县,那将是不可思议的事情。

晋昌城荒废的原因,毫无疑问是水源问题。李并成《沉宏神奇的古城遗址》一文说:“锁阳城的废弃,也确是由于河流改道,灌溉水源断绝的原因。”[①]究竟原来水源从哪条河来,东部的榆林河水及源自城东北十余里的苦水,都无法满足也不可能满足晋昌城及附近耕地用水的要求,因此它们不是晋昌城的水源。又据《汉书·地理志》《元和郡县图志》《太平寰宇记》等,瓜州没有其他新水源,唯一的解释就是都河在唐宋以后发生改道,河道东移,而唐代河道应在晋昌城附近,不然《大唐宗子李氏再修功德记》等文献就无法解释。

唐代都河流经唐晋昌城附近,这在新、旧《唐书》中都可以找到佐证。《旧唐书·王君㚟传》及《资治通鉴》记载玄宗开元十五年吐蕃大将悉诺逻恭禄攻破瓜州,俘刺史田元献及河西节度使王君㚟之父,“毁瓜州城”[②]。《张守珪传》记载:“(唐)以守珪为瓜州刺史、墨离军使,领余众修筑州城。板堞才立,贼又暴至城下,城中人相顾失色,虽相率登陴,略无守御之意。守珪曰:‘彼众我寡,又创痍之后,不可以矢石相持,须以权道制之也。’乃于城上置酒作乐,以会将士。贼疑城中有备,竟不敢攻城而退。守珪从兵击败之。于是修复廨宇,收合流亡,皆复旧业。守珪以战功加银青光禄大夫,仍以瓜州为都督府,以守珪为都督。瓜州地多沙碛,不宜稼穑,每年少雨,以雪水溉田。至是渠堰尽为贼所毁,既地少林木,难为修葺。守珪设祭祈祷,经宿而山水暴至;大漂材木,塞涧而流,直至城下。守珪使取充堰,于是水道复旧,州人刻石以

---

①李并成:《沉宏神奇的古城遗址》,见王宗元、李并成:《丝绸路上》,北京:地质出版社,1989年,第52—56页。

②《旧唐书》卷103《王君㚟传》,第3193页;《资治通鉴》卷213《唐纪二十九》,第6779页。

纪其事。”[①]《新唐书·张守珪传》:“州地沙墒不可蓺,常潴雪水溉田。是时,渠竭为虏毁,材木无所出。守珪密祷于神,一昔水暴至,大木数千章塞流下,因取之,修复堰防,耕者如旧,州人神之,刻石纪事。”[②]从两《唐书》的记载得知,瓜州以雪水溉田,河道流经州城下。都河水源主要来自祁连山的雪水,两《唐书》所记载瓜州水源毫无疑问是指都河。《大唐宗子李氏再修功德记》说“都河自注”,亦说明都河流经瓜州城下。

图三

①《旧唐书》卷103《张守珪传》,第3194页。

②《新唐书》卷133《张守珪传》,北京:中华书局,1975年,第4549页。

锁阳城东一公里处的塔尔寺中掘出断碑碑文，记载大中年间张议潮收复瓜、沙后，曾在这里“大兴屯垦，水利疏通，荷锸如云”[①]，与前引敦煌文书P.4640、P.2943号记载相符合。归义军时期，索勋曾出任瓜州刺史、墨离军使之职，在景福元年(892)所立碑《索勋纪德碑》中，亦有关于都水河流经瓜州城的记载：“上褒厥功，特授昭武校尉、持节瓜州诸……墨厘军押蕃……厥田唯上，周回万顷，沃壤肥□，溉用卭河……流顷绝。洎从分竹，乃运神机，土宇宏张，□堤……腾飞□□□□□□功俄就，布磐石□□□，川响波澜，众□辐凑……西成□□□□□神灵踪□应，水源均布，人无荷锸□劳。”[②]卭河，即都河。由此记载看，唐宋归义军时，瓜州附近有大量的土地，其灌溉是用都河之水，亦证都河水流经瓜州城附近。

1983年李并成在锁阳城考察：“亲眼所见城南有一条宽约10米的干河床，在城东北一公里处更有一条宽近百米的河床，应为当年的灌溉水源。虽然现在古城的周围已成为沙石戈壁和雅丹地貌，但阡陌的遗址仍然可辨。根据卫星照片和航空相片估算，这一带原有绿洲面积可达50万亩，相当今天敦煌、安西二县耕地面积的总和。”[③]从实际考察看，这里水渠遗址皆呈东南向西北辐射，那么水源只能来自于疏勒河上游的昌马河。这与《索勋纪德碑》记载之“周回万顷，沃壤肥□，溉用都河”情况相符合。

晋昌，汉冥安县，属敦煌郡；西晋置晋昌郡，唐武德五年于晋昌置

---

①李并成：《唐代瓜州(晋昌郡)治所及其有关城址的调查与考证——与孙修身先生商榷》，《敦煌研究》1990年第3期，第24—31页。

②罗振玉：《西陲石刻录》，《石刻史料新编》第2辑第15册，台北：新文丰出版公司，1979年，第11043页。

③李并成：《沉宏神奇的古城遗址》，见王宗元、李并成《丝绸路上》，北京：地质出版社，1989年，第52—56页。

瓜州,又于州西北十里置墨离军,管兵五千人,马四百匹。至晚唐五代归义军时期,仍置瓜州及墨离军。瓜州的官僚机构和军事机构当然应在自然条件比较好的地方。如果都河不流经瓜州,瓜州治及墨离军就难以在这里设置。

从以上论证,我们认为敦煌文书中记载晚唐五代时的都河,不是源自甘泉水上的都乡河水渠,而是指今疏勒河及其上游之昌马河,唐五代以前文称作南籍端水、冥水、瓠𤬝河、黑河。五代以前都河流经唐晋昌县城(今琐阳城),以后都河改道东移,瓜州治晋昌城废弃。除此之外,都河与疏勒河大体一致,而《中国历史地图集》五代以前标出冥水入大泽,大泽之西无水系流出,这显然与实际情况有出入。①唐都河水研究有助于这一问题的解决。

(原文发表于《历史地理》第 13 辑,第 93—101 页)

①谭其骧:《中国历史地图集》第 2 册至第 5 册,北京:中国地图出版社,1982 年。

《沙州伊州地志》所反映的几个问题

《沙州伊州地志》编号斯0367号①,是敦煌卷子中一个重要的地理残卷,共存八十五行,首部残缺,一至二十七行记沙州寿昌县地域,二十八至八十三行记伊州地域,八十四至八十五行为写文题记。沙州部分残缺,伊州部分完整。卷子反映了沙州、伊州的地域、沿革、城镇、交通、烽燧及河流、湖泊、物产等自然环境和民族、风俗习惯等方面不见记载的重要问题,补充了《唐书·地理志》及《元和郡县图志》的不足。它不仅是研究沙州、伊州历史、地理的重要资料,而且为中西交通、民族迁徙提供了新的线索。本文准备就播仙镇、石城镇的设置及沿革、鄯善人的迁徙、与萨毗城有关的中西交通以及《沙州伊州地志》的著录依据等问题作一点探讨并联缀成篇,赘述如下。

《沙州伊州地志》的著录依据

《沙州伊州地志》(以下简称《地志》)著录格式,与《元和郡县图志》基本相同,记事互为增减,《地志》记事博今薄古,略于州郡而详于军镇城池水道,增加了许多新的内容。《地志》记伊州:

①王重民《敦煌遗书总目索引》命名为《沙州图经》,北京:中华书局,1983年,第116页;傅振伦《从敦煌发现的图经谈方志的起源》命名为《瓜沙伊西残志》,《敦煌学辑刊》1980年第1期,第1—3页;周丕显《敦煌文献研究》命名为《沙州伊州地志》,兰州:甘肃文化出版社,1995年,第7页。

伊州,下。公廨七百卌千,户一千七百二十九,乡七。

右昆吾国,西戎之地。周穆王伐西戎,昆吾献赤刀是也,后语讹转为伊吾(郡)。《汉书·西域传》云:周攘戎狄,错居泾渭之北,伊吾之地,又为匈奴所得,汉武帝伐匈奴,收其地,其后复弃。至后汉永平十六年,北征匈奴,取伊吾卢地,置田禾都尉,西域复通,以后伊吾三得三失。顺帝置伊吾司马一人。魏晋无闻郡县。大业六年于城东买地置伊吾郡,隋乱复没于胡。贞观四年首领石万年(?)率七城来降,我唐始置伊州。宝应中陷吐蕃,大中四年,张议潮收复,因沙州卌户居之,羌龙杂处,约一千三百人。

贡赋管县三:伊吾、纳职、柔远。

《元和郡县图志》卷四十伊州条:

伊州,伊吾。开元户一千七百二十九,乡七。

《禹贡》九州之外,古戎地。古称昆吾,周穆王伐西戎,昆吾献赤刀。后转为伊吾,周衰,戎、狄杂居泾、渭之北伊吾之地。又为匈奴所得,及秦始皇攘戎、狄,筑长城以界中国。汉武帝时,骠骑将军击破匈奴右地,始筑令居以西,初置酒泉郡,后分置武威、张掖、敦煌,列为四郡,据两关焉。两关,即阳关、玉门也。王莽时,地属匈奴。后汉明帝永平十六年,北征匈奴,取伊吾卢地,置宜禾都尉,以为屯田兵镇之所,未为郡县。后复为匈奴所得,自建武至于孝和,三通三绝。至顺帝时,以伊吾旧膏腴之地,傍近西域,匈奴资之以为钞暴,开设屯田,如故事,置伊吾司马一人。至魏立伊吾县,晋立伊吾都尉,并寄理敦煌北界,非今之伊州。后魏及周,又有鄯善人来居之。隋大业六年得其地,以为伊吾郡。隋乱,又为群胡居焉。贞观四年,胡等慕化内附,于其地置伊州。

……

管县三:伊吾,柔远,纳职。①

从比较中我们看出,《地志》不但著录格式与《元和郡县图志》相同,而且很多内容是直接抄《元和郡县图志》而来。表现最明显的是户口,《元和郡县图志》记伊州"开元户一千七百二十九",而《地志》远在开元后一百四十多年,历经战乱,人口损耗很大,显然,户数是《元和郡县图志》的开元户。《地志》又记张议潮收复伊州"因沙州卌户居之,羌龙杂处,约一千三百人"。这也说明,《地志》与《元和郡县图志》存在着渊源关系。

在记事上,《地志》于隋之前,记事较简略,隋以后记事趋于详细,尤其是记县及县以下记的地理、城镇、烽燧、水道、山脉、河流、寺观等更为详细。就《地志》所记沙州寿昌县来说,《元和郡县图志》几乎全省略不记。《地志》伊吾县条记载当地民族、风俗、寺观、烽燧及陆地盐池、小伊吾城、源泉水、葛二水,葛三水、祆庙等,《元和郡县图志》都不记。《地志》记事详尽简略是与当时实际形势相联系的,张议潮收复瓜沙等州,东、西、北有回鹘,南有吐蕃,战争频繁,《地志》记城镇沿革、地理位置、烽谜及山脉、水道、湖泊极为详细,就是为当时战争需要。

所以,《地志》是郡县志一类残卷,源出《元和郡县图志》。但《地志》留有明显的修改痕迹,在内容上远远超出《元和郡县图志》,可知《地志》据本是当时唐中央修订的更为详细的州郡地志。

《地志》记事最迟为大中四年(860)张议潮收复伊州:"……我唐始置伊州,宝应中陷吐蕃,大中四年张议潮收复……"《新唐书·宣宗纪》大中五年"十月,沙州人张议潮收复瓜、沙、伊、肃、鄯、甘、河、西、

①《元和郡县图志》卷40《陇右道下·伊州》,北京:中华书局,1983年,第1028—1029页。

兰、岷、廓十一州归于有司”[①]。据《寿昌县地境》、[②]斯788《沙州土境》张议潮收复瓜沙在大中二年，四年收复伊州。五年献十一州图籍于唐，唐得瓜沙等十一州图籍增修全国郡县志，在光启元年遣使来沙州又传回来，《地志》就是这个传抄本。

唐制、地方州府三年一修图籍送报中央，修订的内容包括山河改移、州县创造以及都邑废置、疆场争讼等。《唐六典》兵部条记载：“职方员外郎，掌天之地图及城隍镇戍烽堠之数，辨其邦国都鄙之远迩，及四夷归化者。凡地图委州府三年一造，与版籍皆上省。其外夷每有番客到京，委鸿胪讯其人本国山川风土，为图以奏焉。副上于省，其五方之区域，都邑之废置，疆场之争讼，举而正之。”[③]《新唐书·百官志》：“兵部职方郎中、员外郎，各一人，掌地图、城隍、镇戍、烽堠、防人道路之远近及四夷归化之事。凡图经，非州县增废，五年乃修，岁与版籍偕上。”[④]《唐会要》职方员外郎“建中元年十一月二十九日，请州图每三年一送职方，今改至五年一造送。如州县有创造，及山河改移，即不在五年之限，后复故”[⑤]。综合上述，在没有特殊情况下，唐修订图籍有三年、五年一修之制，建中元年以前，州府三年一修订图籍上报中央，此后改为五年一修，没有执行多久，又恢复三年一修旧制。自张议潮收复瓜沙等十一州至《地志》抄写时已二十六年之久，沙州张氏政权与

①《新唐书》卷8《宣宗纪》，北京：中华书局，1975年，第249页。

②向达：《唐代长安与西域文明》，石家庄：河北教育出版社，2001年，第421—433页。

③《唐六典》卷五《兵部》，《景印文渊阁四库全书》，台北：商务印书馆，1982年，第595册，第61页。

④《新唐书》卷46《百官志·兵部》，第1198页。

⑤《唐会要》卷59《尚书省诸司下·职方员外郎》，北京：中华书局，1955年，第1032—1033页。

唐中央来往非止一次，按三年一修已八修图志，五年一修即五次修订了。《地志》龙勒宗条记载：“□县志云：汉贰师将军□□购以归，愍而放之。亲至□□以为龙勒泉。”此条《元和郡县图志》不载，《寿昌县地境》记龙勒泉：“龙勒泉，县南一百八十里，按《西域[传]》云：汉贰师将军李广利西伐大宛，得骏马，愍而放之，既至此泉，饮鸣喷辔衔落地，因以为名焉。”可见，《地志》所记的县志，当即是《地志》据本修订时所依据的沙州送报中央的州县地志，或即十一州图籍。

《地志》末题：“光启元年(885)十二月廿五日张大庆因灵州按抚人使□大夫等来至州于□使边写得此文书讫。”显然，《地志》是根据中央档案抄的。唐后期，中原多故，边州按抚及联系多由邻近诸州节度、按抚大使管理。河西东部及陇右陷入吐蕃，灵州成为唐与西北联系的门户。《资治通鉴》卷二百五十二记载，僖宗乾符元年(874)：“初，回鹘屡求册命，诏遣册立使郗宗莒诣其国。会回鹘为吐谷浑、嗢末所破，逃遁不知所之。诏宗莒以玉册国信授灵盐节度使唐弘夫掌之，还京师。”[①]灵盐节度使地位重要由此可见。自后唐弘夫迁为朔方节度使，灵盐节度使不见继任者。黄巢陷长安，唐弘夫带兵入援，死于京师，《地志》据本，当黄巢起义失败之后，“灵州按抚大使□大夫”出使沙州所带图志，以备时用。此图志成书当在黄巢入关之前，自后唐百政失序，机构多为战争需要而设，当时，唐还没有精力修订地志图籍。

石城镇的设置、沿革及鄯善人的迁徙

《地志》记载石城镇说：“石城镇，东去沙州一千五百八十里，去上

---

①《资治通鉴》卷252《唐纪六十八·僖宗乾符元年》，北京：中华书局，1956年，第8174页。

都六千一百里。本汉楼兰国。《汉书·西域传》云：地沙卤，少田……出玉……傅介子既杀其王，汉立其地，更名鄯善国。隋置鄯善镇。隋乱，其城遂废。贞观中，康国大首领康艳典东来居此城，胡人[随之]，因成聚落，亦曰典合城，四面皆是沙碛。上元二年改为石城镇，隶沙州。"[①]《寿昌县地境》所记与《地志》相同，唯典合城作兴谷城，兴谷当为典合之误。这段资料中提出三个问题：鄯善设镇的时间，鄯善人的外徙，以及鄯善国灭亡后的沿革状况。

《地志》说康艳典东来居此城，而不说筑，说明石城在康艳典东来之前已存在。又记载石城东有鄯善废城，又称鄯善大城，当即北魏灭鄯善前鄯善的都城。石城初建立，为鄯善国都之镇城，其建立完全是为了军事需要。

北魏世祖时，北魏灭北凉，沮渠牧犍弟沮渠无讳西奔敦煌，谋度流沙。太平真君二年(441)派弟沮渠安周攻打鄯善，鄯善王比龙在北魏使者支持下出兵抗拒，双方相持不下，沮渠安周退保东城。太平真君三年沮渠无讳率众度流沙，比龙恐惧，率国人之半西奔且末，世子达真投降沮渠安周。沮渠无讳占领鄯善，扶持达真为王。不久，沮渠无讳利用高昌太守阚爽与唐契的矛盾，占领高昌，留沮渠安周镇守鄯善。五年，沮渠无讳死，安周继立，这时北凉势力中心转入高昌。鄯善人剽劫北魏使者，使北魏同西域交通中断，政令信息不能通达。六年，北魏派万度归率军击鄯善，鄯善王达真投降，"度归留军屯守，与达真诣平城，西域复通"[②]。九年，北魏以交趾公韩牧为假节征西将军领护

①《汉书》卷96上《西域传第六十六上》，北京：中华书局，1999年，第3876页。（岑仲勉《汉书西域传地里校释》，北京：中华书局，1981年，第7页）

②《资治通鉴》卷124《宋纪六·太祖文皇帝中之中》，第3913页。

西戎校尉鄯善王,“镇鄯善,赋役其民,比之郡县”[①]。鄯善从此灭亡。自后史籍多不记鄯善事。同年万度归击破焉耆、龟兹,设焉耆镇,[②]以唐和镇焉耆。

北魏在鄯善东设有敦煌镇,鄯善北设有焉耆镇,处于两镇之间的鄯善,屯驻大量军队,理应设镇置守。北魏通西域的中道,南道都要经鄯善,地位重要,为保障交通畅通无阻及往来使节的安全,派韩牧镇守鄯善,韩牧以外族驻军镇守鄯善,不论从防御的安全及统治方便上,都不可能与鄯善人杂处。仔细考虑《魏书·西域传》及《通鉴》所记载,初灭鄯善,驻军屯守,时经三年,又以韩牧率军镇守,石城的建设置必在这段时间。当时不称石城,可能称鄯善镇。黄文弼先生认为石城的建立始于隋。[③]我们认为黄文弼先生过于拘泥《地志》,而忽视了北魏灭鄯善后在这里驻军屯守,派大将镇守的事实。隋得鄯善,北魏镇城犹在,为隋所沿用而已。北魏后期,发生尔朱氏之乱,国力衰弱,吐谷浑趁机占鄯善。

自北魏灭鄯善至吐谷浑占领鄯善,是鄯善的动乱时期,这段时间鄯善人在各种原因下,被迫出奔迁徙。

第一次,太平真君三年(442)鄯善王比龙慑于北凉沮渠无讳的压力,率众西奔且末。《北史·西域传》记载:“真君三年,鄯善王比龙避沮渠安周之难,率国人之半奔且末,后役属鄯善。”[④]这次是鄯善人迁徙

---

①《资治通鉴》卷125《宋纪七·太祖文皇帝中之下》,第3933—3934页。

②《资治通鉴》卷125《宋纪七·太祖文皇帝中之下》,450年:“……伊洛西击焉者,留其子歇守城,沮渠安周引柔然,兵间道袭之,攻拔其城,歇走就伊洛,共收余众,保焉者镇,……”胡三省注“魏破焉者以为镇”。第3944页。

③黄文弼:《古楼兰国历史及其在西域交通上之地位》,《西北史地论丛》,上海:上海人民出版社,1981年,第173—209页。

④《北史》卷97《西域传》,北京:中华书局,1974年,第3208—3209页。

中最大的一次,自后鄯善国力不振,不久便被北魏灭亡。

第二次,发生在北魏灭鄯善后。北凉击败鄯善,亲魏势力鄯善王比龙被逐,北凉扶持达真为王,在北凉残部支持下袭劫北魏使者,阻断交通。445 年北魏出兵灭鄯善,俘虏达真,国中动乱。448 年北魏自鄯善北上击焉耆,这条路线正是北凉取高昌及唐初鄯伏陀往伊吾迁徙路线。这次出兵的原因和目的,一方面在于北逐北凉残部,另一方面是北魏灭鄯善,一部分鄯善人北投北凉和焉耆。

第三次,北魏末年,中原大乱,对西域的控制减弱,吐谷浑趁机向西发展,占领鄯善。吐谷浑是游牧民族,鄯善是以农为主的半农半牧民族,从风俗习惯、经济生活及社会发展程度上都存在很大差别,吐谷浑占领鄯善,必然带来一定的破坏,加上治理方法不当及民族压迫等,势必迫使鄯善人再次往外迁徙。《洛阳伽蓝记》卷五:"从吐谷浑西行三千五百里至鄯善城,其城自立王为吐谷浑所吞,今城[内]主是土(吐)谷浑第二息宁西将军总部落三千以御西胡。"可证吐谷浑占领鄯善是靠军事镇压取得的。自北魏至北周,又有大量鄯善人外徙。《旧唐书·地理志》伊州条记载:"后魏,后周,鄯善戎居之。"[①]当指第三次迁徙。

迁徙且末的一支鄯善人于大统八年由鄯米率领内附,敦煌卷子中有鄯姓人名,可能是他们的后裔,迁居高昌、伊州的鄯善人与汉族人融合,吐鲁番文书中有很多鄯姓人。伊州的鄯善人于贞观四年内附,唐因其地置伊州纳职县。自北魏灭鄯善之后,鄯善人没有再建国家,其原因并不是北魏实行郡县制的结果,而是北魏、北周之际,大量鄯善人外徙,使留居的鄯善人无力量建立一个独立的国家并对外产生影响,因此后来逐渐融入其他民族中。

①《旧唐书》卷 40《地理志》,第 1643 页。

大业四年，隋炀帝平吐谷浑，五年于吐谷浑故地设立鄯善、河源、西海、且末四郡。当时鄯善实际上已空无人居，隋设鄯善郡，靠从内地谪徙罪徒及派遣军队戍守。“……自西平临羌城以西，且末以东，祁连以南，雪山以北，东西四千里，南北二千里，皆为隋有。置郡县镇戍，发天下轻罪徙居之。”①郡治设在鄯善城，即北魏所建之镇城。《地志》《地境》都记载隋置鄯善镇，《隋书》不记设镇之事，《地志》补《隋书》不足，也说明隋初平吐谷浑，先在鄯善设镇，后改镇为郡。隋在鄯善设镇设郡主要为军事需要。隋末，中原农民起义兴起，边军内调，汉族居民随之内徙，城镇废弃，空无人居，故《地志》说：“隋乱，其城遂废。”不久，又为吐谷浑占领。

唐贞观中，康国大首领康艳典东来居鄯善。在此之前，外迁伊州的鄯善人一度归还本土。《地志》纳职县条记载：“纳职县……右唐初有土人鄯伏陀属东突厥，以征税繁重，率城人入碛奔鄯善，至并吐谷浑居住，历焉耆，又投高昌，不安而归。胡人呼鄯善为纳职，既从鄯善而归，遂以为号耳。”鄯伏陀率城人入居鄯善的时间不长。618 年唐建立，630 年灭东突厥，“九月，戊辰，伊吾城主入朝。隋末，伊吾内属，置伊吾郡；隋乱，臣于突厥。颉利既灭，举其属七城来降，因以其地置西伊州（胡注：西伊州，六年改曰伊州）”②。《元和郡县图志》卷四十伊州条：“隋大业六年得其地，以为伊吾郡。隋乱，又为胡居焉。贞观四年，胡等慕化内附，于其地置伊州。”“纳职县……贞观四年置。”③贞观四年九月，伊吾城主举其所属七城内附，纳职为其中一城，所以鄯伏陀

---

①《隋书》卷 83《西域传》，第 1845 页。

②《资治通鉴》卷 193《唐纪九·太宗文武大圣大广孝皇帝上之中》，第 6082 页。

③《元和郡县图志》卷 40《陇右道下·伊州》，第 1029—1030 页。

等从鄯善迁出历焉耆、高昌归伊吾纳职,应在贞观四年九月以前,鄯伏陀等以避突厥赋税出奔,唐于贞观三年十一月正式出兵击突厥,四年三月俘颉利灭突厥,因此,其归纳职当在贞观三年十一月之后到四年九月之前这段时间,可能在贞观四年。又据《地志》记载康艳典亦于贞观中入居鄯善,一徙出,一居入,正说明鄯伏陀所率的城人是在康艳典部的压力下被迫迁出鄯善。

康艳典赶走鄯伏陀等及与之居住的吐谷浑,入居鄯善,建城置戍,后不久归唐,成为唐保卫边陲的一个重要军镇。据《地志》康艳典入居鄯善,建立的城有:新城,石城西二百里;蒲桃城,石城北四里;萨毗城,石城东南四百八十里等,四城互为犄角。

康艳典自贞观四年入居鄯善,高宗上元二年(675)改为石城镇,隶沙州。

那么,康艳典什么时间归唐,唐对康艳典所统石城镇又是怎样治理的?

康艳典归唐的时间,新、旧《唐书》都没有记载。《新唐书·地理志》记载到石城,唐以"康艳典为镇使以通西域者"[①],所以康艳典部归唐以及唐设镇当在康艳典时。康艳典死于天授二年以前,当时石城镇使为康拂耽廷。[②]从上元二年上溯,贞观二十二年设于阗镇,贞观十九年唐政令行施于鄯善,《大慈恩寺三藏法师传》卷五记载玄奘至于阗上表,贞观十九年春"……蒙恩勅(饬)降使迎劳曰:'……朕已勅于阗等道使诸国送迎,人力鞍乘应不少乏,令敦煌有司于流沙迎接,鄯鄯

---

①《新唐书》卷43下《地理志》,第1151页。

②P.2005号《沙州图经》,参见黄永武主编:《敦煌宝藏》第112册,台北:新文丰出版公司,1986年,第42页。

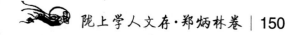

(善)于且末迎接。'"[①]于阗称国,而鄯善与敦煌并称,鄯善为唐政令行施区很明显,鄯善当时已为唐镇城。十五年吐谷浑发生政变,归附唐的吐谷浑王诺曷钵奔鄯善城,证明鄯善是唐镇城。贞观十四年灭高昌,置西州,西州蒲昌下县有石城镇。[②]贞观八年至九年击吐谷浑,追至且末并涉图伦碛,且末在鄯善西,鄯善当归唐有。以此推知,康艳典归唐当在贞观四年至九年之间。

关于唐对石城的治理,《新唐书·地理志》:"唐置羁縻诸州,皆傍塞外,或寓名于夷落。""羁縻州:唐兴,初未暇于四夷,自太宗平突厥,西北诸藩及蛮夷稍稍内属,即其部落列置州县。其大者为都督府,以其首领为都督、刺史,皆得世袭。虽贡赋版籍,多不上户部,然声教所暨,皆边州都督、都护所领,著于令式。……其后或臣或叛,经制不一,不能详见。"[③]康艳典内附,唐因其部落设置镇戍,以"康艳典为镇使以通西域者"[④]。唐设石城镇(上元二年以前称鄯善镇),镇使为康艳典部落世袭。《沙州图经》所记天授二年康拂耽延为镇将,康拂耽延当为康艳典的后代。

石城镇镇使的使命有两个:一、保护唐与西域的交通安全,前引以"康艳典为镇使以通西域者"指的就是这个。唐自贞观六年至平高昌前,中道、北道为高昌、西突厥控制,所开大碛道艰险难行,与西域交通主要取南道,鄯善地当冲要,时高昌、吐谷浑及西域突厥与唐关系紧张,康艳典所部职责首先在于防范他们侵扰交通,这在贞观十四

①《大唐大慈恩寺三藏法师传》卷5,见《大正新修大藏经》第50册,台北:新文丰出版公司,1983年,第252页上。

②《新唐书》卷43下《地理志》七下,第1151页。

③《新唐书》卷43下《地理志》七下,第33下,第1119页。

④《新唐书》卷43下《地理志》七下,第33下,第1151页。

年以前尤其重要。玄奘归唐，即取道鄯善。二、捍卫唐边境安全，保护投唐少数民族。吐谷浑自顺附唐，成为唐与吐蕃之间屏障，641 年吐谷浑发生政变“……丞相宣王专国政，阴谋袭弘化公主，劫其王诺曷钵奔吐蕃。诺曷钵闻之，轻骑奔鄯善城”[①]。

康艳典部落在归附唐初期，摇摆在唐与西突厥之间，唐与西突厥势力的消长，直接影响到康艳典部。贞观十三年(639)八月西突厥“沙钵罗叶护既立，建庭于虽合水北，谓之南庭，自龟兹、鄯善、且末、吐火罗、焉耆、石、史、何、穆、康等国皆附之”[②]。既归附于唐，又两属于西突厥，目的在于暂时避免西突厥进攻，这即是羁縻州镇的一个特征。

唐平高昌设西州，鄯善隶属西州。至高宗上元二年，因对吐蕃战争的需要，以及加强凉州防线，改隶沙州。

唐平焉耆、龟兹、西突厥之后，设立四镇，鄯善在唐与西域交通上的地位稍有下降。但随着吐蕃的强大与扩张，鄯善镇在军事上的地位愈来愈重要。显庆五年(660)八月吐蕃因吐谷浑内附起兵击吐谷浑，从此吐蕃与吐谷浑战争连年不断。由于唐未能及时给吐谷浑援助，吐谷浑土地部落渐为吐蕃吞并。龙朔三年(663)，吐蕃发兵大败吐谷浑，吐谷浑王诺曷钵与弘化公主帅数千帐弃国奔凉州，吐蕃尽有吐谷浑地。陇右、河西及安西四镇暴露在吐蕃面前，从此吐蕃东从鄯，凉等州，西从于阗等地侵蚀唐境，西域叛唐者亦引吐蕃为援，吐蕃与唐开始争夺西域的控制权。麟德二年(665)三月“疏勒弓月引吐蕃侵于阗，

①《资治通鉴》卷 196《唐纪十二·太宗文武大圣大广孝皇帝中之中》，第 6167 页。

②《资治通鉴》卷 195《唐纪十一·太宗文武大圣大广孝皇帝上之中》，第 6151 页。

敕西州都督崔知辩、左武卫将军曹继叔将兵救之"[①]。咸亨元年(670)四月吐蕃陷西域十八州,联合于阗袭击龟兹拨换城,拨换城陷落,唐于是"罢龟兹、于阗、焉耆、疏勒四镇"[②]。四镇陷落,鄯善镇就成为唐抗击吐蕃的前线,就有进一步加强并与凉州防线连成一片的必要。上元二年(675)鄯善镇改名石城镇,隶属沙州,上元三年唐开始对吐蕃进行大的军事行动。可见这次划分是为对吐蕃战争做准备。新、旧《唐书》及《资治通鉴》都没有记载这次改名及改隶沙州。《资治通鉴》卷二百二高宗上元二年:"春,正月,丙寅,以于阗国为毗沙都督府,分其境内为十州,以于阗王尉迟伏阇雄为毗沙都督。"[③]鄯善改名石城镇,隶沙州当在这个时候。

石城镇何时陷落,《地志》不记具体时间,其他史籍也不见记载。据《旧唐书·地理志》记载安西大都护府:"至德后,河西、陇右戍兵皆征集,收复两京。上元元年,河西军镇多为吐蕃所陷。有旧将李元忠守北庭,郭昕守安西府,二镇与沙陀、回鹘相依,吐蕃久攻之不下。"[④]由此可见吐蕃对安西、北庭战争始于上元元年(760)之后,故石城镇的陷落即在这前后。

石城镇作为唐通西城及抗击吐蕃的军镇,自贞观初附唐,至肃宗上元前后陷落,前后一百三十多年,一直是唐朝御敌卫境的前哨,这个军镇不同其他军镇,它一直以少数民族部落首领为镇使和镇将,并

①《资治通鉴》卷201《唐纪十七·高宗天皇大圣大弘孝皇帝中之上》,第6343页。

②《资治通鉴》卷201《唐纪十七·高宗天皇大圣大弘孝皇帝中之上》,第6363页。

③《资治通鉴》卷202《唐纪十八·高宗天皇大圣大弘孝皇帝中之下》,第6375页。

④《旧唐书》卷40《地理志·第三》,第1647页。

以其部落的力量来保卫唐与西域的交通安全及抗击吐蕃对唐边境的骚扰，对唐与西域交通畅通及唐在西域的政治稳定，牵制吐蕃不能全力进攻河西、陇右起了不可低估的作用。

与萨毗城有关的中西交通道路

《地志》记载："萨毗城，西北去石城镇四百八十里，康艳典筑其城，近萨毗泽，山险阻，恒有吐蕃及吐谷浑往来不绝。"《寿昌县地境》所记与《地志》相同。根据所记方位，萨毗泽当指今新疆若羌东南方的阿牙库木湖，湖处昆仑山与阿尔金山衔接处，北有尤素普阿勒克，萨毗城当在其附近。

《北史·西域传》记载北魏通西域，先有二道，南道出玉门经鄯善。《隋书·裴矩传》记载隋书敦煌通西域有三道，南道从鄯善、于阗至中亚印度等地，鄯善为南道门户。据夏鼐先生及冯汉镛考证，魏晋南北朝至隋唐，又有吐谷浑道经鄯善通西域。①其道自西宁西经柴达木盆地北部，过索尔库里至西域，道经鄯善，基本上沿着今青海至新疆的公路。

据《地志》萨毗城条，从西宁经柴达木盆地通西域的吐谷浑道还有一条，在上述吐谷浑道之南，翻越阿尔金山，从阿牙库木湖附近经过，西经且末、于阗达西域，西北经鄯善至焉耆、高昌等地。唐贞观年间，先有吐谷浑后有吐蕃从这条道道出设为寇，劫掠交通，因此，康艳典筑萨毗城以遏制其往来，保障交通安全。

北魏时，吐谷浑就常从这条道路来往于青海与新疆间。太平真君

①夏鼐：《青海西宁出土的波斯萨珊朝银币》，《考古学报》1958 年第 1 期，第 105—110 页。

三年(442)北凉残部沮渠无讳占领鄯善,六年(445)七月北魏大将万度归灭鄯善驻军屯守,以其地为郡县。不久北魏又命高凉王那率众击败吐谷浑,吐谷浑王慕利延西度流沙。中山公杜丰又率精骑追吐谷浑,度三危至雪山。雪山,据《隋书·西域传》即昆仑山。此时,杜丰兵已达柴达木盆地南部。慕利延拥众西入于阗,杀于阗王,据其城。从西域形势分析,当时鄯善有北魏驻军守卫,慕利延必不敢取道索尔库里经鄯善至于阗。《宋书》记此事于太平真君三年。黄文弼先生认为:"如慕利延在太平真君三年过鄯善伐于阗,则适当无讳据鄯善,时无讳力量尚强,拥有鄯善、且末、高昌,未必让吐谷浑通过。如过鄯善在六年,则适万度归伐鄯善时,吐谷浑亦不敢经过。"[①]吐谷浑王慕利延西入于阗必然取道于萨毗城,才能避免与驻扎于鄯善的北魏军队接触。

唐初,康艳典驱逐吐谷浑及都伏陀部出鄯善,但且末乃为吐谷浑占有,吐谷浑来往于且末与青海间必须取道萨毗城。

贞观九年(635)李靖率军讨伐吐谷浑,四月击败吐谷浑于库山,吐谷浑王伏允烧野草轻兵入碛。李靖分军二道,薛万均、李大亮由北道;任城王道宗、侯君集由南道。北道追吐谷浑"至且末,穷其西境"[②]。伏允逃入图伦碛,唐军追入碛,"碛中乏水,将士刺马血饮之,袭破伏允牙帐"。"伏允帅千余骑逃入碛,十余日,众稍散尽,为左右所杀。"[③]图伦碛即且末至于阗间数百里沙碛。唐军西至月末入图伦碛,而未经

①黄文弼:《古楼兰国历史及其在西域交通上之地位》,《西北史地论丛》1981年,第173—209页。

②《资治通鉴》卷194《唐纪十·太宗文武大圣大广孝皇帝上之下》,第6112页。

③《资治通鉴》卷194《唐纪十·太宗文武大圣大广孝皇帝上之下》,第6112—6113页。

鄯善,吐谷浑亦未经鄯善,可证双方都从萨毗城经过。

贞观九年之后,吐谷浑降附。随之而起又有吐蕃,十二年(638)吐蕃击吐谷浑,吐谷浑失败,退居青海之北,民畜多为吐蕃掳掠。龙朔三年(663)吐谷浑大臣素和引吐蕃击败吐谷浑,尽有吐谷浑地,吐谷浑王诺曷钵与弘化公主奔凉州,自后吐蕃不仅西从于阗一带侵犯西域,而且可以从柴达木盆地西部南经萨毗城、北经索尔库里侵犯西域。咸亨元年(670)吐蕃陷西域十八州,得于阗,陷龟兹拨换城,唐罢四镇,吐蕃出兵或道经萨毗城。肃宗上元中(761—762)吐蕃围庭州、安西,当时安西都护府迁西州,吐蕃进兵或经萨毗城。《地志》所记吐蕃吐谷浑于此经常来往,实指吐蕃占领吐谷浑地并其人畜后,驱使吐谷浑部落对西域进行骚扰。《地境》直述为吐蕃、吐谷浑贼,可见其与唐处在一种对抗状态。吐蕃与吐谷浑一起侵犯唐境,这种状况在龙朔三年以后才普遍起来。

从北魏击败吐谷浑,吐谷浑逃跑的路线,贞观九年唐军追击吐谷浑的路线及《地志》反映的道路,说明魏晋南北朝隋唐时吐谷浑道西端,除了沿着现在的公路过索尔库里至鄯善的一条之外,还有一条翻阿尔金山经阿牙库木湖即萨毗泽进入新疆,西北可至若娑(即鄯善),西南至且末、于阗及中亚等地。建立萨毗泽附近的萨毗城,就扼守在这条道路上,经这条道路来往于青海与新疆的商贾及少数民族部落都必须经过这个关卡。萨毗城的建立对保护西域南道交通安全及阻止吐蕃、吐谷浑对西域的侵犯等意义重大。

且末的沿革及播仙镇的设置

且末国,又称折摩那国,东至石城镇七百余里。出阳关经鄯善通西域的南道,出噶斯口经鄯善的吐谷浑北道及经萨毗城的吐谷浑南道,必须总汇集于且末通往西域,且末地当冲要,在中西交通上占有很重要的地位。且末东即沙碛,西北至于阗,途经流沙数百里,“夏日有热风为行旅之患。风之所至,唯老驼豫知之,即鸣而聚立,埋其口鼻于沙中,人每以为候,亦即将氈拥蔽鼻口。其风迅驶,斯须过尽,若不防者,必至危毙”①。此道在两汉魏晋南北朝至隋比较兴盛,唐贞观十四年平高昌以后,由于中道、北道的开辟,加之南道行途艰险,来往不便,逐渐衰落下来。

且末国都且末城,且末城旁有且末水经过。《地志》记载:“且末河源从南大山谷出,其源去镇城五百里,经且末城下过,因以为名。”且末河即今车尔臣河,又称阿耨达大水,发源于昆仑山脉木孜塔格山,北流三百余里,然后西北流,经吐拉北,至库拉木勒东转而北流,经且末东,又东北流,最后汇集于罗布泊。根据《水经注》卷二所记,且末水从且末城西经过:“……南河又东迳且末国北, 又东, 右会阿耨达大水。释氏《西域记》曰:阿耨达山西北有大水,北流注牢兰海者也。其水北流,迳且末南山,又北迳且末城西,国治且末城,西通精绝二千里,东去鄯善七百二十里,种五谷,其俗略与汉同。又曰:且末河东北流迳且末北,又流而左会南河。”且末河从城西经过,且末城在河东岸,这与《新唐书·地理志》所记且末城的位置相差较远:“(石城镇)又西二百里至新城,亦谓之弩支城,艳典所筑。又西经特勒井,渡且末河,五百里至播仙镇,故汉且末城也,高宗上元中更名。”②从上述看,且末河从城东流过,镇城设在且末河西。

从《水经注》成书至唐设镇约一百余年时间,在这期间河流改道可能性不大,所以我们认为在这段时间且末城经过一次迁移。北魏太

①《魏书》卷120《西域传》,北京:中华书局,1974年,第2262页。

②《新唐书》卷43下《地理志》第33下,第1151页。

平真君三年鄯善王比龙率部占领且末，且末城时在河东。大统八年鄯米率这支鄯善人内附，且末为吐谷浑占领。隋炀帝大业四年，击败吐谷浑，且末归入隋版图，隋置且末郡，迁徙内地轻罪徒戍守，且末设镇置戍始于隋，且末城的西迁当在这个时候。隋且末郡主要为军队及罪徒，且末郡的设置主要是军事性的，志在军事防御，所以不但有必要重新建镇，而且动工较易。

自东汉失西域至北魏太平真君三年，关于且末的记载极少。《晋书》没有且末传，记载西晋、张轨、李玄盛及北方各政权与西域交往，关于鄯善、焉耆、大宛、龟兹、于阗记载较多，始终不见且末与河西各政权及中原有过任何政治、经济交往。《魏书》《周书》《北史》有且末传，但记事极简略。因此，这一段且末史事模糊不清。

太平真君三年，“鄯善王避沮渠安周之难，率国人之半奔且末，后役属鄯善”[①]。自后且末为鄯善比龙统治，比龙部与北魏关系密切，北魏成为比龙统治鄯善的后盾。北魏自尔朱荣之乱以后，国力衰弱，退出鄯善，依靠北魏进行统治的鄯善人，在吐谷浑威胁下，于大统八年(542)归附西魏。据《洛阳伽蓝记》卷五记载，神龟元年(518)宋云至且末的情况：“从鄯善西行一千六百四十里，至左末城。城中居民可有百家，土地无雨，决水种麦，不知用牛，耒耜而田。”以此推知，鄯善人迁出且末可能会更早，远在神龟元年以前。

而后，且末又为吐谷浑占领，《隋书·西域传》记载吐谷浑于魏周之际，“地兼鄯善、且末，西北有流沙数百里”[②]。大业四年(608)隋炀帝

①《魏书》卷120《西域传》，第2262页。

②《隋书》卷83《西域传》，北京：中华书局，1987年，第1842页。

派观王雄击败吐谷浑,隋在且末设且末郡。隋末大乱,吐谷浑复有故地,且末再次为吐谷浑占领。

唐贞观九年李靖率军击吐谷浑,唐军追吐谷浑至且末西,入图伦碛。吐谷浑失败后,且末城荒废无人居住,贞观十九年(645)春玄奘从印度返唐经且末,且末"城郭岿然,人烟断绝"[1]。

关于唐设且末镇的时间,《寿昌县地境》《地志》只记上元三年改为播仙镇,不记唐设镇的具体时间,新、旧《唐书》亦不记。《大唐西域记》记贞观十九年春且末城仍荒废,因此且末镇的设立应在贞观十九年至高宗上元三年之间。贞观二十年(646)"六月,丁卯,西突厥乙毗可汗遣使入贡,且请婚;上许之,且使割龟兹、于阗、疏勒、朱俱波,葱岭五国以为聘礼"[2]。贞观二十二年(648)唐自焉耆分五道出兵击龟兹,从唐军击龟兹的有铁勒、突厥、吐蕃、吐谷浑等,击败龟兹后,"西域震骇,西突厥、于阗、安国争馈驼马军粮……"[3]《新唐书·地理志》记载:"毗沙都督府,本于阗国。贞观二十二年内附,初置州五,高宗上元二年置府,析州为十。领州十。阙。"[4]"于阗东界有兰城、坎城二守捉城。西有葱岭守捉城,有胡弩、固城、良吉三镇。东有且末镇,西有皮山镇。"[5]可证且末镇设于贞观二十二年,后一度隶属西州,高宗上元三年(676)改名播仙镇,隶沙州。

---

①[唐]玄奘、辩机:《大唐西域记》卷12,季羡林等校注,北京:中华书局,1985年,第1032页。

②《资治通鉴》卷198《唐纪十四·太宗文武大圣大广孝皇帝下之上》,第6236页。

③《资治通鉴》卷199《唐纪十五·太宗文武大圣大广孝皇帝下之下》,第6265页。

④《新唐书》卷43下《地理志·第三十三下》,第1134页。

⑤《新唐书》卷43下《地理志·第三十》,第1048页。

播仙镇,《地志》记为幡仙镇,《新唐书·地理志》《通鉴》《寿昌县地境》都记为播仙镇,幡仙镇为播仙镇之误。

播仙镇改名的原因,咸亨元年(670)唐军进攻吐蕃失败,唐朝从军事进攻暂时转为军事防守。仪凤元年(即上元三年,十一月改元仪凤):"闰月,吐蕃寇鄯、廓、河、芳等州。敕左监门卫中郎将令狐智通发兴、凤等州兵以御之。己卯,诏以吐蕃犯塞,停封中岳。乙酉,以洛州牧周王显为洮州道行军元帅,将工部尚书刘审礼等十二总管,并州大都督相王轮为凉州道行军元帅,将左卫大将军契苾何力等,以讨吐蕃"①。这是唐对吐蕃的第二次军事行动,《地志》所说且末镇上元三年改为播仙镇,隶沙州,属凉州都督府管辖,同石城镇一样,都是配合这次军事行动。

播仙镇的陷落,史籍多不记,其陷落吐蕃大约与石城镇同时,在肃宗上元前后。

(原文发表于《敦煌学辑刊》1986 年第 2 期,第 66—75 页)

①《资治通鉴》卷 202《唐纪十八·高宗天皇大圣大弘孝皇帝中之下》,第 6379 页。

经济社会篇

西汉敦煌郡移民研究

敦煌原来居住的是大月氏人，他们在匈奴南下打击之下大部分徙居中亚地区,少数留居的基本逃入南山称小月氏。汉武帝打败匈奴,匈奴浑邪王杀休屠王并率其众四万余人投降汉朝,从此河西西至罗布泊空无匈奴。西汉政府原来准备把匈奴从河西驱赶到中亚的乌孙人迁回到河西地区,约为昆弟之国,以断匈奴之右臂。元鼎二年(前 115)汉武帝派遣张骞出使乌孙,转达西汉政府的意愿,但是他们已经适应了中亚舒适的气候条件和生活环境,不愿意再迁徙回河西走廊。[①] 西汉政府只能对河西地区采取移民实边,设置郡县,进行直接管理[②]。从西汉政府取得敦煌之初和置敦煌郡之后,不停地向敦

---

①《资治通鉴》卷 20 汉武帝元鼎二年:"浑邪王既降汉,汉兵击逐匈奴于幕北,自盐泽以东空无匈奴,西域道可通。于是张骞建言:'乌孙王昆莫本为匈奴臣,后兵稍强,不肯复朝事匈奴,匈奴攻不胜而远之。今单于新困于汉,而故浑邪地空无人,蛮夷俗恋故地,又贪汉财物,今诚以此时厚币赂乌孙,招以益东,居故浑邪之地,与汉结昆弟,其势宜听,听则是断匈奴右臂也。既连乌孙,自其西大夏之属皆可招来而为外臣。'……骞既至乌孙,昆莫见骞,礼节甚倨。骞谕指:'乌孙能东居故地,则汉遣公主为夫人,结为兄弟,共距匈奴,匈奴不足破也。'乌孙自以远汉,未知其大小,素服属匈奴日久,且又近之,其大臣皆畏匈奴,不欲移徙。"北京:中华书局,1956 年,第 656 页。

②《资治通鉴》卷 20 汉武帝元鼎二年记载:"乌孙王既不肯东还,汉乃于浑邪王故地置酒泉郡,稍发徙民以充实之,后又分置武威郡,以绝匈奴与羌通之道。"(第 658 页)。

煌地区移民。敦煌写本碑铭就记载到西汉移民敦煌的情况，另外敦煌地理文献和文学作品也记载到西汉移民敦煌的具体事实。我们利用敦煌文献的有关记载，考订史籍的相关事实，将西汉敦煌移民的真实面貌展现给学术界。

西汉敦煌移民是从匈奴浑邪王投降汉朝就已经开始。浑邪王投降汉朝之后，河西不仅空无匈奴，就是其他民族也不见记载，西汉军队首先进入河西地区进行屯田，因此第一代敦煌移民就是这些戍守敦煌的军队戍卒，而且具有明显的地域性。敦煌移民从敦煌置郡之前已经开始，最初移民是军事性质的屯田，主要有军队屯田和罪犯贬谪屯田，敦煌写本 P.4640《阴处士碑》记载敦煌阴氏的祖先是参加汉武帝派遣征伐匈奴的部队，后戍守敦煌：

> 公姓阴，字加（嘉）政，其先源南阳新野人也。齐经九合，璯弁清于星藁；汉约三章，鬓髻明于箴管。荣升紫府，贵践黄门；宿承玉斗之更，早达金门之诏。既乃跃鳞水上，一挺龙门，下说窖中，三冬豹变。犹郑人佐矩，募隼旗以先驰；若秦并列城，选牛刀而宠俊。就阴山之封秩，大漠斯平；据火候于敦煌，阳关得势。亦犹王箭（翦）远屠楚国，预固庄田；甘茂将伐宜阳，先盟息壤。塞门八阵，略地终身。野战十年，留连已此，至今为敦煌县人矣。①

所谓“就阴山之封秩，大漠斯平；据火候于敦煌，阳关得势”，就是指汉武帝元朔年间派遣军队从阴山征伐匈奴因战功得到封秩，这些

①图版及录文见郑炳林、郑怡楠：《敦煌碑铭赞辑释》（增订本），上海：上海古籍出版社，2019 年，第 214 页。S.530《大唐沙州释门索法律义辩和尚功德记碑》，图版及录文参见郑炳林、郑怡楠《敦煌碑铭赞辑释》（增订本），第 323 页。

军队主要从阴山一带出征，部分军队绝幕北至龙城、余吾水等[①]；元狩年间派遣霍去病等从征伐河西地区的匈奴，部分军队驻守敦煌阳关。阴嘉政的祖先率军参加这些军事行动并得到封秩，他率领这支军队应当以南阳新野人为主组成，屯田于敦煌界渥洼池的暴利长就加入这支部队。敦煌文书就记载敦煌龙勒渥洼水一带有从南阳迁移而来的罪犯谪居在这里屯田。

P.5034《沙州图经》记载：

一[所]海水：

蒲昌海。

右出寿昌县东南十里，去州一百廿里。方圆可一里，□（其）深浅不测，地多芦苇，其水分流二道，一道入寿□（昌）县南溉田，一道向寿昌东溉田。旧名渥洼水，□（按）《□（汉）书·孝武本纪》："元鼎四年秋，马生渥洼水中，作□（天）马之歌。"李斐云："南阳新野有暴利□（长），□□（当武）帝时遭刑，屯田敦煌界，□□□□□□□（见）马中有奇异者，与凡马异，来饮此水，利□作土人，将靽勒于水傍，后

①《汉书》卷6《武帝纪》记载汉武帝是派遣军队匈奴多经阴山往漠北，元朔二年春正月，"匈奴入上谷、渔阳，杀略吏民千余人。遣将军卫青、李息出云中，至高阙，遂西至符离，获首虏数千级。收河南地，置朔方、五原郡。"（第170页）五年"大将军卫青将六将军兵十余万人出朔方、高阙，获首虏万五千级。"（第171页）"六年春二月，大将军卫青将六将军兵十余万骑出定襄，斩首三千余级。还，休士马于定襄、云中、雁门。……夏四月，卫青复将六将军绝幕，大克获。"（第172页）元狩四年夏"大将军卫青将四将军出定襄，将军去病出代，各将五万骑。步兵踵军后数十万人。青至幕北围单于，斩首万九千级，至阗颜山乃还。"北京：中华书局，1962年，第178页。

马玩习久，人代土人持绊勒，收得其马，献之。神异此马，云从□(水)中出。”渥洼水，即此海也。[①]

从渥洼水引水灌溉田苗的大渠、长支渠很可能就是当时这些屯田人的杰作。这条记载最初见载于《汉书·武帝纪》元鼎四年(前113)秋马生渥洼水中颜师古注。元鼎四年:“秋，马生渥洼水中。作宝鼎、天马之歌。”颜师古注云:“李斐曰:‘南阳新野有暴利长，当武帝时遭刑，屯田敦煌界，数于此水旁见群野马中有奇(异)者，与凡马[异]，来饮此水。利长先作土人，持勒绊于水旁。后马玩习，久之代土人持勒绊收得其马，献之，欲神异此马，云从水中出。’”[②]。这个记载还见于敦煌写本《寿昌县地境》和S.5448《敦煌录》等中。《敦煌古迹二十咏》中就有“渥洼池天马咏”。《史记·乐书》:“又尝得神马渥洼水中，复次以为《太一之歌》。”《史记集解》引，“李斐曰:‘南阳新野有暴利长，当武帝时遭刑，屯田敦煌界。人数于此水旁见群野马中有奇异者，与凡马异，来饮此水旁。利长先为土人持勒靽于水旁，后马玩习久之，代土人持勒靽，收得其马，献之。欲神异此马，云从水中出。’”我们根据《汉书·武帝纪》记载元光五年(前129)汉朝派遣卫青等出兵攻打匈奴至龙城；元朔二年(前127)出兵至高阙，收复河南地，置朔方、五原郡；元朔六年卫青将六将军绝幕大克获；元狩二年(前121)霍去病出陇西至皋兰。“夏，马生余吾水中。……将军去病、公孙敖出北地二千余里，过居延，斩首虏三万余级。”[③]其年秋匈奴浑邪王杀休屠王以四万人降汉，汉遣

①郑炳林:《敦煌地理文书汇辑校注》，兰州:甘肃教育出版社，1989年，第44—45页。

②《汉书》卷6《武帝纪》，第184—185页。

③《汉书》卷6《武帝纪》，第176页。

霍去病迎降，以其地为武威、酒泉郡，并在敦煌地区设置屯田官征发戍卒屯田。

《汉书·地理志》记载：

自武威以西，本匈奴昆邪王、休屠王地，武帝时攘之，初置四郡，以通西域，鬲绝南羌、匈奴。其民或以关东下贫，或以报怨过当，或以誖逆亡道，家属徙焉。[①]

酒泉郡设置在元狩二年，汉武帝移民实边的开始时间是元狩二年，《汉书·卜式传》记载：

岁余，会浑邪等降，县官费众，仓库空，贫民大徙，皆卬给县官，无以尽赡。式复持钱二十万与河南太守，以给徙民。[②]

表明浑邪王降汉之后，汉朝就进行规模的移民，这些移民就包括河南县在内。《汉书·食货志》记载酒泉郡设置后就往河西大量移民屯田：

初置张掖、酒泉郡，而上郡、朔方、西河、河西开田官，斥塞卒六十万人戍田之。[③]

直到元狩四年（前119），汉武帝仍然向边地移民，《汉书·武帝纪》元狩四年记载：

四年冬，有司言关东贫民徙陇西、北地、西河、上郡、会稽凡七十二万五千口，县官衣食振业，用度不足，请收银锡

①《汉书》卷28下《地理志八下》，第1644—1645页。

②《汉书》卷58《卜式传》，第2625页。《汉书·张汤传》记载："会浑邪等降汉，大兴兵伐匈奴，山东水旱，贫民流徙，皆卬给县官，县官空虚。"（第2641页）

③《汉书》卷24下《食货志》，第1173页。

造白金及皮币以足用。[1]

这次移民实边屯田应当是元狩二年的继续，应当包括河西地区在内。这个记载表明酒泉郡设置初年汉武帝就在河西置屯田官,征发戍卒往河西地区屯田。当时敦煌属于酒泉郡管辖,置屯田官征发戍卒应当包括敦煌地区在内。根据《汉书·礼乐志》天马之歌下记载“元狩三年马生渥洼水中作”。很可能遭刑戍守敦煌的暴利长就是随军北征匈奴的士兵,他们在元狩二年编造了马生余吾水中,来到敦煌界渥洼水旁屯田,为了讨好汉武帝继续编造了马生渥洼水中的故事。暴利长等遭刑罪犯很可能是参加对匈奴战争中因犯罪被贬谪到敦煌屯田的。这些记载说明早在敦煌置郡前的元鼎四年(前109),敦煌就开始移民并进行屯田，不同的是这些屯田是由设置在敦煌的各种都尉来管理的。

敦煌设郡之后,大规模的移民开始,生活在钜鹿的索氏就是在元鼎六年(前111)徙居敦煌的,虽然他们有避祸的原因在里面,但是这些记载透露出来一个信号，就是汉朝置敦煌郡的同时开始大规模的移民到敦煌。元封四年(前107)汉朝有一次大的移民实边活动,很可能涉及敦煌郡,《汉书·万石君传》记载:“元封四年,关东流民二百万口,无名数者四十万,公卿议欲请徙流民于边以适之。”[2]既然是徙流民于边,才建立的敦煌郡应当在移民的范围。但是这次徙流民于边是

---

①《汉书》卷6《武帝纪》,第178页。

②《汉书》卷46《万石君传》,第2197页。

否执行了,还没有记载加以证实。①

敦煌文献也有汉代中原居民徙居敦煌的记载,敦煌的清河张氏、巨鹿索氏就是西汉时移居敦煌的。P.2625《敦煌名族志》记载清河张氏迁徙敦煌过程:

> [前汉宣帝]时有司隶校尉张襄者,赵王敖□□,□准襄奏霍光妻显毒煞许后。帝以光有大功,窃其事。襄惧,以地节元年至清河绎幕举家西奔天水,病卒。子□□年来适此郡,家于北府,俗号北府张。史策□□,子孙莫睹。②

司隶校尉张襄在西汉属于高级官吏，敢出面奏霍光妻显毒杀许后,这不是一般人敢为和能为的事情,霍光因为拥立宣帝有功地位非常显赫,敢奏霍光妻毒杀许后,实际上就是站在霍光敌对面,应当具有一定实力才敢这样做。从其家族出身于赵王张敖看,张氏家族是非常厉害的。同卷记载钜鹿索氏迁徙敦煌的过程:

> 索氏,右其先商王帝甲,封子丹于京索,因而氏焉。武王灭商,迁之于鲁,封之为侯。秦并六国,庄侯索番致仕,国除。汉武帝时,太中大夫索抚,丞相赵周直谏忤旨,徙边,以元鼎六年从钜鹿南和迁于敦煌。凡有二祖,号南索、北索。初,索抚在东,居钜鹿之北,号为北索。至王莽天凤三年,鸣开都尉

①《汉书·万石君传》记载元鼎五年万石君子石庆为丞相,元封四年:"上以为庆老谨,不能与其议,乃赐丞相告归,而案御史大夫以下议为请者。庆惭不任职,上书曰:'臣幸得待罪丞相,疲驽无以辅治。城郭仓廪空虚,民多流亡,罪当伏斧质,上不忍致法。愿归丞相侯印,乞骸骨归,避贤者路。'"遭到皇帝的批评:"君不绳责长吏,而请以兴徙四十万口,摇荡百姓,孤儿幼年未满十岁,无罪而坐率,朕失望焉。"(第2197—2198页)

②郑炳林:《敦煌地理文书汇辑校注》,第110页。

> 索骏复西敦煌，骏在东，居钜鹿之南，号为南索。莫知其长幼，咸累代官族。后汉有索頵，明帝永平中为西域代(戊)己校尉，居高昌城。[①]

钜鹿索氏同清河张氏一样，都是官宦之家，所谓"累代官族"。索氏家族迁徙敦煌同张氏一样的原因，得罪了皇帝或者当权者为避祸而主动移居敦煌的。[②]西汉索氏迁徙敦煌，我们还可以从S.530《大唐沙州释门索法律义辩和尚功德记碑》记载中得到证实：

> 总斯具善美者，其惟钜鹿索和尚欤。和尚俗姓索，法号义辩。其先商王帝甲之后，封子丹于京索间，因而氏焉。远祖前汉太中大夫抚，直谏飞龙，既犯逆鳞之势，赵周下狱，抚恐被诛，以元鼎六年自钜鹿南和徙居于流沙，子孙因家焉，遂为敦煌人也。[③]

《汉书·武帝纪》记载，元鼎六年"九月，列侯坐献黄金酎祭祀宗庙不如法夺爵者百六人，丞相赵周下狱死"。颜师古注引臣瓒曰："《食货志》南越反时卜式上书愿死之。天子下诏褒扬，布告天下，天下莫应。列侯以百数，莫求从军。至酎饮酒，少府省金，而列侯坐酎金失侯者百余人。而表云赵周坐为丞相知列侯酎金轻下狱自杀。然则知其轻不纠擿之也。"[④]索抚可能与赵周因同事犯罪，可能是引其情节较轻被贬谪迁徙敦煌，正逢上敦煌设郡，需要迁徙大量人口到敦煌。敦煌文书

---

①郑炳林：《敦煌地理文书汇辑校注》，第112页。

②《汉书·百官公卿表》下记载元鼎五年："九月辛巳，丞相周下狱死。"第779—780页。

③S.530《大唐沙州释门索法律义辩和尚功德记碑》，P.4640作《沙州释门索法律窟铭》，图版及录文见《敦煌碑铭赞辑释》(增订本)，第323、292页。

④《汉书》卷6《武帝纪》，第187页。

P.2005《沙州都督府图经》记载效谷城就发生在这个时期：

古效谷城，周回五百步。

右在州东北卅里，是汉时効谷县。本是渔泽鄣，桑钦说：汉孝武元封六年，济南崔不意为渔泽都尉，教人力田，以勤効得谷，因立为县名焉。……今北面有颓基数十步。[①]

这条记载还见载于《汉书·地理志》敦煌郡效谷县颜师古注曰："本渔泽障也，桑钦说孝武元封六年济南崔不意为鱼泽尉，教力田，以勤效得谷，因立为县名。"[②]崔不意担任的是鱼泽尉，是汉代在敦煌鱼泽障设置的屯田官，是个军事官员，因此他管辖下的人应当是屯田士兵或者刑徒之类，也有像从武都分徙而来的氐羌等，肯定不是从内地迁徙而来居民，因为只有他们才会疏于耕种，将作战部队变成屯田卒，在河西地区很常见。[③]鱼泽障西汉哀帝时还存在，属于当时移民的地点。《汉书·孙宝传》记载：

哀帝即位，征宝为谏大夫，迁司隶。初，傅太后与中山孝王母冯太后俱事元帝，有郤，傅太后使有司考冯太后，令自杀，众庶冤之。宝奏请覆治，傅太后大怒，曰："帝置司隶，主使察我。冯氏反事明白，故欲擿觖以扬我恶。我当坐之。"上乃顺指下宝狱。尚书仆射唐林争之，上以林朋党比周，左迁敦煌鱼泽障候。[④]

---

①郑炳林：《敦煌地理文书汇辑校注》，第15页。

②《汉书》卷28下《地理志》，第1614—1615页。

③《汉书》卷7《昭帝纪》记载始元二年（前85）"冬，发习战射士诣朔方，调故吏将屯田张掖郡。"颜师古注："调谓发选也。故吏，前为官职者。令其部率习战射士于张掖为屯田也。"（第221页）

④《汉书》卷77《孙宝传》，第3261页。根据《汉书·傅喜传》记载唐林时为尚书令（第3380—3382页）

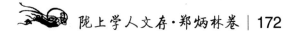

从这些记载得知汉敦煌鱼泽障至汉哀帝时仍然不断移民屯田，而且移民的地点是敦煌郡鱼泽障，就是说敦煌郡效谷县已经设置，但是鱼泽都尉并没有废除，作为一个屯田机构仍然保留，继续接收从中原地区迁徙的移民，这些移民多数是官员犯罪被贬谪敦煌的。而最大的一次官员犯罪移民是汉武帝征和二年(前91)卫太子事件被牵连的官吏。《汉书·公孙贺传》记载汉武帝时卫太子因巫蛊牵连，杀江充，发兵攻丞相府，“太子亦遣使者挢制赦长安中都官囚徒，发武库兵，命少傅石德及宾客张光等分将，使长安囚如侯持节发长水及宣曲胡骑，皆以装会。……驱四市人，凡数万众”。太子兵败，畏罪自杀：

诸太子宾客，尝出入宫门，皆坐诛。其随太子发兵，以反法族。吏士劫略者，皆徙敦煌郡。[①]

《资治通鉴》汉武帝征和二年秋七月因巫蛊事杀江充，出武库兵，发长乐宫卫卒，遣使矫制赦长安中都官囚徒，命少傅石德及宾客张光等分将，使长安囚持节发长水及宣曲胡骑，皆以装会。驱四市人，凡数万人，至长乐西阙下，逢丞相军，合战五日，死者数万人，血流入沟中。“诸太子宾客尝出入宫门，皆坐诛；其随太子发兵，以反法族；吏士劫略者皆徙敦煌郡。”[②]这个事件卷入的人数很大，牵扯面很广，涉及事件而犯罪的人不在少数，因此这次被迁徙到敦煌郡的人数众多。根据《曹全碑》记载曹全祖上也是汉武帝时期移民敦煌：

世宗廓土斥竟，子孙迁于雍州之郊，分止右扶风，或在安定，或处武都，或居陇西，或家敦煌，枝分叶布，所在为雄。[③]

---

①《汉书》卷66《公孙贺传》，第2882页。

②《资治通鉴》卷22汉武帝征和二年(前91)，第732页。

③毛远明校注：《汉魏六朝碑刻校注》，北京：线装书局，2008年，第2册，第57页。

西汉世宗就是汉武帝的庙号。至于曹全祖上是因何种原因和具体什么时间迁徙敦煌的，碑文没有详细的记载，可能也是因酎金或者卫太子事件牵连迁徙敦煌的。《汉书·成帝纪》永始二年（前15）记载将作大匠解万年因营昌陵工程三年不成被徙敦煌：

> 十二月，诏曰："前将作大匠万年知昌陵卑下，不可为万岁居，奏请营作，建置郭邑，妄为巧诈，积土增高，多赋敛徭役，兴卒暴之作。卒徒蒙辜，死者连属，百姓罢极，天下匮竭。……万年佞邪不忠，毒流众庶，海内怨望，至今不息，虽蒙赦令，不宜居京师。其徙万年敦煌郡。"①

将作大匠万年姓解，其因罪徙居敦煌郡还见载于《汉书·陈汤传》，从事中郎陈汤与将作大将相善，受万年鼓动上奏徙民营昌陵，因地势低下三年不成而获罪：

> 制曰："廷尉增寿当是。汤前有讨郅支单于功，其免汤为庶人，徙边。"又曰："故将作大匠万年佞邪不忠，妄为巧诈，多赋敛，烦徭役，兴卒暴之作，卒徒蒙辜，死者连属，毒流众庶，海内怨望，虽蒙赦令，不宜居京师。"于是汤与万年俱徙敦煌。②

倡议者从事中郎陈汤和将作大匠解万年营作昌陵失败，而被谪徙敦煌郡。"久之，敦煌太守奏'汤前亲诛郅支单于，威行外国，不宜近边塞。'诏徙安定。"后议郎耿育奏，陈汤不宜"老弃敦煌，正当西域通道"，"天子还汤，卒于长安"③。《资治通鉴》汉成帝永始二年（前15）记载：

---

①《汉书》卷10《成帝纪》，第322页。

②《汉书》卷70《陈汤传》，第3026页。《汉书·翟方进传》记载："商素憎陈汤，白其罪过，下有司案验，遂免汤，徙敦煌。"（第3418页）

③《汉书》卷70《陈汤传》，第3027—3028页。

> 卫将军王商恶陈汤，奏："汤妄言昌陵且复发徙；黑龙冬出，微行数出之应。"廷尉奏："汤非所宜言，大不敬。"诏以汤有功，免为庶人。徙边。……将作大匠万年佞邪不忠，毒流众庶，与陈汤俱徙敦煌。[①]

虽然陈汤因功还徙长安，但是解万年之徙敦煌，足见敦煌移民一直在进行中。汉哀帝时期仍然向敦煌移民，《汉书·李寻传》记载因学术之争而引发的狱案，一批文士被迁徙到敦煌：

> 初成帝时，齐人甘忠可诈造《天官历》《包元太平经》十二卷，以言"汉家逢天地之大终，当更受命于天，天帝使真人赤精子，下教我此道。"忠可以教重平夏贺良、容丘丁广世、东郡郭昌等，中垒校尉刘向奏忠可假鬼神罔上惑众，下狱治服，未断病死。贺良等坐挟学忠可书以不敬论，后贺良等复私以相教。哀帝初立，司隶校尉解光亦以明经通灾异得幸，白贺良等所挟忠可书。事下奉车都尉刘歆，歆以为不合《五经》，不可施行。而李寻亦好之，光曰："前歆父向奏忠可下狱，歆安肯通此道？"时郭昌为长安令，劝寻宜助贺良等。寻遂白贺良等皆待诏黄门，数召见，陈说"汉历中衰，当更受命。成帝不应天命，故绝嗣。今陛下久疾，变异屡数，天所以谴告人也。宜急改元易号，乃得延年益寿，皇子生，灾异息矣。得道不得行，咎殃且亡，不有洪水将出，灾火且起，涤荡民人。"哀帝久寝疾，几其有益，遂从贺良等议。于是诏制丞相御史："……其大赦天下，以建平二年为太初元年，号曰陈圣刘太平皇帝。……"后月余，上疾自若。贺良等复欲妄变政

---

①《资治通鉴》卷31汉成帝永始二年(前15)，第1015页。

> 事，大臣争以为不可许。贺良等奏言大臣皆不知天命，宜退丞相御史，以解光、李寻辅政。上以其言亡验，遂下贺良等吏，而下诏曰："……贺良等反道惑众，奸态当穷竟。"皆下狱，光禄勋平当、光禄大夫毛莫如与御史中丞、廷尉杂治，当贺良等执左道，乱朝政，倾覆国家，诬罔主上，不道。贺良等皆伏诛。寻及解光减死一等，徙敦煌郡。[1]

李寻"治《尚书》，张孺、郑宽中同师。宽中等守师法教授，寻独好《洪范》灾异，又学天文月令阴阳"，其他如解光等在阴阳等方面都有很高的造诣，应当说这是一次很大的文化迁徙，敦煌文化的发展得益于这些文士们的来徙。我们从这条记载推知，从汉武帝击败匈奴取得河西敦煌之地，就以各种形式不断向这里移民，有犯法的豪强大姓，也有失去土地的贫民，还有刑徒和戍边的官吏兵卒，还有犯法的官吏等。就这些被迁徙到敦煌的居民构成来说，社会上层占据了很大部分，他们徙居敦煌的同时，将中原地区的先进汉文化也引进到敦煌地区，使敦煌地区逐渐发展起来。汉朝政府向敦煌地区移民是一个漫长的过程，从敦煌置郡之前已经开始，直到西汉末年仍然继续进行。《汉书·薛宣传》记载薛宣为丞相：

> 初，宣有两弟，明、修。明至南阳太守。修历郡守，京兆尹、少府，善交接，得州里之称。后母常从修居官。宣为丞相时，修为临菑令，宣迎后母，修不遣。后母病死，修去官持服。宣谓修三年服少能行之者，兄弟相駮不可，修遂竟服，繇是

---

①《汉书》卷75《李寻传》，第3192—3194页。《资治通鉴》卷34汉哀帝建平二年(前5)记载哀帝既改号月余，寝疾自若，夏贺良下狱伏诛，"寻及解光减死一等，徙敦煌郡"。(第1088页)

兄弟不和。久之,哀帝初即位,博士申咸给事中,亦东海人,毁宣不供养行丧服,薄于骨肉,前以不忠孝免,不宜复列封侯在朝省。宣子况为右曹侍郎,数闻其语,赇客杨明,欲令创咸面目,使不居位。会司隶缺,况恐咸为之,遂令明遮斫咸宫门外,断鼻唇,身八创。事下有司,……上以问公卿议臣。丞相孔光、大司空师丹以中丞议是,自将军以下至博士议郎皆是廷尉。况竟减罪一等,徙敦煌。[①]

后"况私从敦煌归长安,会赦"。况徙敦煌肯定不是一个人的行为,而是举家迁徙敦煌,私自归长安,因潜藏其父家,遂与敬武长公主私乱,公主饮药死,薛况枭首于市,可能其妻子仍然留居敦煌。另外杨明是否一起徙敦煌,虽然没有记载,我们认为很可能一同徙敦煌。

随着敦煌郡的建置, 敦煌地区的自然灾害等现象都见载于史籍中,《汉书·汉武帝》记载蝗灾波及敦煌,太初元年秋八月汉武帝行幸至安定, 遣贰师将军李广利发天下谪民西征大宛,"蝗从东方飞至敦煌"[②]。这次自然灾害还见载于《汉书·五行志》:"太初元年夏,蝗从东方蜚至敦煌。三年秋,复蝗。元年贰师将军征大宛,天下奉其役连年。"[③]这可能是从关东地区移民敦煌人的认知,因为河南山东一带蝗灾是主要灾害,是他们将敦煌地区的蝗灾与关东蝗灾对比的结果,这也是史书中第一次记载发生在敦煌地区的自然灾害。

我们从西汉敦煌移民得知,汉武帝派遣霍去病过居延征伐匈奴,匈奴浑邪王杀休屠王以四万人投降, 西汉派遣军队戍守敦煌界进行

①《汉书》卷83《薛宣传》,第3395—3396页。

②《汉书》卷6《武帝纪》,第200页。

③《汉书》卷27中之下《五行志》,第1435页。

屯田,形成了第一批西汉敦煌移民;西汉劝说乌孙回迁河西以断匈奴之右臂的计划没有实现,就开始对河西敦煌进行接管理,置敦煌郡的同时,将中原地区的大量贫民迁徙敦煌,移民实边;在治理河西敦煌的过程中,移民敦煌不断进行,特别是将犯罪的高级官员和文士谪居敦煌,这些人都是西汉社会的上层,具有很高的文化造诣,他们迁徙敦煌实际上形成了敦煌的文化移民,汉代敦煌地区的文化实际上就是在这个基础上发展起来的。

(原文发表于《敦煌学辑刊》2021 年第 1 期,第 41—49 页)

晚唐五代敦煌地区的吐蕃居民初探

晚唐五代归义军时期敦煌地区是一个多民族居住区。根据目前学术界的研究,除了汉族之外,主要有粟特人、龙家、南山、退浑、通颊、鄯善人、达家等羌胡居民,除此之外是否还有吐蕃移民居住敦煌,到目前为止学术界还没有就这个问题进行必要和全面的研究。从吐蕃陷落敦煌到张议潮收复,吐蕃统治敦煌前后六七十年时间,在此期间,敦煌地区有吐蕃僧侣、官吏和驻军,同时还有为数不少的吐蕃百姓移居敦煌。瓜州是吐蕃统治河西的政治中心,瓜州节度使衙就设置在这里,直到五代瓜州东部还为吐蕃移民居住,由此可知当时瓜州和敦煌地区吐蕃移民数量很大。张议潮收复瓜沙及河西地区之后,这些吐蕃移民是随着吐蕃势力退出河西而退出,还是继续留住,成为在归义军管辖下的编户呢?张议潮收复河西过程是经过一系列的战争取得的。战争的目的在古代不外乎争夺土地和掠夺人畜,在当时战争的情况下吐蕃移民不可能随军撤退,只能作为张议潮的战利品安置在敦煌及河西其他地区。归义军建立后的很长一段时期敦煌还使用吐蕃语言，这就表明敦煌地区有吐蕃人存在。[①] 但由于吐蕃居民不像粟特人等在敦煌文献中有比较明确丰富的记载，从居民姓名上又很难区分，研究难度很大，因此，学术界至今没有对晚唐五代、归义军时期的敦煌吐蕃居民情况进行研究。我们在查阅敦煌文献中看到很多非胡姓人名，他们有的姓名没有丝毫汉文意思，有的使用汉姓，但是名字是用汉字注音，这些居民很可能就是吐蕃移民遂以此为线索对敦煌文献进行梳理，拟对吐蕃移民分布、管理进行探讨不妥之处，敬请学术界有关专家批评。

一、吐蕃时期敦煌地区的吐蕃移民状况

晚唐五代敦煌地区是否存在吐蕃移民，正史及其敦煌文献没有明确的记载，但研究敦煌佛教艺术风格的专家指出敦煌佛教艺术风格深受吐蕃影响："在敦煌见到比较纯正的波罗艺术样式，恰恰不是吐蕃占领时期的中唐，而是吐蕃势力退出敦煌之后的晚唐(归义军政权时期)，这一时期始 848 年，而此时正好是卫藏吐蕃王朝衰落之始。中唐吐蕃占领时期的敦煌出现印度波罗艺术样式并不奇怪，吐蕃既然占领了敦煌，流行于吐蕃的印度波罗艺术自然也会波及其占领区敦煌以至整个走廊，但当吐蕃政治军事势力退出河西走廊后，敦煌反

---

①敦煌文书 P.2762《敕河西节度兵部尚书张公德政之碑》记背面抄写有吐蕃文、汉文对译字书，字书中所列吐蕃文和汉文字词有南、北、东、西，河西一路、马、骆驼、牛、羊、正月、二月、三月、四月、五月、六月、七月、八月、九月、十月、十一月、十二月，汉、特蕃、胡、退浑、回鹘、汉天子、回鹘王、土(吐)蕃天子、退浑王、龙王、龙、师(狮)子、大虫、牦牛、蛇、猪、狼、野马、鹿、黄羊、野狐等，这些词基本上都是归义军时期使用的词，特别是退浑、龙王等归义军时期出现的称呼，马、牛、羊、骆驼、牦牛、狼、野马、鹿、黄羊、野狐等都是敦煌地区特有的动物。连抄在一起的诗七首有题记"龙经二年二月十九"，表明这件蕃汉字书撰写于 890 年。黄永武:《敦煌宝藏》第 124 册，台北：新文丰出版公司，1985 年，第 30 页。

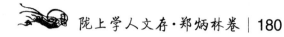

倒出现了相当纯粹的波罗艺术样式,这就有些不可思议了。进一步考察发现,莫高窟出现印度波罗艺术影响还并不仅限千晚唐,晚唐至北宋前期(848—1036)近200年间,敦煌莫高窟壁画里的波罗佛像样式时隐时现,绵延不绝。”[①] 这种波罗艺术风格在晚唐五代归义军时期再现的原因有敦煌地区居民的影响。因为晚唐五代敦煌地区有管理吐蕃人的吐谷浑部落,又有大量的吐蕃移民,因此吐蕃地区纯正的波罗风格流行于敦煌地区是必然现象。

敦煌及其河西地区的吐蕃移民的出现,主要是由于吐蕃对这些地区直接统治的结果。吐蕃占领敦煌之后,除了利用敦煌汉族大姓进行间接统治之外,还将大量吐蕃民众迁移到敦煌地区实行直接的民族统治。根据敦煌文献资料记载,迁移敦煌的吐蕃移民大约有这样几种:一是蕃僧;二是高级官吏及其随行家属;三是驻军及其随行家属。这些移居敦煌的吐蕃移民,构成了敦煌吐蕃移民的主要来源。

关于吐蕃驻军情况,根据P.3774《丑年(821)十二月沙州僧龙藏牒》记载,敦煌陷落“大蕃兵马下”,[②] 所谓大蕃兵马下就是指吐蕃占领敦煌时期有很多军队驻守敦煌。另外S.5812《丑年八月女妇令狐大娘牒)记载吐蕃论悉诺罗来时规定百姓宅舍己后以现住为主,论莽罗新将方印来于亭子处分百姓田园舍宅依旧,亦不许侵夺论理;并借堂房与吐蕃三部落监军使用五六年,这些都说明吐蕃时期敦煌有很多吐蕃军队和官员居住,他们的移居敦煌成为敦煌吐蕃移民中的一部分。S.542《戌年(818)六月沙州诸寺丁口车牛役簿》记载悉歹勃藏卿和

---

①张亚莎:《印度·卫藏·敦煌的波罗——中亚艺术风格论》,《敦煌研究》2002年第3期,第1—8页。

②唐耕耦、陆宏基编:《敦煌社会经济文献真迹释录》第2辑,北京:全国图书馆文献缩微复制中心,1990年,第283—286页(以下所引敦煌文献凡见载于《敦煌社会经济文献真迹释录》)第1辑至第5辑者,不再出注)。

悉边都是吐蕃官员无疑。根据《新五代史·四夷附录四》所附《高居诲使于阗记》记载五代时期瓜州以东玉门以西出现了一个吐蕃居住区，形成原因就是吐蕃统治时期把统治河西的政治中心瓜州节度使衙放在这里，先后有吐蕃的尚乞心儿[①]、论悉诺罗、论莽罗等吐蕃官员出任瓜州节度使之职，在这六七十年时间里，有大量的吐蕃官吏及其家属被带到瓜州，形成数量众多的吐蕃移民群落。为了供养瓜州地区吐蕃官僚机构，沙州地区的居民经常要把粮食运送到瓜州，供养这些吐蕃驻军和官吏。S.542《戌年(818)六月沙州诸寺丁口车牛役簿)记载龙兴寺的寺户曹进玉、曹进进、张荣荣、安国寺的张奴子、灵图寺的史奉仙等往瓜州送粳米。P.2162《寅年沙州左三将纳丑年突田历》记载应纳突的张逸等 16 户中除 1 户外全部往瓜州纳突一驮并大部分自送，不送的须纳脚价半驮。从这些记载看，瓜州地区的吐蕃驻军和官吏机构是很庞大的，这从侧面也表明吐蕃移民量是很大的。

据文献记载，吐蕃时期敦煌地区的吐蕃移民已经安置在各个部落之内。根据 S.5824《应经坊供菜关系牒》记载，行人部落中乞结夕、遁论磨、判罗悉鸡，丝绵部落的苏南、触腊、屈罗悉鸡、摩志猎、尚热磨等，肯定都是吐蕃移民。吐蕃时期敦煌设有凉州行，据 S.2214《年代不明纳支黄麻地子历》记载，凉州行有郝殉殉、任骨伦、秦骨伦、张讷儿、陈咄咄、田悉殉殉，从凉州行的张寺加得知是吐蕃时期文书，那么这些应当是吐蕃时期生活在凉州行的吐蕃人。S.3074《吐蕃占领敦煌时期某寺白面破历》记载到蕃寺卿，同时记载到十月“廿一日出白面壹硕壹斗贰胜，付吐蕃，充持羊皮价。……廿三日，出白面三斗，付惠林，缝皮裘吐蕃食”。贩卖羊皮和缝制皮裘的应是吐蕃百姓，说明在吐蕃

①参见邵文实:《尚全心儿事迹考》,《敦煌学辑刊》1993 年第 2 期，第 16—23 页。

军队官吏进驻敦煌的同时,吐蕃很多普通百姓也随之进驻敦煌,从事与原来经济生活有关的经济活动。

吐蕃占领敦煌之后不断派遣僧人、僧官对敦煌佛教教团进行管理,敦煌文书中就记载了这批僧人的活动情况。S.3074《吐蕃占领敦煌时期某寺白面破历》提到的蕃寺卿就是管理寺院事务的僧俗官吏。另外敦煌愿文中也记载有不少的蕃僧。

通过对吐蕃时期的敦煌文书分析得知，吐蕃时期就向敦煌地区大量移民,既有官吏、驻军及其家属,也有一般百姓,同时佛教教团中有很多吐蕃僧人也徙居敦煌。移居敦煌的吐蕃移民被安置在敦煌的各个部落中,他们中的很多人改用汉姓,甚至使用汉族名字,开始吐蕃人的汉化过程。

二、归义军时期敦煌保留的吐蕃移民及其部落

晚唐五代归义军时期敦煌地区保留有以吐蕃居民为主建立的社。P.2856《乾宁二年(895)三月十一日僧统和尚营葬榜》记载乾宁二年为营葬都僧统唐悟真发布的榜文称:“营葬榜。僧统和尚迁化,今月四日葬,准例排合葬仪,分配如后:灵车,仰悉歹潘社,慈音律师、喜庆律师。香轝,仰亲情社,慈惠律师、庆果律师。邈轝,仰子弟,庆休律师、智刚律师。钟车,仰中团张速□、李体体、朱神德。鼓车,仰西团史兴子、张兴晟。……”列在首位负责灵车的悉歹潘社,从名称上看应当与南山仲云部落有关，而南山仲云根据邵文实同志的研究，是由吐谷浑、大月氏、吐蕃人组成的部落。因此这个悉歹潘社很可能就是由吐蕃移民组成的社,是吐蕃移民参与敦煌社会生活的具体表现。吐蕃移民参加敦煌社等公众活动,还可以从敦煌社邑文书得到证实。P.3145《戊子年闰五月社司转帖》记载的窦不藉奴、申衍悉鸡等,P.2817《年代不详社司转帖》记载的郝猎丹,都应是敦煌的吐蕃移民。既然有由

吐蕃移民建立的社,并参加社的活动,那么归义军时期敦煌的吐蕃居民就应不在少数。

晚唐五代归义军时期敦煌的吐蕃移民,一般都成为敦煌的编户居民,大部分改姓汉姓,使用吐蕃名字表明他们正在汉化或者已经汉化。P.4989《唐年代未详沙州安善进等户口田地状》记载羌王悉都□、郭悉歹忠、梁悉达等,从姓名比勘得知,他们都是吐蕃人的后裔,特别是王悉都□名前加羌,表明他们是居住敦煌的吐蕃移民后裔。可见,敦煌地区的吐蕃移民后裔一般都改用汉姓,但是所用名字仍明显带有吐蕃色彩。吐蕃移民采用的汉姓有杨、张、邓、窦、郝、朱、杜、卢、樊、李、索、阴等。如姓杨的有 S.1285《后唐清泰三年(936)杨忽律哺卖宅舍地基契》修文巷的百姓杨忽律哺,S.6185《年代不明归义军衙内破用粗面历》中的牧牛人杨阿律丹,S.8445《辛亥年正月廿六日紫亭羊数名目》中的羊主杨乞悉若,P.2484《戊辰年(公元 968)十月十八日归义军算会群牧驼马牛羊现行籍》记载的牧牛人杨炎欠律丹等。还以张为姓,如 S.3877《甲寅年(894)五月二十八日张纳鸡雇工契》中的龙勒乡百姓张纳鸡。邓姓和窦姓也是吐蕃移民采用的汉姓。Дх.2971《年代不明程富奴等便王都头仓斛斗历》记载有邓宇悉鸡、邓悉子。北图 309:8374(生字 29 号)《甲戌年(974)窦跛蹄雇工契》记载有慈惠乡百姓窦跛谛、龙勒乡邓纳儿钵。P.3131《归义军曹氏时期(公元 10 世纪后期)算会群牧驼马羊欠历稿》中有邓萨讷。郝、朱、杜等姓也是吐蕃移民选择的主要汉姓。且 Дх.1432、Дх.3110《年代不明黑眼子等便地子仓麦历》记载有朱悉吉略、杜悉吉、杜令丹等,P.2817《辛巳年(921)四月二十日郝猎丹贷绢契》有敦煌乡百姓郝猎丹。[1] 王姓是汉姓中的大姓,所以吐蕃移民更注意选用王姓。如北图

---

①郝猎丹之名见载于 P.2817《年代不详社司转帖》中。

殷字41号《癸未年(923)三月二十八日王歹敦力贷生绢契》记载的王歹敦力,且Дx.1424《庚申年十一月僧正道深付牧羊人王拙罗实鸡羊数凭》记载的王拙罗实鸡和弟王悉鸡,S.5964《分付牧羊人王住罗悉鸡等见在羊数凭》记载的牧羊人王住罗悉鸡、牧羊人王悉罗,王住罗悉鸡就是王拙罗实鸡。樊姓也是吐蕃移民使用的汉姓,如P.4093《庚寅年(990或930)四月六日敦煌乡百姓郑继温贷绢契》记载的洪润乡百姓樊钵略。李氏是敦煌的大姓,同时也是吐蕃移民所冒用的主要姓氏。P.2049《后唐长兴二年(931)正月沙州净土寺直岁愿达手下诸色入破历算会牒》记载有到李悉歹忠、李悉歹兰、陈遏略、杨难仓等。索氏家族也是敦煌的大姓,吐蕃移民也有冒姓索氏的,P.2040《后晋时期净土寺诸色入破历算会稿》中的索乞悉鸡。P.3418《唐沙州诸乡欠枝人户名目》记载敦煌乡有阴悉歹、悉歹鸡、张歹忠,表明阴氏也是吐蕃冒姓的汉姓。另外,P.5038《丙午年九月一日纳果人名目》记载有郭悉歹心、程悉鸡、王潘罗、李竹略、浑钵丹、贾阿律丹、高兰讷,另外P.5038《丙午年欠果人名目》记载有杨他悉宾,S.2894《年代不明(宋开宝年间)人名单》记载有郑萨力鸡、上雒咄拙、谭悉歹等,S.7932《番役名簿》记载的服役人中有谭悉歹等①,从名字看亦都可能是吐蕃人。

从以上记载看出,归义军时期敦煌的吐蕃移民大多改用汉姓。另一方面P.2766V《咸通十二年名册》记载有悉歹忠、悉歹力、悉歹忠赞等具有明显吐蕃姓名特征的人名,②说明直到唐咸通年间敦煌还有一批吐蕃人还保留着原有特征。

---

①荣新江:《英国图书馆藏敦煌汉文非佛教文献残卷目录》,台北:新文丰出版公司,1994年,第70页。

②图版参见黄永武:《敦煌宝藏》第124册,第39页。

紫亭镇位于敦煌南部的祁连山脉，常乐位千敦煌的东部苦水流域,都是晚唐五代敦煌的畜牧区域。[①]关于紫亭、常乐税羊和羊数目的记载中有很多是非汉族居,民乃从事畜牧经济的吐蕃人。S.8446《丙午年六月廿七日羊司于常乐税羊纳羊人名目》中记载很多羊主姓名，具有非汉族人名的性质,主要有马竹讷羊、王于罗丹、朱可遮、悉未罗丹、王悉罗丹、朱米悉罗、阴南山、陈南山,有监使王速略,应是出身吐蕃移民的后裔。另外,S.8445《辛亥年正月廿七日紫亭羊数名目》记载的羊主有切蒲就谷遇、马竹讷、王读悬、羊乞悉若,S.8446《辛亥年正月廿七日紫亭羊数名目》记载的羊司征羊名目中有于罗悉鸡、杨乞悉若、景速多、索般讷、朱乞勿略、杨宇依婆、朱阿朵、马竹讷、于悉鸡等,从这些记载可以看出紫亭镇的羊主人中有不少是吐蕃移民。[②]值得我们注意的景姓,任职中都衙、都知等官职,从景速多看,敦煌的景家肯定是少数民族,由他们从事畜牧业经济看,很可能是吐蕃移民。因此,如果我们的推断不误,敦煌地区的吐蕃移民从归义军时期起,部分汉化程度较高的已经使用汉姓，其中汉化不高的或者正在汉化中的吐蕃移民,则采用汉姓与吐蕃名字结合的方式。

由此看来，张议潮虽然推翻吐蕃在敦煌的统治建立了归义军政权,但是很多移居敦煌的吐蕃人仍然留居敦煌一带,归义军政权一方面设立叶谷浑部落对他们进行专门管理，另一方面将他们安置在各个乡变成归义军政权管理下的编户。从他们从事的经济看,居住农业区的吐蕃人基本已经汉化,很多人完全使用汉姓,部分人保留着吐蕃人名的特点,更多的人已经完全使用汉族姓名,单从姓氏已经分不出

①参见郑炳林:《唐五代敦煌畜牧区域研究》,《敦煌学辑刊》1996 年第 2 期,第 9—25 页。

②参荣新江:《英国图书馆藏敦煌汉文非佛教文献残卷目录 S.6981-13624》,台北:新文丰出版公司,1994 年,第 88—92 页。

来他们的民族特性。居住畜牧区的吐蕃人则较多地保留着吐蕃人原始姓名特点，这与他们的汉化程度相对缓慢有关。

三、晚唐五代敦煌归义军政权对吐蕃移民的安置与管理

晚唐五代敦煌归义军政权对留居敦煌的吐蕃移民管理，主要体现在两个方面：对集中居住者，一是节度使带押蕃落等使，二是设置退浑部落管理敦煌吐蕃移民；对散居者，则按照编户进行管理。《册府元龟》卷一七〇帝王部来远门记载："后唐庄宗同光二年五月，以权知归义军节度兵马留后金紫光禄大夫间较（检校）尚书左仆射守沙州长史兼御史大夫上柱国曹义金，为间较（检校）司空守沙州刺史充归义军节度瓜沙等[州]观察处置管内营田押蕃落等使。瓜沙与吐蕃杂居，自帝行郊礼，义金间道贡方物，乞受西都护，故有是命。"由于瓜沙地区吐蕃与汉族杂居，因此曹议金才要求后唐中央授予他瓜沙处置管内营田押蕃落等使，归义军节度使带上这个称号就可以都护吐蕃等少数民族事务。从曹议金起，历任曹氏归义军节度使都带有处置管内营田押蕃落等使。

晚唐敦煌张议潮从大中二年到咸通二年收复整个河西地区的过程，实际上就是对吐蕃的战争过程。虽然归义军政权通过战争驱逐吐蕃，取得东起灵武西至伊吾这样一个广大地区，但是同时辖区内也留下很多来不及撤离的吐蕃移民，如何安置这些吐蕃移民并使之为归义军政权服务，这是一个非常重要的问题。根据敦煌文书的记载，归义军时期基本上恢复了唐朝的乡里制度，当时敦煌共管辖有 11 乡，用来管理敦煌主体民族汉族，11 乡之外又保留了 2 个部落，即通颊部落和退浑部落，用来安置吐谷浑、吐蕃和粟特等少数民族百姓。退浑即吐谷浑。晚唐五代敦煌的吐谷浑人以慕容、浑为姓，但是归义军时期的退浑部落管辖的百姓却不完全都是吐谷浑人的慕容和浑姓，

还有很多非吐谷浑人。P.2049《后唐同光三年(925)正月沙州净土寺直岁保护手下诸色入破历算会牒》记载的阿悉兰拙、浑家贤德、违忙略、萨钵略、唐萨兵、退浑他悉禄、杨钵律丹、杨他仓,S.8692《退浑便物人名目》记载的退浑部落张悉患、索阿律悉鸡等,都是退浑部落管理下的敦煌吐蕃移民。

由此看来,晚唐五代敦煌的吐蕃聚居移民一般都安置在吐谷浑部落中,实行部落管理。书写于P.3753《唐大顺二年(891)正月普光寺尼定忍等辞职牒并判辞》的《康汉君状一件》更为我们提供了依据:"敦煌乡百姓康汉君状。右汉君阿耶亡后,阿娘不知共谁相逢,生一儿子,男女无别,养成七岁,名悉歹都,被回鹘打将,更得十年,却走到沙州,然昨去再合户时,便入人户,亲生无别,役次行人,依例无阙。今年廿有三,今被吐谷浑部落争论,定裁土浑。况前都不知闻,依理有屈,伏望大夫仁恩详察无辜,要人料役,汉蕃吐浑总管□□役次是一,乞赐文凭,免矜搅扰,请处分。"[①] 这是发生在大顺年间吐蕃与粟特人争夺人口的事件。康汉君的母亲在丈夫死后与入私生一男,至于与谁所生,康汉君的状中没有表明,但是我们认为当时的人是知道的,可能康汉君这样做只是为尊者讳的缘故,不愿意说出来。吐浑部落争论的理由没有说,我们从文书内容可以看出:一是根据血缘关系,就是悉歹都的父亲是吐蕃人;其次据悉歹都姓名有明显的吐蕃人名特点。因此最后被裁定归吐谷浑部落。看来,归义军时期敦煌地区的吐蕃移民由吐谷浑管辖,所谓汉蕃吐浑总管就是指这种部落管理模式。

除了由吐谷浑部落管理之外,归义军时期敦煌地区的吐蕃移民散居者则被安置在诸乡,成为归义军政权管理下的编户,同敦煌其他

---

①唐耕耦、陆宏基编:《敦煌社会经济文献真迹释录》第4辑,第40页。

居民一样服役纳税。P.3418《唐沙州诸乡欠枝夫人户名目》记载敦煌乡"阴悉殉力(夕)欠枝九束""悉殉鸡欠十六束",洪润"张悉殉忠欠八束半"。这是一些姓名特征比较突出的吐蕃移民,他们和敦煌其他居民一样纳枝,表明他们在其他方面也与敦煌居民一样,服役纳税。P.5038《丙午年九月一日纳磨果人名目》记载纳磨果人中有郭悉殉儿、程悉鸡、朱没物、唐腊子、浑钵丹、贾阿律丹、程刚罗画、田阿甫、高兰讷、王棣婆等吐蕃人。P.5038《丙午年欠紫果人名目》记载到安定乡欠果人名目中有杨他悉宾、杨他讷等吐蕃人,且Дx.1405、1406《官布籍》记载索悉曼力,同其他居民一样按亩纳官布。这种吐蕃移民散居敦煌诸乡按照编户进行管理,是归义军政权对吐蕃移民的第二种管理模式。

至于敦煌地区以外的吐蕃移民安置管理问题,敦煌文书记载比较少,我们只能根据有关文书和历史文献记载进行推测。在归义军管辖的东部,原来就是吐蕃统治河西的中心瓜州节度使衙(文书中又称之为东衙)。吐蕃在河西的统治垮台以后,这些吐蕃移民并没有随之退出,而是继续在这一带居住,在瓜州之东玉门关以西出现一个吐蕃部落,影响很大,到五代高居诲经过这里时仍被称为吐蕃界。《高居诲使于阗记》记载甘州"西北五百里至肃州,渡金河,西百里出天门关,又西百里出玉门关,经吐蕃界。吐蕃男子皆冠中国帽,妇人辫发,戴瑟瑟珠,云珠之好者,一珠易一良马。西至瓜州、沙州多中国人,闻晋使者来,其刺史曹元深等郊迎,问使者天子起居"。"自灵州渡黄河至于阗往往见吐蕃族帐,而一天常与吐蕃相攻劫。"[①]从《高居诲使于阗记》看,这里的一部分吐蕃移民的汉化程度很高,男子皆冠中国帽,表明

①《新五代史·四夷附录四》,北京:中华书局,1974年,第919页。

服饰基本上已经汉化了。S.5697《申报河西政状残片》记载:“缘河西诸州,蕃浑嗢末羌龙狡杂,极难调伏。”《张淮深碑》记载到河西吐蕃活动状况:“河西创复,犹杂蕃浑,言音不同,羌龙温末,雷威慑伏。”①《张淮深变文》记载称:“又见甘、凉、瓜、肃,雉堞雕残,居人与蕃丑齐肩,衣着岂忘于左衽。”②《宋会要辑稿》195 册《西凉府》记载“凉州郭外数十里尚有汉民陷没者耕作,余皆吐蕃”。这些记载表明归义军建立初期河西一带就有很多吐蕃部落存在。另外,《册府元龟》卷 972 记载“(天成二年)十二月,回鹘西界吐蕃发使野利延孙等入贡”,当指瓜肃之间的吐蕃部落。③

这一地区吐蕃移民的出现与吐蕃统治期间把控制中心放在瓜州大量移民有关,也与归义军时期不断往这里迁移人口及吐谷浑慕容氏管理瓜州有关。根据 S.4622《先请愿镇瓜州人户冯讷仑略王康七等十人状》:“先请愿镇瓜州人户冯讷仑略王康七等十人状:右康七等先闻制署,为同赤心,情愿镇守,纳力兼移家□,沙州一物不残,去载输却城池,着见乡人不恨,快死空身,走到沙州,承大夫恩泰,衣食复得充身命,闻大军东行,心则万里不退,脚垂弓箭全无求觅是处,伏乞大夫详察,管矜裁下,处分。”冯讷仑略很显然是吐蕃移民,这些吐蕃移民因生活所迫镇守边城,日渐长久,就形成了吐蕃部落居住区。

瓜州地区的吐蕃移民部落到五代宋初已经形成了很大的规模,

---

①参荣新江:《敦煌写本〈敕河西节度兵部尚书张公德政之碑〉校考》,《周一良先生八十生日纪念论文集》,北京:中国社会科学出版社,1993 年,第 206—216 页。

②郑炳林:《敦煌写本张淮深变文研究》,《西北民族研究》1994 年第 1 期,第 142—155 页。

③关于河西地区的吐蕃部落,可以参考汤开建,马明达:《对五代宋初河西若干民族问题的探讨》,《敦煌学辑刊》总第 4 期,第 67—79 页。

归义军派往中原的使节经过吐蕃移民地区时都要征求其同意才能通过。P.4525《归义军节度使曹致书蕃官首领书》:“蕃官首领,夏热,想汝好,在部族已□□得安健否,当今差使人入贡阙庭,经过路途,到汝部落地界之时,□仰准例差遣人力防援,般次首公在路,勿至滞留疏失。今赐汝斜褐□段,牦尾叁株,到可领也,不具。归义军节度使曹委屈俯首领。”从这些记载看,居住在敦煌东部的吐蕃移民部落人数不在少数,势力也相当大,有自己的部落首领。而且,归义军政权接待的使节中就有吐蕃人。S.2474《庚辰年—壬午年间(980—982)归义军衙内面油破历》记载招待的使节有僧执钵悉歹和董俄都督,应当是瓜州肃州之间吐蕃部落派来的使节。他们与归义军政权的关系密切,来往甚多。归义军入朝使节经过其地界首先得征求其同意才行,时间一长,就形成了一个定式化的护送规模。

河西吐蕃移民部落分布状况还可以由其他敦煌文书的记载看出。S.389《肃州防戍都状》记载凉州的田特禄和“其甘州吐蕃三百,细小相兼伍百余众”;同时我们可以看出当时凉州居住者主要是嗢末,后来发展成吐蕃六谷部部落。

通过以上探讨,可以这样认为,晚唐五代敦煌地区的吐蕃移民是吐蕃统治时期迁移至敦煌的,主要呈现出这样几种模式:一是散居者,混杂于汉族的乡里制度管理之下的村落,成为编户,他们像汉族一样服役纳税,汉化程度比较高,其中部分人在曹氏归义军时期成为归义军政权的高级将领和地方官员;二是聚居者被安置在敦煌的吐谷浑部落中;三是敦煌地区以外的,则组成高度独立的吐蕃移民部落。

(原文发表于《中国藏学》2005 年第 2 期,第 40—45 页)

晚唐五代敦煌地区人口变化研究

晚唐五代敦煌归义军是一个区域性的半独立政权。从吐蕃占领敦煌时期起,敦煌地区的地志编修和户口上报制度就中断了;归义军收复敦煌之后,由于敦煌与中原之间的交通经常隔断不通,户口上报制度未必经常进行。因此,从吐蕃占领敦煌之后到归义军时期,敦煌地区的户口变化在中央典籍中都没有反映。敦煌文献中虽然发现了很多敦煌古地志残卷,但除了部分是唐代所撰外,其余部分也没有敦煌户口的详细记载。对于敦煌地区的历史沿革与人口,齐陈骏先生已经有力作《敦煌沿革与人口》作了详细的论证和研究,他的部分结论值得我们注意:根据两《唐书·地理志》《通典》的记载认为开元二十八年敦煌人口户 4000,口 16250;天宝十三年敦煌户 6395,口 32234;另外指出吐蕃占领敦煌到张议潮收复瓜沙之后的户口虽然史无明载,但是因为有敦煌降蕃约定"苟毋徙他境",因此敦煌地区的户口仍与前差不多;同时从《太平寰宇记》记载瓜州户口长庆较天宝年间有所增长这一事实,认为敦煌的户口至少不会比原来减少太多;至于归义军时期敦煌地区的人口变化,齐先生根据后晋天福年间《寿昌县地境》记载,认为寿昌县一个乡有户 359,敦煌县十三乡应当有户 4600 多,两县合计有户 5000 余。[①]这是非常有见地的推论。从吐蕃占领敦

---

①齐陈骏:《敦煌沿革与户口(续)》,《河西史研究》,兰州:甘肃教育出版社,1989 年,第 73—97 页。

煌起到归义军政权灭亡这段时间里，敦煌地区的户口变化几乎没有明确的文献记载，只有零星的资料涉及敦煌归义军时期的局部人口变化。虽然这些记载对研究归义军时期人口总体发展变化起不了太大的作用,但是对于推测归义军时期的人口能够起到辅助作用。我们将对这些零星资料收集进行分析研究,特别是对寺院人口资料收集进行分析研究,力图将敦煌归义军时期的近二百年中人口的总体变化勾勒出来。人口变化对归义军政权产生了很大的影响,归义军政权的人口政策，归义军政权对僧尼出家和佛教发展的控制与扶持,都受到人口因素的影响,因此研究归义军时期的敦煌人口变化意义重大。

一、吐蕃占领时期敦煌的户口变化及其原因推测

敦煌地区陷蕃之前的户口发展规模,根据两《唐书》记载和齐陈骏先生研究,认为开元二十八年敦煌户 4000,口 16250;但是《元和郡县图志》陇右道下沙州条记载开元户 6466,与《通典》记载开元二十八年基本相同。显然两《唐书》有误,就是说开元到天宝年间敦煌地区的户口变化不大,户 6400 左右,口 3 万左右。正像齐陈骏先生所论,吐蕃占领敦煌之后,敦煌因有毋徙他境的约定,所以户口变化不大。

我们研究吐蕃时期敦煌地区的人口变化，还应当注意河西地区的陷落是自东而西进行的。吐蕃首先占领凉州，河西节度使退守张掖,又自张掖退保敦煌,所以敦煌是河西节度使最后退保之地。在河西节度使周鼎、阎朝的领导下,敦煌地区又抗击吐蕃十余年时间。河西节度使西退和敦煌地区的抗蕃，对敦煌地区的户口变化产生了很大影响:

第一,随着河西节度使的西撤,必然有大量的河西地区的人口从其他地区迁徙敦煌。虽然史籍没有明确的总量记载,但是敦煌文书还

是有间接的个案叙述。P.4640《吴僧统碑》记载：

皇祖讳绪芝，前唐王府司马上柱国赐紫金鱼袋，即千夫长。使在列城百乘之军，扬旌镇远，终身报国。既效先锋，穷发留边。未由诉免，因授建康军使廿余载。属大漠风烟，杨(阳)关路阻，元戎率武，远守敦煌。警候安危，连年匪解，随军久滞，因为敦煌人也。复遇人经虎噬，地没于蕃；元戎从城下之盟，士卒屈死休之势；桑田一变，葵藿移心；师律否臧，屯亶若此。[①]

很显然，吴绪芝是以建康军使随河西节度使退保敦煌并最后成为敦煌人户的。因为河西节度使退守敦煌，随军将士和所属机构官吏家属及其跟随人户一定数量很大，对敦煌地区的人口是一个很大的补充。唐代河西节度使管军队 73000 人，分布于所辖诸军九军二守捉。虽然安史之乱发生后，河西陇右边军内调，河西节度使的军队也有数万人之众，退保敦煌的军队能够坚持十余年时间，表明军队不在少数，这些人口随着敦煌陷落也变为吐蕃管辖下的敦煌人口。因此我们是否可以这样认为：吐蕃占领之后，敦煌地区的人口不会有所减少，相反会因大量人户的迁入而有所增加。《太平寰宇记》记载瓜州吐蕃时户口比天宝年间增加了一倍多，敦煌地区的情况可能与之接近。

第二，战争对敦煌地区人口消耗是很大的。特别是河西节度使周鼎、阎朝与吐蕃的抗衡，当时吐蕃“赞普徙帐南山，使尚绮心儿攻之”[②]，表明吐蕃对敦煌的战争很激烈，但是吐蕃没有进行屠城等极端做法。敦煌地区人户虽然有“呼甲乙而无闻，唤门庭以应诺”的情况[③]，但总

①《吴僧统碑》，见郑炳林：《敦煌碑铭赞辑释》，兰州：甘肃教育出版社，1992年，第 63—65 页。

②《新唐书》卷 216《吐蕃下》，北京：中华书局，1975 年，第 6101 页。

③《报恩吉祥窟记》，见郑炳林《敦煌碑铭赞辑释》，第 330—331 页。

体上变化不大,并没有人户凋零现象,只是居民处所有所变动。吐蕃对敦煌的这一战争损耗完全可以由人口迁入弥补起来。除了河西节度使影响下人口迁入之外,就是吐蕃时期也有很多吐蕃人内迁敦煌,长庆年间瓜州户口增加很可能与此有关。因为吐蕃时期统治机构的中心放在瓜州,吐蕃之后就在瓜州与肃州间形成了一个影响很大的吐蕃居住区。

第三、敦煌地区的居民在吐蕃统治时期没有大量外徙,也是归义军初期敦煌地区人口保持在较高水平的主要原因。P.3633《辛未年(911)七月沙州耆寿百姓等一万人状上回鹘可汗》记载:

> 况沙州本是善国神乡,福德之地。天宝之年,河西五州尽陷,唯有敦煌一郡,不曾破散。直为本朝多事,相救不得,陷没吐蕃。四时八节,些些供进,亦不曾辄有移动。经今一百五十年,沙州社稷,宛然如旧。

从这一叙述分析看,吐蕃时期敦煌地区人口确实没有大量外迁。

吐蕃统治时期敦煌地区人口变化到底如何?虽然不能从总量上得到一个明确的记载,但是仍然可以根据部分家庭户口状况进行一些推测:首先,根据敦煌社文书记载,吐蕃时期社的规模同张氏归义军时期的情况差不多,表明这一时期的人口总量也同张氏归义军时期的人口总量差不多。其次,根据每个家庭户口拥有量来看,吐蕃时期敦煌地区的人口数量也很可观。S.3287《子年(公元9世纪前期)五月左二将百姓氾履倩等户口状》记载氾履倩、索宪忠、氾国珍、梁定国、□定卿等户,其中氾履倩和□定卿残缺,索宪忠户有14口,氾国珍户有23口,除氾国珍已经死亡、2人将去、2人出度、2人出嫁,娶进3人,实际人口为19口,如果出度应当算作家庭成员的话,那么这个户当有21口,梁定国户有11口,氾履倩有11口。[①]以每户平均有人口14口计算，每户拥有人口的平均数比归义军时期还要高出3人。由此我们推测，吐蕃占领时期敦煌地区的人口数量很可能比归义军时期还要多。

晚唐五代敦煌地区人口发展的制约因素主要是战争影响。吐蕃占领敦煌之后,敦煌地区基本上没有大的战争发生。检索敦煌文献,只发生过两次大的战争：一次是吐蕃东军节相对西域地区九姓胡的战争,敦煌地区佛教教团为此专门组织了法会等活动,为行军将士祈福;一次是敦煌地区的玉关驿户氾国忠发动的反蕃起义,杀死吐蕃节儿等官员。但是这两次战事,前者发生在敦煌以外地区,对敦煌当地人口影响不大;后者主要针对吐蕃沙州官员的行动,对一般百姓并没有造成太大影响。因此吐蕃时期敦煌地区人口相对唐代天宝年间而言,基本上没有太大的变化。

二、张氏归义军时期敦煌地区的人口探讨

张议潮于大中二年收复敦煌。关于敦煌当时拥有的人口数量,文献没有详细记载。到咸通二年收复凉州之后,我们根据《河西节度兵部尚书张公德政之碑》记载，归义军管辖下的人口情况为:“西尽伊吾,东接灵武,得地四千余里,户口百万之家,六郡山河,宛然而旧。”[②]虽然这一记载是整个河西地区的人口状况,又有很大浮夸程度,但是从侧面反映出作为归义军政治中心的敦煌地区人口不在少数。另外,我们从有关记载得知，张议潮于咸通二年收复凉州派出的军队有

①唐耕耦、陆宏基编:《敦煌社会经济文献真迹释录》第2辑,北京:全国图书馆文献缩微复制中心,1990年,第377—380页。

②荣新江:《敦煌写本敕河西节度兵部尚书张公德政之碑校考》,见《周一良先生八十岁生日纪念论文集》,北京:中国社会科学出版社,1993年,第206—216页。

7000 人,如果这些军队都来自敦煌地区,那么敦煌地区的人口应当在数万人以上。因此敦煌地区归义军拥有的军队数量,也是我们判定敦煌地区人口拥有量的根据之一。

关于张议潮收复敦煌之后敦煌地区的人口数量，敦煌文献中保存了这一数字。敦煌文书 S.11345《宣宗关于归义军的诏敕》——荣新江先生定名为《达多等状》——中记载:"墨迹多已磨灭,字极难识,残存约八行,两边纸缝各残朱印半方,文曰'州□□印'。"[①]后来四川人民出版社出版的《英藏敦煌文献(汉文佛经以外部分)》第十三卷收录了该文书图版,定名为《达多等状》,对背面纸缝中的印章定为"肃州都□□印"。经方广锠先生研究是唐大中二年(848)张议潮率众光复敦煌后,唐王朝为褒奖张议潮而以宣宗名义颁发的一件正式的皇帝诏敕。[②]在这件诏敕中就记载到敦煌当时人口的总量为 3 万余口:

(前残)

达多等,沙州郡敦煌平时三万余口,是吾远祖□□□□□□之□□□□□□□□□□□张议潮□知顺逆忠义之道,□图籍户□僧俗□来归,□可□□□□

(后残)[③]

张议潮建立归义军政权之后,敦煌地区的人口数量仍然保持《通

---

①荣新江编著:《英国图书馆藏敦煌汉文非佛教文献残卷目录(S.6981—S.13624)》,台北:新文丰出版公司,1994 年,第 195 页。

②方广锠:《宣宗关于归义军的诏敕》,《敦煌研究》2000 年第 3 期，第 113—114 页。

③录文参见方广锠论文,图版参见中国社会科学院历史所、中国敦煌吐鲁番学会敦煌古文献编辑委员会、英国国家图书馆、伦敦大学亚非学院合编:《英藏敦煌文献(汉文佛经以外部分)》第 13 卷,成都:四川人民出版社,1995 年,第 232 页。图版非常模糊不清,难以辨认。

典》记载天宝十三载的户口总量。虽然这是一条孤证资料,由于它是作为唐朝政府下达的诏敕，所以虚假不实的成分较少，是值得相信的。这里我们提出一个问题,就是归义军政权上报唐朝中央时,是否将归义军管辖下的户口作为敦煌一地的户口数量上报中央？我们认为是不可能的:第一,作为大中二年之后收复敦煌时当时的户口要比这个数字大;第二,这个数字不是敦煌地区人口的全部,不包括归义军派驻敦煌以外地区的军队数量在内。

撰写于唐大中二年敦煌收复之后的S.788《沙州图经》敦煌县部分残缺,寿昌县部分保存有当时寿昌县的户数:“寿昌县,下……户三百五十九,乡一。”[①]《寿昌县地境》也记载寿昌县有“乡一,户三百五十九”。如果以寿昌县一个乡为当时敦煌十三乡的平均户数,那样敦煌县应当有户口4000左右。若以每个户有口5人计算，应当有户口2万左右。当时敦煌到底每户有多少口,我们可以根据张议潮时期的户状看出,如:S.4710《唐年代未详沙州阴屯屯等户口簿》五户,第一户12人,第二户21人,第三户6人,第四户8人,第五户28人,平均每户13口多;P.4989《唐年代未详沙州安善进等户口田地状》记载,安善进户8口,张孝顺户3口,傅兴子户10口,某户6口,平均计算每户约7口人。两件文书综合之后每户约有11口人。[②]如果归义军初期敦煌地区居民每户按照11口计算,4000多户应当有口4万余人,因此敦煌文书记载当时户口3万很有道理。

张议潮收复敦煌之后首先进行户口登记和清查，建立了归义军的新的户籍制度。保存于敦煌文献中的户籍手实基本反映了这一状

①郑炳林:《敦煌地理文书汇辑校注》，兰州：甘肃教育出版社,1989年,第60—62页。

②唐耕耦、陆宏基编:《敦煌社会经济文献真迹释录》第2辑,第470页。

况。目前保存于敦煌文献中的申报户口牒主要有京都有邻馆敦煌文书51号《唐大中四年(850)十月沙州令狐进达申报户口牒》、P.3254《唐大中六年十月令狐安子状》、S.6235《唐大中六年十一月唐君盈申报户口田地状》、Дx.2163、Дx.2393《唐大中六年十一月女户宋氏申报户口田亩状》、Дx.2163《唐大中六年十一月百姓杜福胜申报户口田地状》等六件。[①]从这六件看,当时户口的清查是随着土地的清查一起进行的,时间是大中四年到六年十月至十一月间,申报户口的内容主要有户主姓名、户内人口数量,姓名、年龄、性别、与户主关系、身份等,如果连同田地一同申报的话,还应当包括受田数量和地点、四至等。通过对这六件文书进行分析,基本上可以清理出大中六年张议潮进行户口清查和登记的过程:首先进行户口清查登记,以吐蕃时期的户为单位个人上报,这个时期的户口都很大,如令狐进达户就有人34口,包括令狐进达及其兄兴晟、弟嘉兴、侄清清等四家以及出家的3个弟弟、2个妹妹并婢在内,这是一个非常大的户,后面没有列出受田数亩,表明只是单纯对户口的清理,是清查户口的第一步。第二步就是析分原有较大的户,成为政府管辖下口数较小的户口单位。如唐君盈户根据户状的记载唐君盈及其妻索、两位弟弟、父及其妻阿氾等6口。而杜福坚户最少有10口人,比起原先的户口数还是少了很多。我们从敦煌出土户状看,五口之家或者五口以下之家变得越来越多,一方面满足政府的财政收入,另一方面便于政府进行管理。

经过张议潮的多次人口登记并进行析户之后,敦煌地区像吐蕃时期的那样的大户基本上得到了控制,户口结构基本趋于合理。从保留下来的户籍看,每户人口主要以5—7口为主。S.4491《沙州安如岳等户口数地亩计簿》记载每户口数:安如岳6口,似兴晟7口,白远志

①唐耕耦、陆宏基编:《敦煌社会经济文献真迹释录》第2辑,第462—467页。

4口,索如珍7口,樊灵俊5口,孔合光两户16口,张买奴5口,孔俊8口,唐日英11口,薛惟谨两户11口,孔英禄8口,张顺子5口,张英鸾13口,唐二娘6口,阮林6口,阮侯7口,董光顺10口,张庭晖4口,索日兴4口,傅暠两户8口,张大娘4口,张俊奴7口。[①]平均每户只有6.48口。这大概就是经过张议潮析户之后的状况,这种户口结构有利于社会经济的发展和政府税收的增加。

因此从敦煌文献记载看,敦煌地区在归义军时期户数增加很快,有千门万户之称,很可能与张议潮采取的析户政策有很大关系。

户口制度的改革,使敦煌归义军政权的势力得到加强,张议潮收复河西六州就是在这种情况下完成的。所谓"得地四千余里,户口百万之家"[②]的局面就是在这种情况下开创出来的。张淮深咸通八年接替张议潮执掌归义军政权，从记载看当时的政治经济应当是在稳步发展的:

> 太保咸通八年归阙之日,河西军务,封章陈款,总委侄男淮深,令守藩垣……四方犷悍,却通好而求和;八表来宾,列阶前而拜舞。北方猃狁,款少骏之駃蹄;南土(吐)蕃浑,献昆岗之白璧。九功惟叙,黎人不失与寒耕;七政调和,秋收有丰与岁稔。[③]

---

①中国社会科学院历史所、中国敦煌吐鲁番学会敦煌古文献编辑委员会、英国国家图书馆、伦敦大学亚非学院合编:《英藏敦煌文献(汉文佛经以外部分)》第6卷,第113页。

②《敕河西节度兵部尚书张公德政之碑》。参见荣新江:《敦煌写本敕河西节度兵部尚书张公德政之碑校考》,见《周一良先生八十生日纪念论文集》,第206—216页。

③《敕河西节度兵部尚书张公德政之碑》。参见荣新江:《敦煌写本敕河西节度兵部尚书张公德政之碑校考》,见《周一良先生八十生日纪念论文集》,第206—216页。

> 六州万里，风化大开。悬鱼兼去兽之歌，合蒲致见珠之咏。西戎北狄，不呼而自归。南域吐浑，擢雄风而请誓。[①]

这种归义军的强盛局面也证实了张议潮时期敦煌地区的户口在3万口以上是可信的。

三、张承奉归义军时期及西汉金山国敦煌人口变化蠡测

张承奉时期归义军的户口由于战争等原因，出现了锐减现象。根据S.4276《管内三军百姓奏请表》记载，当时沙州和瓜州两地二州六镇通颊退浑十部落才1万人：

> 管内三军百姓奏请表：归义军节度左都押衙银青光禄大夫检校国子祭酒兼御史大夫安怀恩并州县僧俗官吏兼二州六镇耆老及通颊退浑十部落三军蕃汉百姓一万人上表。臣某乙等言：臣闻五凉旧地，昔自（是）汉家之疆；一道黎民，积受唐风之化。地邻戎虏，倾心向国输忠；境接临蕃，誓报皇恩之德。臣某乙等，至欢至喜，顿首顿首。臣本归义军节度使张某乙，自大中之载，伏静河湟，虏逐戎蕃，归于逻娑。伏承圣朝鸿泽，陇右再晏尧年；玄德流晖，姑臧会同舜日。遂乃束身归阙，宠秩统军；不在臣言，事标唐史。尔后子孙相继，七十余年，秉节龙沙。（后缺）[②]

从时间上推算，这件文书写作的年代可能是在张承奉时期，其中二州六镇也是归义军政权当时主要管辖的行政区划范围。二州即沙州和瓜州，六镇主要指紫亭、寿昌、新城、悬泉、雍归、常乐。西汉金山

---

①《张淮深造窟功德碑》，见郑炳林《敦煌碑铭赞辑释》，第267—268页。

②唐耕耦、陆宏基编：《敦煌社会经济文献真迹释录》第4辑，第386页。

国二州六镇才有1万人，似乎归义军时期的人口锐减过甚，这不能不引起我们对这条资料的含义重新进行分析。估计这里指的主要是三军即左厢都押衙、右厢都押衙和衙前都押衙所领兵马更合理些。按照每户出一兵的方式计算，大约当时二州八镇有1万户是可能的。

西汉金山国人口为1万的还有记载，只不过指的是仅仅是敦煌地区。西汉金山国辛未年敦煌地区的人口仍然保持在1万人左右，主要根据是P.3633《辛未年(911)七月沙州耆寿百姓等一万人状上回鹘可汗》记载：

(前缺)等一万人献状上回鹘大圣天可汗金帐:(伏以)沙州本是大唐州郡，去天宝年中，安禄山作乱，河西一道，因兹陷没。一百余年，名管蕃中。至大中三年，本使太保起敦煌甲兵，趁却吐蕃，再有收复。而来七十余年，朝贡不断。太保功成事遂，仗节归唐，累拜高官，出入殿庭，承恩至重。后遘深疾，帝里身薨。子孙便镇西门，已至今日。中间遇天可汗居住张掖，事同一家，更无贰心，东路开通，天使不绝，此则可汗威力所置。百姓□甚欢喜，不是不知。近三五年来，两地被人斗合，彼此各起仇心。遂令百姓不安，多被煞伤，沿路州镇，逦迤破散。死者骨埋□□，生者分离异土。号哭之声不绝，怨恨之气冲天。耆寿百姓等，披诉无地。伏惟大圣回鹘天可汗，为北方之人主，是苍生之□□□□察知，百姓何辜，遭此惨害。今□□□□□□□□□和，两件使回，未蒙决□□□□□□□，兵戈抄劫，相续不断。□月廿六日，狄银领兵又到管内。两刃交锋，各自伤损。口云索和，此亦切要。遂令宰相大德僧人兼将顿递迎接跪拜，言语却总□□狄银令天子出拜，即与言约。城隍耆寿百姓再三商量，可汗是父，天子是子。和断若定，此即差大宰相、僧中大德、敦煌贵族耆寿，赍持国信、设盟文状,便到甘州。亟书发日,天子面东拜跪。固是本事,不敢虚诳。岂有未拜□耶,先拜其子,恰似不顺公格。罗通达所入南蕃,只为方便打迭吐蕃。甘州今已和了,请不□来,各守疆界,亦是百姓实情。且太保弃蕃归化,当尔之时,见有吐蕃节儿镇守沙州,太保见南蕃离乱,乘势共沙州百姓同心同意,穴白趁却节尔,却着汉家衣冠,永抛蕃丑。太保与百姓重立咒誓,不着吐蕃。百姓等感荷太保,今为神主。日别求赛立庙,见在城东。吐蕃不论今生,万岁千秋,莫闻莫见。天子所勾南蕃,只为被人欺屈。大丈夫之心,宁无怨恨。天子一时间燥燥发心,百姓都来未肯。况食是人天,沙州百姓,亦是天生人民。不省曾与天可汗有煞父害母之仇,何故频行劫煞。百姓告天,两眼滴血……东有三危大圣,西有金鞍独龙。尝时护卫一方处所。伏望天可汗信敬神佛,更得延年,具足百岁,莫煞无辜百姓。上天见知,耆寿百姓等誓愿依凭天圣可汗,不看吐蕃为定。两地既为子父,更莫信谗,今且先将百姓情实,更无虚议。乞天可汗速与回报,便遣大臣僧俗,一时齐到。已后使次,伏乞发遣好人。若似前回长官,乞不发遣。百姓东望指挥,如渴思浆,如子忆母。伏乞天可汗,速赐详断,谨录状上。辛未年七月日沙州百姓一万人状上。①

从这件文书分析,沙州的人口是1万人左右,比起张议潮时期减少了2/3,人口减少的原因主要是战争,如文书所讲的:“近三五年来,两地被人斗合,彼此各起仇心。遂令百姓不安,多被煞伤,沿路州镇,逦迤破散。死者骨埋□□,生者分离异土。号哭之声不绝,怨恨之气冲

①唐耕耦、陆宏基编:《敦煌社会经济文献真迹释录》第4辑,第377—380页。

天……百姓何辜,遭此惨害。……兵戈抄劫,相续不断。”足见战争对人口的巨大影响。我们推测这里的1万人也只是对西汉金山国的军队而言,只有这样,才能与其他文献记载吻合。

另外还有一点我们应当注意到,就是记载西汉金山国张承奉的军队也在1万人左右,主要见于敦煌文书P.3633《龙泉神剑歌》:

> 今年回鹘数侵疆,直到便桥列战场。当锋直入阴仁贵,不使戈铤解用枪。堪赏给,早商量。崇拜金无超上将,急要名声使帝乡。军都日日更英雄,□由东行大漠中。短兵自有张西豹,遮收遏后与罗公。蕃汉精兵一万将,打却甘州坐五凉。东取黄河第三曲,南取雄威及朔方。通同一个金山国,子孙分付坐五凉。①

无论这次战争发生于金山国的什么时候,都表明他的军队最少在1万人左右,1万人的军队最少占百姓的1/5,那么金山国的居民最少在5万人左右。

敦煌文献记载了西汉金山国的两个含义的1万人:沙州百姓1万人和蕃汉精兵1万人。经过我们的分析研究,认为所指都是西汉金山国的军队而言,而不是敦煌地区的实际人口。西汉金山国能够建立一支万人军队,它管辖的居民人口必须能够承载这个万人军队的数量,推测当时敦煌居民人口在3万至4万之间是合理的。

四、曹氏归义军时期敦煌地区人口探讨

曹氏归义军时期敦煌地区的人口变化,我们没有直接资料证据,但是敦煌文献所记载的间接资料对于我们解决这个问题还是有很大帮助的。P.3270《驱傩文》记载:

---

①唐耕耦、陆宏基编:《敦煌社会经济文献真迹释录》第4辑,第381—383页。

敦煌神砂福地，贤圣助于天威。灾疹永无侵扰，千门永保安居。皆是太保位分，八方俱伏同知。河西是汉家旧地，中隘猃犹安居。数年闭塞东路，恰是小水之鱼。今遇明王利化，再开河西道路。太保神威发愤，遂便点缉兵衣。略点精兵十万，各各尽擐铁衣。直至甘州城下，回鹘藏弃无知。走入楼上乞命，逆者入火焚。大段披发投告，放命安于城池。已后勿愁东路，便是舜日尧时。[1]

这是记载曹议金时期对甘州回鹘的一次战争，时间大约是在曹议金称令公的928年到931年之间。[2]精兵十万显然有很大夸大的成分，古代出军打仗都有号称之说，既然当时敦煌归义军政权的管辖范围同金山国相同，因此军队不会突然增加这样多，我们推测可能与金山国时期拥有军队数量相同，以一当十，号称十万。另外敦煌文书P.4011《儿郎伟》称：

甘州数年作贼，直拟欺负侵陵。去载阿郎发愤，点集兵钾军人。亲领精兵十万，围绕张掖狼烟。未及张弓拔剑，他自放火烧然。一齐披发归伏。献纳金钱城川。遂便安邦定国，永世钦伏承前。不经一岁未尽，他急逆乱无边。准拟再觅寸境，便共龙家相煎。又动太保心境，叵耐欺负仁贤。缉练精兵十万，如同铁石心肝。当便冲山进跨，活捉猃犹狼烟，未至酒泉小□，他自魂胆不残。便献飞龙白马，兼及绫罗数般。王子再相□□，散发纳境相传。因兹太保息怒，善神护我川原。河西一道清泰，天子慰曲西边。六蕃总来归伏，一似舜日尧年。[3]

①黄征、吴伟：《敦煌愿文集》，长沙：岳麓书社，1995年，第952页。

②荣新江：《归义军史研究——唐宋时代敦煌历史考索》，上海：上海古籍出版社，1996年，第107页。

③黄征、吴伟：《敦煌愿文集》，第959—960页。

这件文书的年代与浑子盈邈真赞的时间不远，约同光三年(925)到928年。这件文书是文学作品，夸大其词是可以理解的，因此归义军政权当时可以派出的军队在万人左右。就是到曹议金称大王时期，敦煌归义军的军队也保持在这个数字。S.2055《儿郎伟》记载："大王福如山岳，门兴一宅光辉。今夜新受节义，九天龙凤俱飞。五道将军亲至，虎领十万熊罴。"[①]曹议金对张掖地区的甘州回鹘战争到底用了多少兵力，P.2850《燃灯发愿文》记载："莲府大王，遐延久载；亲征张掖，统鸿军以静东羌；讨平狼徒，愿清平而归西国。"[②]鸿军虽然不能确定数量多少，但是表明所带领的军队很多，可与前面记载相印证。由于当时归义军的管辖范围有二州六镇，因此，敦煌地区人口在万户左右是完全可能的。

关于曹氏归义军政权时期敦煌地区居民在1万户左右，这一观点还可以在敦煌文书中找到证据。P.4976《儿郎伟》记载："伏承大王重福，河西道泰时康。万户歌谣满路，千门谷麦盈仓。因兹狼烟歼灭，管内休罢刀枪。三边披肝尽髓，争驰来献敦煌。每岁善心不绝，结坛唱佛八方。"[③]这里的万户记载当是敦煌地区的居民总数量。另外敦煌文献P.3173《愿文》府主司空和国母天公主，应当是曹议金之子曹元德时期的愿文，称："分户共贺于升平，千门咸歌于盛德。"[④]《发愿文》记载："昨者时疾每起，死相分飞，疫励人行，是众生之共业。千门罢眠，万户无安。"文书记载到令公，应当是曹议金称令公(928—931)时期。记载到敦煌万户的还有同卷《燃灯文》："遂使千门快乐，野老舞舜日

①黄征、吴伟：《敦煌愿文集》，第963—964页。

②黄征、吴伟：《敦煌愿文集》，第279页。

③黄征、吴伟：《敦煌愿文集》，第961页。

④黄征、吴伟：《敦煌愿文集》，第330页。

之风;万户无危,牧童唱尧年之庆。”P.3269《燃灯文》是曹元深时期的作品,提到河西节度使司徒和国母天公主:“敦煌永泰,千门贺舜日之欢;莲府恒昌,万户舞尧年之喜。”作于曹议金时期的P.3149《新岁年旬上首于四城角结坛文》记载相同。S.5957《结坛发愿文》为曹议金称太保时“万户匪亏于农事”。直到曹元忠时期从有关记载中也有万户之称。S.2687《曹元忠及夫人翟氏舍施发愿文》记载:“狼烟息焰,千门快乐而延祥;塞虏无喧,万户获逢于喜庆。”这些记载足以证实曹氏归义军时期敦煌地区的居民总量为万户左右。当然我们在研究这个问题时,还应当认真对待这些记载,确认这些记载到底有多大的真实性,同时还要了解曹氏归义军时期敦煌每户有多大,平均有多少人口。从大顺年间敦煌地区出现了一个现象,就是户口变得越来越小,五口之家、三口之家比较常见。唐大顺三年沙州翟明明户状记载有口四户:范保德户3口,杜常住户3口,广顺二年索庆奴户6口,雍熙二年邓永兴户5口。小户较多是当时记载多为万户的原因,就人口而言并没有大的增加。

我们注意到曹氏归义军政权非常注意睦邻友好关系,特别是注意改善同甘州回鹘之间的关系,究其原因也是人口问题所致,是不得已采取的权宜之策。根据研究,曹议金出任归义军节度使很大程度上得力于甘州回鹘的支持,早在天复四年曹议金就娶甘州回鹘天公主为妻。回鹘天公主下嫁曹议金本身就是一种政治婚姻。这种婚姻并不能保证双方相安无事,就在曹议金掌握归义军政权地位稳固之后,马上就发动了对甘州回鹘的战争,多次对回鹘用兵。总体来看,这些军事行动并没有对归义军疆域政区和甘州回鹘带来多大影响,究其原因很有可能就是受制于人口因素的影响。

晚唐五代敦煌地区的人口总量到底有多少,没有明确的记载,特别是归义军后期记载的更少,我们只有根据其他文书进行推测。晚唐五代敦煌城市中行政单元按巷划分,也有按社划分的,城市以外的村落的户口基本上与巷、社居住人口差不多,所以知道归义军时期每个巷、社的户口数量,基本上就大致能推测出敦煌地区到底有多少人口。敦煌文书Дх.2149《欠柴人名目》为我们解决这一问题提供了根据,文书中记载了三个巷社的户口情况:

1. 高住儿社八十二人。见纳六十五人,欠十七人。杜留定一身并,董年件单身。

2. 游再缘、董不儿、赵进怀、赵留住、安海顺、梁再子一身庭子、梁粉堆、

3 .安保德、安衍鸡、宋阿朵、刘富昌、刘憨儿、荆子、刘安住、李住子。

4. 傅定子、袁定德、袁再住、崔憨儿,柴足。

5. 索留住巷一百六人。见纳六十人,欠四十六人。令狐富悦、令狐富达、令狐富盈三人酒户,

6. 阴衍奴单身烽子、李富君、陈保实、李员庆、薛群山、何善儿、何富君、岳

7. 闰成、曹神达、王顺子、王员住、□□友、王再文、张富通、张善子、令狐庆住单

8. 身门子、令狐富盈、安丑胡、杨员子、石幸通堂子、石富通庭子、令狐保

9. 住、令狐安信、令狐愿通、令狐存进病、孟留三、崔住、孔富德、薛紧胡、

10. 薛痴子、薛粉堆、何富定、索盈信、□□住、李义成、马留德、令狐

11. 保昇一身、于阗曹庆达、□□儿、薛保定、王保子、阴山子病。

12. 泊善友、孔乡官、索友定、宋憨奴，欠柴一百八十一束。

13. 程弘员巷八十九人。见纳六十四人，欠二十五人。赵阿朵、史怀友单身病▭

14. 富连烽子、曹粉堆单身、于阗索骨子、索富昌、石保□▭

15. 德子、氾再恩有凭、宋幸通、唐粉堆有凭、唐粉德有凭、曹氾

16. ▭□新香、张宾□□达儿、麹幸仁、杨庆子、氾▭

(后缺)[①]

高住儿社与索留住巷、程弘员巷一样，这三个巷平均纳柴人为90人左右，因此可以说每个巷承担纳柴杂役的为90人。如果以每个纳柴人为一个家庭单元，每家以6口计算，当时敦煌的村庄聚落大约是100多个，应当有5万余口；如果除去大家庭二人担任差役的特殊情况，这样曹氏归义军时期敦煌地区的人口总量最少应当有3万到4万人口。

五、晚唐五代敦煌地区寺院人口数量研究

吐蕃时期敦煌寺院的僧尼数量是反映女性在佛教教团中地位的主要根据。吐蕃时期出家女性的数量主要从僧尼名籍上看出。吐蕃占领敦煌的初期对敦煌的僧尼进行过一次大清查，根据S.2729《吐蕃辰年(788)三月沙州僧尼部落米净辩牒》记载的清理结果，九个僧寺有

①唐耕耦、陆宏基编:《敦煌社会经济文献真迹释录》第2辑，第446页。

僧 139 人,灵修、普光、大乘三尼寺并潘原堡共有尼 171 人,出家女性远远超过了僧人。[①]S.5676《沙州诸寺僧尼数》记载,敦煌诸寺如龙兴寺 23 人、开元寺 21 人、莲台寺 10 人、永安寺 17 人、灵图寺 37 人、大云寺 15 人、永康寺 15 人、金光明寺 26 人、报恩寺 31 人、莫高窟 19 人;灵修寺 55 人、大乘寺 61 人、普光寺 57 人、安国寺 29 人、圣光寺 7 人。僧尼共计 423 人。[②]其中尼 209 人,占了将近半数。当然还有些寺院没有记载到,如龙兴寺等。龙兴寺根据 S.2729 号记载有僧 28 人。这些数字足以说明出家女性所占的比重。出家女性所占数量之所以这样大,是因为吐蕃时期对女性出家限定比较松,而对男性出家限定就比较严。P.5579《吐蕃酉年(805)大乘寺寺卿唐迁进具当寺应道场尼六十二人牒》记载了大乘寺尼 62 人的法名,说明这个牒与 S.5676 号年代相近。[③]大乘寺尼的数量从 788 年到 805 年的十余年间,从原来的 44 人增加到 62 人,增加了将近 1/3。普光寺由 47 人增加到 57 人、灵修寺由原来的 67 人减少到 55 人。总的来说,吐蕃统治敦煌时期,敦煌地区的僧尼数量是呈上升的发展趋势。

由于吐蕃时期妇女出家比较宽松,所以出家女性的数量增加比较快,到吐蕃统治敦煌的晚期,出家女性出现膨胀性增加。P.3600《吐蕃戌年普光寺等具当寺应管尼数牒》记载,普光寺有出家女性称“当寺应管尼众一百廿七人”,之后还记载某个尼寺有尼 51 人。[④]仅两个尼寺就有出家女性 178 人,估计当时出家女性总数在 400 人以上。

敦煌文书 P.2944《大乘圣光寺等尼名录》记载,每个尼的名下注

---

①唐耕耦、陆宏基编:《敦煌社会经济文献真迹释录》第 4 辑,第 194—204 页。

②唐耕耦、陆宏基编:《敦煌社会经济文献真迹释录》第 4 辑,第 249 页。

③唐耕耦、陆宏基编:《敦煌社会经济文献真迹释录》第 4 辑,第 206 页。

④唐耕耦、陆宏基编:《敦煌社会经济文献真迹释录》第 4 辑,第 209—213页。

明原来俗家的户主或家长的名字。这些家长有敦煌汉族百姓、官府官吏、出家高僧等,如:佑员,李押衙女;弥长泰,罗家女;婢福,张谷子女;长胜,张愿兴女;定妙,马阇梨;明照,氾阇梨;正会,翟阇梨;普提真,张阇梨;思行,龙阇梨;智妙,曹家支泰阿师支;愿惠,王法律;胜最,薛法律;福因,阿泰娘;戒宁,张家长富;戒进,马富千女;志信,罗都料女;志妙,孔家长婢;戒善,申阇梨;明会,张阇梨;善胜,阴法律;善念,大米法律;妙志,印儿米法律。[①]一般在名字下注明的也有女性,可能是生母或者女性户主;至于注明其子女者并不表明这些出家女性可以生儿育女,而是他们出家之前所生,属于半路出家,由于出家之后户口还挂在俗籍上,所以在寺院名单上必须注明原来户主的情况和与这些尼的关系。我们从这件文书的内容看,有很多女性出家者的父亲是僧人或者僧官。有人研究认为,晚唐五代敦煌地区的僧人是可以娶妻生子,有家室,过着同一般人一样的生活。实际上这是错误的理解。这些僧官是这些尼的家主或者亲属,很可能是这些僧人在出家之前是有家室的,出家后他们仍然是俗籍的户主。同时我们看到大乘寺、圣光寺的出家女性中有很多是胡姓家族,如米家、曹家等,而且这些女性的父辈也是僧官,足见晚唐五代敦煌地区胡姓妇女和胡姓家族对佛教的信仰程度,也反映出当时对出家女性的管理之严密程度。问题是大乘寺这些出家女性连同沙弥尼、式叉尼共52人,这似乎是吐蕃统治敦煌时期的规模。

晚唐五代敦煌佛教教团的僧尼籍统称为河西都僧统,应管十六寺僧尼籍。按照体例,先列寺院名称和所管僧尼数量,然后列僧尼名、州县乡等籍贯、俗姓俗名、年龄。敦煌文书保留最为完整的格式是

①唐耕耦、陆宏基编:《敦煌社会经济文献真迹释录》第4辑,第251页。

S.2669《年代未详(865—870)沙州诸寺尼籍》:前后残缺;第一个寺院失名,残载尼 25 人;第二个寺院是大乘寺,应管总 290 人;第三个寺院是圣光寺,应管尼总 79 人,仅大乘寺和圣光寺拥有尼 288 人。[①]这些尼来自于沙州敦煌县诸乡和各个姓氏中,这些乡有敦煌、赤心、玉关、效谷、神沙、慈惠、平康、莫高、洪池、龙勒以及瓜州进昌县青水乡等,主要俗姓为敦煌诸姓。分析这个尼籍,当时敦煌尼寺中大乘寺还不是敦煌拥有尼人数最多的寺院。按照吐蕃统治时期敦煌诸尼寺拥有尼数的比例来说,普光寺是敦煌地区拥有尼数量最多的寺院,所以晚唐张氏归义军时期敦煌的出家女性总量应当在 500 人左右或者更多。归义军时期敦煌的寺院数量根据 Дx.1382 号记载是 16 所,但是一般的记载是 17 个寺院,而尼寺的总量没有变化,只有 5 个尼寺。其他尼寺人数根据 S.2614《唐代未详(895)沙州诸寺僧尼名簿》记载:圣光寺 49 人、灵修寺 142 人、安国寺 139 人、大乘寺 173 人、普光寺 189 人。僧尼总数为"都计尼陆百玖拾参人,僧尼都计壹千壹百肆拾人。[②]尼的数量远远超过僧人。按照这个规模,张氏归义军时期敦煌佛教教团拥有僧尼的数量与吐蕃后期的情况差不多。虽然僧寺比较多,但是每个寺院拥有的僧尼的数量很少;而尼寺数量少,每个寺院拥有的尼却很多。应当看到,晚唐张氏归义军时期对男性出家控制的比较严格,而对女性出家控制相对比较松,其中原因可能与吐蕃时期的情况差不多。

晚唐五代敦煌佛教教团僧尼数量变化与敦煌地区的总人口的比重是有一定的关系的。关于僧尼所占人口比重,根据敦煌文书记载,僧尼人口的数量占总人口的 10%左右或者稍强一些。根据京都有邻

---

①唐耕耦、陆宏基编:《敦煌社会经济文献真迹释录》第 4 辑,第 228 页。

②唐耕耦、陆宏基编:《敦煌社会经济文献真迹释录》第 4 辑,第 229—245页。

馆藏敦煌文书 51 号《唐大中四年(850)十月沙州令狐进达申报户口状》记载,令狐进达家有妻、男女、兄弟、姊妹、新妇、僧尼、奴婢等共 34 人,僧尼共有 7 人,其中僧 3 尼 4,占了将近 1/5。[①]S.4710《唐年代未详(9 世纪后期)沙州阴屯屯等户口簿》记载五户:第一户失名家中 12 人,其中僧 1 尼 2,僧尼占 1/4;第二户阴屯屯家 21 人,其中僧 3 尼 1,僧尼占 1/5 强;第三户张猪子家 6 人,尼 1,占 1/6;第四户王鹰子 8 人,僧 1,占 1/8;第五户刘再荣家 28 人,尼 6 僧 1,僧尼占总数1/4。[②]若以平均数计算,僧尼共占 21.4%。尼为 10 人,僧 6 人,女性出家超过了男性。

曹氏归义军时期,敦煌佛教教团的僧尼规模发展很大,曹元忠时期由张氏归义军时期僧尼数量的一千多人发展到一千五六百人。关于这一点,我们还可以从敦煌发愿文中得到证实。P.2704《后唐长兴四至五年(933—934)曹议金回向疏》记载,长兴四年十月九日曹议金举行的一次法会上就“设斋一千五百人供,度僧一十七人”;到长兴五年五月十四日法会中,“请大众转经一七日,设斋一千六百人供,度僧尼二七人”[③]。表明曹氏归义军时期敦煌地区的佛教教团的人数大约控制在 1500 到 1600 人左右。这与张氏归义军时期敦煌地区佛教教团的人口总量基本一样。

到曹元忠时期敦煌佛教教团的规模又有所扩大,由 1600 人增加到 2000 人。敦煌莫高窟第 469 窟是 53 窟的附属洞窟,该窟北壁龛外西侧墨书题记三行:“藏内记:府主太保就窟上造贰仟仁(人)斋,光顺

①唐耕耦、陆宏基编:《敦煌社会经济文献真迹释录》第 2 辑,第 462 页。
②唐耕耦、陆宏基编:《敦煌社会经济文献真迹释录》第 2 辑,第 470 页。
③唐耕耦、陆宏基编:《敦煌社会经济文献真迹释录》第 3 辑,第 85—88 页。

叁年岁次癸丑八月十五日。”[①]表明当时佛教教团的人数最少在2000人以上，比张氏归义军时期增长了一倍多。

通过对晚唐五代敦煌地区的人口研究，我们基本证实吐蕃统治敦煌地区之后，敦煌地区的居民人口没有发生大的变化：一方面有对敦煌当地居民不迁徙他地的承诺，另一方面河西节度使撤退敦煌之后有很多河西其他地方的居民随之迁徙敦煌趋势；张议潮收复敦煌之后，根据敦煌文献记载当时有人口3万人左右，张议潮为了鼓励生殖增加人口，对原有户口进行析户，即将吐蕃时期很多大户析分为一夫一妻为单元的五至六口之家；张承奉时期敦煌虽然遭到甘州回鹘的多次攻打，人口损耗，所辖地域内缩，但是金山国的军队仍人保留在1万人左右，因此，瓜沙二州六镇的人口就在万户左右，敦煌地区最少也应当有人口3万至4万之间；曹氏归义军时期，对外睦邻友好，对内养息休生，根据释门文献记载敦煌当地的户口在万户左右，以此推测，敦煌地区的人口大约在四五万口之间。这一事实也可以由敦煌地区的佛教教团的人数变化证实，吐蕃占领敦煌初的一次人口清查中，佛教教团人口400多人，此后虽然没有记载，但是从每个寺院的人数变化看，处于增加的趋势，到张氏归义军时期，敦煌佛教教团的人数增加到1000人左右，僧俗约比例在1/30左右；曹氏归义军初期发展到1500人至1600人之间，僧俗比例在1/20左右。到曹元忠时期由于社会经济发展，人口大量增加，出度僧尼的限制也相对放松，因此僧尼人数从1600以下增加到2000多人，这也表明当时敦煌地区的人口有4万人左右。

（原文发表于《江西社会科学》2004年第12期，第20—30页）

---

①梅林：《469窟与莫高窟石室经藏的方位特征》，《敦煌研究》1994年第4期，第186—192页。

晚唐五代河西地区居民结构研究

晚唐五代敦煌地区的人口和居民结构是从事归义军历史研究者很关注的问题，齐陈骏先生曾经对敦煌地区的历代人口进行过探讨。由于资料记载的缺乏，学界对归义军时期的人口只进行了一些理论性的推断，没有进行实质性的研究。日本学者池田温先生在研究敦煌写本天宝年间敦煌县从化乡科差簿之后，认为敦煌地区的粟特人在吐蕃占领敦煌之后多回到粟特地区，少数留在敦煌的粟特人成为寺院的寺户，从此以后敦煌再没有了粟特人。①从我们的研究看，晚唐五代敦煌地区粟特人还很多，保留有很多粟特人聚落。同时，敦煌地区还生活着吐蕃、吐谷浑、龙家、于阗、回鹘、苏毗、鄯善、达怛等民族。关于敦煌地区的居民人口结构，有很多问题基本搞清楚了，但是就整个归义军管辖范围来说，还谈不上进行了深入的研究。

张议潮于大中二年收复敦煌、晋昌，大中三年收复甘州、肃州，大中四年收复伊州，咸通二年收复凉州。从乾符二年起归义军管辖范围内缩，乾符二年失伊州于回鹘，895 年前后失甘州于甘州回鹘，不久失肃州于达怛和吐蕃，失凉州于嗢末。归义军政权疆域内缩的原因与归义军的实力衰弱有直接关系，也与归义军政权在这些地区统治基础

---

①[日]池田温:《八世纪中叶敦煌的粟特人聚落》,《欧亚文化研究》,1965 年,译文参刘俊文主编《日本学者研究中国史论著选译·民族交通》第 9 卷,北京:中华书局,1993 年,第 140—220 页。

有直接的联系。《张淮深变文》称：

又见甘、凉、瓜、肃，雉堞凋残，居人与蕃丑齐肩，衣着岂忘于左衽，独有沙州一郡，人物风华，一同内地。

这不仅仅是社会风俗的演变，同时也说明当地的居民结构发生了根本性变化，即汉族居民在这些地区已经不占主导地位。就是“人物风华，一同内地”的沙州，经过研究，也是一个多民族杂居区，在这里生活着有通颊、退浑等十多个部落，其他地区的居民结构可想而知。

为了探讨归义军政权在河西地区的疆域退缩的原因，我们根据敦煌文书资料，首先对归义军管辖下的河西地区居民结构进行一次力所能及的研究。

一、晚唐五代敦煌地区居民结构

晚唐五代敦煌地区是归义军政权的政治和对外文化交流的中心所在，这里的居民结构呈现出与其他地区不同的地区特点：(1)汉族居民是敦煌地区的主体民族，《张淮深变文》称河西“独有沙州一郡，人物风华，一同内地”，证明高居诲经过敦煌时正当曹元深当政，也是多中国人。(2)少数民族居民比例越来越高，虽然作为粟特人聚居的从化乡被取消了，但是具有粟特特征的居民仍然存在，同时吐蕃、龙家等民族居民也大量涌入敦煌地区，使归义军时期敦煌地区非汉族居民无论是成分还是数量都剧增，改变了唐代敦煌地区居民结构状况。(3)就敦煌地区来说，居民分布也是极不平衡的，首先是敦煌县诸乡间的差别，其次是敦煌县与周边地区寿昌县、紫亭县的差别。这一差别与各个民族居民从事的社会经济活动和历史沿革有很大关系。

1. 敦煌县管辖范围居民结构。晚唐五代敦煌地区的胡姓居民和聚落，我们已经有了详细研究，具体情况参考拙作《晚唐五代敦煌地区的胡姓居民和聚落》,认为晚唐五代敦煌地区生活着大量的胡姓居民,有以粟特人为主的康、安、史、石、米等姓,回鹘人的翟、李等姓,鄯善人的鄯姓,焉耆人的龙姓等,由胡姓居民建立的村庄聚落有安家庄、曹家庄、罗家庄、翟家庄、康家庄、石家庄、龙家庄及于阗太子庄等。归义军时期设立的通颊部落就是为了管理这些胡姓居民聚落建立的管理机构。[①]晚唐五代敦煌地区的居民结构,敦煌文献中没有明确的记载,我们根据敦煌文献的记载认为到归义军后期特别是曹氏归义军时期,敦煌地区的居民和人口结构有了很大的转变,即胡姓居民人口占的比重越来越大。例如敦煌文书 P.3396《年代未详(10 世纪)沙州诸渠诸人粟田历》记载有粟田的人 67 人,其中有 22 人为安、石、米、龙、翟等胡姓人,胡姓居民占了人口的三分之一左右。[②]又 P.3396V《年代未详(10 世纪)沙州诸渠诸人瓜园名目》记载有 52 人,其中胡姓居民有 12 人,占了四分之一弱。[③]文书的形成年代可以从最后一行有"北府氾愿长瓜"等字样推测。氾愿长之名又见载于 P.2943《宋开宝四年瓜州衙推氾愿长等状》,当时氾愿长任职归义军内亲从都头知瓜州衙推,因此 P.3396V《年代未详(10 世纪)沙州诸渠诸人瓜园

---

①郑炳林:《晚唐五代敦煌地区的胡姓居民和聚落》,见郑炳林主编《敦煌归义军史专题研究三编》,兰州:兰州大学出版社,2005 年,第 602—622 页。本文(The Residents and Villages of Surname Hu of Dunhuang in the Late Tang and Five Dynasties)系 the Centre National de la Recherche Scientifique, the École Française d'Extrême-Orient, the école pratique des hautes études, 北京大学中国古代史研究中心,中国国家图书馆善本特藏部于 2004 年 4 月在北京图书馆联合举行的"粟特人在中国——历史、考古、语言研究新进展"(Sogdians in China-New researches in history, archaeology and philology)国际学术研讨会提交的论文。

②唐耕耦、陆宏基编:《敦煌社会经济文献真迹释录》第 2 辑,第 460 页。

③唐耕耦、陆宏基编:《敦煌社会经济文献真迹释录》第 2 辑,第 461 页。

名目》距开宝四年不会很远,当是开宝四年前后文书。因此该文书所反映的情况应当是开宝四年,即曹元忠时期敦煌地区的民族结构状况。

晚唐五代敦煌地区的吐蕃、吐谷浑居民,我们在《晚唐五代敦煌地区的吐蕃居民初探》作过详细考证①。吐蕃占领河西陇右地区之后,继承唐代制度建立了河州节度使、鄯州节度使、凉州节度使和瓜州节度使,作为河西西部地区的政治重镇,吐蕃在瓜州地区大量驻军移民,五代时期瓜州与肃州之间形成了一个吐蕃居住区,同时在敦煌地区也生活着很多吐蕃人。《册府元龟·帝王部·来远门》(卷170)记载"瓜沙与吐蕃杂居",就说明敦煌地区也居住有很多吐蕃人,他们和汉族一样从事农业和畜牧业生产,由归义军吐谷浑部落使进行管理。吐谷浑部落使不仅管理吐蕃人也管理吐谷浑人。吐谷浑居民以浑、慕容为姓,敦煌地区还有慕容氏命名的村庄聚落,表明了敦煌地区吐谷浑人的居住情况和规模。敦煌文献P.5007《敦煌诗》记载:

万倾(顷)平田四畔沙,汉朝城垒属蕃家。
歌谣再复归唐国,道舞春风杨柳花。
仕女上梳天宝髻,水流依旧种桑麻。
雄军往往施鼙鼓,斗将徒劳猃狁夸。

"蕃家"既指以粟特人为主的胡姓居民,也指敦煌地区的吐蕃、吐谷浑居民。从"蕃家""猃狁"等字样看,敦煌地区常住居民不但有吐蕃人,而且有达怛等北方少数民族。

龙家也是敦煌地区的少数民族居民之一,敦煌地区的龙家不仅仅以龙为姓,而且还以何为姓。S.4445《己丑年(929)何愿德贷褐契》记载己丑年十二月廿三日龙家何愿德于南山买卖,于永安寺僧长千面

---

①郑炳林:《晚唐五代敦煌地区的吐蕃居民初探》,《中国藏学》2005年第2期,第40—45页。

上贷出红褐三段、白褐一。[①]龙家居民中包括的姓氏除了胡姓之外还有汉姓,如 Дx.1418《年代不明吴留德等便豆历》记载有龙张政子和龙安善通[②],表明晚唐五代敦煌地区的龙部落是归义军管辖下十部落之一。在龙家部落的名号之下,还包括了除龙家之外的粟特人和汉族人。敦煌文书记载龙家的文书比较多,龙家人主要从事农业、商业、畜牧业等社会经济生活,特别是畜牧业经济中以放牧马而著称,放牧的区域主要是常乐县一带。[③]

达怛也是敦煌地区居住的少数民族居民之一,敦煌文献中也有许多他们在敦煌地区生活的记载。S.6452《辛巳年(981)十二月十三日周僧正于常住库借贷油面物历》记载有两条:壬午年二月“六日面肆斗,造道粮达怛朝定送路用”,八月“十五日连面伍斗达怛边买马皮用”[④]。S.6981《辛酉至癸亥年入破历》记载“麦二十石达家娘子施入”[⑤]。P.4907《庚寅年(930)九月十一日—辛卯年七月九日诸色斛斗支付历》记载:“十二月廿五日,吊孝达家夫人社粟壹斗、小社粟壹斗……二月廿二日……曹家兄弟寒食粟贰斗,卧醋粟玖斗,还曹达怛树木价粟两硕伍斗。”[⑥]S.4649、S.4657 拼合《庚午年(970)二月十日沿寺破历》:“十六日,粟壹硕贰斗,沽酒看达家娘子叠园用。”[⑦]P.2629《年代不明(964)归义军衙内酒破历》记载:“十六日,窟上酒壹瓮,达家垒舍

---

①唐耕耦、陆宏基编:《敦煌社会经济文献真迹释录》第 2 辑,第 118 页。

②唐耕耦、陆宏基编:《敦煌社会经济文献真迹释录》第 2 辑,第 226 页。

③郑炳林:《唐五代敦煌畜牧区域研究》,《敦煌学辑刊》1996 年第 2 期,第 9—25 页。

④唐耕耦、陆宏基编:《敦煌社会经济文献真迹释录》第 2 辑,第 239—241 页。

⑤唐耕耦、陆宏基编:《敦煌社会经济文献真迹释录》第 3 辑,第 140 页。

⑥唐耕耦、陆宏基编:《敦煌社会经济文献真迹释录》第 3 辑,第 205 页。

⑦唐耕耦、陆宏基编:《敦煌社会经济文献真迹释录》第 3 辑,第 215 页。

酒壹瓮”,“廿四日,达家小娘子发色酒伍升”,“十二日,千渠送达家娘子酒壹瓮”①。上述记载中的“达家”就是指“(达)怛家”,这是达怛在敦煌地区从事外交和商业贸易活动的记录,也表明敦煌地区不但生活有达怛居民,而且是敦煌地区常住居民。

吐谷浑部落在敦煌地区活动居住情况如何,S.8443《甲辰年—丁未年(944—947)李阇梨出便黄麻麦名目》记载有通颊孔曹子、石狗奴、孔憨奴,还有退浑慕容略罗借贷黄麻四笔②,表明吐谷浑部落的居民在敦煌地区活动很活跃。P.2932《甲子乙丑年(964—965)翟法律出便与人名目》中记载借贷人有退浑程憨多、翟保员、何员定、王再昌等,该卷文书记载有姓名者 38 人,其中胡姓 11 人,2 人为蕃姓居民,少数民族占了居民结构 34.2%左右。如果以退浑部落管辖的百姓作少数民族计算,少数民族占 45.6%左右③。

少数民族人口剧增,少数民族居民在敦煌地区居民结构所占的比重越来越大是归义军时期敦煌居民结构发展的趋势,这也是五代时期曹氏归义军政权建立和慕容家族瓜州与沙州抗衡的基础。

敦煌地区的居民结构从部落与乡的结构上看,退浑与通颊基本上是平级。如 P.2953《年代不明(公元 9 世纪后期)孔再成等贷麦豆本历》记载有玉关、部落、慈惠、效谷、洪池、神沙、洪润、通颊、平康、赤心及龙家、绿家、常住、张家、马家等④,这里的部落当指退浑部落,通颊即通颊部落。这里将通颊部落和退浑部落与乡等同看待,所以刘进宝

---

①唐耕耦、陆宏基编:《敦煌社会经济文献真迹释录》第 3 辑,第 271—275 页。
②唐耕耦、陆宏基编:《敦煌社会经济文献真迹释录》第 2 辑,第 216—221 页。
③唐耕耦、陆宏基编:《敦煌社会经济文献真迹释录》第 2 辑,第 232—233 页。
④唐耕耦、陆宏基编:《敦煌社会经济文献真迹释录》第 2 辑,第 264 页。

先生认为通颊、退浑已经成为敦煌诸乡之一,其管辖下的居民人口数量也不在少数。

敦煌地区居民结构从唐代天宝年间到吐蕃、张氏归义军、曹氏归义军到底发生了哪些变化,我们可以由敦煌文书来推测。

Дx.1432、Дx.3110《年代不明黑眼子等便地子仓麦历》记载推测。这两件文书中的□衍讷、王黑眼子、□社子、杨百奴、朱悉吉略、仍善子、杜悉吉子、杜令丹、王不勿子等很可能都是居住在敦煌的吐蕃人数,占到了文书记载人数的41%[①]。Дx.2971《年代不明程富奴等便王都头仓斛斗历》记载11人,其中粟特人康愿德、康清奴等2人,吐蕃有仍钵悉鸡、邓宇悉鸡、邓悉子等3人,粟特人与吐蕃人占总人数的45.4%。[②]从中可以看出,归义军后期敦煌地区的吐蕃居民数量还是很大的。S.5824《经坊供菜关系文书》记载请菜蕃僧5人、长对写经25人,行人部落供菜人中有乞结夕、遁论磨、罗悉鸡等,丝绵部落中的苏南、触腊、娑志力、勃浪君君、屈罗悉鸡、摩志猎、尚热摩、苏儿等基本都是吐蕃人,还有4人为粟特人[③]。吐蕃居民占了30.5%,吐蕃、粟特居民共占了41.7%。

是否可以这样推测,在行人部落和丝绵部落中粟特和吐蕃居民最少占了41.7%左右。归义军时期作为商业行会的凉州行中也由吐蕃居民田悉殉等和粟特人安粉粉等,表明吐蕃人和粟特人一样在归义军时期敦煌从事农业和商业贸易。前举P.2932《甲子乙丑年(964—965))翟法律出便与人名目》反映的居民结构是曹氏归义军时期的状况。另外P.2680《便粟历》记载便粟人28人,其中胡姓人7人,占总人

①唐耕耦、陆宏基编:《敦煌社会经济文献真迹释录》第2辑,第276页。
②唐耕耦、陆宏基编:《敦煌社会经济文献真迹释录》第2辑,第277页。
③唐耕耦、陆宏基编:《敦煌社会经济文献真迹释录》第2辑,第412页。

数的25%左右，至于其中还有多少吐蕃居民，一时难于确定，应当不少于5%。S.4884《壬申年(972)正月廿七日褐历》记载便褐人29人，可以确定的6人为胡姓居民，占20.7%左右。P.3418《唐沙州诸乡欠枝人户名目》记载敦煌104户，胡姓21，蕃4；神沙42户，胡1；龙勒95户，胡7；赤心61户，胡14，蕃4；洪润88户，胡10，蕃1；慈惠56户，胡16；平康58户，胡5；效谷28户，胡8。从这个统计数字看，胡姓和蕃姓居民主要分布及其在各乡居民结构所占比例情况：敦煌(24%)、龙勒(7%)、赤心(29.5%)、洪润(12.5%)、慈惠(17.8%)、平康(8.6%)、效谷(28.5%)。这是张淮深后期的文书，反映归义军时期的敦煌地区居民结构的基本状况，平均占18.27%左右(除神沙乡之外)，若加上神沙乡，平均占16.28%。P.3236《壬申年(972或912)三月十九日敦煌乡官布籍》记载登记人名83人，其中16人为粟特居民，占当时居民结构的19.2%。[①]以上推测都没有包括退浑、通颊部落，如果退浑、通颊部落居民数量和乡的规模差不多，归义军时期敦煌县长期有乡十，仅就乡的建制规模看，退浑、通颊占六分之一，约16.67%。若以诸乡居民结构中少数民族居民总和加上退浑、通颊二部落百姓，那么归义军时期敦煌地区的胡蕃居民约占整个居民结构33%。这样再加上常住敦煌的龙家、达怛、鄯善、于阗以及西域波斯、印度移民，敦煌地区的非汉族居民占整个居民的百分之四十或者更多。

2. 寿昌县管辖范围。晚唐张氏归义军时期寿昌县的建制被沿袭下来，寿昌县长期以来是归义军政权最西部的一个县，西部毗邻的是仲云或者苏毗的石城镇，南临吐蕃、吐谷浑，北接西州、伊州回鹘地区，虽然四周都是沙漠戈壁地带，但是仍然是归义军政权对外交流的

①唐耕耦、陆宏基编：《敦煌社会经济文献真迹释录》第2辑，第452—453页。

窗口地带，敦煌及其中原对于阗、中亚西域的通使大部分经过寿昌县。从大中二年起，寿昌就是归义军的县镇并行地区，凡是县镇并行地区，不是军事要地就是少数民族与汉族的杂居地区，而且是以少数民族为主要居民的地区。寿昌地区置镇县表明寿昌地区是个少数民族为主的居住区域。那么归义军时期这里生活的到底是些什么样的居民，寿昌地区的居民构成如何是我们应当注意的问题，弄清楚这些问题对于我们研究晚唐五代敦煌的社会至关重要。

唐代沙州寿昌县居住的居民主要是汉族，敦煌地区的索氏家族有一支就居住在寿昌县。根据 P.4010、P.4615《索崇恩和尚修功德纪》记载索恪：

> 曾皇祖恪，前唐安西通海镇将军，方通西海，委辟辕门，大敌未平，先投镇将。目寻太白，探前矛而不疑；手执红旗，警后营而不殆。科头虎掷，八阵先冲。污血被犀，三场入战，改迁游击将军。

索恪又见载于 P.3638《大番故敦煌郡莫高窟阴处士功德记》："爰及慈母索氏，通海镇大将军之孙。"根据修功德记的记载，这一支索氏家族是晋司空索靖的后裔，从隋代以来是敦煌地区很有势力的家族，特别是归义军时期有敦煌名僧索崇恩、都督索琪、归义军节度使索勋等。[①] 根据唐天宝年间寿昌县户籍记载索恪本籍沙州寿昌县，表明唐代沙州寿昌县是汉族大姓的居住区，生活的主要是汉族。

吐蕃占领敦煌之后这里的居民成分发生了变化。吐蕃先占领沙州寿昌县然后取得敦煌，在对敦煌的战争中，先后进行了十余年时

---

①郑炳林：《索崇恩和尚修功德记考释》，见郑炳林主编《敦煌吐鲁番文献研究》，兰州：兰州大学出版社，1995 年，第 147—178 页。

间,我们能推测出来这次战争对敦煌地区的影响:第一是河西及其敦煌周边地区的居民向敦煌迁移;第二是打乱了敦煌地区的居民结构。例如 P.2991《报恩吉祥窟记》记载:

> 黎甿失律,河右尘飞;信义分崩,礼乐道废;人情百变,景色千般。呼甲乙而无闻,唤门庭而则诺;时运既此,知后奈何。①

寿昌县的情况当然也是一样, 汉族人特别是各高门大姓肯定由于吐蕃对敦煌的战争,也纷纷向敦煌地区迁移。而吐蕃占领敦煌地区之后,向敦煌及其周边地区移民,沙州寿昌县又成为当时主要移民的地区。S.788《沙州图经》记载:

> 右汉龙勒县, 正光六年改为寿昌郡, 武德二年为寿昌县,永徽六年废,乾封二年复改为寿昌县,建中初陷吐蕃,大中二年张议潮收复。②

敦煌写本《寿昌县地镜》记载:

> 右本汉龙勒县,魏正光六年改为寿昌郡,属瓜州。故书云旧瓜州即沙州是也。其州种美瓜,故曰瓜州。后帝因为南沙,改为西瓜州,移瓜州在东,即今瓜州是也。宇文保定四年省入敦煌县,武德二年又置寿昌县。永徽元年废,乾封二年又置,建中初陷吐蕃。

在叙述寿昌县和寿昌县所属的石城镇之后称 “已前城镇并落土(吐)蕃,亦是胡戎之地也”③,S.367《沙州伊州地志》记载寿昌县及所

---

①郑炳林:《敦煌碑铭赞辑释》,兰州:甘肃教育出版社,1992 年,第 330—331 页。

②郑炳林:《敦煌地理文书汇辑校注》, 兰州: 甘肃教育出版社,1989 年,第 56—57 页。

③郑炳林:《敦煌地理文书汇辑校注》,第 60—62 页。

属石城镇之后称“以前城镇并陷吐蕃”①。以前我们对这个问题没有注意或者注意不够,很不理解这条记载所指。后来我们研究过吐蕃移民问题,才对这个记载有了重新的认识:第一,这条文献资料记载敦煌寿昌县之石城镇当时属于吐蕃管辖范围;第二,表明邻近地区寿昌县也居住有大量的吐蕃移民。

根据《新五代史·四夷》附录第三收录之《高居诲使于阗记》记载:“自灵州渡黄河至于阗,往往见吐蕃族帐,而于阗常与吐蕃相攻劫。”敦煌寿昌县也在高居诲使于阗的主要通道上,所以这里也有吐蕃族帐所在。关于这一点我们还可以从敦煌有关文书记载得到证实。根据《高居诲使于阗记》石城镇居住的居民主要是南山,南山一名仲云,而敦煌文书记载这里是璨微人。璨微就是仲云人。归义军出使西域,往往聘请璨微人为之译语和引路。寿昌县与石城镇接壤,部分时间内石城镇又是寿昌县管辖范围,因此很可能有一些原来居住石城镇的仲云人移居寿昌县。另外我们从敦煌文书的有关记载看寿昌镇的镇将往往由少数民族担任。P.4640《己巳年至辛酉年归义军衙内纸布破历》记载己巳年寿昌镇使是研罗悉兵,“十月二日衙官贾福胜传处分,支与寿昌镇使研罗悉兵细纸壹帖”,到庚申年是张义诚三月“五日衙官梁受子传处分,支与寿昌镇使张义诚细纸壹帖”。辛酉年二月“廿七日支与璨微引路人刘悉殉咄令细纸两帖”。研罗悉兵毫无疑问是一位蕃官,主镇寿昌镇,表明晚唐五代敦煌寿昌县居住有吐蕃人聚落,所以才任命吐蕃人出身的军将担任寿昌镇遏使。

关于晚唐五代敦煌寿昌县居住有吐蕃聚落,还可以从敦煌文书S.4453《宋淳化二年(991)十一月八日归义军节度使帖》得到部分线索:

①郑炳林:《敦煌地理文书汇辑校注》,第66页。

使帖寿昌都头张萨罗赞副使翟哈丹等(鸟印)
右奉处分,今者官中车牛载白
柽去,令都知将头随车防援,急疾
到县日。准旧看待,设乐支供粮料。
其都知安永成一人,准亲事例,给料看
侍。又车牛踖料并庄客亦依旧例
偏支兵马羊壹口,酒壹瓮,面伍斗,仍
仰准此指挢者。淳化二年十一月八日帖。
使(鸟印)
又报诸家车牛等,吾有帘子茨箕,仰汝等每车搭载
一两束将来,仰都知安永成管领
者(鸟印)都知安永成管领。[①]

从这件文书看,归义军时期寿昌县的官僚机构内部都是粟特人或者吐蕃人,都头张萨罗可能是位吐蕃人,副使翟哈丹、都知安永成是粟特人。由此推测晚唐五代寿昌县地区的居民以吐蕃、粟特人为主,汉族居民次之。文书中提到诸家,表明寿昌县除了吐蕃部落、粟特部落之外,可能还居住有其他少数民族。

俄藏敦煌文献Φ89号记载:"正月三日官酒瓮货寿昌张勿他"。从吐蕃统治敦煌开始,寿昌地区居住有吐谷浑人,敦煌文书S.7060《吐蕃辰年都司诸色破历》记载有寿昌住吐谷浑[②],表明当时寿昌县居住有吐谷浑部落。从吐蕃统治敦煌地区开始寿昌县居民结构已发生了变化,直到归义军时期基本保留了这一状况,除了吐蕃人、吐

①唐耕耦、陆宏基编:《敦煌社会经济文献真迹释录》第4辑,第306页。

②荣新江:《英国图书馆藏敦煌汉文非佛教文献残卷目录(S.6981-13624)》,台北:新文丰出版公司,1994年,第64页。

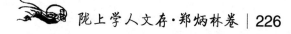

谷浑人等之外还有大量的胡姓居民。寿昌县的情况还可以由敦煌文书 P.5007《寿昌诗》反映：

会稽碛畔亦疆场，迥出平田筑寿昌。
沙漠雾深鸣□雁，草枯犹未及重阳。
狐裘上冷搜红髓，絺葛那堪卧□霜。
邹鲁不行文墨少，移风徒哭托西王。

“西王”，胡大浚等以为当指称王于西塞者，或即指吐蕃统治者。[①]如果这个推断正确的话，则归义军时期寿昌地区居住有吐蕃部落。

寿昌县地处敦煌与西域交通要道的关口地带，因此这里也生活着很多胡姓居民。P.4913《年代不明某寺贷换油麻历》记载：“寿昌家安保通油伍斗，见麻伍斗拾升。”[②]S.4657《年代不明(970)某寺诸色破历》记载：“又豆肆斗沽酒众僧及看寿昌家用。”[③]这里的寿昌家既可以指居住在寿昌地区的居民，也带有与敦煌地区居民成分在内的不同含义，有点像少数民族聚落性质。由于这里既是敦煌的畜牧区域，也处于中西交通的咽喉之地，加之地临吐蕃部落，居民结构比较复杂，相对敦煌县来说，少数民族居民成分占的比重更大。敦煌文献中记载寿昌县的资料相对较少，很难对其居民结构进行量化分析。

3. 子亭镇子亭县管辖范围。紫亭镇是晚唐五代敦煌地区的主要畜牧区域，因此生活在这里的居民主要是从事畜牧业经济的少数民族。因此吐谷浑可能就生活在这一带地区。S.6233《年代不明(9 世纪前期)诸色斛斗破历》记载，“出麦一硕四斗，还吐浑放羊价。对还惠

---

①胡大浚，王志鹏：《敦煌边塞诗校注》，兰州：甘肃人民出版社，1999 年，第 246—247 页。

②唐耕耦、陆宏基编：《敦煌社会经济文献真迹释录》第 2 辑，第 256 页。

③唐耕耦、陆宏基编：《敦煌社会经济文献真迹释录》第 2 辑，第 283 页。

通”。P.3774《丑年(821)十二月沙州僧龙藏牒——为遗产分割纠纷》记载:

……先家中无羊,为父是部落使,经东衙算赏羊卅口、马一匹、耕牛两头,牸牛一头,绯毯一。齐周自出牧子、放经十年。后群牧成,始雇吐浑牧放。至丑年羊满三百,小牛驴共卅头已上。①

P.4906《年代不明(10世纪)某寺诸色破用历》:

……六月六日,白面叁斗造道粮。白面贰斗,造胡并。白面叁斗,生成上座沈法律寺(等)三人,紫亭去剪羔子毛食用。

紫亭是晚唐五代敦煌地区的主要畜牧区域,也是敦煌吐谷浑主要生活的地方,因此龙藏雇吐谷浑人为自己放牧,放牧的区域就是紫亭一带,表明紫亭镇地区的主要居民是退浑部落。

敦煌文书P.4906《年代不明(10世纪)某寺诸色破用历》记载:

……六月六日,白面叁斗造道粮。白面贰斗,造胡并。白面叁斗,生成上座沈法律寺(等)三人,紫亭去剪羔子毛食用。麦各面壹石、粟面壹石,就羊群头付兴住罗悉鸡用。白面壹斗,剪毛到来解火用。②

这条资料除记载了紫亭镇是晚唐五代敦煌地区主要牧羊区域之外,还明确记载这里的羊群头是兴住罗悉鸡,肯定是吐谷浑人或者吐蕃人。表明这里居民成分以吐谷浑、吐蕃人为主,汉族居民次之。S.5964《分付牧羊人王住罗悉鸡等见在羊数凭》记载牧羊人有王住罗悉鸡、王悉罗等,且Дx.1424《庚申年十一月僧正道深付牧羊人王拙罗寔鸡

---

①唐耕耦、陆宏基编:《敦煌社会经济文献真迹释录》第2辑,第283—286页。
②唐耕耦、陆宏基编:《敦煌社会经济文献真迹释录》第3辑,第235页。

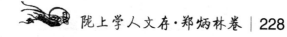

羊数凭》记载作王拙罗寔鸡、王悉罗。[①] P.2641《丁未年(947)六月都头知宴设使宋国清等都色破用历状并判凭四件》记载:“宴设司伏以今月十七日,何宰相马群头看马胡并(饼)贰拾枚……拾枚。”这里的何宰相可能是回鹘或者龙家等部落的首领,从放牧的马群看,应当是龙家部落。这条资料证实敦煌紫亭镇一带居住着龙家部落,到底龙家人在紫亭镇居民中占据的数量有多大,目前手头的资料有限,还无法说明,但起码可以表明这一带是一个多民族居住区,主要居民是吐蕃人或者吐谷浑人,其次是龙家部落和汉族居民。

敦煌地区的居民结构中少数民族到底能够占多大的比例,根据P.3146V《辛巳年(981)八月衙前子弟州司及翻头等留残祗衙人数》三番共有30人,其中粟特等胡姓人约5人,占17%;P.3721《己卯年十一月廿六日冬至目断官员》记载官员70人,其中粟特胡人约21人,占30%;P.3249《将龙光彦等队下名簿》记载人名完整的六队共145人,其中粟特胡姓有29人,约占20%。[②] 平均来算粟特等胡姓居民约占22%左右,加上吐谷浑部落及其吐谷浑后裔、龙家、鄯善、吐蕃等民族,敦煌地区的少数民族最保守的估计应当占30%左右。

这一居民结构地区特征,对晚唐五代敦煌地区的政治经济文化产生了很大影响:(1)表现在政治方面,归义军政权从一建立就表现出来的胡汉联合的特征,粟特人代表安景旻任归义军节度副使,康使君出任瓜州刺史,康通信出任归义军凉州西界游弈防采营田都知兵马使,这些都是归义军的要职。这一现象的背后,起决定性因素的是晚唐五代敦煌的居民结构比例中粟特人为主的胡人占了百分之三十,而粟特人成为归义军时期少数民族的代表。到曹氏归义军时期,

---

①唐耕耦、陆宏基编:《敦煌社会经济文献真迹释录》第3辑,第578页。

②唐耕耦、陆宏基编:《敦煌社会经济文献真迹释录》第4辑,第518页。

粟特人代替张氏建立以粟特人为主的曹氏归义军政权，敦煌处于粟特人控制之下达百余年之久。(2)从饮食婚姻等文化方面来说，胡食胡风、胡汉联姻比较盛行，特别是在归义军上层集团，非常注意胡汉联姻，饮食中胡食基本上成为归义军时期敦煌饮食文化的主流，这一现象的基础也是敦煌居民结构中西域民族占据了一定比例的结果。(3)晚唐五代敦煌地区商业经济发达，市场繁荣，商品丰富，店肆林立，这与敦煌地区粟特人的精心经营分不开。因此在宗教文化上，祆教信仰风行，敦煌及其管辖地区都有祆教寺院，赛祆活动成为当时归义军政权的政府行为，这都说明晚唐五代敦煌地区的居民结构的区域特征。(4)另外，归义军后期，迁居敦煌地区的吐谷浑、吐蕃人兴起，逐渐执掌归义军的半壁政权，如瓜州慕容氏的兴起及其敦煌地区吐谷浑部落设立等都说明了这一问题。

二、晚唐五代瓜州晋昌郡管辖范围的居民结构

敦煌是吐蕃攻陷河西地区的最后地点，为了对敦煌用兵，尚乞心儿负责军事，而吐蕃赞普徙帐南山。吐蕃占领河西及敦煌之后，在瓜州建立了瓜州节度使衙，瓜州成为吐蕃统治河西地区的中心，随之大量的吐蕃军队和居民迁入这一地区，吐蕃政权退出瓜州之后，还有大量的吐蕃移民仍然留居瓜州地区。其次我们根据敦煌文书的记载，瓜州生活的少数民族还有吐谷浑、龙家等，特别是吐谷浑慕容家族，一度同曹议金一起派使节出使中原。像慕容归盈等出任瓜州刺史墨离军使，从其供养人题记中带有押蕃落等使看，这一带居住着很多少数民族，直到他死后，瓜州居民仍然状上敦煌归义军节度使请求为慕容使君建立神庙。

敦煌文献记载瓜州晋昌郡民族结构最为直接的资料是 S.5697《申报河西政情状》记载阎英达出任瓜州刺史时的状况：

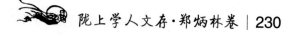

> 奉前后文阎使君等同行安置瓜州所有利害事由，并与阎使君状，咨申因缘，河西诸州，蕃、浑、嗢末、羌、龙狡杂，极难调伏……

这虽然是叙述河西诸州的居民状况，但主要反映了瓜州地区民族结构情况。阎英达是张议潮收复敦煌河西地区主要支持者并参与了归义军收复河西的整个战争，《阎英达邈真赞并序》记载：

> 莅官清洽，摄职怀柔。元戎大将，许国分忧。助开河陇，秘策难俦。先施百战，复进七州。功藏府库，好爵来酬，圣恩高奖，宠寄无休。晋昌太守，墨离之侯。

阎英达出任瓜州刺史的时间根据 P.4660 号文书排列顺序看，应当是咸通二年收复凉州之后，阎英达的去世时间，……是咸通十二年之后至乾符三年之前，因此这件状文时间也只能在这个时间段，其反映的瓜州地区的居民状况，实际上就是归义军初期的状况。从这些记载中我们得知，晚唐五代瓜州地区也是一个多民族居住区域，这里主要生活的民族除了汉族之外还有蕃、浑、嗢末、羌、龙等少数民族。其大致分布区域如下：

1. 晚唐五代瓜州地区是吐谷浑主要生活的区域。特别是五代曹氏归义军时期，瓜州地区出现了以慕容归盈为主建立的政权，与曹氏归义军政权一起，派遣使节入朝中原。关于瓜州慕容氏政权，郭锋等撰写的论文《慕容归盈与瓜沙曹氏》对瓜州地区的吐谷浑慕容氏作了专门研究。①向敦煌及其周边的瓜州地区迁徙吐谷浑部落，这一状况起源于唐朝前期，特别是唐高宗和武则天时期。晚唐五代敦煌地区的吐谷浑人建立自己的部落，而在瓜州地区慕容家族逐渐担任瓜州刺

---

①郭锋：《慕容归盈与瓜沙曹氏》，《敦煌学辑刊》1989 年第 1 期，第 90—106 页。

史称雄一方。根据郭锋的研究,慕容归盈任职时间是914—919年,卒于940年,控制瓜州长达20多年时间,他统治的时期应当是瓜州地区的吐谷浑人在居民数量上占据绝对优势的时期。直到开宝四年(971),瓜州僧俗百姓在内亲从都头知瓜州衙推氾愿长的带领下上书敦煌曹氏政权希望建立慕容归盈的神庙,因为瓜州城隍与都河水将都是慕容归盈把持。[①]这实际上是归义军时期瓜州地区的居民中吐谷浑人力量剧增的反映。在敦煌文书中,晚唐五代敦煌地区的占卜人员中有很多是吐谷浑人,这位在城头下神的神婆虽然没有记载其身份是汉族还是吐谷浑人,但是就这件事情来看可能是吐谷浑人或者受吐谷浑影响很大的代表性人物。敦煌莫高窟第256窟就是慕容氏家族修建的功德窟,该窟有墨离军诸军事瓜州刺史检校中书令慕容归盈、男节度都头慕容贵隆、窟主玉门军诸军事守玉门军使检校尚书左仆射慕容言长等供养人题记[②],也表明慕容氏家族在瓜州地区的势力很大,在归义军政权中仅次于曹氏家族。榆林窟供养人题记中反映瓜州慕容氏家族的资料更为丰富。这些都说明五代时期随着敦煌地区政权转移到粟特人手中,瓜州地区的政权也逐渐被以慕容家族为主的吐谷浑和吐蕃移民所掌握。这一点我们还可以通过敦煌文书得到证实。根据P.3412《太平兴国六年(981)十月都头安再胜、都衙赵再成等牒》记载,瓜州任职的有都头安再胜和都衙李衍悉鸡,前者属于粟特胡,后者属于汉化之吐蕃居民。

2. 归义军瓜州玉门军东天门关以西生活着吐蕃部落。虽然这些

---

①P.2943《开宝四年内亲从都头知瓜州衙推氾愿长为等设慕容使君神座事上曹元忠牒》。

②敦煌研究院编:《敦煌莫高窟供养人题记》,北京:文物出版社,1986年,第110页。

资料主要是五代曹氏归义军政权时期的，但是这一居住状况的形成很可能在张议潮建立归义军政权之初就已经存在。《高居诲使于阗记》记载：

(甘州)西北五百里至肃州，渡金河，西百里出天门关，又西百里出玉门关，经吐蕃界。吐蕃男子冠中国帽，妇人辫发，戴瑟瑟珠，云珠之好者，一珠易一良马。西至瓜州、沙州，二州多中国人，闻晋使者来，其刺史曹元深等郊迎，问使者天子起居。

自灵州渡黄河至于阗，往往见吐蕃族帐，而于阗常与吐蕃相攻劫。①

所谓天门关就是今天的嘉峪关，归义军时期又称为天门关，而《西天路竟》将其称之为玉门关，是错误的。P.2672号《佚名人诗》，除了有凉州平凉堡、番禾县等记载外，还记载到铁门关：

铁门关外东西道，过尽前朝多少人。
客舍丘墟存旧迹，山川犹自□□鳞。
掊沙偃水燃刁斗，黄叶胡桐以代薪。
信□弯弧愁虏骑，潜夺不动麝香尘。

自述诗中记载：

羝羊何事触西蕃，进退难为出塞垣。
□短更忧囚羁苦，哀鸣伏听主人言。

以上记载都提到虏骑和西蕃事，表明这一带居住的主要是吐蕃等少数民族。

3. 瓜州新乡镇管辖范围。根据S.8516《广顺三年(954)十二月十

①《新五代史》卷74《四夷附录第三》，北京：中华书局，1974年，第917—919页。

九日归义军节度使曹元忠牓》记载，这里“山川阡陌堪居，遂乃置城立社，况河西境部，旧日总有人民，因为吐蕃吞侵，多投他方”，为补充这里的人口，归义军政权决定“新乡要镇，未及安置军人，今岁初春，乃遣少多人口耕种一熟早得二载喉粮”，“乐去者牓尾标名，官赐物填还欠负诸家债物”。在标名的人中有新乡口承人押牙罗祐先、兵马使景悉乞讷、李佛奴、于罗悉鸡、赵员定、大云寺僧保住、康武指挥兄弟二人。而新城口承人有押衙神沙王盈进、玉关宋流住等[①]。由牓文分析，新城镇、新乡镇原先都有很多吐蕃人居住，归义军政权为了加强这里的军事力量，从敦煌各乡向这里迁徙了一部分人口，从这些署名人分析，新乡镇居民中有很多是粟特等胡人。

4. 瓜州新城镇，S.8712《丙戌年四月十一日诸镇吊孝欠布凭》记载：“丙戌年四月十一日诸镇吊孝李家阿师子欠布，新城安镇使、悬泉宋镇使。”[②]新城安镇使的记载表明这里是以粟特人为主建镇，居民构成中粟特人也应当不在少数。

5. 瓜州新乡镇是归义军政权的沿边诸镇之一，位于瓜州东部地区，这里的居民结构我们可以通过 S.374《宋至道元二年（995—996）王汉子等陈谢司徒娘子布施麦牒》有所了解：

> 新乡副使王汉子、监使郁迟佛德、都衙马衍子，朱阿砾百姓等。右汉子、佛德、百姓等，自从把城，苦无丝髮之劳，今

---

①图版参中国社会科学院历史所、中国敦煌吐鲁番学会敦煌古文献编辑委员会、英国国家图书馆、伦敦大学亚非学院合编：《英藏敦煌文献（汉文佛经以外部分）》第十四卷，成都：四川人民出版社，1995 年，第 145—151 页。

②图版参中国社会科学院历史所、中国敦煌吐鲁番学会敦煌古文献编辑委员会、英国国家图书馆、伦敦大学亚非学院合编：《英藏敦煌文献（汉文佛经以外部分）》第 12 卷，第 206 页。

> 司徒娘子重福，念见边城，恰似正二月布施百姓麦伍车，一一打与贫乏百姓，救难之接贫命饥荒种子。汉子、佛德、百姓老小女人参拜司徒娘子恩得福因，应四遭番人专名无任感恩，悚惧之至。今者汉子佛德扵何都头手上领得雍归麦替麦拾伍车。又都衙先欠麦玖车拾叁硕伍斗，并无升合不欠。谨具陈谢，谨录状上牒件状如前，谨牒。道至(至道)元二年正月日新乡副使王汉子监使迟佛德等牒。①

从担任副使、监使、都衙人选来看，这里肯定是少数民族居住区域。

6. 龙家的生活区域主要在常乐县一带，这在敦煌文献中有比较多的记载，以前的研究中也多有论及。关于这一看法可以参看以下几件文书。P.2482V《常乐副使田员宗启》：

> 右今月一日巳时，于南山贼下。龙家史纳罗见贼，告来称说，贼寇极多。……当道煞却龙家一人，兼马将去……城家张再诚致死，龙家一人捉将及马贰匹将去，兼草上捉驴叁头、牛肆头、龙家小厮儿贰人……其向东贼到于悬泉城下，捉将赵都知小男二人、女子一人；其把道龙家将到硒山谷放却，至弟二日斋时到来。其龙家口说：述丹宰相、阿悉兰都督二人称说，发遣龙家二人为使，因甚不发遣使来？沙州打将羊数多少分足得，则欠南山驼马，其官马群在甚处，南山寻来。龙家言说：马七月上旬遮取沙州去。已前词理，并付龙家□言。②

---

①唐耕耦、陆宏基编：《敦煌社会经济文献真迹释录》第2辑，第106页。

②唐耕耦、陆宏基编：《敦煌社会经济文献真迹释录》第4辑，第501—502页。

P.2641《丁未年(947)六月都头知宴设使宋国清等诸色破用历状并判凭四件》:

十二日设瓜州来龙家并雍归家,中次料叁拾分,下次料拾壹分。付皱文匠唤苏油壹升。

瓜州来龙家壹人,逐日午时下次料,早夜面壹升半,供拾壹日,食断。

宴设司伏以今月去伍月贰拾捌日,供瓜州来龙家贰人逐日午时中次料,又贰人下次料,早夜陆升,至陆月贰拾贰日午时喫(吃)了断。拾叁日,又供后纳马来龙家肆人,逐日午时各下次料,早夜面陆升,至贰拾贰日午时喫了断。又龙家壹人,逐日午时下次料,早夜面壹升半,供拾陆日,食断……①

从文书P.2641《丁未年(947)六月都头知宴设使宋国清等都色破用历状并判凭四件》记载看,瓜州常乐县主要居民除了汉族人之外,就是龙家人,他们主要从事牧马业。南山向常乐县要求派遣龙家使者,足见龙家是瓜州常乐县的主要居民。从龙家史纳罗判断,龙家中混入了很多粟特人在内。至于龙家在瓜州地区居民构成中所占的比重,由于没有可以量化的文书进行推测,一时无法确定,但在瓜州地区生活着大量的龙家人是可以肯定的。

7. 瓜州地区与敦煌地区一样,也生活着很多粟特胡人,并有很长的历史了,如《大慈恩寺三藏法师传》记载被唐玄奘剃度并为之作引

①唐耕耦、陆宏基编:《敦煌社会经济文献真迹释录》第3辑,第610—613页。

导的石槃陀就是生活在瓜州地区的粟特胡人。[1]再如五代天成年间担任悬泉镇遏使的安进通,根据 P.2814《后唐天成三年戊子年(928)二月都头知悬泉镇遏使安进通状七件》第三件记载他派出的游弈使罗钵衲等，表明瓜州悬泉镇当时是一个粟特等西域杂胡为主要居民结构的军镇。同卷《后唐天成年代都头安进通状稿二件》的第二件:

> 都头、知悬泉镇遏使、银青光禄大夫、检校国子祭酒、兼御史大夫、上柱国安厶乙:乃睹古迹,神庙圮圻,毁坏年深,若不修成其功,恐虑灵祇无效。遂则彩绘诸神,以保河湟永固,贼寇不戒于疆场。护塞清宁,戎烟陷灭,潜异境□,乃丰登秀实,万姓歌谣,有思神佛早觉。于时天成□年某月日。

这里记载到的神庙,很可能就是祆神寺庙。祆神一般要“立舍画神主,总有廿龛”,与这里的彩绘诸神基本相符。神庙的功用又与祆神的功能一致,《安城祆咏》称:“版筑安城日,神祠与此兴;州县祈景祚,万类仰休征;频藻来无乏,精灵若有凭;更看雩祭处,朝夕酒如绳。”[2]既然这个神庙就是祆神庙，表明瓜州悬泉镇悬泉县居住有大量的粟特为主的胡姓民族。

从以上研究中看出，晚唐五代瓜州地区的居民结构成分较敦煌地区更为复杂和多元化,有慕容氏为主的吐谷浑人,同敦煌一样,这是唐代移民安置吐谷浑的结果。吐蕃时期,瓜州是瓜州节度使衙所在

---

①《大慈恩三藏法师传》卷一:“其夜,寺有胡僧达磨梦法师坐一莲华向西而去。达磨私怪,旦而来白……俄有一胡人来入礼佛,逐法师行二三币。问其姓名,云姓石字槃陀。此胡即请受戒,乃为授五戒。胡甚喜,辞还。少时赍并果更来。法师见其明健,貌又恭肃,遂告行意。胡人许诺,言送过五峰。法师大喜,乃更贸衣资为买马而期焉。明日日欲下,遂入草间,须庾(臾)彼胡更与一老胡翁乘一瘦老赤马相逐而至……”

②郑炳林:《敦煌地理文书汇辑校注》,兰州:甘肃教育出版社,1989 年,第 139 页。

地，也是吐蕃统治河西的政治中心，因此归义军时期瓜州地区保留了很多吐蕃移民，分布在瓜州以东、肃州以西的广大地区，而这一带又是曹氏归义军时期东部军事防御重点地区，因此依靠吐谷浑、吐蕃的势力，防御回鹘政权的西犯，是曹氏归义军政权初期的主要策略。瓜州又是中外交通的咽喉之地，自唐代以来就有大量的粟特人居住这一地区，到晚唐五代时期，瓜州地区的许多县镇都被粟特人控制，建立祆教寺院，这一状况实际上是唐代居民结构的延续。从敦煌文献中反映出来的归义军时期瓜州地区政权的演变，实际上也是张曹归义军节度使利用民族实际情况进行统治的有效方法。

三、晚唐五代归义军时期伊州地区居民结构

晚唐五代归义军时期伊州地区的居民结构，学界目前还没有专文进行研究，要研究这个问题首先必须弄清楚伊州地区的基本居民构成，其次要弄清晚唐五代以来这里居民结构变化。关于伊州地区的居民沿革变化，S.367《沙州伊州地志》《元和郡县图志》卷四十伊州伊吾郡皆有详细的记载，并且两种志书记载基本相同。《沙州伊州地志》记载：

伊州，下。公廨七百卌千，户一千七百廿九，乡七。右古昆吾国西戎之地。周穆王伐西戎，昆吾献赤刀是也，后语讹转为伊吾郡。《汉书·西域传》云：周襄戎狄，错居泾渭之北，伊吾之地，又为匈奴所得，汉武伐匈奴，收其地，其后复弃。至后汉永平十六年，北征匈奴，取伊吾卢地，置田禾都尉，西域复通。以后伊吾三失三得。顺帝置伊吾司马一人。魏晋无闻郡县。隋大业六年于城东买地置伊吾郡，隋乱，复没于胡。贞观四年首领石万年率七城来降，我唐始置伊州。宝应中陷吐蕃。大中四年张议潮收复，因沙州卌户居之，羌龙杂处，约

一千三百人。[①]

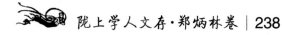

地志的卷末题记为光启元年张大庆于灵州安尉大使嗣大夫处抄写,内容基本上是此前情况。经与《元和郡县图志》比较,伊州户口和公廨是唐开元年间的统计数字,因为伊州于乾符二年至乾符三年间丢失,所以记载归义军时期的户口数字所反映的是乾符二年之前的情况。从这段记载看,两汉时期伊州地区居住的主要是匈奴,魏晋南北朝时期没有详细记载,《元和郡县图志》卷四十记载,"后魏及周,又有鄯善人来居之"。同时我们根据《魏书·高昌传》《北史·高昌传》等记载,北魏时期一度为高车占据,北魏曾派遣韩安保、孟威以伊州经营高昌,表明这里行政隶属于北魏,居民有汉族、鄯善、高车等,隋代地没于胡,这个胡可能是对西域少数民族的总称。贞观四年石高年投唐置伊州,《元和郡县图志》称:"贞观四年,胡等慕化内附,于其地置伊州。"表明唐代这里的居民主要以鄯善、粟特等胡人为主。

鄯善人主要居住在伊州纳职县,《元和郡县图志》记载纳职县位千伊州西南一百二十里,"其城鄯善人所立,胡谓鄯善为纳职,因名为县焉"。《沙州伊州地志》记载纳职县在伊州西一百二十里"右唐初有土人鄯伏陀,属东突厥,以征税繁重,率城人入碛奔鄯善,至并吐[谷]浑居住,历焉耆,又投高昌,不安而归,逐(遂)以为号"。归义军时期收复伊州,但是纳职城仍然被回鹘所占领,因此在张议潮时期多次对伊州纳职城的回鹘人用兵,见于P.2962《张议潮变文》记载的大中十年、十一年两次,有但是都没有将这一地区收复。同时也记载到这里的居民:"敦煌北一千里镇伊州城西有纳职县,其时回鹘及吐谷浑居住在彼,频来抄掠伊州,俘虏人物,曾无暂安。"兵败之后仍然"走投入

①郑炳林:《敦煌地理文书汇辑校注》,第65—66页。

纳职城,把牢而守",表明归义军时期纳职城居民主要由回鹘和吐谷浑构成。

作为伊州治所的伊吾县,居民主要由粟特、龙家人构成。根据《大慈恩寺三藏法师传》记载贞观年间唐玄奘经过这里的情况:"既至伊吾,止一寺。寺有汉僧三人……自外胡僧、[胡]王悉来参谒,王请届所居,备陈供养。"[①]表明这里的居民人口主要是西域杂胡。《沙州伊州地志》记载伊州伊吾流传的是祆教:

> 火祆庙,中有素书形像无数。有祆主翟槃陀者,高昌未破以前,槃陀因朝至京,即下祆神,以利刀刺腹,左右通过,出腹外,截弃其余,以发系其本,手执刀两头,高下绞转,说国家所举百事,皆顺天心神灵助,无不征验。神没之后,僵仆而倒,气息奄七日,即平复如旧。有司奏闻,制授游[击]将军。[②]

这说明伊吾地区唐初居民结构以胡人为主。另外从这里的风俗看居民多从事商业,"其俗又不重衣冠,唯以多财为贵",也与石高年投唐事实相呼应。

乾符三年之后伊州地区为回鹘等少数汉族控制,出现在敦煌文献中的记载主要是伊州回鹘与敦煌归义军政权之间的交往,从敦煌文书中保留有伊州经商的沙州人给敦煌家里的来信看,这里仍然有少量的汉族居住。至于这里的其他少数民族的居住情况在回鹘占领之后是否发生了变化,我们从敦煌文献中还无法证实。但是我们还是可以通过敦煌文献了解归义军时期伊州地区居民结构的基本脉络:

①[唐]慧立、彦悰:《大慈恩寺三藏法师传》,北京:中华书局,2000 年,第 18 页。

②郑炳林:《敦煌地理文书汇辑校注》,第 67—68 页。

这里居民结构以回鹘、龙家部落和粟特人为主,汉族人在这里只有很少一部分,归义军收复伊州之后,也仅仅派出很有限的人力对这一地区进行统治。这也是归义军在很短时间内就失去伊州的原因之一。

四、晚唐五代肃州酒泉郡居民结构

晚唐五代归义军时期肃州酒泉郡地区的居民结构,敦煌文献记载比较少,正史中记载也很不足,因此要将晚唐五代肃州地区的居民结构研究清楚,十分困难。

《通典·边防六》(卷190)"吐谷浑条"郭元振《上安置吐谷浑状》称降唐之吐谷浑"肃州(今酒泉郡)降者,甘肃左侧安置之"。表明这里居民中吐谷浑占了一定的比例。吐蕃时期,敦煌文献及历史典籍很少记载到这一地区。归义军的肃州地区沿革变化,根据《张淮深碑》的记载,大中三年收复甘、肃二州,至于这里居民,《沙州伊州地志》记载龙部落在肃州地区有其首领,根据《张淮深碑》和《阎使君状》等记载,这里的居民中还有吐蕃、吐谷浑等。《张淮深变文》记载归义军收复河西之后的状况,也能说明肃州等地的居民结构情况。当时使者看到敦煌与其余河西四州情况完全不同:"又见甘、凉、瓜、肃,雉堞凋残,居人与蕃丑齐肩,衣着岂忘于左衽:独有沙州一郡,人物风华,一同内地。"[①]这里居民既然与吐蕃没有什么区别,表明其吐蕃化倾向十分严重。其次就居民结构来说,吐蕃等少数民族构成居民结构中的主要部分。

归义军时期肃州地区居民结构状况,由于文献记载的匮乏,没有办法完全研究清楚,但是可以透过敦煌文献的零星记载分析推测出来当时肃州地区的居民结构状况。P.3569《唐光启三年(887)四月为

---

①王重民等编:《敦煌变文集(上)》,北京:人民文学出版社,1980年,第212—218页。

官酒户马三娘、龙粉堆支酒本和算会牒附判词》支酒的使者中就有肃州使,可能就是后来的肃州家,既然与归义军政权保持通使关系,表明他们有一定的独立性,是一个少数民族政权。P.2155《弟归义军节度使曹元忠致甘州回鹘可汗状》称"又去五月十五日被肃州家一鸡悉殉作引道人,领达怛贼壹佰己来",反映出肃州地区的居民。另外我们从人名看,肃州家可能是属于吐蕃系统的少数民族,这样我们就可以推测出归义军时期特别是五代时期,肃州地区的居民除了汉族人之外,主要是吐蕃系统的肃州家和突厥后裔的达怛等,特别是五代以后,建立政权的肃州家处于主导地位。其次这次肃州家对归义军的管辖范围旨在掠夺的行动是配合甘州回鹘的,同行的还有一批回鹘军队,因此可能肃州地区还生活着一批回鹘人。

另外我们还可以根据 P.3412《宗太平兴国六年(981)十月都头安再胜、都衙赵再成等牒》记载:

> 都头安再胜、都衙赵再成、李衍悉鸡等:右今月廿日寅时,孔僧正、沙弥定昌、押衙唐愁儿等叁人走来,况再胜等闻讯向东消息,言说回鹘、达怛及肃州家相合。就大云寺对佛设誓,则说向西行兵。其僧正身患,且住三五日瓜州将患,便取西来。更有微细事理,僧正等来且分说。谨具状陈闻,谨录状上。牒件状如前谨牒。太平兴国陆年十月日都头安再胜、都衙赵再成等。①

这是沙州的都头安再胜与都衙赵再成等上报沙州归义军节度使状文,主要汇报肃州地区三股势力联合准备对沙州地区用兵,从内容看肃州地区势力主要有回鹘、达怛和肃州家。

归义军政权对肃州地区的统治结束时间敦煌文献中没有明确的

---

①唐耕耦、陆宏基编:《敦煌社会经济文献真迹释录》第 4 辑,第 517 页。

记载,从归义军与甘州回鹘的关系分析,与甘州回鹘同张承奉的战争有很大关系。900 年前后回鹘西侵,张承奉派军与回鹘的战争在肃州城下、金河东岸展开。关于这次战争《浑子盈邈真赞并序》和《龙泉神剑歌》有详细的记载。① 显然这次张承奉最后以失败告终,肃州地区因此也就丢失了。在甘州回鹘的管辖下,肃州地区的居民成分根据敦煌文献及其有关记载分析,所谓的肃州家大约由嗢末、龙家等构成,加上达怛等,就形成了肃州地区基本居民成分,汉族在肃州地区居民结构比例中所占的比重较唐代有很大的下降。

五、晚唐五代甘州张掖郡地区居民结构

根据《张淮深碑》的记载,张议潮大约于大中三年打败吐蕃收复甘州地区,这里的居民结构情况根据《张淮深变文》记载,这里“居人与蕃丑齐肩,衣着岂忘于左衽”。《沙州伊州地志》记载甘州地区生活的居民有龙部落,即所谓龙家。从吐蕃统治时期起,回鹘人大量迁入以张掖为中心的河西地区,形成了后来的甘州回鹘。关于甘州回鹘研究,有荣新江先生的《甘州回鹘成立论》论证甘州回鹘政权的建立时间。我们根据《李明振碑》记载 895 年前后李弘谏出任甘州刺史一事,认为回鹘控制甘州与建立政权的时间未必完全一致。甘州回鹘建立政权的时间要早,而控制甘州的时间应当在 895 至 900 年之间。但是甘州回鹘从归义军的编户齐民变成独立政权应当早于这个时间。

甘州回鹘与敦煌归义军脱离隶属关系应当在中和四年以前。S.2589《唐中和四年(884)十一月一日肃州防戍都营田康使君县丞张

①S.5448《浑子盈邈真赞并序》,见郑炳林《敦煌碑铭赞辑释》,第 7 页;P.3633《龙泉神剑歌》,唐耕耦、陆宏基编:《敦煌社会经济文献真迹释录》第 4 辑,第 381—383 页。

胜君等状》有关于甘州地区情况的记载：

游弈使白永吉、押衙阴清儿等，十月十八日平善已达嘉麟，缘凉州闹乱，郑尚书共□□□□之次，不敢东行，宋润盈一行□□凉州未发，其甘州回鹘和断未定，二百回鹘常在甘州左右捉道劫掠，甘州自胡进达去后，更无人来往。①

从这篇文书记载看，归义军政权的甘州刺史已经无法控制甘州地区的局面，甘州回鹘不但可以同归义军地方政权进行和断谈判，而且出兵在甘州左右劫道。P.3569《唐光启三年(887)四月为官酒户马三娘、龙粉堆支酒本和算会牒附判词》支酒的使者中就有回鹘使，可能就是指甘州回鹘。同一时期的S.389《肃州防戍都状》记载：

(归义军派出了)索仁安今月六日往向东，随从将廿人，称于回鹘王边充使，将赤辕夫马一匹、白鹰一联，上与回鹘王……又今月七日，甘州人杨略奴等五人充使到肃州称，其甘州吐蕃三百，细小相兼五百余众，及吐谷浑王拨乞狸等十一月一日并往归入本国。其退浑王拨乞狸妻则牵驮夫则遮驱眷属细小等廿已来随往，极甚苦切，余者百余奴客并不听去。先送崔大夫回鹘九人，内七人便随后寻吐蕃综亦往南，二人牵拢嘉麟报去甘州共回鹘和断事由。其回鹘王称须得龙王弟及十五家只(质)，便和为定。其龙王弟不听充只，若发遣我回鹘内入只。奈可自死。缘弟不听，龙王更发使一件。其弟挣患风疾不刊充只，更有迤次弟一人及儿二人，内堪者发遣一人及十五家只，得不得，取可汗处分。其使今即未回，其龙王忠私发遣僧一人，于凉州嗢末首令(领)边充使。将文书称：我龙家共回鹘和定已后，恐被回鹘侵凌，甘州事须发

①唐耕耦、陆宏基编：《敦煌社会经济文献真迹释录》第4辑，第485—486页。

遣嗢末三百家已来同住甘州,似将劳古(固)。如若不来,我甘州便共回鹘为一家,讨你嗢末,莫道不报。其吐蕃入国去后,龙家三日众衙商量,城内绝无粮用者,拣得龙家丁壮及细小壹百玖人,退浑达票拱榆昔达票阿吴等细小共染拾贰人,旧通颊肆拾人,羌大小叁拾柒人,共计贰佰伍拾柒人,今月九日并入肃州,且令逐粮。(后缺)

从这件状文看,归义军管辖甘州地区的居民中,甘州回鹘可汗势力最大,已经建立有自己的政权,可以要求其他居住甘州地区的少数民族对其纳质。龙家基本和回鹘一样也有自己的政权建制,设置有龙王,势力稍小于回鹘。其次还有退浑、通颊、羌等。退浑即吐谷浑,通颊为粟特人部落,羌就是吐蕃人部落。这些都是肃州地区的常住居民,这一居民结构构成了甘州回鹘政权建立的基础。

从敦煌文献记载看,甘州地区的居民大约由汉族及其少数民族中的回鹘、吐谷浑、羌人构成,汉族是这里的基本居民,吐谷浑人是唐代以来迁徙到这里的,敦煌文书记载的羌人就是吐蕃人,是吐蕃统治河西时期迁入甘州地区吐蕃移民,特别是吐蕃时期迁入河西地区的回鹘人,经过多年的发展,归义军时期形成自己强大的部落,张氏归义军时期成为甘州刺史的一支对立力量,大约895年至900年之间,敦煌李氏家族利用回鹘与敦煌张氏对抗,结果给甘州回鹘一个千载难逢的发展时机,一举拿下甘、肃二州,几乎灭亡敦煌归义军政权。曹氏归义军时期回鹘势力显然强于归义军政权,逼迫归义军通过结亲讨好甘州回鹘,每年为了与中原王朝之间的交往道路开通,必须向甘州回鹘送大量的礼品。因此,归义军政权失去对甘州地区的控制固然有其本身的原因,更重要的原因还是甘州地区的居民结构在晚唐五代时期发生巨大的变化,以回鹘人为主的少数民族成为甘州地区居民的主体,在这种状况下回鹘取代归义军管辖甘州只是一个时间问题。

六、晚唐五代凉州武威郡地区居民结构

吐蕃统治河西时期基本上继承了唐代的节度使制度并有所发展，在河西陇右地区设置的有河州节度使、鄯州节度使、凉州节度使和瓜州节度使。很显然，凉州地区是吐蕃统治河西东部地区的中心，归义军收复河西，凉州久攻不下，足见凉州地区吐蕃力量的强盛，同时意味着这里必然有大量吐蕃人居住，占据居民结构中的主要部分。

张议潮咸通二年收复之前，凉州地区居民主要以吐蕃为主。《张淮深碑》记载：

> 姑臧虽众，勍寇坚营，忽见神兵，动地而至，无心掉战，有意逃形，奔投星宿领南，苟偷生于海畔。我军乘胜逼逐，虏群畜以川量；掠其郊野，兵粮足而有剩；生擒数百，使乞命于戈前；魁首腰斩，僵尸染于蓁莽。良图既遂，摅祖父之沉冤。西尽伊吾，东接灵武，得地四千余里，户口百万之家，六郡山河，宛然而旧。①

由“勍寇坚营”看，吐蕃在凉州地区的实力非常大，以至于张议潮收复凉州时动用的军队有七千人，这次战争虽然将吐蕃军队赶到星宿岭南，但是这里的吐蕃居民并没有因吐蕃政权的退出而消亡，他们还生活在这里。主要分为两部分，一部分是吐蕃的主体，生活在凉州以南，成为六谷都部落；另外一部分称之为嗢末，由吐蕃降奴组成，居住在凉州城及其周围地区。

凉州地区的居民结构可以从 S.6341、Дx.5474《张议潮处置凉州进表》等文书获得很多信息：

---

①荣新江：《敦煌写本〈敕河西节度兵部尚书张公德政之碑〉校考》，见《周一良先生八十生日纪念论文集》，北京：中国社会科学出版社，1993 年，第 206—216 页。

张议潮奏：咸通二年收凉州，今不知却废，又杂蕃浑。近传嗢末隔勒往来，累询北人，皆云不谬。伏以凉州是国家边界，嗢末百姓，本是河西陇右陷没子将，国家弃掷不收，变成部落。昨方解辩（辫），只得抚柔。[岂可摈狐兔稻粱]，使为豺狼荆棘。若[国家以边陲路远，馈]运不充，比于赘疣。置[之度外，彼或国冲其]弃掷与犷俗连耕。相率状（吠）尧，犯关为寇，国家又须诛剪，不可任彼来侵。若征举兵戈，还挠州县。今若废凉州一境，则自灵州西去，□（并）为毳幕所居。比年使州县辛勤，却是为羯胡修造，言之可为痛惜。今凉州之界，咫尺帝乡。有兵为藩垣，有地为襟带，扼西戎冲要，为东夏关防。捉守，则内有金汤之安；废指（置），则外无墙堑之固。披圆（图）可羚（矜），指事足明，不待多言，希留圣鉴。今岂得患其盗（资）给，放为寇仇。臣恐边土之人，坐见劳弊。臣不可伏匿所知，偷安爵位，俾国家劳侵，忍霄（宵）肝忧勤。臣不言，有□于国。言而不用，死亦甘心。噬脐虽□，□经祭庙，亦彰于唐典。

从表文得知，凉州地区居民主要是吐蕃、吐谷浑和嗢末，以嗢末为主。蕃主要是吐蕃居民，浑主要是指吐谷浑，这里是唐代安置吐谷浑的主要地区，这可以由武威出土吐谷浑墓志证实。[①]到归义军时期，凉州地区居民结构基本上沿袭唐代的状况而有所变化，大概有两点：一方面是汉族势力有所削弱；另一方面是少数民族的势力进一步加强，如嗢末等民族成为这里的主导民族，特别是五代以后掌握凉州地区权力的是吐蕃五谷都部落。P.4638《瓜州牒状》称张议潮收复瓜沙

---

①王其英：《武威金石录》，兰州：兰州大学出版社，2001年。

以东地区特别是收复凉州地区为“东擒羌落”，足见这里的居民结构以吐蕃、吐谷浑、嗢末为主。

张氏归义军后期，凉州地区的嗢末势力已经发展起来，尽管史籍认为嗢末是吐蕃随军奴婢形成的，但是毫无疑问的是，嗢末是吐蕃居民的一支。凉州地区的嗢末实际上在张淮深时期已经就可以同归义军政权分庭抗礼了。P.3569《唐光启三年(887)四月为官酒户马三娘、龙粉堆支酒本和算会牒附判词》支酒的使者中就有凉州使曹万成和凉州嗢末人，凉州也是粟特人主要居住区域，曹万成就是凉州粟特人的代表，形成了汉族、吐蕃、嗢末、粟特、龙家等为中心的居民结构。至于晚唐五代时期凉州地区管辖诸县居民结构情况，我们没有很详细的文献资料记载证实，但是零星的资料也能反映出大致情况。晚唐归义军时期凉州武威郡嘉麟县、番禾居民结构状况可参 P.2672《嘉麟县》：

道涓堪泣遇嘉麟，县毁五凉后魏臣。
昔日百城曾卧治，如今五柳不□春。
□□□□□□□，漫假橐驴□战轮。
户□怨随羌虏族，思乡终拟劫□□。

P.2672《番禾县》：

五柳和风多少年，琴堂溃毁旧山川。
城依峡□当冲要，地接沙场种水田。
经乱不输乡国税，昔时繁盛起狼烟。
夷人相勉耕南亩，愿拜承凫贡上天。

这两首诗作于晚唐五代归义军时期，很可能是归义军管辖凉州地区某个官员的作品，反映出这一时期凉州地区嘉麟县、番禾县的居民仍然以少数民族为主，这种情况很可能就是整个凉州地区的情况。关于这一点我们还可以由 P.3863《河西都防御招抚押蕃落等使状》得到证实。《宋会要辑稿》195册《西凉府》记载:“凉州郭外数十里尚有汉民陷没者耕作,余皆吐蕃。”表明凉州地区居民基本上以吐蕃人为主。

七、小结

晚唐五代河西地区的居民结构基本上是历史移民的结果。粟特人是一个商业民族,由于经商的需要,主要分布在丝绸之路贸易通道的沿线城镇,从敦煌到凉州,沿途都有祆教寺院,保留有粟特人活动的遗迹,尽管在有的地区没有参政或者附属于回鹘、嗢末等政权,但是不能忽视他们的存在。

吐蕃占领河西地区长达六七十年之久,有的地区统治时间更长,在其统治期间,将大量的吐蕃人迁徙到河西地区,归义军政权从大中二年(848)到咸通二年(861)全部收复河西地区,但是这里的吐蕃移民并没有因此而回迁吐蕃地区,仍然居住河西地区并形成了许许多多的部落,敦煌有吐谷浑部落。凉州有六谷都部落,瓜肃间有吐蕃发使野利延孙等部落,高居诲经过河西时称往往见吐蕃族帐。归义军政权的军队称蕃汉精兵,就是基于这一居民结构基础,归义军经过十余年打下凉州,中央政府还派遣郓州兵驻防,但是最后还是被吐蕃、嗢末所控制,也是居民结构影响所致。

河西地区是一个多民族居住区域,是一个多文化共存的地区,我们在敦煌地区看到的情况,实际上在河西其他地区都基本一样。

(原文发表于《兰州大学学报(社会科学版)》2006年第2期,第9—21页)

敦煌写本《都僧统康贤照和尚邈真赞并序》与石城镇粟特部落徙居敦煌考论

《新唐书·地理志》及敦煌文献《沙州都督府图经》《寿昌县地境》《沙州伊州地志》等都记在唐初至武周时期位于罗布泊地区的石城镇一带居住着一支粟特人康艳典部落，他们大概于唐朝贞观年间从中亚迁徙到石城镇地区，将石城镇一带的鄯善人驱赶到伊州纳职县，康艳典部落成为石城镇的主人，其后代一直担任唐石城镇使的职务，主持石城镇的防务工作。根据敦煌文献的记载，唐开元年间沙州敦煌县管辖有由粟特人组成的从化乡，经学术界研究推测，从化乡的粟特人是由从罗布泊地区的石城镇迁徙而来的粟特人建立的，我们从敦煌文献的记载得知，从化乡最少由两个里四个村落组成[1]，我们从晚唐五代敦煌文献的记载得知，敦煌文献记载的康家庄、安家庄、石家庄、曹家庄、罗家庄、石家庄等都是从化乡管辖下的村落。这些村落分布在敦煌城周边地区，即城南园、城北园、城东园、城西园和东水池、西水池、北水池或者城南庄、城北庄、城东庄、城西庄等粟

①P.3559《唐天宝年间(750)敦煌郡敦煌县从化乡差科簿》，录文参唐耕耦、陆宏基编:《敦煌社会经济文献真迹释录》第1辑，北京:书目文献出版社，1986年，第229—241页。

特人聚落。① 这些粟特人是什么时间迁徙敦煌的，迁徙的原因是什么，陈国灿《唐五代敦煌县乡里制的演变》曾就从化乡的出现与石城镇康艳典部落迁徙敦煌有关，并认为迁徙的时间是唐神龙年间突骑施阙啜忠节帅部进入且末河流域，随此而引来了吐蕃兵向塔里木盆地东部的进占；粟特人聚落在石城镇的消失与阙啜在这一地区的劫掠同时发生，推测居住在且末河流域的粟特人在受到阙啜的暴力威胁时迅速逃往敦煌以求得沙州刺史的保护。② 但是未能就敦煌粟特人聚落与石城镇康艳典部落的关系提出直接的资料证据。我们在对《都僧统康贤照和尚邈真赞并序》进行研究发现，康贤照祖上就是石城镇人，是康艳典部落后裔。因此我们有必要重新对敦煌粟特人聚落来源及其原因进行梳理。

一、《都僧统康贤照和尚邈真赞并序》与石城镇粟特人康艳典部落

康艳典部落徙居敦煌，直接记载是 P.3556《都僧统康贤照和尚邈真赞并序》，P.3556《敦煌名人名僧邈真赞集》第一篇篇首残缺，篇末亦无撰写题记。第一行曰“河西管内佛法主赐紫□□(沙门)”，由本卷《都僧统氾福高和尚邈真赞并序》福高僧官结衔为“大唐敕授归义军

①参郑炳林《晚唐五代敦煌村庄聚落辑考》，收入《2000 年敦煌学国际学术研讨会文集：纪念敦煌藏经洞发现暨敦煌学百年(历史文化上)》，兰州：甘肃人民出版社，2002 年，第 122—162 页；郑炳林《晚唐五代敦煌地区的胡姓居民与聚落》，《法国汉学》第 10 辑《粟特人在中国——历史、考古、语言的新探索》，北京：中华书局，2005 年，第 178—190 页；Zheng Binglin, Non-Han Ethnic Groups and Their Settlements in Dun-huang during the Late Tang and Five Dynasties, *Les Sogdiens en Chinse*, Paris: École française d'Extrême-Orient, 2005, pp.343—362.

②陈国灿：《唐五代敦煌县乡里制的演变》，收入氏著《敦煌学史事新证》，兰州：甘肃教育出版社，2002 年，第 370—376 页。

应管内外都僧统充佛法主京城内外临坛供奉大德兼阐扬三教大法师赐紫沙门”,又曰:“洎金山白帝,……遂封内外都僧统之号,兼加河西佛法主之名。”《都僧统陈法严和尚邈真赞并序》记载:“爰至吏部尚书秉政莲府,大扇玄风,封赐内外都僧统之班,兼加河西佛法主之号。”由此看来,“河西管内佛法主”乃都僧统加的号。赞文称“河西教主,莲府英贤”,当是敦煌某位都僧统。又按,P.3556 第二、第三篇乃是继康贤照出任都僧统的氾福高、陈法严,疑此篇乃是康贤照的邈真赞。序文曰:“[石]城名宗,敦煌鼎族。”不记载其姓氏源流,P.4660《瓜州刺史兼左威卫将军康秀华邈真赞并序》记载“伟哉康公,族氏豪宗”,亦相同。又按序文内容,绵帐上方画弥勒佛、诸菩萨,下方画有其形影,可知此篇乃供养像题赞。此篇诸家皆略而不录。《敦煌遗书总目索引》伯希和劫经录:“3556 集文一卷(两面抄)。有氾和尚、陈和尚、贾和尚、曹法律尼(曹大王之侄女)、灵修寺尼张戒珠(张议潮之孙女)等邈真赞,又张氏(张淮深之女)墓志铭、清泰三年曹元德转经疏等。”P.3556 是由多篇废弃文书粘连在一起抄写邈真赞,其中康贤照、陈法严邈真赞背面书写的是《沙州诸寺尼修习禅定记录》,这是一篇前后残缺的文书,中间有“乘:圆戒”字样,表明这是大乘寺等待出家女性沙弥尼修习记录,记录了部分出家尼修习问想甄别兼判的记录,是道场度僧尼的必要环节,每人一行,前面是问想记录,后面是甄别兼判成绩。1992 年我们在辑录这篇文书时将其定名为“河西管内佛法主赐紫邈真赞并序”,主要是根据第一行残文“河西管内佛法主赐紫□□”[1],而

①参郑炳林:《敦煌碑铭赞辑释》,兰州:甘肃教育出版社,1992 年,第 369—369 页。

后学术界将其定名为“康贤照邈真赞并序”[①]。康贤照，敦煌大云寺僧，乾符三年至六年接替唐悟真出任都僧录，根据 P.2856V《唐景福二年癸丑岁(893)十月十一日沙州某寺纳草历》、P.2856V《乾宁二年三月十日营葬都僧统榜》、P.4597V《光化三年、四年杂写书函》、S.2614V《唐年代未详(895)沙州诸寺僧尼名簿》等记载，景福二年前出任副僧统兼都僧录，乾宁二年(895)唐悟真圆寂后出任都僧统。又根据 S.1604《天复二年(902)四月廿八日沙州节度使帖都僧统等》《天复二年四月廿八日都僧统贤照帖诸僧尼寺纲管徒众等》《天复二年河西都僧统贤照下诸寺纲管徒众帖》的记载。天复二年康贤照仍然任都僧统，荣新江认为天复二年是康贤照与氾福高的交替年代。[②]我们根据 S.1073《唐光化三年(900)四月徒众绍净等请某乙为寺主牒稿》记载：“(前缺)请某乙为寺主。右件僧，戒珠圆净，才智洪深，善达时机，权谋越群，凡庭葺绩，藉此良能。伏望都僧统和尚仁明，神笔判差，希垂处分。牒件状如前，谨牒。光化三年四月日徒众绍净牒。”都僧统指的是康贤

---

①施萍婷：《敦煌遗书总目索引新编》“伯希和劫经录”：“P.3556a 康贤照邈真赞。按：此依姜伯勤、项楚、荣新江合著：《敦煌邈真赞校录并研究》定名。”(北京：中华书局，2000 年，第 286 页)饶宗颐主编：《敦煌邈真赞校录并研究》有录文，并定名为《康贤照邈真赞》，台北：新文丰出版有限公司，1994 年，第 213—214 页。吴钢主编：《全唐文补遗》第 9 辑(西安：三秦出版社，2007 年，第 317 页)、张志勇《敦煌邈真赞释译》(北京：人民出版社，2015 年，第 316—317 页)有录文，沿用饶宗颐定名。上海古籍出版社等编：《法藏敦煌西域文献》第 25 册(上海：上海古籍出版社，2002 年，第 248—249 页)有图版，并定名为《康贤照邈真赞》。参照诸家研究定名，我们将这篇邈真赞定名为《河西管内都僧统康贤照和尚邈真赞并序》。荣新江：《敦煌邈真赞年代考》(见《敦煌邈真赞校录并研究》，第 362 页)认为这篇赞文撰写于 902 年前后。

②荣新江：《关于沙州归义军都僧统年代的几个问题》，《敦煌研究》1989 年第 4 期，第 70—78 页。

照。S.2574《唐天复五年(905)八月灵图寺徒众上座义深等大行充寺主状并都僧统判辞》记载:“灵图寺徒众上座义深等状。众请大行充寺主。右前件僧,徒中俊德,务众多能。顺上有波骤之勤,训下存恩恤之义。本性迅速,无羽同飞。边鄙鸿基,实藉纲要。伏望都僧统和尚仁恩详察,特赐拔擢。伏请判凭处分。牒件状如前,谨牒。天复伍年八月日灵图寺徒众义深等牒。徒众灵俊,徒众,徒众政信,徒众惠,徒众,徒众灵□,徒众义深。状称多能,无羽能飞者。若阙六翮,岂可接云而高翔也。然来意难违,便可□□。□日。贤照。”[①]都僧统康贤照与都僧统氾福高的交替年代应当在天复五年八月之后。康贤照担任敦煌都僧统的时间至少在十年以上。

《都僧统康贤照和尚邈真赞并序》记载敦煌康氏家族的郡望称:

> [和尚俗姓康氏,香号贤照。乃石]城名宗,敦煌鼎族。□□□□□□,□□不恋烦嚣。长习捐簪,□□□□□□。遂得鹅珠进戒,皎皎以秋月齐圆。□□□□,□□以春花竟彩。精通万法,辩□□(若河)决争流。奫晓千门,谈如倾盆竞涌。莲花三座训迷邪,指中道真如;师子五升化昏愚,悟顿途性相。谈空才暇,乃思有相之因;随众分身,故表众生之果。况知色尘号假,色方示有;成生法体号空,应法还为寂灭。[②]

这是敦煌文献中将敦煌粟特人康氏同石城镇康氏联系起的最明确的记载,虽然文献记载有残缺,但是“城名宗敦煌鼎族”很清楚,而“城”字最有可能与“域”写混,无论是西域还是石城,都是对康氏家族

①郑炳林、郑怡楠:《敦煌碑铭赞辑释(增订本)》,上海:上海古籍出版社,2019年,第892—899页。

②郑炳林、郑怡楠:《敦煌碑铭赞辑释(增订本)》,第892页。

族源的追述。我们经过仔细辨认,应当是"城"字而非"域"字,因此城字前面所残缺的应当是"石"。这里追述的康贤照家族族源是从石城镇迁徙而来的,因为从康艳典起到石城镇将康拂耽延,康氏家族最辉煌的时期是在石城镇担任镇将阶段,康贤照追述他们这个家族史是为了表明他们家族在唐朝时期的地位不一般,只有是石城名宗,才能成为敦煌鼎族。P.4660《瓜州刺史兼左威卫将军康秀华邈真赞并序》记载:"伟哉康公,族氏豪宗。"《都知兵马使康通信赞》记载:"懿哉哲人,与众不群。"①P.3258《祈愿文》记载:"康公骏豪迎机,挺用济时;耿介不群,指挥无滞。"这些记载都表明敦煌粟特人康氏家族出身不同一般,能够与敦煌的大姓豪宗李氏、索氏、阴氏、氾氏、张氏并驾齐名,号称敦煌的豪宗鼎族。此后敦煌粟特名人辈出,康氏家族除了康秀华之外还有都知兵马使康通信"懿哉哲人,与众不群。刚柔相伴,文质彬彬。尽忠奉上,尽孝安亲。叶和众事,进退俱真。助开河陇,效职辕门。横戈阵面,骁勇虎贲。番禾镇将,删丹治人。先公后私,长在军门。天庭奏事,荐以高勋。姑臧守职,不行遭窀",也是敦煌的名人。除了康氏之外,安氏家族也是敦煌的名望家族,最初的归义军节度副使安景旻等就是其代表。敦煌的粟特人部落后裔,除了康贤照外都没有记载其族源,康贤照的这一记载对于我们探究敦煌粟特人部落的源流和从化乡的形成具有重要的意义。

敦煌的粟特人聚落是从石城镇迁徙而来的,而石城镇的粟特人是何时徙居而来的?有关罗布泊石城镇粟特人康艳典部落徙居石城镇的相关记载主要保存在敦煌文献和《新唐书·地理志》中,通过这些记载我们得知罗布泊地区粟特人康艳典部落是何时迁徙到石

---

①郑炳林、郑怡楠:《敦煌碑铭赞辑释(增订本)》,第375、430页。

城镇的，以及石城镇康艳典部落在罗布泊地区的活动情况。首先是《寿昌县地境》和 S.367《沙州伊州地志》的记载，它们的成书年代和记载内容基本接近，《寿昌县地境》记载了石城镇地区的粟特人康艳典部落：

石城，本汉楼兰国。《汉书·[西域传]》云：去长安六千一百里。地多沙卤，少田出玉。傅介子既杀其王，汉立其弟，更名鄯善。随(隋)置鄯善镇。随(隋)乱，其城乃空。自贞观中康国大首领康艳典东据此城，胡人随之，因成聚落，名其城曰兴谷城。四面并是沙卤。上元二年改为石城镇，属沙州。东去沙州一千五百八十里。

新城，康艳典之居鄯善，先修此城，汉名弩支城。东去鄯善三百三十里也。

葡萄城，康艳典筑。在石城北四里。种葡萄于城中，甚美，因号葡萄城也。

萨毗城，在镇城东南四百八十里。其城康艳典置筑，近萨毗城泽险，恒有土蕃、土谷贼往来。①

《寿昌县地境》撰写时间是后晋天福十年开运二年(945)，为州学博士翟奉达为寿昌张县令撰写的，记载寿昌县史事的下限是建中初年。通过这些记载我们得知，康艳典部落于贞观中东迁鄯善之后，共修筑了石城、新城、葡萄城和萨毗城，其中石城、新城和葡萄城就是指罗布泊三城。S.367《沙州伊州地志》记载除了个别字之外，与《寿昌县地境》相同：

石城镇，东去沙州一千五百八十里，去上都六千一百

①郑炳林：《敦煌地理文书汇辑校注》，兰州：甘肃教育出版社，1989 年，第 61 页。

里。本汉楼兰国。……贞观中,康国大首领康艳典东来居此城,胡人随之,因成聚落,亦曰典合城。四面皆是沙碛。上元二年改为石城镇,隶沙州。

新城,东去石城镇二百卌里。康艳典之居鄯善,先修此城,因名新城,汉为弩支城。蒲桃城,南去石城镇四里,康艳典所筑,种蒲桃此城中,因号蒲桃城。

萨毗城,西北去石城镇四百八十里,康艳典所筑,其城近萨毗泽,山[路]险阻,恒有吐蕃及吐谷浑来往不绝。[①]

另外 P.5034《西州图经》残卷新城、葡萄城、萨毗城也记载了东徙的粟特人康艳典部落:

________尺,下阔一丈五尺,上阔八尺。
________鄯善,先修此城,因名新城,汉
________二百四十里,去播仙镇城六百一
________□见有百姓居住。
________丈,下阔一丈,上阔四尺。
________四里,艳典种蒲桃于城中,
________其川,东西阔三百七十步,长
________住。
________二丈。
________其城康艳典造,近萨毗泽,
________四百八十里,山险,恒有吐蕃、吐
________。[②]

①郑炳林:《敦煌地理文书汇辑校注》,第 65—66 页。
②郑炳林:《敦煌地理文书汇辑校注》,第 47 页。

这个记载应是详细于《寿昌县地境》和《沙州伊州地志》的记载，而且比较正确，很遗憾由于文献的残缺，留下的内容非常有限，就从这些有限的记载中我们得知，前二者的内容都是抄写本卷而来的。特别是关于葡萄城的得名，是因康艳典种葡萄于城中而得名，足以体现出来其记载价值之高："二所葡萄故城，并破坏，无人居止。一城周回二百五十步，高五尺以下。右在山头，垒石为城，去平川七百步，其山无水草树木，北去艳典新造城四里。一城周回一百四步，高五尺已下。右在平川，北去艳典新造城四里。"[①]就是说康艳典在原来的两所破坏故城之外又重新建造葡萄城。我们从这些记载得知，康艳典部迁徙到石城镇地区之后，主要占据石城镇、葡萄城和新城三座城及距离遥远的萨毗城。葡萄城和新城处于石城镇通往于阗道路上，萨毗城是经由播仙镇进入吐蕃境内的交通关隘。

粟特人康艳典部落在石城镇的活动情况在《新唐书·地理志》也有相应的记载："又一路自沙州寿昌县西十里至阳关故城，又西至蒲昌海南岸千里。自蒲昌海南岸，西经七屯城，汉伊修城也。又西八十里至石城镇，汉楼兰国也，亦名鄯善，在蒲昌海南三百里，康艳典为镇使以通西域者。又西二百里至新城，亦谓之弩支城，艳典所筑。"[②]康艳典占据石城镇之后，唐命康艳典为镇使，大约与播仙镇同时建镇，时间为上元中(674—676)。

康艳典部落迁徙石城镇的时间，我们根据S.367《沙州伊州地志》记载伊州纳职县："右唐初有土人鄯伏陀，属东突厥，以征税繁重，率城人入碛奔鄯善，至并吐浑居住，历焉耆，又投高昌，不安而归，胡人

①郑炳林：《敦煌地理文书汇辑校注》，第49页。

②《新唐书》卷43下《地理志七下》，北京：中华书局，1975年，第1151页。

呼鄯善为纳职,既从鄯善而归,遂以为号耳。"[①]这里记载鄯伏陀唐初从鄯善返回,具体时间我们根据伊州部分记载:"贞观四年首领石高年率七城来降,我唐始置伊州。"[②]应当发生于同一个时间,即贞观四年(630)。这也可以从《元和郡县图志》伊州纳职县的记载中得到印证:"其城鄯善人所立,胡谓鄯善为纳职,因名县焉。"[③]《旧唐书·地理志》记载伊州:"纳职　贞观四年,于鄯善胡所筑之城置纳职县。"[④]《新唐书·地理志》记载:"纳职,下。贞观四年以鄯善故城置。"[⑤]既然鄯伏陀是唐贞观四年从鄯善迁徙回伊州纳职县,其迁徙出鄯善的原因肯定与康艳典部落东徙石城镇有直接关系,或者就是康艳典部落将鄯伏陀部落赶出鄯善而投降唐朝建立石城镇。

石城镇的设置时间,《新唐书》《旧唐书》都没有记载,我们只能根据唐朝在西域局势进行推断。根据《新唐书·西域传》焉耆记载:"太宗贞观六年,其王龙突骑支始遣使来朝。自隋乱,碛路闭,故西域朝贡皆道高昌。突骑支请开大碛道以便行人,帝许之。高昌怒,大掠其边。……高昌破,归向所俘及城,遣使者入谢。"[⑥]直到贞观十四年侯君集破高昌,西域入朝路线要么经高昌走大海道或者伊吾道,要么经焉耆直达敦煌的大碛路。就是说行经鄯善的道路还没有重新开启,因此石城镇也就没有设置。后安西都护郭孝恪平焉耆,行军路线仍然经过西州走

①郑炳林:《敦煌地理文书汇辑校注》,第68页。

②郑炳林:《敦煌地理文书汇辑校注》,第66—67页。

③[唐]杜佑撰,贺次君点校:《元和郡县图志》卷40,北京:中华书局,1983年,第1030页。

④《旧唐书》卷40《地理志三》,北京:中华书局,1975年,第1644页。

⑤《新唐书》卷40《地理志四》,第1046页。

⑥《新唐书》卷221上《西域传上》,第6229页。

银山道,而不是经鄯善北上进攻焉耆,康艳典部落还没有归附唐朝政府。唐朝平定焉耆完全改变西域政局的格局,为控制西域南道创造了条件,从焉耆往南就很容易控制鄯善。唐朝政府平定龟兹,将安西都护府迁徙到其都城,统龟兹、于阗、碎叶、疏勒等四镇,鄯善就成为唐朝管辖范围,康艳典部落很可能就是这个时期归附于唐朝政府。高宗时期:“徙安西都护府于其国,以故安西为西州都督府,即拜左骁卫大将军兼安西都护麴智湛为都督。西域平。帝遣使者分行诸国风俗物产,诏许敬宗与史官撰《西域图志》。上元中,素稽献银颇罗、名马。”①《寿昌县地境》及S.367《沙州伊州地志》记载鄯善于“上元二年,改为石城镇,隶沙州”②。康艳典就是这个时期出任石城镇使。

唐朝设置石城镇很可能与防御吐蕃西进、隔断吐蕃与西突厥合势反唐有很大关系。“贞观九年,诏李靖为西海道行军大总管,侯君集积石道,任城王道宗鄯善道,李道彦赤水道,李大亮且末道,高甑生盐泽道,并为行军总管,率突厥、契苾兵击之。”③从行军总管中有鄯善、且末、盐泽道看,唐朝采取东西合围。其中“大亮俘名王二十,杂畜五万,次且末之西。伏允走图伦碛,将托于阗,万均督锐骑追亡数百里,又破之。士乏水,刺马饮血。君集、道宗行空荒二千里,盛夏降霜,乏水草,士糜冰,马秣雪。阅月,次星宿川,达柏海上,望积石山,览观河源”④。吐谷浑灭亡之后,吐蕃遂有其地,乾封初年,吐谷浑在吐蕃逼迫之下投降唐朝,唐朝政府准备将其部落徙居凉州之南山。咸亨元年吐蕃入侵羁縻十八州,率于阗取龟兹拨换城,安西四镇并废。唐派遣逻

①《新唐书》卷221上《西域传上》,第6232页。

②郑炳林:《敦煌地理文书汇辑校注》,第61、65页。

③《新唐书》卷221上《西域传上》,第6225页。

④《新唐书》卷221上《西域传上》,第6226页。

娑道行军大总管征吐蕃,"王师败大非川,举吐谷浑地皆陷",遂徙吐谷浑于灵州,置安乐州。上元二年(675)吐蕃遣大臣论吐浑弥请和,上元三年(676)吐蕃攻打唐鄯、廓、河、芳等州。石城镇实际上就是为了防御吐蕃进入唐西域地区而设置的军镇,同时设置的还有播仙镇。

唐高宗上元二年之后,粟特人康艳典部落一直担任石城镇使,根据P.2005《沙州都督府图经》廿祥瑞蒲昌海五色记载:

> 蒲昌海五色。右大周天授二年腊月得石城镇将康拂耽延弟地舍拨状称:"其蒲昌海水旧来浊黑混杂,自从八月已来,清明彻底,其水五色,得老人及天竺婆罗门云:'中国有圣天子,海水即清无波。'奴身等欢乐,望请奏圣人知者。"刺史李无亏表云:"淮海水五色大瑞,谨检《瑞应图·礼升威仪》曰:'人君乘土而王,其政太平,则河�海夷也。'天应魏国,当涂之兆,明土德之昌。"①

相同内容的记载还见载于P.2695《沙州都督府图经》祥瑞蒲昌海五色:

> 蒲昌海五色:右大周天授二年腊月,得石城镇康拂耽延弟地舍拨状称:"其蒲昌海旧来浊黑混杂,自从八月已来,水清明彻(澈)底,其水五色。得老人及天竺婆罗门云:'中国有圣天子,海水即清,无波。奴身等欢乐,望请奏圣人知者。'"刺史李无亏奏云:"淮海水五色,大瑞。谨检《瑞应图·礼升威仪》曰:'人君乘土而王,其政太平,则河�[海]夷也。'天应魏国当涂之兆,明土德之昌也。"②

①郑炳林:《敦煌地理文书汇辑校注》,第19页。

②郑炳林:《敦煌地理文书汇辑校注》,第35页。

从《沙州都督府图经》歌谣的记载时间是“右唐载初元年四月风俗使于百姓间采得前件歌谣，具件如上讫”，是否证实《沙州都督府图经》的撰写时间应当是载初元年（689）之后。另外记载到五色鸟是武周天授二年（691）、日扬光庆云是天授二年冬至日、白狼是大周天授二年，应当说撰写于天授三年（692）或者更晚。但是文书没有使用武周所造新字，因此《沙州都督府图经》应当是武周以后撰写的作品。这个记载说明武周时期石城镇的镇遏使还是由粟特人康艳典部落的后裔所控制，康艳典部落仍然居住在石城镇一带。

二、唐中宗时与西突厥在西域的交恶及石城镇康艳典部落的内迁敦煌

根据《资治通鉴》的记载咸亨四年（673）：“十二月，丙子，弓月、疏勒二王来降，西突厥兴昔亡可汗之世，诸部离散，弓月及阿悉吉皆叛，苏定方之西讨也，擒阿悉吉以归。弓月南接吐蕃，北招咽麫，共攻疏勒，降之。上遣鸿胪卿萧嗣业发兵讨之。嗣业兵未至，弓月惧，与疏勒皆入朝；上赦其罪，遣归国。”[①]不久弓月、疏勒投降唐朝，上元元年（674）年于阗王伏阇雄也来朝。上元二年正月以于阗为毗沙都督府，分其境内为十州，以于阗王尉迟伏阇雄为毗沙都督；同时吐蕃遣使请和。唐朝乘机在故楼兰设石城镇，隶属沙州寿昌县。次年闰三月吐蕃攻打唐鄯、廓、河、芳四州，“乙酉，以洛州牧周王显为洮州道行军元帅，将工部尚书刘审礼等十二总管，并州大都督相王轮为凉州道行军元帅，将左卫大将军契苾何力等，以讨吐蕃”[②]。《新唐书·裴行俭传》记载：

---

①《资治通鉴》卷 202 唐高宗咸亨四年（673），北京：中华书局，1956 年，第 6371—6372 页。

②［宋］司马光编著，［元］胡三省音注：《资治通鉴》卷 202 唐高宗仪凤元年（676），第 6379 页。当年十一月改元仪凤元年。

上元三年，吐蕃叛，出为洮州道左二军总管，改秦州右军，并受周王节度。[①]

播仙镇就是唐与吐蕃关系恶化后为防御吐蕃而设置的，是唐蕃关系紧张的产物，设立播仙镇就是为了加强凉州道防区，也可能就是为配合凉州道行军元帅抗击吐蕃的统一行动而进行的行政改置。具体实施这个军事设置的可能是时任瓜州刺史薛仁贵。《旧唐书·薛仁贵传》记载："上元中，坐事徙象州，会赦归。高宗思其功，开耀元年，复召见，谓曰：'往九成宫遭水，无卿已为鱼矣。卿又北伐九姓，东击高丽，漠北、辽东咸遵声教者，并卿之力也。卿虽有过，岂可相忘？有人云卿乌海城下自不击贼，致使失利，朕所恨者，唯此事耳。今西边不静，瓜、沙路绝，卿岂可高枕乡邑，不为朕指挥耶？'于是起授瓜州刺史，寻拜右领军卫将军，检校代州都督。"[②]《新唐书·薛仁贵传》记载薛仁贵兵败大非川，被贬象州刺史遇赦回来不久，高宗召见薛仁贵，"今辽西不宁，瓜、沙路绝，卿安得高枕不为朕指麾邪？"[③]拜其为瓜州刺史。指的就是经过南道对西域的交通道路，石城镇和播仙镇的设置就是这个时间。瓜州刺史兼瓜州都督，兼管沙州，统属于凉州大都督管辖，石城镇和播仙镇设置既可以说是凉州都督所为，也可以说是瓜州都督所为，凉州都督府派兵直接驻守播仙镇，实际上就是由瓜州都督派遣的沙州兵驻守，而以石城镇的西域康国人康艳典之后裔为石城镇镇遏使，负责管理石城地区。石城镇和且末镇的放弃亦与唐蕃在西域的争夺有很大关系，应当说是唐蕃争夺产生的直接后果。敦煌写本P.5034《沙州图经》记载：

---

①《新唐书》卷108《裴行俭传》，第4086页。

②(后晋)刘昫等撰：《旧唐书》卷83《薛仁贵传》，第2783页。

③《新唐书》卷111《薛仁贵传》，第4142页。

□□□。□□且末国，王都且末城……

□□土地草木畜产与石城□……

□□同。自汉已后，其名不改，随……

□□□吐谷浑，置且末郡，管……

□□凉州兵士等弃镇归敦煌……[1]

石城镇应当是与播仙镇同时放弃的，就是敦煌文献记载播仙镇“凉州兵士等弃镇归敦煌”。要得知石城镇、播仙镇的废弃时间，我们只能从唐蕃在西域地区关系、西域政局变化中寻找。陈国灿认为唐神龙年间突骑施阙啜忠节帅部进入且末河流域，随此而引来了吐蕃兵向塔里木盆地东部的进占，居住在且末河流域的粟特人在受到阙啜的暴力威胁时迅速逃往敦煌以求得沙州刺史的保护。[2]

武周时期唐与吐蕃在西域的争夺已经展开，长寿元年（692）九月：“初，新丰王孝杰从刘审礼击吐蕃为副总管，与审礼皆没于吐蕃。赞普见孝杰泣曰：‘貌类吾父。’厚礼之，后竟得归，累迁右鹰扬卫将军。孝杰久在吐蕃，知其虚实。会西州都督唐休璟请复取龟兹、于阗、疏勒、碎叶四镇，敕以孝杰为武威军总管，与武卫大将军阿史那忠节将兵击吐蕃。冬十月，丙戌，大破吐蕃，复取四镇。置安西都护府于龟兹，发兵戍之。”[3]万岁通天元年(696)吐蕃遣使和亲，武则天遣郭元振往察其宜，吐蕃将论钦陵请罢安西四镇戍兵，并求分十姓突厥之地。吐蕃遣使入请，唐以“四镇、十姓之地，本无用于中国，所以遣兵戍之，

---

①郑炳林：《敦煌地理文书汇辑校注》，第 49 页。

②陈国灿：《唐五代敦煌县乡里制的演变》，收入氏著《敦煌学史事新证》，兰州：甘肃教育出版社，第 370—376 页。

③[宋]司马光编著，[元]胡三省音注：《资治通鉴》卷 205 则天后长寿元年(692)，第 6487—6488 页。

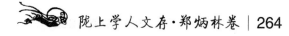

欲以镇抚西域,分吐蕃之势力,使不得并力东侵也。今若果无东侵之志,当归我吐谷浑诸部及青海故地,则无俟斤亦当以归吐蕃”拒绝吐蕃。吐蕃对西域四镇、十姓占领,必须经由石城镇、播仙镇管辖范围,或者经由萨毗城绕过石城镇、播仙镇。另外就是经由大小勃律进入西域地区。我们经过研究认为石城镇、播仙镇的放弃与突骑施阙啜忠节关系不是很大,而是与突骑施娑葛与唐关系恶化有直接关系。

根据《旧唐书·突厥下》记载神龙二年(706)乌质勒卒:“初,娑葛代父统兵,乌质勒下部将阙啜忠节甚忌之,以兵部尚书宗楚客当朝任势,密遣使赍金七百两以赂楚客,请停娑葛统兵。楚客乃遣御史中丞冯嘉宾充使至其境,阴与忠节筹其事,并自致书以申意。在路为娑葛游兵所获,遂斩嘉宾,仍进兵攻陷火烧等城,遣使上表以索楚客头。”①叙述事情经过很简单,我们从中很难了解事情原委和经过。《新唐书·突厥传下》也记载这个事件,同样不是很清楚,神龙二年乌质勒死,长子娑葛代父统兵,“俄与其将阙啜忠节交恶, 兵相加暴。娑葛讼忠节罪,请内之京师。忠节以千金赂宰相宗楚客等,愿无入朝,请导吐蕃击娑葛以报。楚客方专国,即以御史中丞冯嘉宾持节经制。嘉宾与忠节书疏反复,娑葛逻得之,遂杀嘉宾,使弟遮弩率兵盗塞。安西都护牛师奖与战火烧城,师奖败,死之,表索楚客头以徇。大都护郭元振表奏娑葛状直,当见赦,诏许,西土遂定”②。从中我们得知,唐派遣御史中丞冯嘉宾到阙啜辖境,冯嘉宾与阙啜往来书疏为娑葛游兵所得,就是说娑葛的势力也到达了阙啜辖境。娑葛遣其弟遮弩盗塞,这个边塞城镇很可能就是指播仙镇和石城镇。另外《旧唐书·宗楚客传》也记载了这

①[后晋]刘昫等撰:《旧唐书》卷194下《突厥传下》,第5190—5191页。
②[宋]欧阳修、宋祁等撰:《新唐书》卷215下《突厥传下》,第6066页。

个事件：

> 景龙中，西突厥娑葛与阿史那忠节不和，屡相侵扰，西陲不安。安西都护郭元振奏请徙忠节于内地，楚客与晋卿、处讷等各纳忠节重赂，奏请发兵以讨娑葛，不纳元振奏。娑葛知而大怒，举兵入寇，甚为边患。①

显然宗楚客是娑葛制造边患的始作俑者，因此监察御史崔琬劾奏宗楚客等称："潜通猃狁，纳贿不赀，公引顽凶，受赂无限。丑问充斥，秽行昭彰。且境外之交，情状难测，今娑葛反叛，边鄙不宁，由此贼臣，取怨中国。"②因此阙啜行贿宗楚客等而制造边患是朝廷中人尽皆知的事情。《新唐书·宗楚客传》记载：

> 景龙二年，诏突厥娑葛为金河郡王，而其部阙啜忠节赂楚客等罢之，娑葛怨，将兵患边。③

宗楚客受阙啜忠节贿赂而阻止授予娑葛金河郡王而引起兵患。《资治通鉴》唐中宗景龙二年(708)详细记载了事件的经过和原因：

> 十一月，庚申，突骑施酋长娑葛自立为可汗，杀唐使者御史中丞冯嘉宾，遣其弟遮努等帅众犯塞。
>
> 初，娑葛既代乌质勒统众，父时故将阙啜忠节不服，数相攻击。忠节众弱不能支，金山道行军总管郭元振奏追忠节入朝宿卫。
>
> 忠节行至播仙城，经略使、右威卫将军周以悌说之曰："国家不爱高官显爵以待君者，以君有部落之众故也。今脱

①[后晋]刘昫等撰：《旧唐书》卷92《宗楚客传》，第2972页。

②[后晋]刘昫等撰：《旧唐书》卷92《宗楚客传》，第2972页。

③[宋]欧阳修、宋祁等撰：《新唐书》卷109《宗楚客传》，第4102页。

身入朝，一老胡耳，岂惟不保宠禄，死生亦制于人手。方今宰相宗楚客、纪处讷用事，不若厚赂二公，请留不行，发安西兵及引吐蕃以击娑葛，求阿史那献为可汗招十姓，使郭虔瓘发拔汗那兵以自助，既不失部落，又得报仇，比于入朝，岂可同日语哉！”……忠节然其言，遣间使赂楚客、处讷，请如以悌之策。①

郭元振闻其谋，上疏极力反对，但是宗楚客等不从，建议以遣冯嘉宾持节安抚忠节、侍御史吕守素处置四镇、以将军牛师奖为安西副都护，发甘、凉以西兵，兼征吐蕃，以讨娑葛。“娑葛遣使娑腊献马在京师，闻其谋，驰还报娑葛。于是娑葛发五千骑出安西，五千骑出拨换，五千骑出焉耆，五千骑出疏勒，入寇。元振在疏勒，栅于河口，不敢出。忠节逆嘉宾于计舒河口，娑葛遣兵袭之，生擒忠节，杀嘉宾，擒吕守素于僻城，缚于驿柱，冎而杀之。”②娑葛陷安西，断四镇路，唐置军焉耆以讨娑葛，最后唐朝不得已赦娑葛罪，册为十四姓可汗，战争以娑葛胜利结束。河口指河流的终端，指河流注入海洋、湖泊或者其他河流的地方。郭元振栅河口是指疏勒河汇入于阗河的地方，而阿史那忠节迎接嘉宾于计舒河口的位置是指塔里木河流入罗布泊的地方，《水经注·河水》注：“河水又东迳注宾城南，又东迳楼兰城南而东注。河水又东注于泑泽。”③根据敦煌文献P.5034《沙州图经》记载蒲昌海：“河有两源，一出葱岭山，一出于阗，于阗在南山下，其河北流，与葱岭合，东

①[宋]司马光编著，[元]胡三省音注：《资治通鉴》卷209唐中宗景龙二年(708)，第6625—6626页。

②[宋]司马光编著，[元]胡三省音注：《资治通鉴》卷209唐中宗景龙二年(708)，第6627—6628页。

③王国维校：《水经注校》卷2，上海：上海人民出版社，1984年，第39页。

注蒲昌海。”郭元振栅河口在于阗河与葱岭河汇合之地，而阿史那忠节迎接冯嘉宾的地点在塔里木汇入罗布泊的地方，而塔里木河流入罗布泊的地方，正好是石城镇到焉耆交通路线的必经之地：石城镇“一道北去焉耆一千六百里，有水草，路当蒲昌海”[①]。唐朝派遣冯嘉宾等经过石城镇地区前往安西都护府，阙啜在石城镇北部的计舒河口迎接冯嘉宾一行，而娑葛就是在计舒河口对阙啜和冯嘉宾等进行伏击，将他们全部俘虏。因此计舒河口很可能是唐河西节度使和安西节度使管辖范围的结合部，双方都属于防守，娑葛才能袭击成功。

《旧唐书·郭元振传》也记载了这个事件的详细经过：

> 先是，娑葛与阿史那阙啜忠节不和，屡相侵掠，阙啜兵众寡弱，渐不能支。元振奏请追阙啜入朝宿卫。移其部落入于瓜、沙等州安置，制从之。阙啜行至播仙城，与经略使、右威卫将军周以悌相遇，以悌谓之曰：‘国家以高班厚秩待君者，以君统摄部落，下有兵众故也。今轻身入朝，是一老胡耳，在朝之人，谁复喜见？非唯官资难得，亦恐性命在人。今宰相有宗楚客、纪处讷，并专权用事，何不厚贶二公，请留不行。乃发安西兵并引吐蕃以击娑葛，求阿史那献为可汗以招十姓，使郭虔瓘往拔汗那征甲马以助军用。既得报仇，又得存其部落，如此，与入朝受制于人，岂复同也！’阙啜然其言，便勒兵攻陷于阗坎城，获金宝及生口，遣人间道纳赂于宗、纪。元振闻其谋，遽上疏曰：……疏奏不省。楚客等既受阙啜之赂，乃建议遣摄御史中丞冯嘉宾持节安抚阙啜，御史吕守素处置四镇，持玺书便报元振。除牛师奖为安西副都护，便

①郑炳林：《敦煌地理文书汇辑校注》，第48—49页。

领甘、凉以西兵募,兼征吐蕃,以讨娑葛。娑葛进马使娑腊知楚客计,驰还报娑葛。娑葛是日发兵五千骑出安西,五千骑出拨换,五千骑出焉耆,五千骑出疏勒。时元振在疏勒,于河口栅不敢动。阙啜在计舒河口候见嘉宾,娑葛兵掩至,生擒阙啜,杀嘉宾等。吕守素至僻城,亦见害。又杀牛师奖于火烧城,乃陷安西。四镇路绝楚客又奏请以周以悌代元振统众,征元振,将陷之。使阿史那献为十姓可汗,置军焉耆以取娑葛。……元振奏娑葛状。楚客怒,奏言元振有异图。元振使其子鸿间道奏其状,以悌竟得罪,流于白州。复以元振代以悌,赦娑葛罪,册为十四姓可汗。元振奏称西土未宁,事资安抚,逗留不敢归京师。①

《新唐书·郭元振传》记载事情的经过,神龙中,"西突厥酋乌质勒部落强盛,款塞愿和,元振即牙帐与计事。会大雨雪,元振立不动,至夕冻洌;乌质勒已老,数伏拜,不胜寒,会罢即死"。子娑葛以为郭元振计杀其父,谋勒兵袭击,次日郭元振素服往吊,"至其帐哭甚哀,为留数十日助丧事,娑葛感义,更遣使献马五千、驼二百、牛羊十余万"。

乌质勒之将阙啜忠节与娑葛交怨,屡相侵,而阙啜兵弱不支。元振奏请追阙啜入宿卫,徙部落置瓜、沙间。诏许之。阙啜遂行。至播仙城,遇经略使周以悌,以悌说之曰:"国家厚秩待君,以部落有兵故也。今独行入朝,一羁旅胡人耳,何以自全?"乃教以重宝赂宰相,无入朝;请发安西兵导吐蕃以击娑葛;求阿史那献为可汗以招十姓;请郭虔瓘使拔汗那蒐其铠马以助军,既得复仇,部落更存。阙啜然之,即勒兵击于

①(后晋)刘昫等撰:《旧唐书》卷97《郭元振传》,第3045—3048页。

阗坎城，下之。因所获，遣人间道赍黄金分遗宗楚客、纪处讷，使就其谋。①

郭元振知之，上疏反对，但是疏奏不省：

> 楚客等因建遣摄御史中丞冯嘉宾持节安抚阙啜，以御史吕守素处置四镇，以牛师奖为安西副都护，代元振领甘、凉兵，诏吐蕃并力击娑葛。娑葛之使娑腊知楚客谋，驰报之。娑葛怒，即发兵出安西、拨换、焉耆，疏勒各五千骑。于是阙啜在计舒河与嘉宾会，娑葛兵奄至，禽阙啜，杀嘉宾，又杀吕守素于僻城、牛师奖于火烧城，遂陷安西，四镇路绝。元振屯疏勒水上，未敢动。楚客复表周以悌代元振，且以阿史那献为十姓可汗，置军焉者以取娑葛。娑葛遗元振书，且言："无仇于唐，而楚客等受阙啜金，欲加兵灭我，故惧死而斗。且请斩楚客。"元振奏其状。楚客大怒，诬元振有异图，召将罪之。元振使子鸿间道奏乞留定西土，不敢归京师。以悌乃得罪，流白州，而赦娑葛。②

通过这些记载我们得知，乌质勒部将阙啜与娑葛因交怨而屡相侵并势力不支，郭元振为了缓解双方矛盾，建议将阙啜部落迁徙到瓜、沙间安置，并追阙啜入宿卫。这本来是很好的策略，因经略使周以悌唆使，阙啜行贿宰相无得入朝，而没有得到实现。唐朝政府中以宗楚客为代表者主张扶持阙啜联合吐蕃、拔汗那攻击娑葛，削弱郭元振在西域的权力，用御史中丞冯嘉宾安抚阙啜、御史吕守素处置四镇，用牛师奖代替郭元振掌握镇守四镇的甘、凉兵士兵权。双方密谋的地

①[宋]欧阳修、宋祁等撰：《新唐书》卷122《郭元振传》，第4363页。
②[宋]欧阳修、宋祁等撰：《新唐书》卷122《郭元振传》，第4364—4365页。

点是罗布泊地区，阙啜计划与冯嘉宾、吕守素等会合于计舒河口，皆因被俘害而罢，牛师奖死后谋用周以悌代替郭元振也未能实现。

唐朝政府安置西突厥阙啜部落于瓜、沙等州，石城镇、播仙镇实际上就是安置阙啜部的主要地区。唐初瓜州、沙州属于凉州都督府管辖，贞观初年唐玄奘从瓜州偷渡出境，凉州都督李大亮就行文瓜州刺史捉拿。瓜州建都督府，沙州刺史由瓜州的都督调遣，直到沙州建都督府之后地位有所上升。唐神龙年间安置阙啜忠节瓜沙等州，实际上瓜沙都属于凉州都督管辖。唐将阙啜部安置在西起播仙镇、石城镇东到与瓜州毗邻的莫贺延碛一带，或者西起且末河东到瓜州南山等地。阙啜忠节部落是游牧民族，将其安置在播仙镇、石城镇是唐朝的主动行为，并不构成对唐朝播仙镇、石城镇的威胁，阙啜部落到达播仙镇，经略使周以悌应当还是当地军镇的最高统帅，没有他的默许，阙啜根本不敢攻打于阗坎城。居住在且末河流域的粟特康艳典部落是城居商业农业居民，阙啜不可能也不敢对其形成暴力威胁，而且阙啜不惜率兵攻打坎城掠夺金宝以贿赂唐宰相宗楚客，不敢对近在咫尺的石城镇、播仙镇下手，就说明当时石城镇、播仙镇等还在，很可能是其强力后盾。阙啜在计舒河口迎接冯嘉宾等，就说明原属于石城镇康艳典部落的地域，已经成为阙啜部众活动的地域。娑葛在计舒河口一带杀冯嘉宾和吕守素等，俘虏阙啜。根据《资治通鉴》唐中宗景龙二年十一月记载：

> 癸未，牛师奖与突骑施娑葛战于火烧城，师奖兵败没。娑葛遂陷安西，断四镇路，遣使上表，求宗楚客头。楚客又奏以周以悌代郭元振统众，征元振入朝；以阿史那献为十姓可汗，置军焉耆以讨娑葛。
>
> 娑葛遗元振书，称："我与唐无恶，但仇阙啜。宗尚书受阙啜金，欲枉破奴部落，冯中丞、牛都护相继而来，奴岂得坐

而待死！又闻史献欲来，徒扰军州，恐未有宁日。乞大使商量处置。”元振奏娑葛书。楚客怒，奏言元振有异图，召，将罪之。元振使其子鸿间道具奏其状，乞留定西土，不敢归。周以悌竟坐流白州，复以元振代以悌，赦娑葛罪，册为十四姓可汗。①

唐朝置军焉耆，就是以为焉耆地处南道与中道交汇之地，表明焉耆以南的播仙镇、石城镇非唐所有。唐中宗景龙三年：

秋，七月，突骑施娑葛遣使请降，庚辰，拜钦化可汗，赐名守忠。②

《旧唐书·中宗纪》记载景龙二年：

冬十一月庚申，突厥首领娑葛叛，自立为可汗，遣弟遮弩率众犯塞。……癸未，安西都护牛师奖与娑葛战于火烧城，师奖败绩，没于阵。……（三年七月）壬午，遣使册骁卫大将军、兼卫尉卿、金河王突骑施守忠为归化可汗。③

《新唐书·中宗纪》景龙二年记载：

十一月庚申，西突厥寇边，御史中丞冯嘉宾使于突厥，死之。……癸未，安西都护牛师奖及西突厥战于火烧城，死之。……（三年）七月丙辰，西突厥娑葛降。④

至此，唐朝与突骑施娑葛之间纷争结束，唐朝政府不得不接受既

---

①[宋]司马光编著，[元]胡三省音注：《资治通鉴》卷209唐中宗景龙二年，第6629页。

②[宋]司马光编著，[元]胡三省音注：《资治通鉴》卷209唐中宗景龙三年，第6636页。

③[后晋]刘昫等撰：《旧唐书》卷7《中宗纪》，第146—148页。

④[宋]欧阳修、宋祁等撰：《新唐书》卷四《中宗纪》，第110—111页。

成事实,承认突骑施娑葛的地位。应当说通过这次战争,娑葛已经控制了石城镇、播仙镇,凉州兵士就是在这种情况下弃镇归敦煌,石城镇的康艳典部落也是随着凉州兵士弃镇归敦煌而东迁敦煌,唐朝政府为了安置这些从石城镇迁徙而来粟特人部落,就在敦煌城周边地区设立了以粟特人为主的从化乡。我们应当指出的是,经略使周以悌帮阙啜谋划联合吐蕃、拔汗那攻打娑葛,因娑葛行动迅速,吐蕃和拔汗那都没有参与到唐与西突厥娑葛的战争中。因此石城镇粟特人部落的东迁敦煌和播仙镇凉州兵士弃镇归敦煌与吐蕃没有关系。

三、沙州敦煌县从化乡的设置与粟特聚落的形成

敦煌粟特人聚落从化乡的形成时间,陈国灿根据吐鲁番出土来自敦煌又记载从化乡的大谷文书记载有张令端和曹子节及从化乡,认为这是从该文书出土于吐鲁番阿斯塔那225号张令端的墓葬,根据同期文书墓主人张令端卒后入殓,时间应在唐景龙(707—710)以后,又根据《敦煌县录事董文彻牒》认为长安三年(703)三月敦煌尚无从化乡,认为从化乡残文书只能是长安三年三月以后至景龙间的文书,敦煌从化乡也只能出现这个时期[①]。敦煌文书P.2803《唐天宝九载(750)八月—九月敦煌郡仓纳谷牒》记载敦煌十三乡中有从化乡:"从化乡,叁佰玖拾伍硕贰斗壹胜。"[②]直至唐天宝九载从化乡仍然存在。P.3559《唐天宝年间(750)敦煌郡敦煌县从化乡差科簿》记载唐敦煌

①陈国灿:《唐五代敦煌县乡里制的演变》,收入氏著《敦煌学史事新证》,第371—372页。大谷文书记载:"(前缺)子总张令端……叔牙,从化乡百姓……之节等(后缺)"。

②唐耕耦、陆宏基编:《敦煌社会经济文献真迹释录》第1辑,北京:全国图书馆缩微复制中心,1990年,第445页。

县从化乡最为详细：

贰佰伍拾柒从化乡。壹佰壹拾柒人破除。贰拾叁人身死。……叁拾伍人逃走。……贰拾柒人没落。……叁人虚挂。……叁人废疾。……贰拾叁人单身土镇兵。……叁人单身卫士。……壹佰肆拾人见在。壹拾人中下户。……壹拾人下上户。……贰拾人下中户。……壹佰人下下户。①

差科簿记载下中户曹大宾服色役为市壁师、下下户康令钦服色役为里正、罗奉鸾服色役为里正、安突昏服色役为村正、安胡数芬服色役为市壁师、何抱金服色役为村正、罗双利和罗特勤服色役为村正。根据此纸缝后贴为唐天宝九载敦煌郡仓纳谷牒十六件，故确定该卷文书为天宝年间。另外我们根据敦煌地区安城祆祠的出现作为敦煌粟特人聚落建立的标志，《沙州都督府图经》记载安城祆："祆神，右在州东一里，立舍画神主，总有廿龛，其院周回一百步。"祆神，又称安城大祆，是敦煌的杂神之一。如果说安城的修建与祆神同时，就像敦煌古迹二十咏记载的"版筑安城日，神祠与此兴"，即敦煌的粟特人聚落与祆神神祠安置是同时，那么《沙州都督府图经》的撰修时石城镇的粟特人聚落已经迁居敦煌，且《沙州都督府图经》中没有使用武周新字，表明其撰成武周之后，为开元初增补而成，开元之前敦煌已经修建了祆教神祠，而从化乡就是这个阶段设置的。经陈国灿先生研究，敦煌从化乡的出现时间正好在唐中宗神龙年间，与突骑施阙啜在这一地区劫掠骚扰遥相呼应。②实际上与突骑施娑葛在罗布泊地区俘虏阙啜忠节、杀冯嘉宾和吕守素等占领该地区有直接关系。

①唐耕耦、陆宏基编：《敦煌社会经济文献真迹释录》第1辑，第229—241页。

②陈国灿：《唐五代敦煌县乡里制的演变》，《敦煌学史事新证》，兰州：甘肃教育出版社，2002年，第373页。

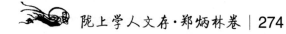

随着唐朝政府与娑葛关系的改善，唐朝政府在这个地区的军政机构很快就恢复了。特别是景龙三年娑葛与其弟遮弩关系紧张，“遂叛入突厥，请为乡导，以讨娑葛”[①]。突厥默啜用遮弩讨擒娑葛，遂与娑葛俱杀之。突骑施娑葛对唐朝的威胁解除，很可能这个时期石城镇、播仙镇的建置得到恢复。但是突骑施进入罗布泊地区并生活在这里成为既成事实，并长期生活在这里。敦煌吐蕃文献 Ch.73.xV.4 号文书从第 45 行到末尾记载：

> 紧接着现在的时间是借贷和征税时间。当这个三百六十年的时间过去的时候，汉人国家西边，一个大湖的遥远岸边，那里出现一块陆地，一位黑脸王乘坐一辆战车，耀武扬威六十载。汉人被其征服，黔首向其效忠。当此王统治六十载过去时，于 Bug-chor 汉人的沼泽国内出现一小邦的陷落，一名叫大突厥(Drug-chen-po)的人消灭了汉人的黑脸王和 Bug-chor 的王。汉区和 Bug-chor 的两族人为王所征服并交纳税赋。大突厥王统治了七十二年。此七十二年之后，东西突厥开始打仗。首先西突厥……[②]

文书中记载的大突厥王，就是指生活在这里的突骑施部落。

直到唐天宝年间，唐与吐蕃为争夺播仙镇、石城镇还进行过战争。根据 P.5034《沙州图经》记载有：“□□年，□□都尉即令□且末城。”就是说播仙镇经过一次废弃之后，又重新设置，同样石城镇可能也在废弃之后又进行重新设置。这些军事措施应当说与粟特人康艳典部落没有任何关系。播仙镇和石城镇的重新设置，很可能是天宝初

---

①(后晋)刘昫等撰：《旧唐书》卷 194 下《突厥传下》，第 5191 页。

②[英]F.W.托马斯编著，刘忠、杨铭译注：《敦煌西域古藏文社会历史文献》，北京：商务印书馆，2020 年，第 270 页。

年。《旧唐书·尉迟胜传》记载:“尉迟胜,本于阗王珪之长子,少嗣位。天宝中来朝,献名马、美玉,玄宗嘉之,妻以宗室女,授右威卫将军、毗沙府都督还国。与安西节度使高仙芝击破萨毗播仙,以功加银青光禄大夫、鸿胪卿,改光禄卿,皆同正。”[①]《新唐书·尉迟胜传》也有同样的记载:“尉迟胜本王于阗国。天宝中,入朝,献名玉、良马。玄宗以宗室女妻之,授右威卫将军、毗沙府都督。归国,与安西节度使高仙芝击破萨毗、播仙。累进光禄卿。”[②]这次战争大约发生在天宝八载(749)。[③]很快吐蕃再次占领萨毗城、播仙镇,天宝十三载(754)封常清再次击败镇守播仙的吐蕃守军。[④]萨毗即萨毗城,这里经常行经吐蕃人,因此萨毗、播仙是吐蕃攻打西域的重要军事据点。《新唐书·郭虔瓘传》记载安西副都护郭虔瓘与安抚招慰十姓可汗阿史那献持异,交诉于朝,玄宗遣左卫中郎将王惠赍诏书谕解:“或云突骑施围石城,献所致也;葛逻禄称兵,虔瓘所沮也。大将不协,小人以逞,何功可图?”[⑤]开元年间突骑施曾出兵围困石城镇。这里仍然是唐与突骑施、吐蕃争夺的重要军事据点。

我们通过对《都僧统康贤照和尚邈真赞并序》及相关文献研究得知,唐贞观四年康艳典率部落迁徙到石城镇,唐上元二年为防御日渐强大的吐蕃对西域的威胁,设置了石城镇、播仙镇,并将其隶属沙州,

①[后晋]刘昫等撰:《旧唐书》卷144《尉迟胜传》,第3924页。

④[宋]欧阳修、宋祁等撰:《新唐书》卷110《尉迟胜传》,第4127页。

③王小甫:《唐、吐蕃、大食政治关系史》,北京:中国人民大学出版社,2009年,第151、172、179页。

④[唐]岑参:《献封大夫破播仙奏凯歌六章》,[唐]岑参著,陈铁民、侯忠义校注《岑参集校注》,上海:上海古籍出版社,1981年,第153—154页。

⑤[宋]欧阳修、宋祁等撰:《新唐书》卷133《郭虔瓘传》,第4544页。

归凉州都督府管辖。以康艳典为石城镇使,此后康艳典后裔一直担任石城镇使,直到天授年间。唐中宗神龙二年突骑施乌质勒死,长子娑葛代父统众,乌质勒旧部阙啜不服而发生战争,阙啜兵败部众被安置在罗布泊地区,阙啜贿赂宗楚客得到唐朝政府支持,企图攻击娑葛,反而被娑葛击败被俘虏,唐将冯嘉宾等被杀,娑葛占领罗布泊地区。在突骑施娑葛的军事打击之下,石城镇的粟特人康艳典部落随着驻守播仙镇的凉州兵士弃镇归敦煌,唐朝政府为了在敦煌安置这些从石城镇迁徙而来的粟特人,专门在敦煌城周修建了安城祆祠,设立从化乡。从化乡规模最少有两个里四个村落,同时负责敦煌市场的贸易管理。吐蕃占领敦煌后从化乡被取消,但是粟特人的势力仍然存在,归义军时期敦煌仍然保留很多粟特人聚落,控制敦煌地区的商业贸易。

(原文发表于《敦煌学辑刊》2020年第3期,第1—17页)

晚唐五代敦煌贸易市场的等价物

晚唐五代吐蕃、归义军统治下的敦煌市场由于政治和交通不便等因素的影响，中原地区的货币很难流入，唐代的钱币不再使用，因此敦煌贸易市场钱币匮乏。从敦煌文书反映的情况看，自吐蕃占领敦煌起直到归义军政权末期，不再有任何关于使用钱币进行交换的记载。其次敦煌市场有白银黄金流通，文书中有使用银碗支付物价的记载，银器成为晚唐五代敦煌市场上流通的一种特殊货币。但是银器有其不可克服的弱点。银器贵重，一般重六两以上，按当时比价，一两银相当于三石麦[①]，故银器不利于小宗贸易。而小宗贸易一般来说是市场交换的主体，虽然辅之以碎银，仍然不能满足需要，分割还是困难。在这种情况下，为保障贸易顺利进行，必须使用一种既方便分割又不损耗其价值的东西来代替钱币。钱币取消后敦煌贸易市场是以什么作为等价物进行交换的？这个问题不解决，对敦煌贸易市场就无法深入研究。到目前为止，学术界对这个问题还没有进行任何研究。本文主要根据敦煌籍账类文书所载在交换收支中的所用物，来探讨晚唐五代敦煌市场中的等价物。

①张亚萍、娜阁：《唐五代敦煌的计量单位与价格换算》，《敦煌学辑刊》1996年第2期，第38—42页。据P.2583号文书推算出银壹两价值麦四石八斗。我们据P.2049所载得知银壹两价值麦叁硕，参拙稿《晚唐五代敦煌贸易市场的物价》，《敦煌研究》1997年第3期，第85—94页。

一、黄金白银在晚唐五代敦煌市场流通

在敦煌贸易市场上，粟特等西域人充斥其中，西域地区的商品多见于敦煌市场。姜伯勤先生指出，粟特人的贸易路线是一条白银之路。[①]晚唐五代敦煌商业贸易在唐代钱币奇缺而不得不以实物代替的情况下，金银等是否作为货币进入流通领域并在敦煌使用呢？

吐蕃及归义军统治下的敦煌寺院，黄金白银使用很普遍。黄金白银用于制作寺院的法器，像寺院的镀金佛像、金银泥书幡写经、金银器皿等。P.3432《龙兴寺卿赵石老脚下依蕃籍所附佛像供养具并经目录数点检历》记载吐蕃时龙兴寺有数量众多的镀金和金铜佛像、菩萨像、黄金装饰物品，又有陆两金花银盏壹、散金肆钱及"银盏壹，拂临样"等。[②]尽管原卷后部残缺，但这些足以表明龙兴寺在吐蕃统治时期黄金、白银使用普遍。除散金、金花银盏外，其余都与流通领域无关；散金是否用于流通，亦无资料说明。但有一点是清楚的，当时敦煌市场中有数量较多的黄金白银流通，寺院才有可能得到数量可观的黄金白银。P.2706《年代不明某寺常住库什物交割点检历》记载该寺有生银、银末、银珠子、金饼子等。S.5897《子年领得常住什物历》记载有银钗子。银末可能是做银泥用的，银珠当是做法器装饰用的，银钗子是施入物。在吐蕃统治下的敦煌寺院普遍收藏金银，到归义军时期黄金白银在寺院的使用更为普遍。P.2613《唐咸通十四年(873)正月四日沙州某寺交割常住物点检历》点检物品中专门列具了金银器皿一

---

①姜伯勤：《敦煌吐鲁番文书与丝绸之路》(北京：文物出版社，1994年版)第二章第一节《萨珊波斯通往高昌的"白银之路"》，第五章第二节《敦煌吐鲁番的流通经济与"白银之路"上的粟特人》。

②唐耕耦、陆宏基编：《敦煌社会经济文献真迹释录》第3辑，北京：全国图书馆文献缩微复制中心，1990年，第2—6页。

项，所列的器皿有柒两拂临银盏子壹、弱金肆钱、贰拾肆两银香炉并银师（狮）子、银珠子贰拾陆。[①]从拂临银盏子看，有很多金银器皿是从拂临（东罗马）等地传入敦煌的，这显然是粟特人商业活动的结果，说明归义军时期，敦煌的粟特人仍然是对外贸易的主体。这些银器是以货币的性质还是以商品的性质进入敦煌，虽无法肯定，但其入藏寺院一定是商业交换所致。

在舍施活动中，官员和富商把金银施入寺院较常见。P.2583《申年比丘尼修德等施舍疏》记正月十五日吐蕃某官施物中有黄金五两；二月五日尚乞心儿福田施僧拾伍两金花银盘子壹、拾两银瓶子壹；宰相上乞结罗福田施僧拾伍两金花银盘子壹、拾两银盘子壹、柒两银盘子壹，“三事准得麦陆拾驮”，即上乞结罗所施三件银器共 32 两值麦 60 驮。这表明银器有可能作为硬通货流通。又 P.2567《癸酉年（793）二月沙州莲台寺诸家散施历状》记载散施物中有银镮子四、银一两三钱、十量金花银瓶子一、八量银胡禄带一、银火铁一、又银一钱半、金八薄、又金一钱、银鞋带一量等。这都表明晚唐五代敦煌市场有大量黄金白银在流通。黄金白银除作为器皿或装饰品外还有一部分保持着原始状态的散金碎银。

归义军时期寺院使用的大部分金银购买于市场，这可以从大量的收支账中看出。P.2049《后唐长兴二年（931）正月沙州净土寺直岁愿达手下诸色入破历算会稿》记载：“麦叁硕，张兵马使买银壹量打椀（碗）用。麦陆硕，张兵马使买金水柒钱，渡（镀）金刚头冠用。麦叁硕，李员住买金壹钱付库。麦两硕叁斗，徐和员买金半钱，亦付东库保

①唐耕耦、陆宏基编：《敦煌社会经济文献真迹释录》第 3 辑，第 9—13 页。以下所引敦煌文书不注明出处者，并见此书第 2 辑至第 4 辑。

达。”“粟叁硕，张兵马使买银一量，打椀（碗）用。粟肆硕，李员住买金一钱，付库。”毋庸置疑，张兵马使等人是从市场购买的金银。这些流通于市场的金银其作用是充当一般等价物，还是作为商品流通？从籍账记载看，敦煌市场出现的是一逆反现象，即金银充当商品，而真正的商品反而变为一般意义上的等价物。人们购买金银不是作为货币以备使用，而是制作成各种器皿并加以保存，故本卷记载着敦煌还活跃着一个专门负责金银器皿制作的行业（金银行）及其下属的一批工匠（金银匠）的一些情况。[①]从市场上购买金银制造器皿还见载于S.6452《辛巳年（981）十二月十三日周僧正于常住库借贷油面物历》：“粟两硕，于氾都料边买银用……酒壹瓮，打银椀（碗）博仕（士）吃用。”P.2776《年代不明（10世纪）诸色斛斗入破历算会牒》：“面伍斗，看造银盌（碗）博士用。”S.6330《年代不明（10世纪）诸色斛斗入破历算会牒》记载：“粟肆斗，与金银匠李员住用。”为此敦煌专门设有金银匠都料，管理该行工匠。从P.2641《丁未年都头知宴设使宋国清等诸色破历状并判凭》记载归义军官府一次动用的工匠中就有金银匠十人。S.1366《年代不明归义军衙内面油破历》记载四月十一日衙内造腰带金银匠七人，工作十五日，支面两硕壹斗。又于四月二十九日动用金银匠五人造作三日。说明晚唐五代敦煌手工业中金银器皿制造很兴盛。为数甚多的金银匠在都料的统管下，经常活动在官府、寺院和民间制造金银器皿，表明在当时市场上有很多金银或者金银器皿在流通。

---

①参拙稿《唐五代敦煌手工业研究》，《敦煌学辑刊》1996年第1期，第20—38页。晚唐五代敦煌手工业中有金银匠都料及大批金银匠，构成了敦煌金银器皿制作行业。榆林窟第24窟有供养人题记“社长押衙知金银都料银青光禄大夫检校太子宾客郁迟宝令一心供养”。

敦煌高级僧侣或者出身富家的僧徒大量使用、保存金银器皿在当时蔚然成风。P.3410《崇恩和尚析产遗嘱》记载索崇恩和尚的财产中,就有伍两金银间腰带壹、银碗壹枚、拾伍两银碗壹枚等。上行下效,甚至一般僧徒也使用金银器皿,佩金戴银相沿成俗,严重影响佛教教团的清规戒律,佛教教团不得不用明文加以限制。S.2575《后唐天成四年(929)三月六日应管内外都僧统置方等戒坛榜》曰:“银匙银筋,辄不得将入……银匙银筋打碎,莫惜功夫。”榜文中这一限制规定表明在当时的僧徒中使用金银器皿等奢侈品较普遍,情况十分严重。

敦煌文学文书中记载晚唐五代敦煌民间使用有大量金银器皿,市场流通有金钱、银钱。P.2058《儿郎伟》、P.2569《儿郎伟》、P.3270《儿郎伟》记载敦煌使用的器物有金盏、银瓶、银碗和纯金作的幄帐,与其他文书记载相符。敦煌市场使用的金银钱币主要来源于回鹘和西域等地,与贸易、纳贡关系密切。P.2569《儿郎伟》记载“焉祁送纳金钱”。P.4011《儿郎伟》称甘州回鹘“献纳金钱城川”。金银钱币在敦煌的使用情况亦有记载,P.3302《儿郎伟》记载长兴二年都僧统于宕泉建窟,窟成之后,为庆窟上梁,“尽向空中乱撒,次有金钱银钱”。P.3909《障车词》有“金钱万贯,绫罗数千”。金银钱等硬通货不但流通,而且数量不小。P.2612《儿郎伟》记载敦煌街南、街北市场贸易繁荣,商铺林立,外商众多。[①]P.3718《梁幸德邈真赞并序》记载他出使西域:“西城奉主,金盏亲传。”[②]金盏等当由西域传入。金银钱的流通使用与当时敦煌对外贸易关系密切,并主要使用于对外贸易中,故敦煌籍账类文书不见金银钱使用的记载。

---

①以上所引敦煌文书中的《儿郎伟》,录文参黄征、吴伟:《敦煌愿文集》,长沙:岳麓书社,1995年,第943—976页。

②拙著《敦煌碑铭赞辑释》,兰州:甘肃教育出版社,1992年,第450—451页。

归义军官府中亦收藏银器，时常用作赏赐和支付物价。P.3750《归义军时期某守官与瓜州家属书》称归义军恩赐诸物中有银碗一枚。S.6010《归义军时期衙前第六队转帖》记载："押衙王通信银碗，兵马使李海满、宅官马苟子银碗。"归义军官府和官员收藏银碗也有来自中原地区，P.3547《沙州上都进奏院上本使状》记载唐朝赐给沙州贺正专使阴信均等的银器有押衙三人银碗各一口、军将十三人银屈卮各一枚，尚书答信物中有银盏一具、银盖碗一具、判官三人都衙一人银碗一口。此外，银钗等装饰品和器皿也很常见。

为什么晚唐五代敦煌人要打制保存那么多银碗、银盘子等器皿，是单纯为了使用还是作为其他用途？从寺院所收藏的金银器皿看，主要是银碗（或金花银碗）、银盘子等，这使我们联想到吐蕃时期敦煌富商粟特康秀华向张金炫所在的乾元寺施舍的物品中除胡粉、粟麦外还有银盘子三枚三十五两。[①]康秀华是经营胡粉生意的富商，胡粉价格昂贵，若换为粮食不便于保存，难以携带，我们推测银盘子是康秀华用胡粉换来的，是流通中使用的硬通货，故标明重量，便于计算。S.4215《庚子年（940或1000）后某寺交割常住什物点检历》亦记载有白银碗壹枚重捌两半；P.3579《宋雍熙五年（988）十一月神沙乡百姓吴保住牒》证实银碗等是用作支付物价的等价物——"牛价银碗壹枚。"关于白银用于支付物价充当货币还可以由下列文书证明。S.4525《付什物数目抄录》记载："付白山银楪（碟）子壹双、银锄壹双、银盆子壹、大银椀（碗）壹枚，盘盏壹副……付岳富定银椀（碗）四枚、孔员昌壹枚、米永兴壹枚、张章儿壹枚、史残友壹枚。"文中所载支付

①P.2912《某年四月八日康秀华写经施入疏》。参拙稿《都教授张金炫和尚生平事迹考》，《敦煌学辑刊》1997年第2期，第96页—102页。

银质器皿,其性质显然是货币,不是作为一般意义上的器皿。表明银碗是作为货币流通于敦煌等地的贸易市场中。金银器皿用于支付物价,而且其中相当部分来自西域,文书所载最小银器也重六两,按照时价,在18石麦左右,相当于一头牛的价格,故在敦煌籍账中一般性支付物价,很少使用银器。晚唐五代敦煌贸易市场虽然有散金碎银流通,由P.2049、S.4642等号文书中的记载看,占不到整个支付物价的百分之一。

二、吐蕃统治下敦煌贸易市场支付物价的方式

吐蕃统治敦煌时期的贸易市场虽无钱币、金银等充当等价物的明确记载,但是交换却表现得十分活跃。关于商品交换的一般原则以及市场贸易支付的方式,可以从敦煌籍账类文书看出。P.2912《炫和尚货卖胡粉历》记载张金炫等出卖康秀华舍施的四十九两半又一分胡粉时是用麦来计算其价值,但实际支付的不完全是麦,如宋友友妻半两胡粉准麦两石五斗,旁注"付粟稻收了";贺进玉、氾什德买胡粉准价是麦,实际支付的是青麦;惠兴、氾兴国购买胡粉以麦计价,实际折为经价、画幡价,另外还有折为儭价等。①在残存的61笔账中无一例外。可以说明在这次出卖胡粉的贸易活动中,麦是作为等价物的身份出现的,是出卖胡粉的计价标准。

以麦计价还可以由其他文书找到相应的例证。北图咸字59号《寅年(822)氾英振承造佛堂契》记载慈灯雇氾英振于东河庄造佛堂一所断作麦捌汉硕,"其麦平章日付布一匹,折麦肆硕贰斗,又折先负慈灯麦两硕壹斗,余欠氾英振壹硕柒斗,毕功日分付"。议价当天订的

①参拙稿《康秀华写经施入疏与炫和尚货卖胡粉历研究》,载《敦煌吐鲁番研究》第3卷,北京:北京大学出版社,1998年,第191—208页。

工价是麦，而实际支付的是布，也表明麦是当时支付物价时的主要计价标准。以麦计算工价而不支付麦，是因为当时敦煌用麦计价比较方便，已形成习惯，易于交换双方接受。北图鸟字84号《丑年至未年某寺得付麦油布历》记载："丑年五月十五日杜都督当家书幡四十二□，每一□麦壹硕，准合麦肆拾贰硕。"[①]"寅年正月五日使车牛七日折麦叁硕伍斗；三月五日使牛具种两日折麦一石；又布一匹，折麦肆硕二斗……九月十日硙课折麦壹硕肆斗，又使车牛两日折麦一石，又硙课折麦一石……寅年三月廿日僧海印书幡十二口，每口麦壹硕二斗……靴一量折麦肆硕贰斗……又钁一具折麦贰硕贰斗……卯年三月十日僧福渐书幡十二口，每口麦壹硕贰斗……索朝宰书行像麦叁拾硕，内领麦柒硕，八宗(综)布二丈壹，花毡壹领折麦陆硕，又使牛具两日折打袪(?)子一。""北兰若杜家书佛堂领麦陆硕，高行真处得。"从以上记载看，吐蕃时期敦煌的工价、物价计算都是以麦为标准进行的，折算成麦子并不说明实际支付的一定是麦，像索朝宰书行像以麦计价而交付的有八综布、花毡等。故支付的可以是麦，也可以是按麦与其他东西的比价关系而换算成所需要的东西。因此账中所标示的准麦、折麦数，实际含义是用麦来折算工价或物价。S.2228《辰年巳年(9世纪前期)麦布酒付历》记载，"五月十四日于李日照家边买小银钗子一三(枚)，其钗子折麦拾硕，并汉斗"，清楚地表明麦是用作支付物价的等价物。

吐蕃统治时期，不但麦在支付物价时似乎具有等价物性质，而且粟同麦一样可用于支付物价。记载最为突出的是S.6829《丙戌年

---

①查原卷图版，该卷右下角今已残。录文中"□每一□麦壹硕，准合"系据许国霖《敦煌石室写经题记与敦煌杂录》下辑"书幡账目"条补。

(806)正月十一日已后缘修造破用斛斗布等历》,账中记载因修造买木、铁及支付工价用的主要是麦和粟:“(正月)十九日买张奉进木付麦肆硕。廿二日买康家木价付布肆匹;计壹佰柒拾陆尺折麦壹拾硕。又付粟叁硕。”麦在账中仅作为木材价格折算标准,实际支付的是布和粟。“四月二日,出麦柒斗,付曹昙恩解木七日价。同日出麦贰斗,付索家儿充解木两日价。又一日价麦壹斗。九日,出粟柒斗,付索鸾子充解木五日价。廿一日出粟柒斗,付彭庭贤雇车载城西木。”“五月三日出粟壹硕肆斗,粟壹硕捌斗,付孟家木价。同日,出粟壹硕,与荣国造圖及毗离(篦篱)手功。九日出麦壹硕肆斗,粟叁斗伍胜,买铁四斤打钉。同日付康太清粟叁硕,充先买材木价。六月二日出粟柒硕,付荣清等充仰泥手功。同日出粟叁硕,麦壹硕伍斗,与王庶子仰泥手功。”“(九日)同日出粟贰硕,付康太清买柱子价。十二日出粟陆硕叁斗,还道萼等先修佛殿手功。廿一日出粟肆硕、麦壹硕伍斗,与王庶子仰泥手功。”从这数笔支付账分析,粟和麦等都用作支付木材、铁、手功(工)价,唯麦作为计价的等价物。我们从账面表象看,似乎粟也是一种等价物,实际上从粟与麦比较来看,粟更偏重于以物易物而不是等价物,之所以用粟来支付,背后有麦与粟等其他东西的比价在里边。

另外,吐蕃时期布绢等纺织品支付物价时似乎也具有等价物的性质。前引S.6829号文书中记载:“一月十一日,付翟朝木价布壹匹肆拾伍尺。”七月八日“出布叁丈贰尺与法日赤白□”。八月二日“同日出布陆拾柒尺,付灵图金光明充杜邕木价”。单从这些记载看,似乎布也是等价物。但是账中最后一段文字无疑是对其作为等价物性质的否定:“又布一丈一尺出卖,每尺伍升。”表明这11尺布以每尺0.5斗的价格出卖。北图鸟字84号文书记载“张山海书幡价领得物七综布壹匹,麦壹硕,油壹升”。书幡价实际支付的实物是麦、油、布三样,只表明布与麦、油一样都用于支付物价,至于是否具有等价物性质,还无法肯定。S.2228《辰年巳年(九世纪前期)麦布酒付历》记载:“布九匹,并付兴胡胡充悬欠用。断麦伍硕伍斗,至春还,其布纳官用。又张老于尼边买布一匹四十二尺,至折麦壹硕五斗两家合买,其布纳官用,各半……又于寺家取布两匹,辰年十月折麦纳官用。”取布而折麦,说明布的价格是以麦来折算。P.T.1261《吐蕃占领敦煌时期斋儭历》记载几笔账亦表明布以麦计价:“都计八十三人,绢布五十八尺,八十三人人支麦七升一寸。”58尺绢布折合麦平均每人得麦7升,其中每人余一寸未折算。“其道真斋�布壹匹四十二尺,布二丈一,二石一斗,海净,计麦四石六斗。”亦以布折算为麦。郝春文教授认为,作为等价物麦比布有更多的优点,就是分割为最小的单位也不会损失它自身的价值,而布则不然。[①]面在吐蕃时期也用于支付物价。S.3074《吐蕃占领敦煌时期某寺白面破历》记载白面充修硙轮、博(?)羊皮等价。但未见有关以白面计算物价的记载。

由此可见:第一,吐蕃统治敦煌时期,市场贸易支付方式普遍采取实物支付,表现为以物易物的原始交换。在支付物价的实物中,以麦为主,还有粟、面、油、布、绢等。第二,在物价的折算方面,主要用麦为标准来计算各种物品的实际价格,不论当时支付物价种类多么丰富,但计算物价的标准基本划一,说明麦是当时贸易市场中的等价物。第三,麦子用作等价物除了当时实际情况需要外,还有其自身的优点,即便于分割,适于小宗贸易。绢布和金银虽有物轻价重便于携带的优点,但分割困难,不能适应小宗贸易。小宗贸易是市场贸易的主体,故吐蕃时期麦作为贸易市场的等价物在当时具有历史必然性。

---

①参郝春文:《唐后期五代宋初沙州僧尼的宗教收入(四)——为他人举行法事活动之所得》,《敦煌学辑刊》1997年第2期,第1—20页。

三、归义军时期敦煌贸易市场中的等价物

归义军时期，敦煌贸易市场除仍流通着金银之外，交换时所用的等价物与吐蕃时期一样，以麦为主，辅之粟、布等物。归义军时期留下来的籍账最多，一般来说，仓储支出多为平常用度。若支出不用在市场交换，不应当是等价物。只有当麦、粟用在市场交换中并且用以支付物价折算价格时，才具备这一等价物性质。

归义军时期敦煌市场交换在支付物价时，粟麦并用。敦煌籍账文书记载当时市场贸易用麦粟支付各种物价：S.4373《癸酉年（913或973）六月一日硙户董流达园硙所用抄录》记载用麦支付闸头赛神买羊价；S.4899《戊寅年（918或978）诸色斛斗破历》记载用粟买草柴柽等；P.4674《乙酉年（925或985）十月麦粟破用历》记载用麦粟买灯芯布胡饼等。P.4907《庚寅年（930）九月十一日—辛卯年七月九日诸色斛斗支付历》记载有还阎骨子舍价粟拾硕、汜都头舍价粟壹车、曹达坦树木价粟两硕伍斗、丑挞都头地价粟叁拾硕、买饦篱粟拾壹硕等，故粟多用于市场交换中支付物价。S.5800《唐光化三年（900）正月一日已后讲下破除数》亦记载用麦粟买纸、买绢、买墨等，是知粟与麦一样，都用于支付物价。S.5927《戌年某寺诸色斛斗入破历算会牒》记载，“麦伍硕肆斗，看园人善奴价值用”，“粟陆斗，买盐用”，可知粟用于买盐比麦用于支付工价，是更为直接的交换。P.2838《唐中和四年（884）正月上座比丘尼体圆等诸色斛斗入破历算会牒》记载支麦壹硕肆斗买硙老捣木、油壹斗打幡杆索价、麦叁斗粟肆斗刘再晟出粪价、麦两硕粟捌斗烟火价三笔、麦贰拾肆硕粟陆硕肆斗修硙堰买枝刺、粟麦各肆硕陆斗买枝五车白刺二车，又用麦粟支付柽、大木等物价，是知归义军时期麦与粟同时用于支付工价、物价。同卷《唐光启二年（886）安国寺上座胜净等诸色斛斗入破历算会牒》记载用粟陆斗买飞

桥木、麦五斗支出粪人工价。S.5050《年代不明(10 世纪)某寺诸色斛斗入破历算会牒稿》记载用粟买金青、买纸、买油、买胶等,表明粟也用于支付各种物价。

除麦粟之外，其他粮食及粮食加工品也可在交换活动中用来支付手工价、物价。像麸就用于支付物价。S.5048《庚子年(940)麸破历》记载二月九日以麸五硕还索僧政白刺价、三月十日麸两硕伍斗还慕容使君柽价,似乎连麸也具有了货币的支付功能。以麸支付物价,虽然有两笔账记载,其他文书亦有零星记载,但这毕竟不是普遍现象,而属于市场交换中的特例。值得注意的是,未见在任何情况下用麸来作为计价标准的记载。因此,单单以麸使用于交换支付物价,还不能确定它是否作为等价物，这种零星的交换只能看作是以物易物的交换。此外,麻、糜、豆、油、酒等都可用于支付物价。

归义军时期敦煌贸易市场交换活动中用于支付物价的除粮食及粮食加工品外,还有纺织品类如布、褐、绢等。S.4120《壬戌年—甲子年(962—964)布褐等破历》记载,“斜褐壹拾捌段于胡□衣买楼绫一匹”。“斜褐两段、细褐贰仗(丈)肆尺于甘州使面上买钁用。土布壹匹于索盈达面上买柽壹车用。土布壹匹安憨儿舍价用。又土布壹匹亦安憨儿舍价用。昌褐壹匹与张宅官硙价用。……细昌褐贰仗(丈)陆尺,付安憨儿舍价用。”“布壹匹于高押牙(衙)面[上]买柽用。布壹匹于画师面上买铜录(?)。”褐与布一样,在交换中被用于支付物价。P.3156《庚寅年(930 或 990)十月一日已后破緤数》记载緤布也用于支付物价:“官家骆驼价粗緤一匹;东河北头剥(?)价与孔目细緤一匹,粗緤一匹;帖绫价细緤三匹,粗緤六匹;肃州去(?)细緤六匹,粗緤十一匹。”这批緤布是住儿从西州贩来,除用于支付物价外,又贩往肃州。我们由 P.2250、P.3156 号文书所载支付情况得知,布一般用于大宗贸易支付物价,以整匹支付为主,这可能由于布的不可分割性所决定。唐五代敦煌贸易市场中用布、緤、绢等支付物价，亦见载于P.2638《后唐清泰三年(936)沙州儭司教授福集等状》，状文记载儭司唱卖阴和尚、曹大王、梁马步等衣物得布58502尺，用楼机赎鞍，用生绢付鞍价。P.3579《宋雍熙五年(988)十一月神沙乡百姓吴保住牒》记载除粮食外亦用官布、斜褐支付物价。敦煌文书中保存了相当多的出使借贷绢、褐等契约，归义军时期使团带有很强的商人色彩，所以借的生绢等物显然是为贸易用的，每篇借贷文书都无一例外，所借数目为一整匹，出使回来后还本利。这都毫无疑问地说明，生绢在敦煌或其余各地充当等价物。由于生绢质轻价重，便于携带，有利于大宗贸易等特点，故一般使用于对外贸易中。S.4445《庚寅年(930)二月三日寺家汉不勿等贷褐历》记载有："画定兴买油褐壹段，苏家永富白鞋壹两断麦壹硕贰斗……索荀儿买油白褐壹段。"说明褐与麦一样，也用于支付物价，并且褐的支付以段为单位，反映了褐在交换支付活动中的局限性。

晚唐五代归义军时敦煌贸易市场以麦、粟、豆及布、褐、绢、緤等支付物价的情况，在敦煌文书中有很多反映，有时单一支付，更多的时候是合并支付，合并支付具体表现有两点：一是在一卷文书中以多种东西支付物价；二是在一笔账中以两种以上东西联合支付物价。P.2032《后晋时代净土寺诸色入破历算会稿》“己亥年西仓破”条下记载有支康都料造西仓檐手工价粟拾贰硕、支造钟楼博士手工粟叁拾硕及苏定子青价、院生手工、郭文进柴价等七项合计51.2硕。麦粟合并支付物价有三项：麦一石、粟两硕五斗支王再盈梁子价，麦贰斗、粟贰斗付都师买炭用，麦肆硕柒斗、粟四石陆斗支陈留信铁价；麦单纯支付有福子珠价、都师炭价两项2.4硕。布破中仅有一项用于支付物价："布壹匹，王博士边买榆木用。"

由以上记载得知，在市场交换中支付物价表现得非常繁杂，总的来说主要有两类东西最为常用:一是粮食,以麦为主,辅之粟、豆等,甚至粮食加工品面、麸、油、酒在特定情况下也用于支付物价;二是纺织品,以布为主,对外贸易以绢及贵重丝织品为主,辅之以緤、褐等。支付方式有单一支付,也有合并支付,贵于实用而轻于形式是其突出特点。

麦同粟、豆、油、酒、麸、布、褐、绢、緤相比较,用于支付物价更为普遍。P.6002《辰年某寺诸色入破历算会牒》有用麦支付布、木条、柴、柽价等的十余笔账,而粟用于支付物价仅见一处。P.2049 号记载用于支付物价的各种物品中以麦为主,其次是粟和布,与 P.6002 的记载基本相符。从这些记载看出,在晚唐五代商业交换支付活动中,麦比粟、布使用更为广泛,更易为人接受。P.2040《后晋时期净土寺诸色入破历算会稿》记载支付物价共用麦 39.7 石,在粟破中用于市场交换的有买纸、买铁、买瓜、买楂木、支手工价五项共用粟 4.4 硕。在油破中有史生买铁支油五升一项。从以上 P.2040 号记载看,麦、粟、油、豆等粮油面都可以用于交换支付物价, 其中用麦支付物价较其他粮食更为普遍。

无论支付形式多么杂, 麦在支付中充当等价物的中心地位始终不变。P.3763《年代不明(10 世纪中期)净土寺入破历算会稿》记载,"麦五石二斗,欠在净胜,折绢价用",用麦折算绢价足见麦在敦煌当地贸易中地位之高。其次又以麦支付有程早回木价,王昌闰、张万达、曹虞候生铁价,龙家生铁价,氾再胜梁子价,唐清奴、程富子、安谷穗、王骨儿芘篱价等用麦共 23.4 石。粟破有买铜、买铜录两项 6 斗,又有"粟叁石欠在净胜折绢价用"。净胜可能是从事绢生意的商僧。从支付量来说,粟远不及麦。P.4642《年代不明(10 世纪)某寺诸色斛斗入破历算会牒》用麦支付地价、买银、买色、褐价、酒价;用粟买纸、稷价、褐价、色价;用麸买丹、买胡粉、买柴,用油买葱、簇博士工值价等。虽然寺院支付物价时形式各异，但麦是其中必不可少的一项。对整个账目进行综合分析，虽然个别情况下豆、麸、粟在部分账中支付物价量大于麦，但总体上麦仍然是支付的主体，特别是折算价格时以麦为主。S.286《年代不明（10 世纪）某寺麦粟油黄麻入历》记载：“栓（橛）一束硙户石盈昌折债入，准麦粟七石。”是证麦为交换中的等价物。S.5039《年代不明（10 世纪）诸色斛斗破用历》记载：“麦叁硕，于寺主教真褐袋一口折麦入□用。”表明麦是折算物价的等价物。粟不但支付物价，有时还用以折算物价。S.4649+S.4657《庚子（970）二月十日沿寺破历》记载：“又粟壹硕伍斗，折毡价用。”粟用于计算物价，就具有了等价物的性质，但是文书中见载以粟计价非常少，说明它不是计价的主体。唐五代敦煌贸易市场以粮食计算物价的方式，在各种契约文书中亦有反映。P.3331《丙辰岁宋欺忠卖宅舍契》断作舍价计斛斗陆拾捌硕肆斗，内麦粟各半。S.3877《乾宁四年张义全卖宅舍地基契》其舍“都断作价值伍拾硕”。同卷《唐天复二年壬戌岁曹大行回换屋舍地基契》折价“斛斗玖石”，从罚麦两驮看，折价斛斗亦应是麦。从归义军时期的地契记载看，用麦粟等计算价格并支付地价非常普遍。

唐代敦煌郡（沙州）有公廨本钱出贷生利，到晚唐五代由于钱币匮乏，市场贸易一般不用钱币而改用粮食作为等价物，这个时期的公廨本钱改为公廨麦粟出便与人生利。P.3370《戊子年（928）六月五日某寺公廨麦粟出便与人抄录》便物人有沙州赤心、洪润、莫高、玉关、龙勒、平康等乡百姓及当寺僧众，麦粟生利为至秋百分之五十。这从侧面说明晚唐五代敦煌不使用钱币，贸易交换主要以粮食等实物作为等价物。

晚唐五代敦煌贸易市场以麦作为等价物，表现最为明显的是 P.3631《辛亥年（951）正月二十九日善因愿通等柒人将物色折债抄录》：

辛亥年正月廿九日，先把物团善因、愿通等柒人，欠常住斛斗，见将物色折倩(债)抄录谨具如后：善因入褐布柒拾捌尺，准麦粟柒硕捌斗，折黄麻叁硕玖斗。愿通入褐布柒拾五尺，准麦粟捌硕，折黄麻肆硕。愿威入榆木两根，准麦粟陆硕；入昌褐肆拾尺，准麦粟肆硕；木及褐价折黄麻伍硕。保瑞入昌褐叁丈贰尺，准麦粟叁硕贰斗，折黄麻壹硕陆斗。保端替老宿入白方毡壹领，准麦粟肆硕，折黄麻两硕。又入人上典物铜锅子壹口。上件物色等对众僧分付，领入库内。领褐布人王上座，后要破数。又六月九日，保遂入斜褐壹段，准麦粟[1]肆硕伍斗，折黄麻两硕贰斗伍升。又紫绵绫衫表(？)壹领，准麦粟玖硕，折黄麻肆硕伍斗。又白羊毛毡壹领，折麦粟两硕伍斗。故僧愿住入昌褐肆拾尺，折麦粟肆硕。又愿通入布叁丈捌尺，折麦粟叁硕捌斗，其布僧政贷还。善因入褐袋壹口，折麦粟肆硕。保端替故张老宿入布壹丈伍尺，折麦粟壹硕伍斗；又昌褐贰丈肆尺，折麦粟两硕肆斗。其文书内物于李法律算时总入破了，更无理词。其文书内黄麻及麦粟并入愿通交历及李法律交历。

善因、愿通欠常住物色主要是黄麻和麦、粟，还物有布、榆木、昌褐、毛、斜褐、衣物等。所还物与欠负物间的价格换算是以麦粟为标准进行的，先把所还物换算成麦粟，然后根据麦粟与所欠物黄麻的价格关系，再折合成黄麻数。由还物—麦粟—欠负物，麦粟起着所还物与黄麻间的等价物的作用。表明麦粟是交换中的等价物，起着计算物价的作用。

---

①此行及此后四行下部有还物人名及画押。不录。

晚唐五代归义军时期敦煌使用黄金白银比较普遍，有金钱、银钱等硬通货，更多的是各种金银器皿，其中部分器皿都注明重量，显然是为了交换计价方便，这些金银器皿毫无疑问也作为硬通货。在敦煌市场还有大量散金生银、弱金碎银出售，部分亦用作交换。金银用作硬通货有物轻价重、便于携带等优点，有利于大宗贸易和对外交换长途贩卖，但是分割困难，不适宜小宗贸易。故敦煌籍账类文书在记载一般性贸易时很少用金银，只有在大宗贸易时偶尔用银器支付物价。表明晚唐五代金银作为硬通货虽然流通于敦煌市场，并不处于整个市场交换的主导地位。

晚唐五代归义军时期敦煌贸易市场的交换方式与吐蕃统治敦煌时期一脉相承。从吐蕃统治敦煌开始，铜钱不再流通，支付物价方式复杂多样，通过对吐蕃统治时期各种市场贸易文书进行综合分析，支付物价虽然不一致，有麦、粟、布、绢等，但计价折算时基本都用麦。这样一来，就使原来非常复杂的市场贸易变得简单明了、运转畅通。归义军建立之后，虽然名义上成为唐朝的地方政权，由于地理位置等因素，归义军政权孤悬在外，实际上是一个半独立的地方性政权，故唐朝及以后的中原政权的钱币无法流通于敦煌。所以，归义军时期的敦煌市场继吐蕃之成规，进行以物易物的交易，或采用以实物支付物价的交换形式。同吐蕃时期相比较，支付种类五花八门，凡属粮食或粮食加工品都可以支付物价，其次纺织品如布、緤、褐等亦用作支付物价。杂乱无章，几乎没有什么成规。布帛分割困难，不利于交换，其缺点在河西地区早有认识。[①]我们通过对支付情况全面分析，可以看出，

---

①《晋书·张轨传》载“裂匹以为段数，缣布既坏，市易又难，徒坏女工，不任衣用，弊之甚也”。

麦是支付物价的重点，部分文书还记载到麦是市场贸易时的计价标准。通过研究我们认为,归义军时期的等价物与吐蕃时期一样,以麦为主,辅之以粟、布等。麦作为市场贸易的等价物虽然有便于分割等特点,但是质重价轻,不利于大宗贸易,故当时对外贸易多用丝织品、金银钱币和金银器皿等。它们之间互相补充,共同促进晚唐五代敦煌贸易市场的发展。

（原文发表于《中国史研究》2002 年第 3 期,第 85—94 页）

晚唐五代敦煌商业贸易市场研究

晚唐五代敦煌贸易市场的国际化程度主要表现在三个方面，即从事商业贸易主体商人的国际化、商品的国际化和使用货币的国际化。商人的国际化是说敦煌市场上从事贸易的主体在商业民族粟特人之外，还有波斯、印度等地，及吐蕃、于阗、回鹘、韃靼等民族的商人，货币主要是金银器皿和丝绸的使用，其中不乏来自于中亚和东罗马的东西，商品的国际化主要表现在中原和周边国家地区以及中亚印度的特产都汇集于敦煌市场上。[①]但是晚唐五代敦煌地区的贸易市场国际化发育程度与敦煌归义军地方性政权的影响力形成了非常明显的差异，敦煌归义军政权虽然前后存在200年左右，除了张议潮、张淮深时期，归义军的疆域范围达到六州与中原接壤外，其余时间一般都是二州六镇或者二州八镇，处于四面六蕃围的境地。[②]这样就向

①郑炳林：《论晚唐五代敦煌贸易市场的国际性》，《中国经济史研究》2003年第2期，第14—18页；《晚唐五代敦煌贸易市场的等价物》，《中国史研究》2002年第3期，第85—94页，转载《魏晋南北朝隋唐史》2003年第1期，第52—61页；《晚唐五代敦煌贸易市场外来商品辑考》，《中华文史论丛》第63辑，上海：上海古籍出版社，2000年，第55—63页。

②郑炳林：《晚唐五代归义军疆域演变研究》，《历史地理》第15辑，上海：上海人民出版社，1999年，第56—73页。《晚唐五代归义军政区制度研究（之一）》，《敦煌研究》2002年第2期，第11—19页。《晚唐五代归义军政区制度研究（之二）》，《敦煌研究》2002年第3期，第68—73页。

我们提出一个亟待解决的问题，晚唐五代敦煌贸易市场的国际化程度的形成的自然因素和人文因素的内容和特点是什么，这个问题的解决对于我们研究晚唐五代敦煌地区区域经济意义重大。

一、晚唐五代敦煌地区商业贸易市场与商品生产

(一)敦煌地区的经济物产与区域经济发展

敦煌地区特产有棉花和水果,如杏、梨、葡萄等,但是物产相对较贫瘠,虽然种植棉花,就其质量来说远远不如吐鲁番的棉花和棉布。种植有杏梨葡萄等瓜果很多,但都没有形成自己的特色,尽管敦煌地区的瓜很出名,毕竟瓜不是用来长途贩运的商品,主要是自产自用的农产品。我们从敦煌市博物馆藏58号地志残卷记载到沙州敦煌郡贡品只有碁子,比起敦煌临近的肃州酒泉郡、甘州张掖郡、伊州伊吾郡来说都要少,足见敦煌地区当时商品还是很匮乏的。而《元和郡县图志》卷四十陇右道下沙州敦煌开元贡有野马皮、石膏、棋子石、犎牛皮等四种,与肃州相当,比瓜州、伊州、甘州、凉州都多,但是还是不够丰富。《新唐书·地理志》记载沙州敦煌郡土贡有碁子、黄矾、石膏,比瓜州、凉州、甘州、肃州、西州都少,与伊州相当。尽管各种地理资料记载有很大差异,但是总体上来说,反映了敦煌地区出产的特产主要有棋子、石膏、黄矾和野马皮等,主要是些土物,没有见到有体现自己特色的手工业产品,比如像西州的棉布、伊州出产的刀、柔毛毡等。到唐天宝年间从化乡建立之后,敦煌贸易市场有了很大的发展,但是就敦煌地区出产的商品种类来看还很少,不足以同周围地区相比较,这种状况一直到归义军时期从根本上没有改变,物产仍然很匮乏。

敦煌地区物产匮乏在文书中有很生动的记载，就是归义军政权也不隐讳这个事实。P.4638《权知归义军节度兵马留后守沙州长史曹仁贵状》称:“玉壹团,重壹斤壹两。羚羊角伍对,硇砂伍斤。伏以碛西

遐塞,戎境枯荒,地不产珍,献无奇玩。前物并是殊方所出,透狼山远届敦煌;异域通仪,涉瀚海来还沙府。彻将陈献,用表轻怀。"[①]玉石是从于阗地区贸易得来,羚羊角和硇砂可能是从吐蕃地区贸易而来,显示出敦煌地区归义军政权连朝贡用品都拿不出像样的东西。P.2992《兄大王[沙州归义军节度使]某致弟甘州回鹘顺化可汗状》记载归义军节度使为打通与中原间的交通道路而向甘州回鹘顺化可汗送的谢贺礼品有玉壹团重八斤、白绵绫伍匹、安西緤两匹、立机细緤拾捌匹、官布陆拾匹,[②]可以确定玉和安西緤是外来产品,说明敦煌地区的物产不丰富,而官布、白绫、立机緤可能是敦煌本地所产,表明敦煌当地的手工业产品已经很好,可以同进口产品一样作为礼品、贡品使用。

归义军政权建立之后基本继承唐代和吐蕃占领时期的敦煌贸易市场的特点,但就出产来说变化不大,从归义军政权向唐朝政府进贡的物品来看,主要是驼马(P.3547《沙州上都进奏院上本使状》)等畜牧业产品,以及棉布、丝绸、褐、毡、毯等手工业产品。[③]

(二)商业市场贸易的发展

东汉以来敦煌地区就是一个商业贸易都会城市,这种状况一直到唐代都没有改变,而且国际化程度不断加强,粟特族成为敦煌贸易市场的主体商业民族,天宝年间敦煌县从化乡差科簿中记载粟特人中有二人担任管理市场的市壁师,表明市场发达和商业贸易兴盛,但是敦煌地区物产又贫瘠匮乏,形成了很大的反差,制约着敦煌贸易市场的发展。

敦煌地区丝织行业是从吐蕃统治敦煌时期就形成规模化生产,

---

①唐耕耦、陆宏基编:《敦煌社会经济文献真迹释录》第4辑,北京:全国图书馆文献缩微复制中心,1990年,第387页。

②唐耕耦、陆宏基编:《敦煌社会经济文献真迹释录》第4辑,第395页。

③唐耕耦、陆宏基编:《敦煌社会经济文献真迹释录》第4辑,第367—369页。

有一批专门从事丝绸生产的工匠，组成自己行业性质的部落——丝绵部落。根据S.2228《亥年修城夫丁使役簿》记载丝绵部落各将共49人，其中12人可以肯定是粟特人。丝绵部落是丝绸生产和销售的部落组织，因此学术界据此认为直到8—9世纪，粟特人仍然活跃在沙州丝绸生产和销售中。[①]S.5812《丑年八月女妇令狐大娘牒》记载丝绵部落无赖□相罗织人张鸾鸾“尊严舍总是东行人舍收得者为主居住”，吐蕃三部落监军于张鸾鸾借堂、南房，厨房等居住。[②]丝绵部落居民可能是城居从事丝绸生产的手工业者，与行人部落相邻或者交杂居住。而吐蕃派往这里的三部落监军很可能就是管理行人、丝绵等三个与商业贸易有关部落事务的吐蕃官吏。在敦煌丝绵部落的管辖下有很多从事丝绸生产的蚕坊，P.2162《寅年沙州右三将纳突历》记载蚕坊的地方十余处，纳突地点有敦煌的百尺、百尺下村落和蚕坊等地，[③]这些都在敦煌城周附近，我们是否可以认为吐蕃时期敦煌地区由于大量汉族和少数民族的手工业者进入，敦煌的丝绸生产发展起来，有了自己行业性机构。另外吐蕃时期敦煌还有行人部落，也是行业性的组织，S.5824《经坊供菜关系牒》记载写经人供菜情况，行人部落和丝绵部落放在一起，其中都有粟特人，表明他们都是从事商业手工业的居民。是否可以确定行人部落就是专门从事长途贩运的商人组成的行业部落。由于资料的缺乏我们还无法确定当时这两个部落的运转和管理情况，就从居住地看是以敦煌城为中心分布的。我们从P.3774《丑年十二月沙州僧龙藏牒》记载索家齐周与大哥之间的一场

---

①许国新:《都兰吐蕃墓出土含绶鸟织锦研究》,《中国藏学》1996年第1期，第3—26页。

②唐耕耦、陆宏基编:《敦煌社会经济文献真迹释录》第2辑，第287—288页。

③唐耕耦、陆宏基编:《敦煌社会经济文献真迹释录》第2辑，第405—406页。

财产纠葛,齐周不但经营农业畜牧业同时经营商业,开酒店造酒,出使伊州贩卖铁器,遂成巨富。[①]另外出身粟特人的部落使康秀华经营胡粉成为富商,他担任的可能就是行人、丝绵等三部落某个部落首领,都反映了吐蕃时期敦煌商业贸易市场发展状况。

归义军时期敦煌商业贸易市场变化最大的是市场繁荣和手工业发展起来了。根据敦煌文书记载,晚唐五代归义军时期的敦煌城店铺林立,市场繁荣,根据P.2612《儿郎伟》记载敦煌城南北街都是交易场所:"敦煌是神乡胜境,外狄不曾稍传;四海争诸纳贡,尽拜延□楼前。传说阿郎治化,如日照着无边。百姓移风易俗,不乐跳□求钱。总愿宽耕营种,□□□足衣全。实亦□□出里,麦□□日生烟。阶(街)南公断去交易,街北将硬称去颠。毛国番人,不会汉法,也道此人偏怜。"[②]勾画出一幅生动的敦煌贸易市场交易画卷。关于敦煌市场贸易情况P.3468《驱傩文》称:"皴店章店,匝于城市,饽行秸行,溢于鄽肆。布一丈而列蔓,绢三尺而达利。"[③]从我们研究看晚唐五代敦煌地区行市划分很细,见载于文书和莫高窟供养人题记的有金银行和金银都料、金银博士,铁都料和铁博士,木都料和木博士等,几乎每个行业都有都料与相应的工匠——博士。

敦煌贸易市场按照行市划分,店铺相邻。这里有六蕃进献的畜牧产品,从于阗来的白玉,有从中原来的盘龙大锦和绫罗绢采等。[④]大量外来产品进入贸易市场,使敦煌对外贸易市场一下子发育起来,以中

---

①唐耕耦、陆宏基编:《敦煌社会经济文献真迹释录》第2辑,第283—286页。

②黄征、吴伟:《敦煌愿文集》,长沙:岳麓书社,1995年,第948—949页。

③黄征、吴伟:《敦煌愿文集》,第954页。

④P.3270《儿郎伟》,录文参黄征、吴伟:《《敦煌愿文集》,第951页。

转贸易为主，并开展大量的加工业，敦煌地方产品也逐渐进入市场并大量转售外地。

（三）敦煌地区出产的商品

归义军时期敦煌贸易市场一般贸易物品，根据 P.3985《癸巳年七月廿五日谨录送路物色名目》记载木匠冯常安等委托贸易的物品有棉布（如官布、立机緤、安西緤）、麻布、毛织品（白褐、十综褐、八综褐、粗紫褐、番褐、毡），这些物品中有很多是来自于敦煌以外地区的，如番褐、安西緤，安西緤出产于西州地区，又称安西布。番褐，番与蕃通用，根据敦煌文书记载敦煌地区有六蕃，主要指生活在敦煌及其周围地区的吐蕃、吐谷浑、龙家、嗢末、回鹘等，实际上番是对西部汉族以外的少数民族的统称，也可以指西域各国。而褐是畜牧业民族的主要产品，有产自敦煌南部地区南山，西州地区的回鹘以及龙家都生产这种东西，因此所谓的番褐有来自于敦煌周边地区的也有用其生产工艺制造的毛织产品。官布，敦煌出产官布，西州也出产官布，西州回鹘文献中就记载有棉质官布，我们从敦煌贸易市场上常见的官布应当是敦煌地区所产，经过我们研究得知，晚唐五代归义军时期敦煌地区种植棉花，按地征收官布，约 250 至 300 亩地征收一匹官布，因此敦煌地区出产的棉布是一种很常见的手工业产品。也有的专家将官布判定为麻布，我们说它是棉布，是因为很多寺院支出账中将官布与緤归为同一类，如緤破或者緤入，而不是归入布破或者布入里边。很显然敦煌地区的官布是由敦煌以外地区传入的棉布制造技术所制造的一种棉布。

到归义军时期丝绸生产由官府直接控制和管理，虽然敦煌地区有很多专业性质的行，但是没有见到丝绸行业组织，但是从事经营丝绸店铺很可能存在于敦煌。有了专门管理官营手工业的机构——内宅司，内宅司的长官是作坊使，由押衙担任，从敦煌文书记载来看当时有南宅、北宅，是归义军官府商品的生产机构。敦煌文书 P.4518《辛卯年(991)十二月十八日当宅现点得物色》记载主要是丝织品，有黄鹿胎、红透贝、红绮、龙黄绫、黄御绫、黄楼绫、银褐绫、黄黑花绮、天净纱、锦、大白绫、白罗、楼绫、白黑花绮、紫绮、紫纱、白熟绫、碧绫、白御绫、花官絁、生绢、青绢、非绢、黄绢、紫绢、白熟绢、颣缬等，[①]这些物品也可能是敦煌归义军内宅司制造服装所用的面料，但是更多的可能是内宅司生产的产品，是敦煌当地生产的丝织品。关于晚唐五代敦煌地区出产的丝织品我们还可以由各家财礼名单上看出他的种类丰富，有碧罗、紫绫、绿绫、红罗、红锦、青锦、白罗、紫罗、楼机绫、绯锦、生绢、紫绮等制造的服饰。[②]另外丝织品还用于归义军政权的贺正等朝贡活动，P.3440《丙申年(996)三月十六日见纳贺天子物色人绫绢历》等记载的可能是当年贺正专使带给中原政权的物品，纳贺的人员有归义军政权的各级官吏和佛教教团的各级僧官，归义军政权的官员有司徒、仆射、大尚书、小尚书、太子太师、都押衙(慕容、韩、阎、安、邓、阴)、镇使(安、荆)、教练(阴)、指挥(索)、账吏(陈)、判官(索、阎)、孔目官(阴、张、吴、宋)、库官(永兴、邓住德、曹)、都知(安、曹、张、曹、高)、羊司(田)、都头(安、令狐愿德、永绍、阴顺兴、义长、阎、马盈子、清子、王员会、令狐清子、索丑子)、衙推(翟)、县令(罗、翟)、马步(氾、邓)、游弈(张、李、阎)、营田(索)、翟四大口、高酒司、邓作坊、氾草场张柴场、二仓曹等，僧官有僧统(张、索、阎)、张僧录、教授(程)、都僧政等。所纳贺的物品有白小绫、白楼绫、绫子、黄绫、楼绫、绯绫、白绫、小绫、白透贝、绢、黄绢、白绢、碧绢、绯绢、紫绢、颣缬等，级别高的官

①唐耕耦、陆宏基编:《敦煌社会经济文献真迹释录》第 4 辑，第 8 页。

②S.4609《太平兴国九年十月邓家财礼目》，P.3490《索家财礼数目》，录文参唐耕耦、陆宏基编:《敦煌社会经济文献真迹释录》第 4 辑，第 6—7 页。

员和僧官纳贺主要是绫,其中最珍贵的是楼绫。[①]这些丝织品主要是为了向中原天子纳贺的礼品,所以不可能来自于中原地区,物品名称之前没有注明番或者波斯、于阗等字样,也不可能来自于这些地区,因此这些贡品很可能是归义军内宅司或者作坊司制造出来的。

用于对外贸易的物品很多,贩往西州地区的主要是丝织品、毛织品,P.3579《年代不明将去西州物色目》记载所带物品有:"大家绢贰拾匹、楼绫三匹、漆碗一个;阎家绢壹匹,氾师子楼绫两匹,绢两匹,碧绫半匹,漆碟子两个,漆盏壹个;……白绢壹匹,细褐丈五,漆碟子壹个;……绢三匹,碧绢壹匹,碧绢壹匹,绿绢壹匹,白绢拾……香壹两,赤□一个,弓一张。"[②]从记载看敦煌地区贩往西州的主要有绫绢褐等,这些东西应当是敦煌地区的出产。P.4957《年代不明付绢练物等历》记载:"保护生绢六尺,又生绢……又古白练七尺,内一接紫胐壹丈八尺。孙寺主黄缬壹丈。潜弁绿绸六尺,碧绸五尺内接碧……衫子壹付懒梨□。留住黄绢壹匹,锦两匹并三丈……法界黄罗帔子一七尺,淡黄绢□……生绢一匹,又生绢三丈八。康文通生绢一匹三丈八。康昌进黄缬壹丈八尺。善胜黄画帔壹条。王义恩淡黄绣帔子一,古黄画帔……安略子绫壹匹付法灵……史嫩梨碧绢六尺,紫绸六尺付……索嫩梨破罗五尺,古破红绢……紫绣帔子一付(副)善藏。[③]就这篇文书性质来说,如果不是向寺院施舍就是出卖丝织品的账目,如果是后者那么可能就是某个丝织品店出卖或者赊卖的账目。特别值得我们注意的是,每笔账目都与衣服用料有一定关系,大人上衣用料大约在

①唐耕耦、陆宏基编:《敦煌社会经济文献真迹释录》第4辑,第16页。
②唐耕耦、陆宏基编:《敦煌社会经济文献真迹释录》第4辑,第18页。
③唐耕耦、陆宏基编:《敦煌社会经济文献真迹释录》第4辑,第26页。

七尺到八尺左右,小孩用料在五尺左右。作为商品出卖的丝织品账目还有P.2631《年代不明付绢罗物等历》记载:

(前缺)

1 壹段,又福成家青绢壹段,□……

2 段,又张宜宜家青绢壹段内两接……

3 壹段,黄军罗九尺,青绫壹段……

4 幡额壹,又付青绢壹段,应□……

5 付贺良温紫绫壹段,又良温家……

6 接,又良温家白绫壹段,付法成……

(后缺)

从内容看这篇文书与寺院的关系密切,有幡一类的东西,所付人员中也有僧人,如法成。但就总体看应当是出售丝织品的账目。这里没有完全使用丈尺等长度单位,而使用了段这个没有具体长度的单位,我们怀疑段就是做每件衣服所使用的丝绸面料长度,在九尺以下。这种按段出售丝绸的处所就是丝绸店铺。因此从账目的内容看当时敦煌贸易市场上出售的丝织品种类很多,有各种绫罗绢,同时还出售一些丝绸成品。通过分析我们可以有这样一些认识,晚唐五代敦煌贸易市场的丝绸是交易中的主要商品,其中很多来自于敦煌当地的制造业。

敦煌地区民间使用丝绸比较常见,如前引荣亲财礼单就有很多丝织品,就是在丧葬时的纳赠名目中也纳赠丝绸,P.3416《乙未年二月十八日程虞候家荣葬名目》记载纳赠丝绸有青绸、紫锦绫、生绢、绯绵绫、绿绫、白绵绫、白绫、白练、白绸、绯绸等。[①]

---

①唐耕耦、陆宏基编:《敦煌社会经济文献真迹释录》第4辑,第23—25页。

二、晚唐五代敦煌对外贸易及其贸易地区

晚唐五代敦煌地区虽然手工业得到很大发展，商业产品得到很大的丰富，种植业方面棉花种植和棉布生产都有革命性的改变。但是仍然存在很多问题，首先敦煌地区虽然种植棉花等经济作物，但是加工产品质量远不及其他地区所产；其次加工业所需原料和技术都依靠原产地，所以商品生产受到限制很大，无法与其他地方相比较或者超过其他地方。鉴于这种状况，敦煌地区发展的贸易主要是中转贸易，将西域地区的商品贩卖到敦煌然后转手销售到中原及东部地区，或者将中原地区的物品转售到西域等地。因此研究晚唐五代敦煌地区的贸易市场不能光看敦煌当地，更重要的是要注意敦煌与周边地区的商业贸易，即敦煌地区的商团及其贸易的范围。

晚唐五代敦煌地区的商团主要有这样几种类型，即百姓个体贸易、归义军政权派遣的使节所代表的官方贸易、僧人为主体的僧使贸易。其中使节所代表的贡赐贸易性质的官方贸易是归义军时期对外贸易的主体，这种使团中往往设置首领——使头之职，约束使团成员处理使团事务；其次这种使团一般规模都比较庞大，人员构成复杂，使团任务多种，其中都兼有商业贸易的职责。就是为了某种目的所派遣的专使也兼有商业性质，如贺正专使等。

张议潮收复敦煌之初就向唐朝中央派出十几批使节进表，其中大中四年就有一批使节共七人奉河西地图经过天德军、灵州到达长安，一人勒住灵州，得到唐朝恩赐金荣绵练等，数目多少没有记载。为了加强敦煌与唐朝长安之间的通使，专门在长安设置了上都进奏院，负责安置使团成员及其与唐朝中央的联络事宜，同时负责了解唐朝中央的动向并向敦煌归义军政权汇报。特别是唐宣宗大中五年对归义军政权使节赏赐很多，包括敦煌佛教教团中僧统、都僧政、都教授

等，除了都僧统吴洪辩之外，索崇恩也得到赏赐。这种笼罩在贡赐光环之下的是非常不对等的贸易关系，就是贡赐贸易的实质。它们之间的差别到底有多大，史籍没有明确记载，看到的只是周边政权向唐朝中央物品名称的记录，而没有唐朝对这些政权的赏赐的数目。敦煌文书 S.8444《唐为甘州回鹘贡品回赐物品簿》对于揭开这个秘密有很高价值：

进贡物品　　　　　　　　　回赐物品

波斯锦壹　　　　　　　　　匹细锦两匹

器仗壹副并枢木箭拾只　　　绢伍匹、细锦三匹

象牙壹截　　　　　　　　　绢贰拾匹

羚羊角三拾对　　　　　　　大绢貳拾伍匹

硇砂伍拾斤　　　　　　　　绢伍拾匹

马拾陆匹　　　　　　　　　细锦贰拾匹、绢三佰匹

□上支绫锦绢罗等共计伍佰□，并食器壹佰事。

门锦壹拾伍匹、锦两匹

貂鼠皮壹拾个　　　　　　　大绢两匹、锦壹匹

以上计贰拾匹共壹角锦三匹、□□壹拾柒匹

大宰相附进玉腰带袴具壹拾贰事　锦两匹、绫三匹、绢伍匹

牦……　　　　　　　　　　（缺）

（缺）　　　　　　　　　　白罗三拾匹、绢共肆佰匹、蛮画食器壹佰事

达干宰相附近羚羊角贰拾对　　锦两匹、大绢壹拾匹

已上计壹拾贰匹共壹角

天睦可汗女附近皇后信物壹角　锦两匹、（后缺）

我们以敦煌当时的市场价格计算，如一匹马的价格为 50 石左右

的麦子,而细锦的价格与红锦的价格相同都是120石麦子,绢一匹价格在22石麦子,甘州回鹘进贡了16匹马,而唐朝中央赏赐了180匹马的锦绢,贡与赐的差价在1∶10的比例。进贡了30对羚羊角就回赐约550石麦子价格的绢,羚羊角的价格我们暂时还不知道,但是羚羊出产于青藏高原地区,敦煌之南就是祁连山,这里生长有羚羊,所以价格不会很贵,三十对羚羊角与550石价格的绢之间的差价非常大,一对羚羊角的价格绝对达不到18石麦子。达干宰相附近羚羊角贰拾对回赐相当于460石麦子价格的锦两匹、大绢壹拾匹,一对羚羊角回赐23石麦子价格的丝绸。因此回赐物品的多少虽然与贡品之间有关,并不完全一致。回赐中虽然考虑贡品与赐物之间的价格关系,更多的是考虑所进贡者的政治身份地位诸多因素,因此在一个回赐单中所列的相同物品,回赐物品多少也不尽相同。

由于贡赐贸易之间存在的严重价格差异,对于进贡一方来说能够带来丰厚的利润,而对于回赐一方来说有非常大的经济压力,因此唐朝中央政权对周边政权的每年进贡次数和使团人数都有严格限定,严禁使团超员,唐朝边地将帅有权扣留使团超员部分。但是对于归义军政权来说,几乎每次所派遣的使节都超员,如P.3547《沙州上都进奏院上本使状》记载上都进奏院向沙州汇报某年派遣贺正专使进贡、回赐物品内容数目以及使团人员组成,这次派遣的使团共29人,其中真正到达进奏院的只有13人,其中16人被扣留在灵州,包括衙前兵马使1人、十将4人、长行11人。"当道贺正专使押衙阴信均等,押进奉表函一封,玉一团,羚羊角一角,牦牛尾一角。十二月廿七日晚到院,廿九日进奉讫。谨具专使上下共廿九人到院安下及于灵州勒住人数,分析如后。一十三人到院安下:押衙阴信均、张怀普、张怀德;衙前兵马使曹光进、罗神政、刘再升、邓加兴、阴公遂、阴宁君、翟善住;十将康文胜;长行王养养、安再晟。一十六人灵州勒住:衙前兵马使杨再晟，十将段英贤、邓海君、索赞忠、康叔达，长行一十一人。……已上赐物，二月十六日于宾省请领到院，元有皮袋盛内记木牌子兼有司徒重印记，全。赐贺正专使阴信均等上下廿九人驼马价：绢每人各三匹三丈三尺六寸，三月廿一日请领讫。”进贡物品能够看得到只有玉一团、羚羊角、牦牛尾等，是否还有其他物品，从状文中我们看不出。回赐物品非常丰富，信物、银盖、银碗、丝绸衣物等，根据我们统计其中有锦彩 454 匹、银碗 6 枚、银盖 1 枚、银屈厄 13 枚、衣 8 副，熟绫锦衣 3 副、杨绫锦 12 副、絁锦衣 13 副和驮马价绢人各 43 匹又 3 丈 3 尺，若以 29 人计算，驮马价应当为 1270 匹；若以 13 人计算，驮马价为 569 匹 2 丈 9 尺。所以为什么每次归义军政权都派出规模庞大的朝贡使团和唐朝边地将帅勒住扣留使团成员的原因就不难理解。P.3281《押衙马通达状稿》记载：“先随司空到京，遣来凉州，却送家累，拟欲入京，便被卢尚书隔勒不放。尚书死后，拟随慕容神护入京，又被凉州麹中丞约勒不达。”[①]张氏归义军政权后期由于中原政府控制了凉州地区，所以不但灵州连凉州也开始限制敦煌入朝使节人数。根据 S.1156《光启三年沙州进奏院上本使状》记载仅这一年敦煌就派往唐朝政府的使团三般 60 余人。特别是曹氏归义军于清泰二年派出的使团约 70 余人，“奉贡东朝，不辞路间之苦。乃遇睿慈合允累对，频宣封赐衣冠而难量。因诏西陲而准奏，面迁左散骑常侍。兼使臣七十余人，意着珍珠，不可筹度。一行匡泰，逍遥往还。回程届此鬼方，忽值奸邪之略。西瞻本府，不期透达烽烟。进使百有余师，俱时如鱼赴鏊”[②]。“却值回时，路逢国难。破财物于张掖，害自己于他方。不达本

①唐耕耦、陆宏基编：《敦煌社会经济文献真迹释录》第 4 辑，第 375 页。

②P.3718《梁幸德邈真赞并序》，录文参郑炳林：《敦煌碑铭赞辑释》，兰州：甘肃教育出版社，1992 年，第 450—451 页。

乡,中途损没。”[①]回程中在张掖被回鹘杀害的有百余人,使团成员只有70人而被杀的达百余人,可能入朝共百余人,其中30余人被勒住灵州,返程时包括这部分人在内。这次甘州回鹘杀害使团人员主要目的是为了抢劫财物,因为使团回程中带了数不清的珍宝和财物。

与中原王朝之间的贡赐贸易一直是归义军对外贸易的重点,特别是一年一度的贺正专使贸易回赐物品比较多,获利丰厚,所以归义军政权一直非常重视这个贸易。贺正专使大约是每年十月派出,来年正月贺正完毕就返回。P.2704《后唐长兴四至五年(933—934)曹议金回向疏》四篇,其中一篇写于长兴四年五月十四日,转经十七日,设斋一千五百人供,度僧尼二十七人,发愿目的中有“朝庭(廷)专使,沿路不阻于烟尘;还驾无虞,喜音速将于旬日”。这是对于后唐派往敦煌地区的使节能够顺利返回所作的道场发愿文。同年十月九日又转经十七日,设斋一千五百人供,度僧尼十七人,发愿文中记载发愿目的有“东朝奉使,早拜天颜;于阗使人,往来无滞”。这是为派出使节所作的法会。同卷长兴五年正月廿三日和二月九日的舍施发愿文中记载:“朝贡专使,往来不滞于关山;于阗使人,回骑无虞而早达。”“朝廷奉使,驸骑亲宣;于阗使人,关山不滞。”[②]为了一次出使活动多次做法会祈愿平善来往,就反映出这次出使的重要性。曹议金之所以这样关注这次出使,因为这次是归义军与中原王朝贡赐贸易中每年最关键的一次。

由于出使中原获利丰厚,因此归义军时期敦煌出使过程中为了筹措运输工具和物品,不惜高利息向他人借贷,敦煌文书中保留了大

①P.3564《莫高窟功德记》,录文参郑炳林《敦煌碑铭赞辑释》,第470页。

②唐耕耦、陆宏基编:《敦煌社会经济文献真迹释录》第3辑,第58—88页。

量的有关出使借贷文书。北图殷字 41 号《癸未年(923)四月十五日张修造雇父驼契》记载张修造因于西州充使向押衙王通通面上雇五岁父驼一头,断作价宫布十六匹;《癸未年(923)七月十五日张修造雇父驼契》记载张修造往西州充使于押衙贾延德雇六岁父驼一头,断作官布拾个长二丈六七。[①]表明癸未年张修造曾经多次出使伊州,他可能是专门从事敦煌与西州间贸易的商人，每次出使都要雇用交通工具运输。所贩运到敦煌的商品主要是棉布,同卷《癸未年(923)四月十五日沉延庆贷布契》记载平康乡百姓沈延庆因欠少緤布一匹,遂于张修造面上贷緤一匹,八月还本緤及利头羊皮一张。[②]张修造不但从西州向敦煌贩运棉布而且大量借贷和出售，由此可以确定敦煌与西州间的贸易是棉布与丝绸贸易。另外 P.2652《丙午年(946)宋某雇父驼契》记载宋专专西州充使于某百姓面上雇父驼一头,驼价生绢一匹。[③]除了雇用交通工具之外,还借贷商品丝绸等物。S.4504《乙未年(875 或 935)就弘子等贷生绢契》记载其往西州充使,因欠少绢帛向阎全子贷生绢壹匹,出使回来还利头立机緤一匹、官布一匹。[④]P.3453《辛丑年(941)十月二十五日贾彦昌贷生绢契》记载其往西州充使于龙兴寺上座心善面上贷生绢一匹、帛絁绵绫一匹，西州回日还利头好立机两匹。[⑤]

另外 P.3051《丙辰年(956)僧法宝贷绢契》三界寺僧法宝西州充使于同寺僧戒德面上贷黄丝生绢一匹，其绢利头立机一匹，到日还

①唐耕耦、陆宏基编:《敦煌社会经济文献真迹释录》第 2 辑,第 38 页。
②唐耕耦、陆宏基编:《敦煌社会经济文献真迹释录》第 2 辑,第 115 页。
③唐耕耦、陆宏基编:《敦煌社会经济文献真迹释录》第 2 辑,第 41 页。
④唐耕耦、陆宏基编:《敦煌社会经济文献真迹释录》第 2 辑,第 110 页。
⑤唐耕耦、陆宏基编:《敦煌社会经济文献真迹释录》第 2 辑,第 120 页。

纳。[1]P.3501《戊午年(958)康员进贷生绢契》记载戊午年六月十六日立契兵马使康员进往于西州充使欠少匹帛，遂于兵马使索儿儿面上贷生绢一匹,其绢利头麦四硕。[2]从这些借贷文书看,往西州出使的人员有官员、百姓,也有僧人,足见从事这一贸易活动人员很多也很复杂。

敦煌与伊州之间的商业贸易主要是丝绸与毛制品和铁器的贸易，从吐蕃统治时期一直没有变化。丝绸与铁器贸易见载于 P.2504《辛亥年(951)康幸全贷绢契》,康幸全往伊州充使欠少货物,于耆寿郭顺子面上贷白丝生绢壹匹,其绢利头哥鉴一面,重断贰拾两。[3]北图殷字 41 号《癸未年(923)三月二十八日王歹敦贷生绢契》记载其往伊州充使向押衙沉弘礼面上贷生绢一匹,绢利白毡一领。伊州与敦煌间的贸易是丝绸与毯、铁器贸易。

出使甘州主要雇驴等交通工具,S.1403《某年十二月程住儿雇驴契》记载队头程住儿往甘州充使于福性面上雇驴一头,价上好羊皮九张。[4]S.4884《辛未年(911)梁保德取斜褐契》记载辛未年四月二日押牙梁保德往于甘州充使,欠少匹帛,遂于洪润乡穆盈通面上取斜褐壹拾肆段,断生绢壹匹,甘州来日还纳。[5]这实际上是一件丝绸交易文书,绢的价格已经确定,只是付价的时间推迟到出使甘州回来之后,梁保德与梁幸德之间关系,估计是兄弟辈分,都是归义军负责出使事务。由这一件文书我们知道敦煌贩运到甘州地区的商品主要是毛织品——褐,这可能与甘州回鹘主要从事畜牧业经济使用物品有关。根

①唐耕耦、陆宏基编:《敦煌社会经济文献真迹释录》第 2 辑,第 125 页。
②唐耕耦、陆宏基编:《敦煌社会经济文献真迹释录》第 2 辑,第 126 页。
③唐耕耦、陆宏基编:《敦煌社会经济文献真迹释录》第 2 辑,第 124 页。
④唐耕耦、陆宏基编:《敦煌社会经济文献真迹释录》第 2 辑,第 42 页。
⑤唐耕耦、陆宏基编:《敦煌社会经济文献真迹释录》第 2 辑,第 129 页。

据敦煌文书记载敦煌送给甘州回鹘可汗的礼品有于阗出产的上好胭脂玉、白绵绫、安西緤、立机緤、官布等，[①]其中很多是从西州、于阗进口产品。

就是参加入京使团成员也都个人雇用交通工具，如P.3448《辛卯年(931)董善通张善保雇驼契》记载其二人往入京，“遂于百姓刘达子面上雇拾岁黄骆驼一头，断作雇价生绢陆匹，……又楼机壹匹，看行内骆驼价”[②]。P.3458《辛丑年(941)四月三日押衙罗贤信贷生绢契》记载他入奏充使于押衙范庆住面上贷生绢一匹，还日本利两匹。

这些借贷的丝绸等物品主要是为了出卖获利，关于这一点我们可以从P.3627《壬寅年(942)龙钵略贷生绢契》记载：“莫高乡百姓龙钵略欠阙匹帛，遂于押衙王万端面上贷生绢一匹，长三丈六尺，幅阔壹尺八寸。其绢利头立机緤一匹。其钵略任意博贾，若平善到日，限至壹月，便取于尺数本绢。”[③]由此得知这位敦煌龙家出身的胡人龙钵略是专门经营丝绸贸易的商人。

晚唐五代敦煌归义军政权派出的便团商队属于官方贸易的形式，出使之前个人都要置办资装行李物资和交通工具，这些用于贸易的物资是如何管理的，敦煌文书没有详细的记载，但是我们根据上都进奏院状推测，敦煌归义军政权的商团使节筹办物资一般统一管理，统一进行贸易，贸易完成之后回到敦煌按照置办物资的比例价值，以恩泽形式分配。如P.3004《乙巳年(945)徐富通欠绢契》记载：“乙巳年六月五日立契，龙兴寺上座深善先于官中有恩泽绢柒匹，当便于兵马

---

①P.2992《归义军节度兵马留后使检校司徒兼御史大夫曹上回鹘众宰相状稿》《兄大王[沙州归义军节度使]某致弟甘州回鹘顺化可汗状》，录文参唐耕耦、陆宏基编：《敦煌社会经济文献真迹释录》第4辑，第391—392、395—396页。

②唐耕耦、陆宏基编：《敦煌社会经济文献真迹释录》第2辑，第39页。

③唐耕耦、陆宏基编：《敦煌社会经济文献真迹释录》第2辑，第121页。

使徐富通招将觅职。见便还纳,得诸杂绢价两匹半,更残肆匹半绢诸杂断当更限五年填还者。其绢壹匹,断价贰拾贰硕已来。"[①]P.3472《戊申年(948)徐富通欠绢契》记载:"戊申年四月十六日兵马使徐富通往于西州充使,所有些些小事,兄弟三人对面商议,其富通觅官职之时,招邓上座绢,恩泽还纳,更欠他邓上座绢价三匹半。"[②]表明在加入使团中时就要拿出规定的一定数量的物资商品,上面记载龙兴寺邓上座的恩泽绢和徐富通借贷邓上作的绢用途,回来后准备恩泽还纳。所谓恩泽绢就是出使经商回来后分配给他自己的利润所得。

敦煌贸易市场上的绢帛贸易留下来的记载不多,多数是借贷生利性质的贸易活动,每次贸易完成之后立即归还本绢和利息,利息根据充使对象不同而利息也不一样,大约往西州地区白生绢一匹利头麦粟四硕或者立机一匹,按当时市场价格每匹立机的价格也就是四硕麦粟的样子,即18%;甘州地区没有记载,往伊州地区绢一匹一次生利白毡一领推测为粟麦两硕左右,即9%;入京奏使的一匹绢生利为100%,根据主要是路程远近难易和获利润程度来确定借贷生利多少。

同时归义军也经常向甘州回鹘、伊州回鹘、西州回鹘、于阗、南山等地派遣使节,有专门管理这些地区的使团首领,如甘州使头、西州使头、伊州使头和于阗使驿头。[③]因此甘州、伊州、西州、南山、于阗等地都成为归义军政权派遣使团进行贸易的区域。

特别值得注意的是僧人出使贸易在当时很频繁,归义军时期僧人出使敦煌文献记载很多,从大中二年起唐悟真作为佛教教团的入

---

①唐耕耦、陆宏基编:《敦煌社会经济文献真迹释录》第2辑,第122页。

②唐耕耦、陆宏基编:《敦煌社会经济文献真迹释录》第2辑,第123页。

③郑炳林、冯培红:《唐五代归义军政权对外关系中的使头一职》,《敦煌归义军史专题研究》,兰州:兰州大学出版社,1997年,第48—70页。

朝使者经常往返于敦煌到长安之间，其次如都僧政曹法镜，范海印等都曾巡礼中原圣迹，学习佛法，也有很多僧人来往于敦煌与西域之间，特别是伊州、西州、于阗等地，他们一方面从事佛教活动，如参禅问道，求取真经，同时还进行商业贸易，所贩运来的商品在当地出售或者借贷生利。我们研究敦煌文书很值得注意的一个问题就是晚唐五代敦煌地区的僧官都很富有，有很多资产，如索崇恩和尚家富于财，有金银、土地、丝绸衣物、奴婢以及各种资产，这些资产的置办很可能与经商有密切关系，如索龙藏就是依靠经商起家的。大量僧人积极参与经商，与其说是敦煌佛教世俗化，毋宁说是敦煌商业经济发展所致。因此凡是归义军使节能够到达的地区或者敦煌商团到达的地方，敦煌的僧人也经常到达。Дх.2586《索法律等名录》是某个寺院分配僧官工作的记录："判官索法律在衙座场，氾法律、武法律二人西州，王法律甘州，马孔目男二法律、索法律写经录。"[①]足见对外贸易通使在寺院日常工作中的重要地位。

三、晚唐五代敦煌地区商业贸易对经济的影响

晚唐五代敦煌的商业贸易分为两个方面，即敦煌地区的市场贸易和敦煌对外中转贸易，二者关系密切，对外贸易促进敦煌贸易市场的繁荣和手工业的发展，手工业的发展使敦煌市场商品丰富、贸易繁荣，促进对外贸易的发展和贸易市场的国际化程度。晚唐五代敦煌贸易市场发展对归义军经济产生了很大影响，这些影响表现在很多方面，首先，是敦煌地区手工业经济的繁荣；其次，是农业经济，特别是经济作物生产与商业经济关系密切，大量经济作物引进并开始大面

①唐耕耦、陆宏基编：《敦煌社会经济文献真迹释录》第4辑，第167页。

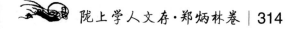

积种植；再次，促进了敦煌地区对外文化的交流和当地文化事业的发展。

敦煌地区与于阗之间的商业贸易从归义军建立之后就已经开始，敦煌地区经常往于阗国派遣使节和商团，同时接待大量于阗来的使团，于阗地区的玉石就是通过这条商业渠道进入敦煌贸易市场。P.2826《于阗王赐张淮深札》钤有两通印，“通天万寿之印”和“大于阗汉天子制印”，赐给张淮深白玉壹团并敦促敦煌尽快将木匠杨君子发遣到于阗，表明敦煌与于阗地区间不仅仅是丝绸玉石贸易，而且其中也包括手工业技术的交流。P.3718《范海印和尚写真赞并序》记载：

> 复攀昆峰灵集，愿顶普贤神踪。跋涉关山，徇求如来圣会。前王观师别俊，偏奖福田之荣。务掌缁流，实匪创于广部。众谈师之奇美，谯公听纳入心。就加紫绶之班，赍赐僧政之列。一从任位，贞廉不舍于晨昏。每奉严条，守节怀忠而取则。时遇西戎路间，沙漠雁信难通，举郡诠升，乃命仁师透迳。是以程吞阗域，王宫独步而频邀。累赠珍宝，宝玩车船而难返。①

由此可见，敦煌市场上经常见到的玉石基本上都来自于阗地区，于阗地区的玉石进入敦煌，使敦煌地区出现了玉石加工业，有了玉匠——玉博士。由此敦煌地区向中央王朝进献贡品也以玉石等外来商品为主，足见敦煌贸易市场对于阗地区出产玉石的依赖。P.3547《沙州上都进奏院上本使状》记载敦煌向唐朝政府上的贡品有玉壹团，敦煌从于阗进口的玉石不但满足敦煌市场的需要，而且大量向甘州和中原地区贩运。

敦煌地区与伊州地区的经济交往频繁，大量的伊州地区出产的

---

①郑炳林：《敦煌碑铭赞辑释》，第417—418页。

铁器和铁原料进入敦煌市场,出现敦煌地区大量使用伊州地区铁器,如胡琐等,另外还出现了铁器皿制造业,有了铁博士、泻博士等,铁博士是锻铁并打制铁器,而泻博士只是生铁铸造和铁器修补等,从敦煌文书记载看从事生铁、铁的贸易的主要是龙家人,这几乎成为敦煌龙家人的垄断经营行业。伊州地区的铁及其铁制品进入敦煌地区,使敦煌地区的铁器制造行业发展起来,有了专门的行会与行会首领——都料——的设置。

敦煌地区不出产金银等,金银器皿及其金银原料都是从对外交换中进口而来的,但是敦煌贸易市场上使用金银的记载却很多,金银器皿有东罗马传入的银器盏、金花银瓶子、金钱、银钱和散金碎银等。我们从敦煌文书的记载得知,敦煌地区银器除了从西域进口之外,还从中原以朝贡回赐的方式得到很多银碗等,商品交换和支付手段中也大量使用银器,因此敦煌地区出现了专门制造金银器皿的制造行业——金银行。榆林窟第 34 窟就有“社长押衙知金银行都料银青光禄大夫检校太子宾客郁迟宝令一心供养”①。另外敦煌文书记载的还有金银博士、金银匠等,这些从事金银制造的行业中有汉族人,也有少数民族如胡人、于阗人等。

敦煌商业经济的发展和对外交流的频繁,不但大量进口原料加工商品丰富敦煌贸易市场,同时将很多经济作物引进到敦煌地区种植,促进敦煌地区农业经济的发展。根据我们的研究认为,敦煌地区不但与西州地区进行丝绸棉布贸易,大量西州地区生产的棉布进入敦煌市场,而且敦煌棉花种植也发展起来,并开始生产棉布,敦煌文书记载有洗緤匠、洗緤博士。从 P.3212《辛丑年五月三日惠深牒》记载

---

①马德:《敦煌工匠史料》,兰州:甘肃人民出版社,1997 年,第 68 页。

内容看,当时已经有了棉布印染的作坊。其次如丝织业的发展促进了敦煌地区桑麻经济的发展,敦煌地区麻的种植有一定的历史,敦煌地理文书也有很多记载,如四十里泽就以堪沤麻而著称,敦煌文书记载到染布匠,就是敦煌地区麻布印染的行业。桑的种植是随着丝绸业发展而发展起来的,晚唐五代敦煌地区的桑树种植多少成为家庭财富的一种象征,关于这一点我们已经在敦煌地区种植林业一文中作过详细论述。晚唐五代敦煌地区使用的大量丝织品中很多就是由敦煌当地生产的,特别是敦煌当地官员进贡给中央王朝的丝织品除了从西域进口的番锦、胡锦外,就是敦煌当地生产的各类丝织品。敦煌文书中记载到的桑匠,就是从事丝织品生产的工匠。还有经济作物瓜果,如回鹘瓜和大食瓜,就是今天种植的哈密瓜和西瓜,也在敦煌地区大量种植,特别应当引起我们注意的是很多胡姓粟特人是这些具有专门技能的经济作物的生产者。

敦煌商业贸易市场的发展促进晚唐五代敦煌地区文化事业的发展,如使写经等文化信仰活动与市场贸易经济结合起来,施舍写经完全用价格来衡量,每卷经的写经都有一定的价格,根据当时的文书记载大约写一卷经价值为一石麦子,画一幅幡价格为一石至一石二斗麦子,画行像约麦三十石。因此晚唐五代敦煌地区有一批专门代人写经为生的人和组织,当然这些人依附寺院,用自己的技能和知识生活。敦煌壁画和石窟的开凿,与市场贸易关系密切,壁画中使用的颜料都是由市场上购买得来的,市场的发展直接决定敦煌石窟壁画艺术的特色。敦煌莫高窟、榆林窟、西千佛洞等石窟保存了从十六国到元代一千余年的壁画,从事石窟寺艺术研究十分关注石窟壁画色彩变化的特点,同时也特别注意敦煌壁画所用颜料的研究。姜伯勤先生对敦煌的画匠也作了多方探讨,对于晚唐五代敦煌地区的颜料市场的研究具有很大的帮助。从事敦煌石窟保护的专家在敦煌壁画所用颜料的研究方面作了多方努力，为敦煌壁画颜料结构分析作出了巨大的贡献。段文杰先生在研究榆林窟壁画时指出归义军“曹氏政权在瓜沙设有画院，画院里的画工有不同的称谓，如画匠、知画手、都画匠作、都勾当画院使等，据敦煌石窟遗书还有塑师、画师等等，……他们的形象留之于石壁，是十分珍贵的画史资料”[①]。归义军曹氏时期沙州不仅已经出现了民间的画行，还建置了隶属于官府的画院，画行作为行侣的同业组织，代表了行侣的共同利益，设有行首，画行都料则是画行中有高级技艺的师傅，有时带节度押衙的结衔。画院设有画院使是节度使衙僚佐一类的职务。[②]当时敦煌的画工有画师、绘画手、丹青上士、画窟先生、院生、画匠等，需要大量的颜料来支撑这些画工开支。刘玉权先生在研究沙州回鹘石窟艺术时将回鹘时期石窟艺术风格的变化与颜料的供应联系起来考虑，他第一个注意到颜料市场对敦煌石窟艺术风格产生的巨大影响，认为沙州回鹘时期“由于河西走廊中段党项与甘、凉地区回鹘、吐蕃人的频繁战斗，中西交通受阻，颜料来源困难，艺术风格上也发生了转变，反映在敦煌壁画上，颜料品种相应减少，常用的仅有铁朱（赭红）、石绿、石青、白、黑等寥寥数种。……除少数洞窟敷彩比较浓重以外，多数趋于单薄，有一定的透明度，加上部分颜料的变色，致使现存的壁画多为偏冷的青绿色调”。在注文中称：“敦煌壁画的颜料，一部分来自敦煌本地及河西走廊，一部分来自于中国内地，一部分来自于西域。唐五代时期，敦煌东邻的张掖、西邻的高昌都是既大且近的颜料市场，北宋以来特别是 11 世纪

①段文杰：《榆林窟的壁画艺术》，《中国石窟·安西榆林窟》，北京：文物出版社，1997 年，第 161—176 页。

②姜伯勤：《敦煌的画行与画院》，《敦煌艺术宗教与礼乐文明》，北京：中国社会科学出版社，1996 年，第 13—31 页。

后，党项人争夺河西走廊，甘、凉一带战斗频仍，交通受阻，社会不宁，使敦煌壁画颜料来源受到影响。"[①]刘玉权将敦煌的颜料市场的变化与敦煌石窟艺术结合起来进行综合研究，对于我们研究晚唐五代敦煌颜料市场启发很大。

关于敦煌壁画所用颜料分析，早在20世纪30年代美国哈佛大学福格博物馆的盖坦斯(R.J.Cettens)利用华尔纳窃取的敦煌壁画进行取样分析，得出敦煌壁画使用的颜料有铅丹、辰砂、铁红、蓝铜矿、孔雀石、铅白、墨、高岭土等无机颜料，以及藤黄、红花、靛蓝等有机颜料。[②]苏伯民、胡之德、李最雄研究认为：敦煌壁画中采用的颜料大多数是一些天然的无机矿物颜料，在一般环境条件下不易发生化学变化导致颜色的变化，有些颜料在环境因素的作用下，本身化学成分发生了变化从而引起颜色的改变，壁画颜料的褪色严重影响了壁画内容的艺术效果。敦煌壁画颜料中红色颜料的变色最厉害，敦煌壁画使用的红色颜料主要有三种，即铅丹、朱砂和铁红。其中铅丹的变色最严重，由红变为棕黑色，在敦煌的洞窟颜料中很难找到未变色的铅丹；朱砂较铅丹稳定，也有朱砂转化为黑辰砂的现象；铁红最稳定，很难发生化学变化而变色。在敦煌壁画中铅丹单独使用时，橘红色的铅丹几乎转变为黑色的二氧化铅，而铅丹与朱砂或铁红混合使用时，铅丹较为稳定。[③]这表明敦煌壁画中的红色颜料主要是铅丹、朱砂和铁红。周国信在对敦煌西千佛洞壁画使用颜料分析得出白色颜料有石

---

①刘玉权：《沙州回鹘石窟艺术》，《中国石窟·安西榆林窟》，第216—227页。

②Langdon Warmer, Buddhist Wall-Paintings, AStudyofa Ninth-Century Crottoat WanFoHsia", pp.9—11, 1938。

③苏伯民、胡之德、李最雄：《敦煌壁画中混合红色颜料的稳定性研究》，《中国敦煌学百年文库·石窟保护卷》，兰州：甘肃文化出版社，1999年，第201—206页。

膏、硬石膏、云母、高岭土、滑石、蛇纹石、方解石、水草酸钙石、氧化砷、石英；红色颜料主要是红土、铅丹、辰砂、铁红；蓝色颜料主要有金青石、石青等；绿色颜料主要有氯铜矿、石绿；黑色颜料主要有二氧化铅；黄色颜料主要有石黄、黄色高岭土、黄色蛇纹石；土色颜料有土壤、石英、云母、方解石、高岭土、水草酸钙石、长石等。[①]李亚东先生对魏、唐、宋敦煌壁画采样分析，认为敦煌莫高窟壁画所用红色有辰砂、铅丹、赭石、绛矾、红花；黄色有密陀僧、雌黄、黄铜粉、金粉、藤黄；蓝色有蓝铜矿、金青石、靛蓝；绿色有孔雀石、绿泥石；白色有铅白、石灰、高岭土、云母；黑色有墨（无形碳）、二氧化铅。同时对我国古代颜料制造情况作了一些探讨，在唐宋时期中国已经能够制造银朱、铅白、铅丹、密陀僧、铁红、铜绿、绿盐、金粉、银粉等人工合成颜料。还认为金青石是来自于印度、波斯甚至更远的地区。[②]周国信在对敦煌莫高窟、敦煌西千佛洞、永靖炳灵寺、天水麦积山、庆阳北石窟、嘉峪关魏晋墓等处采样分析后，认为古代壁画颜料中白色有石灰（白垩、碳酸钙）、白云石（画粉、腻粉）、碳酸钙镁石、滑石、叶蜡石、云母、高岭石（白土、瓷土）石英及石膏类（石膏、硬石膏、熟石膏）、铅矿类（白铅矿、水白铅矿、铅白和砷铅矿、磷氯铅矿）、叶蛇纹石、草酸钙石、锌白（氧化锌）等；绿色有石绿（孔雀石、岩绿青）、氯铜矿、水胆矾；蓝色颜料有石青、金青石（佛青、金精、蓝赤、天然群青等）；红色颜料有红土类（赭石、铁朱砂又名铁丹、煅红土、绛矾、矿棕）、朱砂（辰砂）、铅丹、雄黄；

①周国信：《敦煌西千佛洞壁画彩塑颜料剖析报告》，《中国敦煌学百年文库·石窟保护卷》，兰州：甘肃文化出版社，1999年，第207—213页。

②李亚东：《敦煌壁画颜料的研究》，《考古学集刊》第3辑，北京：中国社会科学出版社，1983年。又载于《中国敦煌学百年文库·石窟保护卷》，第214—221页。

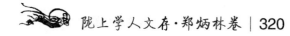

黄色颜料有石黄、黄赭石等。[①]王进玉根据国内对敦煌石窟艺术所用颜料的分析得知,敦煌壁画颜料大体可分为无机颜料、有机颜料和非颜料物质三种类型,无机颜料中的红色有朱砂、铅丹、雄黄、绛矾等;黄色有雌黄、密陀僧等;绿色有石绿、(孔雀石)、铜绿;蓝色有金青石、群青、蓝铜矿(石青)等;白色有铅白(白铅粉)白土粉、白垩(碳酸钙)、石膏(锌白)、云母;黑色有墨。有机颜料有黄色的藤黄、红色的胭脂(红花提取物)、蓝色有靛蓝等。非颜料的矿物以白色为多,有高岭石、滑石、石英、白云石、镁石、角铅矿、氯铅矿、硫酸铅矿等。[②]从这些研究成果了解到敦煌莫高窟使用颜料的大体情况, 敦煌石窟壁画使用的颜料主要靠敦煌颜料贸易市场来提供, 由此得知晚唐五代敦煌颜料市场贸易的一般情况。

晚唐五代敦煌颜料市场的颜料对敦煌石窟艺术产生有很大的影响,直接影响到敦煌石窟艺术风格的变化,这是从事敦煌石窟艺术研究的专家研究的结果。晚唐五代敦煌贸易市场上的颜料进口和销售情况如何,在敦煌文书中有很丰富的记载,敦煌贸易市场上出售的颜料同其他商品一样,有敦煌当地出产的颜料,也有从中原、西域和吐蕃等地进口的颜料, 反映了敦煌地区与外界的商业科技文化交流的范围和程度。[③]敦煌文书记载的颜料,同其他商品一样,是一种财富的象征,因此,晚唐五代敦煌贸易市场上的颜料贸易十分活跃,有一批

---

①周国信:《古代壁画颜料的 X 射线衍射分析》,《美术研究》1984 年第 3 期;又载于《中国敦煌学百年文库·石窟保护卷》,兰州:甘肃文化出版社,1999 年,第 229—243 页。

②王进玉:《敦煌石窟艺术与颜料科技史》,《科学月刊》第 30 卷 5 期。又载于《中国敦煌学百年文库·石窟保护卷》,第 222—228 页。

③郑炳林:《晚唐五代敦煌贸易市场外来商品辑考》,《中华文史论丛》第 63 辑,上海:上海古籍出版社,2001 年,第 55—91 页。

专门从事颜料生意的商人，在他们中间有汉族人也有粟特人，有的本身就是从事敦煌石窟艺术创作的工匠。晚唐五代敦煌颜料贸易市场的形成与发展，与敦煌地区佛教的发展有着密切的关系，归义军政权建立之后，佛教非常兴盛，不但乞经写经出度僧尼，而且开窟造寺绘塑画像做功德，特别是塑画行为不但使敦煌出现一批专门从事石窟艺术制作的工匠和艺术家，而且刺激了晚唐五代敦煌地区颜料市场的发展，大量的颜料是作为商品在晚唐五代敦煌贸易市场上公开出售的。

胡粉产自于西域地区，根据《魏书·西域传》《周书·异域传》《隋书·西域传》《北史·西域传》记载龟兹国出产的胡粉最为有名。它既是一种高级化妆品[①]，也是晚唐五代敦煌地区绘制壁画时使用的一种颜料。S.5878、S.5896、S.5897《子年领得常住什物历》记载有胡粉一分；P.2706《年代不明某寺常住什物交割点检历》记载有胡粉伍两半。S.4642《年代不明（10世纪）某寺诸色斛斗入破历算会牒残卷》记载有“麸壹硕伍斗，买胡粉用。麸参硕，买胡粉画幡用”。这些胡粉显然不是用作化妆而是用来画窟的颜料。P.2912《康秀华写经施入疏》记载康秀华为写一部《大般若经》一次向张金炫和尚施舍价值约290石麦的胡粉，显然康秀华是一位从事胡粉等颜料生意的商人；在同卷《炫和尚货卖胡粉历》的明细账中记载有相当一部分出卖给僧侣，田上座、净心、朱法真、道岸、罗寺主、侯嬾梨、法照、氾寺主、妙有、真惠、惠兴、惠恩、法福等僧人都从寺院购买了相当量的胡粉，这部分胡粉肯定是用作颜料了。[②]

---

①姜伯勤：《敦煌吐鲁番文书与丝绸之路》之《敦煌的粟特人聚落与两类粟特人》，北京：文物出版社，1994年，第187—188页。

②郑炳林：《康秀华写经施入疏与炫和尚货卖胡粉历研究》，《敦煌吐鲁番研究》第3卷，北京：北京大学出版社，1998年，第191—208页。

除了胡粉之外，敦煌贸易市场上常见的颜料还有很多，见于记载的有盐绿，根据《魏书·西域传》《周书·异域传》《隋书·西域传》《北史·西域传》等记载龟兹出产盐绿最有名。铜绿，S.4120《壬戌年—甲子年（962—964）布褐等破历》记载："布壹匹，于画师面上卖铜绿用。"P.2032《后晋时代净土寺诸色入破历算会稿》："粟叁硕，索像友铜绿价用。"P.3763《年代不明（10世纪）净土寺诸色入破历算会稿》记载："粟二斗，于画匠安铁子所卖（买）同绿用。"石绿，P.2032《后晋时代净土寺诸色入破历算会稿》记载画讲堂中："粟伍斗，于画人边卖（买）绿用。粟两石，于索像友边卖（买）绿用。""粟伍斗，于画师买绿用。""粟壹硕，张骨子边买同（铜）绿用""粟贰斗，苏定子青价用。"这里没有记载是否是石绿，但是根据文书记载到铜绿都标明，因此这里的记载只能是石绿。石青，P.2032《后晋时代净土寺诸色人破历算会稿》在画讲堂时："粟贰斗，于法深买青用。"所谓青就是指石青，主要出产在吐蕃地区。金青，P.2032《后晋时代净土寺诸色入破历算会稿》记载有："粟参斗，愿果买金青用。"从本卷文书的记载来看，当时净土寺买了一批木料修寺院的讲堂，在为讲堂上赤白后，又向僧愿果购买金青以便画窟用。金青出产于中亚地区，当是通过对外贸易获得的。朱砂，又称丹，也是敦煌壁画绘制中称用的一种颜料。S.4642《年代不明（10世纪）某寺诸色斛斗入破历算会牒残卷》记载有"麸叁硕，买丹用。"绿、丹、青常由一个人经营，如P.2032《后晋时代净土寺诸色人破历算会稿》为画讲堂请了画人，画窟先生，在购买的颜料中有绿、丹、青，"白面三斗，油贰升，粟四斗，福子面上卖（买）绿丹青用"。福子可能就是经营颜料的商人。银末，P.2706《年代不明某寺常住什物交割点检历》记载有银末一分；S.4642《年代不明（10世纪）某寺诸色斛斗入破历算会牒残卷》记载有"麦陆硕，买银画幡用"。这里的银当指银粉一类的东西。水银，P.2049《后唐长兴二年（931）正月沙州净土寺直岁愿达手下诸色入破历算会牒》:“黄麻壹硕,入水银用。……黄麻壹硕伍斗,康乡官边买水银用。”绘画塑像镀金中常常添加水银。弱金,P.2613《唐咸通十四年(873)正月四日沙州某寺交割常住什物等点检历》记载有“弱金肆钱,在印子下”。弱金可能就是金粉,给佛像镀金时用。红蓝,P.2567《癸酉年(793)二月沙州莲台寺诸家散施历状》记载有:“红蓝染硕参斗。”红蓝可能是绘画颜料中的有机颜料。石灰,P.2567《癸酉年(793)二月沙州莲台寺诸家散施历状》记载有“石灰两石”。P.2032《后晋时代净土寺诸色入破历算会稿》为画讲堂“粟参硕,愿真灰价用。……面两石壹斗伍升,粗面壹石,油壹升半,并调灰”。“粟叁硕贰斗,令价灰用。油壹斗贰升半,粟肆硕玖斗卧酒,调灰泥及赤白等用。”炭,P.2567《癸酉年(793)二月沙州莲台寺诸家散施历状》记载有“炭卅斤”。莲台寺保存的这批炭是用来烤火还是作黑色颜料用,从这里还无法判定。我们由P.2032《后晋时代净土寺诸色入破历算会稿》记载净土寺为画讲堂,“粟五斗,邓住子边买炭用”。“麦贰斗,粟贰斗,付都师卖(买)炭用。……麦叁斗,付都师炭价用。”赤土,S.6829《丙戌年(806)正月十一日已后缘修造破用斛斗布等历》记载八月二日“同日,出白面叁斗,付智英将窟取赤土食”。

通过研究我们可以看出晚唐五代敦煌商业贸易市场的发展对敦煌地区经济产生了巨大的影响。这种影响表现在手工业由于商业经济发展的需要兴盛起来,手工业分工越来越细,表现了手工业发展的水平提高很快,不但出现了各种各样的工匠,而且出现了手工业的行业首领——都料,几乎每个行业中都有自己的行会和都料。其次文化信仰的商业化倾向越来越严重,不但舍施者是以价格来计算所施舍物品与发愿作功德之间的等价关系,功德主施舍多少东西就要求寺院写多少经或者做多大规模的法会,施舍者与寺院之间完全处于一种市场交换的价格关系之中。敦煌市场贸易促进敦煌对外开放不断加强，由于敦煌地区物产贫乏，因此商业发展对外部贸易依赖很大，没有对外贸易敦煌地区的商业贸易市场就无法生存，特别是敦煌地区的手工业几乎就是外来原料的二次加工，没有独立生存的条件，所以敦煌地区的对外贸易一旦受阻，结果就会导致敦煌手工业崩溃。我们研究敦煌地区的商业贸易市场应当注意的是，晚唐五代敦煌商业贸易市场经济促进敦煌区域经济的发展，主要表现在：第一，大量经济作物开始在敦煌种植，如桑、棉花、瓜果等；第二，敦煌地区部分贸易市场就是依靠这种外来贸易物资开展起来的，如敦煌地区的颜料市场，画匠既是从事颜料经营的商人，又是代替施主绘制壁画的工匠，一身兼有数职，具有几种功能，匠人与商人的身份区分不是非常明确。

四、晚唐五代敦煌地区商业贸易中的商团和商人

晚唐五代敦煌地区的商业贸易就其形态来说分为两种：一种是敦煌地区的对外贸易，包括敦煌地区归义军政权与中原王朝之间贡赐贸易和归义军时期与周边政权间的通使贸易；另外一种是敦煌地区的市场贸易。由从商人员的结构看，有官方派出的使节，也有一般性质的民间贸易，还有手工业者兼营商业。

手工业者经营商业贸易的主要是敦煌地区的市场贸易，敦煌文书S.6452《辛巳年(981)十二月十三日周僧正于常住库借贷油面物历》记载："辛巳年十二月十三日，周僧正于常住库借贷油面物历：……廿九日，粟两硕，于汜都料边买银用。……壬午年正月三日，酒壹瓮，打银碗博士吃用。同日酒壹瓮，大乘寺九日打碗局席用。"周僧正用面在向西州使头购买两皮褐之后，又于汜都料所边买了银，相间五天之后就利用这批银子制作银碗，显然这位汜都料是敦煌金银行都料，除了从事金银器皿制作之外，还要从事金银器皿或者金银的贸易从中

获利。因此，氾都料身兼两种职能的商人。

使节职兼商人在晚唐五代敦煌地区比较普遍，我们在前面的研究中已经就这个问题作过多处论述，特别是归义军政权派遣到唐朝的贺正专使就兼具这种职能，如敦煌文献中保存的两篇《沙州上都进奏院上本使状》就记载唐朝中央政府向归义军政权使节惠赐大量绢帛、金银器皿等物品，同时也向中央政府进贡很多物品，因此贺正专使实际上就是敦煌归义军政权每年定时派出的官方商团，出使的每个人也就具备商人的性质，因此官方商团的人员组成有节度押衙、兵马使、十将等。其次我们根据《梁幸德邈真赞并序》的记载得知就是官方派出的使团，也有其他人员参加，规模庞大，人员组成复杂，由于出使对象是中央政府，因此派遣官员的级别相对要高很多，如梁幸德就是以都虞候带队出使的，后唐政府面迁左散骑常侍，级别是很高的。除此之外，经常出使中原的还有很多人，他们中有官员、百姓、僧人，特别是僧人参加使团具有特殊意义，对于不同的僧人出使的性质要具体问题具体分析，不同的人要不同定性。

我们研究归义军官制时非常值得注意的一个问题就是使头，他们既是使团的首领又兼具商人身份。S.6452《辛巳年(981)十二月十三日周僧正于常住库借贷油面物历》记载：“辛巳年十二月十三日，周僧正于常住库借贷油面物历，面玖秤，还，西州使头边买褐用；九日面两秤，还，于西州使头边买褐用。……(壬午年正月)十日面肆秤于西州使头边买褐用。”“(五月)廿六日酒五升，流安南山来吃用。”使头就是负责对外贸易的商团首领，有汉族人也有粟特人担任。

外来商人，他们中间又可以划分为行商和坐商，所谓行商就是使节商人，主要从事长途贩运和中转贸易的商人，他们经常将本地特产商品贩运到敦煌，并从敦煌贩运所需商品到其他地区从中牟利；坐商主要是指在敦煌地区开店经营的胡商和番商。S.6452《辛巳年(981)

十二月十三日周僧正于常住库借贷油面物历》记载壬午年二月“六日面肆斗,还,造道粮达坦朝定送路用,……十三日酒壹斗,看待达坦朝定用。十四日,酒伍瓮,渠北坐翟胡边买药用。……(三月)九日酒壹瓮,阿柴唁胡边买药用。”“(七月)十五日连面伍斗,达坦边买野马皮用。”达坦朝定是达坦(鞑靼)的行商,主要经营的有畜牧业产品如野马皮等，而渠北坐翟胡和阿柴唁胡就是敦煌地区专门开店经营药材的胡商。

通过对晚唐五代敦煌商业贸易市场的研究使我们从敦煌地区的发展中得出这样几点看法，敦煌地区晚唐五代时期建立的区域性政权力量很小,但是却能维持了将近两百年时间;出产虽然匮乏,但是建立了一个汇集中外商品的繁荣的贸易市场。其中主要的原因就是积极开展对外商业贸易,开展中转贸易,通过以敦煌为中心的商业贸易市场对周边地区商品达到互通有无,将西州地区的棉布、于阗的玉石经过敦煌贩运到甘州和中原，再将中原地区的丝绸经过敦煌贩运到西域及中亚地区。为了繁荣地方经济开展手工业生产,进行原料加工,使敦煌地区棉布、丝绸、麻布、玉石、铁器、金银器皿等的加工生产发展到一个很高的程度,这些产品不但满足本地需要,同时大量远销敦煌以外的其他地区。晚唐五代敦煌贸易市场的发展模式为我们今天发展西北地区经济提供了一个很好的参考模式。

(原文发表于《敦煌学辑刊》2004 年第 1 期,第 103—118 页)

晚唐五代敦煌地区种植棉花研究

棉花在新疆种植有着悠久的历史，近半个世纪以来在新疆的民丰、和田、吐鲁番等地发现了汉至唐代各时期的纺织品。传世文献中《梁书·西北诸戎传》最早记载了高昌种植棉花，“多草木，草实如茧，茧中线如细𬙋，名曰白叠子，国人多织以为布，布甚软白，交市用焉”。吐鲁番文书记载高昌王国到唐代西州，当地居民种植小块棉花为副业，市场上有棉布作为商品买卖。故棉花在传入中国西北后，传播十分缓慢。[①]敦煌毗邻吐鲁番地区，相互之间商业贸易不断，来往频繁。从居民成分来说，高昌的汉姓居民多由敦煌迁来[②]，唐代很多敦煌人在西州担任官吏或服役，直到吐蕃和归义军时期，虽西州为回鹘控制，经常与归义军发生战争，但敦煌与西州之间通使贸易从未间断。

①新疆维吾尔自治区博物馆：《新疆民丰县北大沙漠中古遗址墓葬区东汉合葬墓清理简报》，《文物》1960 年第 6 期；吴震《介绍八件高昌契约》，《文物》1962 年第 7、8 期合刊；沙比提：《从考古发掘资料看新疆古代的棉花种植和纺织》，《文物》1973 年第 10 期，又载新疆社会科学院考古研究所编《新疆考古三十年》，乌鲁木齐：新疆人民出版社，1983 年，第 590—594 页；王仲荦：《唐代西州的布》，《文物》1976 年第 1 期，亦载《新疆考古三十年》，第 453—457 页；邹逸麟：《中国历史地理概述》，福州：福建人民出版社，1993 年，第 192 页。

②参拙稿《高昌王国的民族和人口结构》，《西北民族研究》1988 年第 2 期；又收入胡之德主编：《兰州大学丝绸之路研究论文集》，兰州：兰州大学出版社，1992 年，第 122—129 页。

从东汉至宋初，在这将近900年的漫长岁月里，敦煌与吐鲁番地区政治经济文化关系这样密切，自然地理和气候条件又十分相近相似，吐鲁番地区大量种植棉花而敦煌地区为什么拒绝种植，一般研究者多相沿旧说。张泽咸认为唐代陇右不产绢棉只出麻布[①]，李锦绣亦认为“据吐鲁番出土文书，知西州还纳布”[②]。事实上，敦煌文书特别是大量籍账文书记载，晚唐五代敦煌普遍使用棉布，棉布成为税收常例。这些棉布是全部贩自西州，还是部分生产于当地。本文拟从棉布的名称、来源和用量加以探讨，以解决晚唐五代敦煌地区棉花种植问题。

一、棉布的名称与官布属性

棉布，敦煌文书称作或緤，分粗緤、细緤、立机緤、緤官布，还有贩自西州的“安西緤”“西州布”等。

棉布中官布是晚唐五代归义军时期征收的地税之一。P.3214《唐天复七年(907)高加盈出租土地充折欠债契》记载“其他内所著官布、地子、柴草等，仰地主只当，不忓种地人之事”[③]。官布是附着于土地，并按土地数目征收的固定税例，每户必须按数交纳，一般情况下不得免征。P.3324《天复四年(904)衙前兵马使子弟随身等状》称随身衙官刘善通伏事在衙“如若一身，余却官布、地子、烽子、官柴草等大礼(例)，余者知杂役次，并兑矜免”[④]。刘善通在归义军使衙担任衙官，官布都得按规定交纳；那么一般百姓必交无疑。P.3135《唐光化三年

①张泽咸：《唐五代赋役史草》，北京：中华书局，1986年，第38页。

②李锦绣：《唐代财政史稿》(上卷)，北京：北京大学出版社，1995年，第426页。

③唐耕耦、陆宏基编：《敦煌社会经济文献真迹释录》第2辑，北京：全国图书馆文献缩微复制中心，1990年，第27页。

④唐耕耦、陆宏基编：《敦煌社会经济文献真迹释录》第2辑，第450页。

(900)前后神沙乡令狐贤威状》记载地税有"子布草"[①]。P.3257《甲午年(934)二月十九日索义成分付与兄怀义佃种契》记载:"所着官司诸杂烽子官柴草与大小税役,并总兄怀义应料,一任施功佃种。"[②]官即指官布。P.3579《宋雍熙五年(988)十一月神沙乡百姓吴保住牒》:"因科税地子柴草□□价,又官布不肯输纳。"[③]从以上记载看,官布随地征收,为归义军政权地税之一。P.3236《壬申年(912)三月十九日敦煌乡官布籍》、P.4525《官布籍》及Дх.1405、1406《官布籍》记载了归义军时期官布的征收标准和征收率。

官布是对布的一种称谓,因此在敦煌寺院破除历中亦频繁记载到官布。P.3234《壬寅年(942)正月一日已后净土寺直岁沙弥愿通手上诸色入历》记载:"官布一匹,张万川车头念诵入。细布一匹,官布壹匹,索家小娘子念诵入。"[④]P.2032《后晋时代净土寺诸色入破历算会稿》记载:"官布一匹,立机一匹,连兴押衙患时经入。""官布一匹,王都头车头念诵入。""面五斗,粗緤二丈二尺,官布一匹,白緤一领,粟七斗卧酒,润子收新妇用。""官布壹匹,莲台寺起钟楼人事用。"[⑤]寺院收入支出用官布,表明官布不仅指官府征收的布,而且是布中一种类型的固定名称。刘进宝先生近期连续撰文对官布和官布籍进行了深入研究,贡献甚大,然就官布的属性是棉布还是麻布问题,提出唐五代敦煌地区的布主要是麻布,并论述了官布的征收方式和税率,虽未

①唐耕耦、陆宏基编:《敦煌社会经济文献真迹释录》第2辑,第293页。

②唐耕耦、陆宏基编:《敦煌社会经济文献真迹释录》第2辑,第29页。

③唐耕耦、陆宏基编:《敦煌社会经济文献真迹释录》第2辑,第308页。

④唐耕耦、陆宏基编:《敦煌社会经济文献真迹释录》第3辑,第440页。

⑤唐耕耦、陆宏基编:《敦煌社会经济文献真迹释录》第3辑,第455—513页。

明言官布是指麻布，从文意看，他显然把官布当作麻布。[①]这种看法与实际记载不甚吻合。据我们研究，官布是布，又称官緤，文书中所载之布、土布是指麻布。P.2846《甲寅年(954)都僧政愿清交割讲下所施麦粟麻豆等破除见在历》记载土布和官緤为两种布："土布褐共肆佰伍拾叁尺，官六十尺。"[②]麻布与官布不属于同一类，还可以由籍账中的分类和每匹长度看出它们的差别。

麻布每匹40尺到45尺，官布每匹只有24到25尺，与緤的长度一样。同时官布在籍账中不属布破或布入，而归入緤入或緤破。前引P.2032号在已亥年布破类13笔账中不见官布，共支出布144尺，逐项统计得知支布2匹又64尺，每匹布40尺。而在緤破类包括了官布：

305. 緤破：官布陆匹，庭子上转经花锦袄

306. 子价用。官布一匹，二月八日与擎像人用。立机壹匹。

307. 官布壹匹，七月兵马去时送路尚书用。

308. 计二百二十五尺。[③]

官布归入緤布类，表明官布是棉布中的一种，与立机緤等构成緤布中的主要部分，由账中得知官布与立机緤每匹长度一致，都是25尺，与布相去甚远。又布破"计匹一百三十四尺"逐项统计得知支出布2匹又54尺，每匹长40尺。P.3234《年代不明(公元10世纪)净土寺

①刘进宝：《P.3236〈壬申年官布籍〉时代考》，《西北师范大学学报》1996年第3期，第41—50页；《从敦煌文书谈唐五代的布——归义军赋税制度研究之二》，载《段文杰敦煌研究五十年纪念文集》，北京：世界图书出版公司，1996年，第416—424页。

②唐耕耦、陆宏基编：《敦煌社会经济文献真迹释录》第3辑，第525页。

③唐耕耦、陆宏基编：《敦煌社会经济文献真迹释录》第3辑，第455—513页。

西仓豆等分类入稿》布入类共“计二百四十八尺”，逐项统计土布、緤布共 6 匹 8 尺，每匹亦 40 尺。[①]而最能说明问题的是 P.3234《年代不明（公元 10 世纪中期）诸色入破历算会稿》布破、緤破两类相连，布破类中先记入一笔“官布一匹乾元寺写钟人事用”，后用笔勾去，再记入緤破类中，说明官布与布不属同一类：

22. 布破
23. 布一匹给擊像人用。布尺五吊祥会弟亡用。布壹
24. 匹宋都衙窟上梁人事用。官布一匹乾元寺写
25. 钟人事用。布二尺保应父亡时用。布二尺
26. 高法律大阿娘亡吊用。熟布一匹送路高法律
27. 张阇梨东行用。布贰尺五寸王僧政兄亡吊用。
28. 布二尺梁户郭怀义妻亡吊用。
29. 计一百三十尺。
30. 破：立[机]緤一匹送路官家用。立机壹匹于王得淦
31. 边买榆木用。官布一匹乾元寺写钟用。
32. 计七十二尺。[②]

从布破类逐条统计得知总计 130 尺布中不包括官布一匹。緤破3 匹共 72 尺，平均每匹 24 尺。又据 P.2040《后晋时期净土寺诸色入破历算会稿》緤破类中亦包括官布：

94. 緤破：官布壹匹，高孔目起兰若人事用。立机壹匹，
95. 拽梁日木匠用。粗緤拾壹匹，造檐时木匠手功用。
96. 计三百二十五尺。

---

①唐耕耦、陆宏基编：《敦煌社会经济文献真迹释录》第 3 辑，第 452—514 页。

②唐耕耦、陆宏基编：《敦煌社会经济文献真迹释录》第 3 辑，第 442—443 页。

97. 立机緤玖匹，官布拾伍匹，庭上转经犀牛绫价用。

98. 立机緤壹匹，起寺设日与作坊用。官布壹匹，康家

99. 榆木价用。

100. 通计八百七十五尺緤。

101. 立机陆匹，官布陆匹，庭子转经莲花绵

102. 袄子价用。

103. 緤计一阡一百七十五尺。①

官布与立机緤、粗緤一样，都归入緤布，表明它们都是棉布类。每匹官布长度为25尺。应当说明第100行记载小计数有误，应作975尺，故第103行计1175尺亦少计100尺。而第73—93行布破每匹长40尺。据P.3763《年代不明(10世纪中期)净土寺诸色入破历算会稿》记载布入中8笔共"计布九百二十七尺"，官布不在其中。相连记緤破类中包括官布五笔：

7. 緤入：立机緤叁匹，诸施主木替入。官布四尺，亦施

8. 主木替入。官布壹匹，立机壹匹，阴押衙念诵

9. 入。立机一匹，官布一匹，尚书小郎君患念诵

10. 入。立机六匹，官布拾伍匹，起檐设日官私

11. 及诸寺人事入。官布一丈三尺，教化椓时散施入。

12. 计八百一十三尺。②

按：此卷緤入中官布、立机共计22匹1丈3尺，每匹平均32尺，与先前三卷相去甚远。故疑其中有误。但有一点是可信的，即官布是棉布而不是麻布。

由以上籍账记载看，官布全部记入緤破类，表明官布与立机緤、

①唐耕耦、陆宏基编：《敦煌社会经济文献真迹释录》第3辑，第401—436页。

②唐耕耦、陆宏基编：《敦煌社会经济文献真迹释录》第3辑，第513—520页。

粗绁一样，都是棉布。官布一般每匹长25尺左右，与麻布相去甚远。官布按地亩征收，同地子、烽子、柴草一样，为归义军政权例征赋税。既然官布为附着于土地的例征税目，那么它必然以出产于当地为主，官布为绁布，属于棉布类，表明晚唐五代敦煌地区已普遍种植棉花，征收绁布。

二、晚唐五代敦煌地区棉布的来源与产地

晚唐五代敦煌地区的棉布来源有相当部分是经交换从西州地区进口的。从吐蕃时期起，敦煌地区与西州贸易不断，到归义军时疆域一度到达伊州，这样与西州的贸易更为密切。乾符三年之后，伊州被西州回鹘占取，但这并不影响这两个地区的商业经济往来，而且来往更为频繁。为加强对西州、伊州地区的商业贸易及通使的管理，归义军政权专门设置了伊州使头、西州使头，在敦煌归义军政权常驻有西州伊州的使节。在这种商业贸易中，归义军的商队向西州伊州地区贩运的主要是丝绸，而换回的主要是棉布，因此，敦煌地区使用的棉布来源之一是靠贸易从西州进口的。

首先，我们来考察借贷文书。归义军时期派往西州的使团，都带有商业贸易性，出使前，使团成员因个人资力有限，都向人借贷物品，雇用骆驼。出使回来后都要归还物价、利头和雇价，这些折算还物时以棉布为主。S.4504《乙未年(875或935)就弘子等贷生绢契》记载："押衙就弘子于西州充使，欠少绢帛，遂于押衙阎全子面上贷生绢壹匹，长肆拾尺，福(幅)阔壹尺捌寸叁分。其绢彼至西州回来之日，还绢裹(利)头立机绁壹匹，官布壹匹，其绢限壹个月还。"[①]绢利用棉布折

①唐耕耦、陆宏基编:《敦煌社会经济文献真迹释录》第2辑，第110页。

算，表明就弘子从西州贩运回来的主要是棉布。北图殷字41号《癸未年(923)四月十五日沈延庆贷布契》记载沈延庆“欠阙布，遂于张修造面上贷緤一匹，长二丈七，黑(利)头还羊皮壹章(张)，其限八月末还于本”[①]。张修造是位专门来往于敦煌与西州之间从事绢与棉布生意的商人，从他那借贷得的緤布，可能是从西州进口的。同卷《癸未年(923)四月十五日张修造雇父驼契》记载张修造西州充使于押衙王通通面上雇五岁父驼壹头，“断作驼价官布十六匹，长柒捌，到日还纳”。同卷《癸未年(923)七月十五日张修造雇父驼契》张修造西州充使于押衙贾延德面雇六岁父驼壹匹，“断作官布拾个(匹)，长二丈六七”[②]。P.3453《辛丑年(941)十月二十五日贾彦昌贷生绢契》贾彦昌往西州充使遂于龙兴寺上座心善面上贷生绢壹匹，又贷帛绵绫壹匹，“西州回日，还利头好立机两匹，各长贰杖(丈)伍尺”[③]。P.3627《壬寅年(942)龙钵略贷生绢契》龙钵略于押衙王万端面上贷生绢一匹，“其绢利头立机緤一匹，其钵略任意博贾(价)，若平善到日，限至壹月便取于尺数本绢”[④]。显然龙钵略贷绢是为贷卖，而还利头以緤计算，当是出自西州。P.3051《丙辰年(965)僧法宝贷绢契》三界寺法宝往西州充使于同寺法律戒德面上贷黄丝生绢壹匹，“其绢利头立机壹匹，到日填还”[⑤]。从敦煌文书中有关出使借贷、驼契看，出使西州者所还利头除两件借绢一匹还利头麦四硕外，其余所还利头都是棉布，非立机緤，即是官布，而出使伊州、甘州、南山、入京所还雇价利头非羊皮、白

①唐耕耦、陆宏基编:《敦煌社会经济文献真迹释录》第2辑，第115页。
②唐耕耦、陆宏基编:《敦煌社会经济文献真迹释录》第2辑，第38页。
③唐耕耦、陆宏基编:《敦煌社会经济文献真迹释录》第2辑，第120页。
④唐耕耦、陆宏基编:《敦煌社会经济文献真迹释录》第2辑，第121页。
⑤唐耕耦、陆宏基编:《敦煌社会经济文献真迹释录》第2辑，第125页。

毡、铁器,即是丝织品,还利是以所贩货物为主,代表了一方特产和贩运货物内容，表明敦煌派往西州的商团，所携带的商品以丝织品为主,而贩运回来的主要是棉布,是知晚唐五代敦煌地区使用棉布的来源之一是从西州贩运而来。P.4638《丙申年(936)正月马军武达儿状》记载武达儿西州充使身亡,“兄达儿未入名字,有寄来瘦马壹匹,氾都知专擅搅挠,言道着马吓,将细緤壹匹,不知东西”[①],表明西州使团,多以贩运棉布为主。

西州棉布因其质地较好而著称于敦煌地区，在敦煌文书中就有多处称之为西州布或安西緤。S.6417《年代不明(10世纪前期)孔员信三子为遗产纠纷上司徒状》除记载白绫、十二综细褐、十综昌褐、番褐外有“安西緤二丈”[②]。P.3985《癸巳年七月廿五日谨录人送路物色名目》除记载官布、立机、褐、毡外,又有“安西緤一匹”[③]。P.2992《兄大王[沙州归义军节度使]某致弟甘州回鹘顺化可汗状》:“今遣内亲从都头贾荣实等谢贺轻信上好燕脂表玉壹团重捌斤,白绵绫伍匹,安西緤两匹。”[④]安西緤要比立机、官布贵重。P.2706《年代不明某寺常住什物交割点检历》记载“西州布壹丈二尺”。西州布是否与安西緤同种异名,还待研究,但西州布为棉布这一点是肯定的。敦煌使用的緤布来源于西州亦由P.3156《庚寅年(930或990)十月一日已后破数》记载证实:

1. 庚寅年十月一日已后住儿西州到来破粗緤数:

2. 官家土物安西緤一匹、粗緤一匹,瓜州家緤价粗[□□

---

①唐耕耦、陆宏基编:《敦煌社会经济文献真迹释录》第4辑,第507页。

②唐耕耦、陆宏基编:《敦煌社会经济文献真迹释录》第2辑,第229页。

③唐耕耦、陆宏基编:《敦煌社会经济文献真迹释录》第4辑,第9页。

④唐耕耦、陆宏基编:《敦煌社会经济文献真迹释录》第4辑,第396页。

□□]。

3. 官家骆驼价粗緤一匹,东河北头剥(?)价与孔目细緤

4. 一匹、粗緤一匹。贴绫价细緤二匹,粗緤六匹。肃州去

5. 细緤六匹、粗緤十一匹。子弟粗緤一匹。音声粗緤

6. 一匹。高家粗緤一匹、宋郎粗緤一匹。[1]

住儿去西州主要为了从事棉布生意。从本件文书看,住儿这次从西州贩回的棉布有安西緤、细緤、粗緤三个品种共33匹。从支出情况看有相当部分进入敦煌市场,还有近一半又贩往肃州等地,清楚地表明晚唐五代敦煌市场的棉布的来源之一是靠商队从西州贩运而来。

晚唐五代归义军时期敦煌地区使用的棉布亦出产于本地区。敦煌文书记载晚唐五代敦煌地区使用棉布非常普遍,记载棉布种类很多,敦煌文书虽未明确记载其中部分棉布生产于敦煌当地,但从敦煌文书记载的棉布征收方式等情况看,当生产于敦煌当地。

首先,敦煌文书记载晚唐五代敦煌地区有了织机和緤线。S.6417《年代不详(10世纪前期)孔员信三子为遗产纠纷上司徒状》孔员信死时因三子年幼把资财留于妹二娘子收掌,后二娘子不分割孔员信资财于三子,故引起纠纷,牵连的资财中纺织品有碧绫裙、白绫、立机、十二综细褐、十综昌褐、番褐、安西緤、绿绫等。又有"职(织)机壹",当然我们不排除织机是用以纺织麻布、毛褐,但是用于纺织棉布也有很大可能。P.2706《年代不明某寺常住什物交割点检历》记载到的棉织品有白地緤氎、西州布、紫緤等,还有"线叁索子"[2]。敦煌文书记载的敦煌与西州商业贸易的地方很多,贩去为丝织品、贩回为棉布类,没

①唐耕耦、陆宏基编:《敦煌社会经济文献真迹释录》第3辑,第288页。
②唐耕耦、陆宏基编:《敦煌社会经济文献真迹释录》第3辑,第7页。

有一处记载到贩回物中有棉花或棉线，故可以肯定緤线产自敦煌当地。关于这件文书的年代，唐耕耦判定为吐蕃占领敦煌时期，是证从吐蕃占领敦煌时期开始，敦煌地区已经开始种植棉花，生产棉线、棉布了。

敦煌地区种植棉花、生产棉布的历史虽然吐蕃占领以前没有文献记载，然而河西地区植棉的历史可追溯到蕃占之前。P.2942《唐永泰年代（765—766）河西巡抚使判集》记载建康军开支緤布数目很大：

11. 建康尚书割留氎三百段，称给付将士，不具人姓名。

12. 分给緤布、不具人名。既无节约，悬称用尽，事涉瓜李，

1. 法在根寻。准状，牒建康军并牒董芳兰，切推问给赏事

14. 由上。如相容隐，当别书科。

………………

34. 建康军使宁熹擅给緤布，充防城人赐。

35. 尚书所留緤布，令给不济之人。凡是行官，足得自养，不存

36. 后计，谁曰公心。先已牌征，乃可知过。更来申诉，有似饰非。防

37. 城暂劳，便则给赏；卒更久戍，何以支持。若不征收，几恣专

38. 擅。依前牒军切征。①

《判集》中两次记载到建康军擅支緤布三百段。按：当时西州緤布不可能运到建康军分赏防城将士；赏后又追征，若不产于当地，何以

①唐耕耦、陆宏基编：《敦煌社会经济文献真迹释录》第2辑，第235—256页。

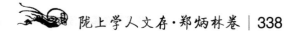

取物填补。由此表明河西地区至少在陷蕃前已开始种植棉花，敦煌属河西一部分，又地处河西走廊最西端，毗邻西州，故种植棉花乃其必然。藤枝晃先生认为S.2228《亥年修城夫丁使役簿》、S.5824《经坊供菜关系牒》所载丝绵部落与丝绸制造有关，而行人部落与丝绸贸易有关。[①]当然其中很有可能包括棉布的生产。敦煌藏文文献86ii《鸡年春宋三娘借物契》记载吐蕃时期敦煌使用棉花，宋三娘向令狐什德之女借得四只杯子、三枚记账牌和半甲马棉织品，“三斤半棉花，四汉升麦及门锁的钥匙，原定狗年仲春月之初十日偿还”[②]，都表明吐蕃时期敦煌地区大量使用棉织品，生产棉花。

其次从前引敦煌文书P.3214、P.3224、P.3579号等看，归义军时期随地征收的布调不再是麻布而是棉布中的官布。唐代调布征收以当地土产为主，敦煌地区在唐代以种麻为主，敦煌文书中就有这方面的记载“桑麻累年劝种，百姓并足自供”，故制定法令强制各家各户都得缉绩。[③]就是到吐蕃时期，麻布在日常生活中的使用仍占绝对地位，

①[日]藤枝晃：《吐蕃统治时期的敦煌》，《东方学报》，京都，第31号，1961年，第232—237页。池田温《八世纪中叶敦煌的粟特人聚落》（刘俊文主编《日本学者研究中国史论著选译》第9卷民族交通，中华书局1993年版）：“吐蕃占领时期在占领地编制千户（部落），其中有的千户名为ãan-rnahi-sde（行人部落？）和Dar-pahi-sde（丝棉部落？）。藤枝晃认为前者是以往来各国或其他都市为产业的集团，后者是经营绢类的商人集团。假如这种解释无误，那么从事商业贸易行业的人就应当归属这些千户。”

②录文参F.W.Thomas，TibetanLiterary texts and documents concerning Chinese Turkestan，Ⅱ，2.The Sha-cu Region，London，1951。汉文译文参[英]F.W.托马斯著，刘忠、杨铭编译，董越校：《有关沙州地区的藏文文书》，《敦煌研究》1997年第3期，第141—155页。

③大谷文书2836《长安三年三月敦煌县录事董文彻牒》，录文参唐耕耦、陆宏基编《敦煌社会经济文献真迹释录》第2辑，第328—330页。

棉布只处于陪衬地位。归义军政权建立后,从各种文书中均能看到有关种植麻的记载,但是官府不征麻布而改征棉布。若棉布仅靠从西州进口,远不能满足需要,且来往西州的商队经常受政治因素影响很大,若靠进口,无论从哪一方面考虑,都不能作为例税来征收,因此必须产自当地。王仲荦在研究唐西州征收棉布时认为:“唐代的制度,征收实物,都是‘随乡所出’‘任土所宜’,像江南用麻布,河北用绢,四川用罗、绌、绫、绢之类,因为西州特产是棉布,所以征收实物也多用棉布。”[①]晚唐五代敦煌归义军征收棉布,表明棉布是敦煌的特产,棉花已开始种植于敦煌。其次附着于土地的地子、柴草等皆以土产为主,官布就不可能远贩于西州。

另外敦煌文书中的官布历也充分说明了官布产自于敦煌。敦煌文书中的官布籍发现有四个卷号三件文书,分别为P.3236《壬申年三月十九日敦煌乡官布籍》、P.4525《官布籍》和Дx.1405、Дx.1406《官布籍》。据刘进宝先生研究,其时代约为归义军曹氏时期。[②] P.3236号首行曰:“壬申年三月十九日敦煌乡官布籍。”说明征收的是棉布,征收的标准为250亩征收官布1匹,(按:官布1匹25尺,每10亩征官布1尺),布头阴善友及阴保升、阴保住、张富通、安憨儿、安友住、桥贤通、张欺中“计地贰顷伍拾亩,共布壹匹”。其余布头张衍奴,罗山胡、张友仝、唐粉子、张友子、氾盈达、邓像通、刘再松、康全子、墨善兴、赵索二、贺清儿、索少清、张盈昌、李保山、李富盈、李像奴等名后皆记征

①王仲荦:《唐代西州的緤布》,《文物》1976年第1期;又载《新疆考古三十年》,第453—457页。

②刘进宝:《P.3236〈壬申年官布籍〉时代考》,《西北师范大学学报》1996年第3期,第41—50页;《从敦煌文书谈唐五代的布——归义军赋税制度研究之二》,载《段文杰敦煌研究五十年纪念文集》,第416—424页。

收标准为:“计地贰顷伍拾亩,共布壹匹。”[①]从残存布籍了解敦煌乡征得官布19匹以上,本件布籍所载户名共84人,敦煌乡的实际户数远比此多,若4倍于此,当征收官布80匹,11乡共征官布为880匹。这不是单靠贸易能满足的。P.4525《官布籍》按字迹书写格式与前引P.3236号一致,当是壬申年官布籍末尾的一段残片,记载布头张定长、索员宗、索安住所领18户,纳布为250亩官布1匹。而后又记载都头及音声、牧子、打窟、吹角都计共26户地2325.5亩。可能属不纳布的范围。[②] Дx.1405、Дx.1406《官布籍》前后及后半段上部残缺,本件残存19行,最能说明问题:

(前缺)

1. 布头索留信地玖拾壹亩, 梁苟子地叁拾壹亩,齐□

2. 壹顷陆拾柒亩, 索堆堆地壹拾叁亩, 已上计地□

3. 承宗郎君地叁顷造布壹匹。

4. 布头高加兴地捌拾陆亩,高加进地玖拾捌亩,高文胜地肆拾□

5. 郭丑儿地贰拾玖亩,安黑子地肆拾伍亩,已上计地叁顷造

6. 布叁(壹)匹。

7. □加义地玖拾壹亩半,张黑三地伍

8. □□地叁拾壹亩,已上计地叁顷造布壹匹。

9. □拾柒亩,索悉曼力地壹拾壹亩,索留住高

---

①唐耕耦、陆宏基编:《敦煌社会经济文献真迹释录》第2辑,第452—453页。

②唐耕耦、陆宏基编:《敦煌社会经济文献真迹释录》第2辑,第454页。

11.［　　　］亩，高安三地陆拾叁亩，［　　　］肆亩，

12.［　　　］顷造布壹匹。

13.［　　　］伍拾壹亩半，马保保地伍拾捌亩，石法信地肆

14.［　　　］□□地□□陆亩，张贤君地贰拾亩，支张三地

15.［　　　］已上计地叁顷造布壹匹。

16.［　　　］□地捌拾亩，张加进地陆拾伍亩，

17.［　　　］拾亩，已上计地叁顷造布壹匹。

18.［　　　］马留子地叁拾贰亩，张泉泉

19.［　　　］捌亩半，张六六地壹拾陆亩，［　　　］①

（后缺）

文书不称纳布而称造布，一个“造”字，表明所交纳的官布生产于敦煌当地而不是贩卖于西州地区，由此可证晚唐五代敦煌地区已种植棉花、生产棉布。官布，在吐鲁番文书中称户緤，相当于中原地区的户调绢。布头，在吐鲁番文书中称作緤头，是负责征收该组(叁顷或贰顷伍拾亩几户)官布的人员。对不纳官布的人员有一定范围限制和严格规定。这种征收官布的历簿和规定是基于敦煌地区种植棉花的基础之上的。

由于归义军时期敦煌地区有了织机，纺有棉线，地税中征收官布及官布账等说明晚唐五代敦煌地区种植棉花，生产棉布，由于敦煌地区生产的棉布不及西州地区的质量好，加之西州与敦煌地区路程较近，经常通商。故敦煌地区生产的棉布代替不了西州棉布，市场上大量出售西州棉布——安西緤。

①唐耕耦、陆宏基编：《敦煌社会经济文献真迹释录》第2辑，第455页。

三、晚唐五代敦煌地区棉布的使用状况

晚唐五代敦煌地区种植棉花、生产棉布还可以由当时棉布在敦煌地区广泛使用看出。晚唐五代敦煌从官府至寺院，上至高级官员僧侣下至普通百姓、一般僧尼都使用棉布，棉布成为当时敦煌民众生活中的必需品，使用范围非常广泛，而且使用的量也很大。普遍的使用及大量的消费，都说明归义军时期棉花、棉布均产自于敦煌。

官府使用緤布的历史自蕃占敦煌以前已经开始，前引《判集》緤说建康军支用緤布三百段是个不小的数目，吐蕃时官府支用布虽不见载，但民间使用棉布却很普遍。归义军时期官府不但征收官布，而且在支付时也用官布，P.4640《己未年—辛酉年(899—901)归义军衙内破用纸布历》破用粗细布 883 匹 4 尺，杂破免文状布 15 匹 20 尺。[①]因文书前缺，不知支付的是麻布还是棉布，但可以看出官府用布量相当大，其中半年(四—九月)支布 84 匹，可能前叙 883 匹为 3 年支布数。若为官布，足见其数目之大。虽此卷未明确记载为官布，然归义军官府用棉布支付在文书中有明确记载。P.3257《后晋开运二年(945)十二月河西归义军左马步都押衙王文通牒及有关文书》地税征收有官布，支付也有官布："其叔进君贼中偷[马]两匹，忽遇至府，官中纳马壹匹。当时恩赐马贾(价)，得麦粟壹拾硕，立机伍匹，官布伍匹。"[②]P.3260《归义军节度留后使曹元德状》送礼物中有细緤装裤和细牒袜。P.2992《归义军节度兵马留后使检校司徒兼御史大夫曹上回鹘众宰相状》送赐中有白花绵绫 10 匹、白緤1 匹。前引 P.2992《兄大王[沙州

①唐耕耦、陆宏基编：《敦煌社会经济文献真迹释录》第 3 辑，第 253—256 页。
②唐耕耦、陆宏基编：《敦煌社会经济文献真迹释录》第 2 辑，第 295—298 页。

归义军节度使]某致弟甘州回鹘顺化可汗状》送物除安西外又有“立机细緤拾捌匹,官布陆拾匹”。立机、官布两种棉布的支付量这样大,而安西緤仅 2 匹,很可能立机、官布生产于当地。S.4470《唐乾宁二年(895)三月归义军节度使张承奉副使李弘愿回向疏》记载施入大众仓的有细緤一匹,又有緤壹匹充法事。P.2704《后唐长兴四至五年曹议金回向疏》四件中,第一件充经儭、法事各緤壹匹;入十一寺布 11 匹,第二件施入大众布 4 匹、緤4 匹,法事緤1 匹;第三件施入大众官布 7 匹、充法律 1 匹;第四件施入一十六寺布 16 匹,充经 1 匹、充法律布 1 匹。P.3556《后唐清泰三年(936)归义军节度使留后使曹元德转经舍施回向疏》充法事 1 匹,P.4046《后晋天福七年(942)归义军节度使曹元深舍施回向疏》充法事细緤1 匹。这些以归义军节度使为主的舍施活动,当属官方开支,由 P.2704 号第三件得知另外三件中的布为官布。晚唐五代敦煌地区民众使用棉布也很普遍。前引 S.6417 号记载物品中除安西緤外还有“立机一匹”。S.4577《癸酉年杨将头遗物分配字据》中有白緤袄子一。S.4609《宋太平兴国九年(984)十月邓家财礼目》记载财礼中就有緤布壹玖。P.3212《辛丑年五月三日惠深牒》记载:“辛丑年五月三日,惠深听阿旧与立机一匹,交小师作汗衫,其惠深寺(事)多不及洗立机,惠深交达家汉儿洗去来,其洗了躭送家中也,无人,是他汉儿石家店内典酒伍升。”生绢一匹,“再要昌布一匹,又折叁断(段)立机一匹,粟一斗伍升,麦两石总相分付”[①]。由此得知立机緤是未经洗染的棉布。由本件文书看,棉布在敦煌地区使用非常普遍,制作日常衣服。同时敦煌有专门洗染緤布的店铺。关于这一点还可以由 P.3501《后周显德五年(958)押衙安员进等牒》证实:“以今月十日,

①唐耕耦、陆宏基编:《敦煌社会经济文献真迹释录》第 2 辑,第 312 页。

押衙康员奴请得洗衣麸玖斗。”[①]康员奴为伊州使头,此洗衣当与印染有关。P.2409 号记载后唐长兴年间敦煌有洗博士。[②] P.470《年代不明王寡妇借麦纠纷牒》记载:“故男往于甘州充使送路立机一匹。”[③]P.3985《癸巳年七月廿五日谨录人送路物色名目》记载了棉布的使用状况:

1. 癸巳年七月廿五日谨录人送路物□
2. 木匠冯常安官布叁段。□□
3. 布壹段。张家和胜立机□
4. 王庆住九综白褐半匹。官布壹段。黑博士立机
□
5. 半匹。阴家十综褐两段,内一段长三丈□
6. 王六子官布壹段,粗紫褐半匹□
7. 叁段。太员番褐二丈九尺,女印□□
8. 曹尚书官[布]两段,立机壹段。康五□
9. 壹。王家阿妗八综褐壹丈柒尺□
10. 八尺,又一段壹仗柒尺,又一段壹仗伍尺□
11. 陆尺,安西緤壹匹。曹家立机贰□
12. 太员又番褐壹仗伍尺。阴家又八综□
13. 官布壹拾捌段。南□□
14. 段,褐二丈二尺,玉大小六,毡□

(后缺)

---

①唐耕耦、陆宏基编:《敦煌社会经济文献真迹释录》第 2 辑,第 302—303 页。

②《后唐长兴二年(931):正月沙州净土寺直岁愿达手下诸色入破历算会牒》,录文参唐耕耦、陆宏基编:《敦煌社会经济文献真迹释录》第 3 辑,第 369—389 页。参拙稿《唐五代敦煌手工业研究》,《敦煌学辑刊》1996 年第 1 期,第 20—38 页。

③唐耕耦、陆宏基编:《敦煌社会经济文献真迹释录》第 2 辑,第 317—318页。

残存14行14人的账目，几乎每位送路人名下都列有官布、立机等棉布品种，表明棉布在人们日常生活中所占比重之重要。无论此出产何地，都表明敦煌地区当时布使用很普遍，并有大量棉布被销往甘州地区用棉布抵账亦较常见，S.4332《龙兴寺僧愿汉便麦粟关系文书》记载愿学先于王法师仓便麦粟八石，传言愿学汉地身亡，王法师于其兄征索，其兄以立机緤一匹、黄僧衣壹对抵欠。P.3155《唐天复四年(904)令狐法性出租土地契》令狐法性出租土地与贾员子得物除生绢外，又有"捌综緤壹匹，长贰仗伍尺"。

在敦煌文书中记载棉布最多的是寺院籍账文书，寺院籍账文书所记载的情况最能说明问题。吐蕃时期的寺院文书记载的布多为麻布类，以40尺为1匹。到归义军前期，寺院虽使用棉布，但并不太多。到曹氏归义军时期，棉布在寺院中的使用量越来越大。寺院棉布多数为当地信徒舍施给寺院，或者寺院唱卖舍施物所得，无论哪一种情况，都表明归义军时期敦煌地区棉使用的普遍状况。P.2697《后唐清泰二年比丘僧绍宗为亡母转念设斋施舍放良回向疏》："施细緤壹匹，粗緤贰匹，布壹匹。"[①]由此看出寺院的棉布主要靠施舍。寺院的法器中有许多是棉布制作的，如P.2613《唐咸通十四年(873)正月四日沙州某寺交割常住什物等点检历》中有緤像子。服装方面有S.1947《唐咸通四年癸未岁(863)敦煌所管十六寺和三所禅窟及抄冉成毡数目》中有细緤�锦面。寺院收支账目中都有入緤破的项目。P.5588《辛□年四月廿六日起惠润手下出织物历》中就有一项："□月十六日出捌综壹匹贰丈四尺。"而更多的则是在账目收支前列有布、緤两项[②]。从中

①唐耕耦、陆宏基编:《敦煌社会经济文献真迹释录》第3辑，第89页。

②唐耕耦、陆宏基编:《敦煌社会经济文献真迹释录》第3辑，第8—13、247页。

可以看出麻布与棉布在当时民众生活中所占的比重。P.3352《丙午年(886或946)三界寺招提司法松诸色入破历算会牒残卷》存物总数有110尺,其中前账回残22尺。P.2049《后唐同光三年(925)正月沙州净土寺直岁保护手下诸色入破历算会牒》总数中有緤148尺,其中回残123尺,当年新附入25尺。新附入为经儭收入:"生緤二丈五尺,周都头经儭入"现存账中有"壹佰肆拾捌尺"。同卷《后唐长兴二年(公元931年)正月沙州净土寺直岁愿达手下诸色入破历算会稿》的收支情况,总数221尺,其中前账回残97尺,当年收入124尺。收入主要有"贰拾伍尺,细緤贰拾伍尺,高孔目念诵西仓付麦换入。粗緤贰拾肆尺,梁户郭怀义折油入。粗伍拾尺,阎都知折黄麻入"。麦破中有"麦捌硕,充高孔目转经儭价付众僧各肆斗用"。油破中有"油壹斗伍胜、梁户入粗壹匹用"。"黄麻肆硕,阎都知入用。""贰丈陆尺,僧官造设时诸寺贺令公用。"结余中有"壹佰玖拾伍尺"。P.2638《后唐清泰三年(936)沙州儭司教授福集等状》记载了司从癸巳年六月一日至丙申年六月一日三年中的收支情况,其中就记载了的收支。收入粗细緤有:"粗緤伍拾柒匹,三年中间诸处人事,七月十五赏乐人,二月八日赏法师禅僧衣值,诸寺兰若庆阳等用。""细緤(叁肆)佰贰拾伍尺,粗緤壹仟肆佰贰〔拾〕伍尺。"从中可以看出,棉布主要是粗緤、细緤两种,使用量很大。然收入部分未记载详细情况,是舍施,还是购买。P.2846《甲寅年(954)都僧政愿清等交割讲下所施麦粟麻豆等破除见在历》记载有官布60尺。[①] P.2040《后晋时期净土寺诸色入破历算会稿》破项支付内容主要用于功价、榆木价、绫价等。破除"贰佰贰拾伍尺"

---

①前引文书参唐耕耦、陆宏基编:《敦煌社会经济文献真迹释录》第3辑,第333—334、347—366、369—389、391—395、525页。

“五十尺”“壹佰柒拾伍尺”，在緤入项具体记载了寺院使用緤布的来源渠道：

505. 緤入：粗緤壹匹、张平水斋儭入。粗緤贰仗伍尺，孔宅官患念诵入。粗緤贰仗伍尺，和

506. 和斋儭入。细緤贰拾伍尺，粗緤伍拾尺，大众起钟楼人事入。

507. 粗緤贰拾伍尺，莲台寺人事入。粗布贰仗伍尺，报恩寺入

508. 事入。计緤贰百尺

而后还记载前账回残“叁佰叁拾肆尺”，自年新附入中有“贰佰尺”。收入的棉布主要是斋事和人事的收入。部分是经交换所得：“麸肆石，于汉儿边买用。”[①]P.3234《年代不明（10世纪中期）净土寺诸色入破历算会稿》记载前账回残有“贰拾贰尺緤”，自年新附入有“贰佰贰拾肆尺”，同卷《年代不明（10世纪中期）诸色入破历算会稿》除破外还有破除现存“一百二十七尺緤”。同卷又于破用有“緤五十尺”，见存“三百三十四尺緤”。同卷《年代不明（10世纪）净土寺西仓豆等分类账》中有緤入“立机一匹，吴僧统患念诵施入”[②]。P.2032《后晋时代净土寺诸色入破历算会稿》多处记载到棉布的使用情况，除了前面所引内容外，现存中有“贰拾壹尺”，前账回残中有“二十一尺”，新附入“一百五十四尺”，见存“二十二尺”。“粗緤壹匹，报恩寺起幡设人事用。”“麸伍石，两件宋僧政贷。”P.3763《年代不明（10世纪中期）净土寺诸

①唐耕耦、陆宏基编：《敦煌社会经济文献真迹释录》第3辑，第401—436页。

②唐耕耦、陆宏基编：《敦煌社会经济文献真迹释录》第3辑，第441、442—444、445页。

色入破历算会稿》除引入 813 尺的详细情况外，还在破除中有“壹仟壹佰尺”，S.4452《后晋开运三年某寺算会破除外现存历稿》有“准账尾布贰拾贰尺”。S.4689《后周显德元年(954)正月一日功德司愿德状》记载：“右通前件斛斗[粟]麦緤布等，一一勘算，谨具分析如前。”表明功德司同其他寺、司一样，收支破用物中都有棉布。① 为了使大家对晚唐五代敦煌使用棉布有一个全面了解，现将籍账所载棉布收支情况表列如下：

卷号	物主	年代（公元）	棉布		麻布		棉布在棉麻中的比重
			项目	尺数	项目	尺数	
P.3352	三界寺招提司	886 或 946	回残	110	回残	200	45.3%
			新附入	22	新附入	80	
P.2049	净土寺	925	总计	148	总计	849	14.8%
			回残	123	回残	709	
			新附入	25	新附入	140	
			现在	148	现在	849	
P.2049	三界寺	931	总计	221	总计	881	20%
			回残	97	回残	681	
			新附	124	新附	200	
			破用	26	破用	283	
			现在	195	现在	598	
P.2638	儭司	936	出唱		出唱	58502	
			回残	1777	回残	1204	59.6%
			出破	1850	出破	3900	32.2%
			结余		结余	55806	

①唐耕耦、陆宏基编：《敦煌社会经济文献真迹释录》第 3 辑，第 513—523、521—522、524 页。

续表

卷号	物主	年代（公元）	棉布		麻布		棉布在棉麻中的比重
			项目	尺数	项目	尺数	
P.2040	净土寺	后晋	破除 破除 不明 收入	1175 175 335 200	破除 破除 不明 收入	1963 179.3 1701.5 463	37.44%49.65% 16.4% 30.2%
P.3234	某寺	10世纪中	新附入	224	新附入	268	45.5%
P.3234	某寺	10世纪中	破除 现存	72 127	破除 现存	130 875	35.7% 12.7%
P.3234	某寺	10世纪中	破除 现存	50 334	破除 现存	639 1556	9% 17.7%
P.2032	净土寺	后晋	破除 新附 见在 破除	21 154 22 225	破除 新附 见在 破除	558 333 434 144	3.6% 31.8% 4.8% 61%
P.3763	净土寺	10世纪中	新附	813	新附	927	46.7%
P.2846	儭司	954	破除 破除	1100 60	破除 破除	2163 453	33.7% 11.7%

以上我们根据敦煌文献的记载，从官布的属性、晚唐五代敦煌地区棉布的来源产地和棉布的使用状况等作了多方探讨，可以得知：

一、官布是对棉布中的一个种类的称谓。这种称谓不但在汉文文献比较常见，而且在回鹘文献中也屡见记载，不但敦煌地区称棉布为官布，在吐鲁番地区也把棉布称作官布，出土于吐鲁番的回鹘文文献把官布写作 quanbu 或 qunbu①，表明官布是晚唐五代中国西北地区对棉布中一个种类的通行称谓。

①关于回鹘文中的官布，我们将专文探讨。

二、棉布从上元元年(760)起作为官户调在西州开始征收,科户亦征收户调棉布,有负责征收户緤的人员——緤头,不服役者可纳代役的"番课緤布"。晚唐五代敦煌归义军政权征收户调为官布,有官布籍,征收标准为250亩或300亩一匹。按唐代户调征收特点"任土所宜""随乡所出",故推知晚唐五代敦煌地区已开始普遍种植棉花、生产棉布了。

三、棉花种植在敦煌的历史可上溯到吐蕃时期,当时敦煌民间借贷物品中除棉织品外还有棉花。归义军时期,从事棉织品加工业的手工业者——洗緤博士出现了,有了棉线、织机等,都表明棉花种植普遍,只有棉花种植普遍,才可能有棉织品加工业的出现。

四、晚唐五代敦煌棉织品使用比较普遍,虽然不能和麻布相比,但所占比例相当可观,在舍施、做衣、吊孝、制作法器、支付工价和物价等方面都使用棉布,从寺院的各种入破历看,棉布使用占麻棉总量高达61%,最低为4%,一般常见者为20%—35%。这种使用量单靠从西州进口远不能满足,且归义军与西州回鹘间的贸易关系经常受政治因素影响,时断时续,故当以敦煌棉花种植为主。

五、敦煌地区虽种植棉花、生产棉布,但由于生产的棉布的质地赶不上西州地区,故晚唐五代敦煌与西州间贸易以丝棉贸易为主,西州布、安西緤在敦煌很受重视,贡使贸易中常用安西緤。

(原文发表于《中国史研究》1999年第3期,第83—95页)

晚唐五代敦煌种植棉花辨析

——兼答刘进宝先生

晚唐五代敦煌是否种植棉花，实际上是研究棉花传入中国北线是否存在的问题。敦煌毗邻吐鲁番，两地自然环境和气候条件基本相同，是靠附近的雪山融化的雪水进行农业灌溉，同样都是干旱少雨，年蒸发量远远大于年降水量。自南北朝以来，敦煌地区与高昌西州地区的居民人口基本同宗同源，基本上都是十六国到唐代从敦煌及河西地区迁徙而来的，特别是唐代在西州地区任职人员中很多是敦煌人。敦煌地区是中原王朝与西域交通的咽喉之地，而伊州、西州和石城为门户所在，敦煌与西州地区自古以来交往频繁，特别是到晚唐五代归义军时期西州地区的棉布因其质量好而大量被贩运到敦煌地区，称为“安西布”“西州緤”。同时归义军政权也按土地面积 250 亩或 300 亩征收一匹棉布，名之为官布。笔者根据敦煌文献的记载、征收官布等方面认为晚唐五代敦煌地区种植棉花。[1]近期《历史研究》刊载刘进宝先生的论文对本人的看法提出质疑，认为官布就是官府征收的布，不仅棉布称官布，麻布、褐布等都可以称官布，以此证实归义军

①参见郑炳林:《晚唐五代敦煌地区种植棉花研究》,《中国史研究》1999 年第 3 期，第 83—95 页;《敦煌西域出土回鹘文文献所载 qunbu 与汉文文献所见官布研究》,见郑炳林主编《敦煌归义军史专题研究续编》,兰州:兰州大学出版社，2003 年,第 381—394 页。

政权征收的官布不是棉布而是麻布或者褐布。[①]对此，笔者在研究敦煌文书的同时，就刘进宝先生的论文中提出晚唐五代敦煌地区的緤是毛织品、官布中有褐类官布、官布为入官之布等问题的不足作一点补充和校正。

归义军政权按土地面积征收的官布是棉布还是麻布褐布，是这一问题的关键。因为褐布有两种解释，一是毛织品，二是麻织品。刘进宝先生认为褐布也可以称官布的依据主要是 P.4887《己卯年八月廿四日袁僧定弟亡纳赠历》的记载“阎苟儿官布昌褐内接三丈”。[②]这里有几个问题：一是官布和昌褐是不是一种东西，是从属关系还是并列关系；二是“内接”的含义是什么。内接，根据《说文解字》：“接，交也。从手妾声。”段玉裁注曰：“交者，交胫也，引申为凡相接之称。”[③]将两件东西相交连接在一起就是接，除此之外没有第二种含义。“内接”，就是从里面（反面）将它们接在一起。接在这里既有动词的含义也有名词“接缝”的含义。如同卷文书记载有，“何社官：谈（淡）青褐又内接白斜褐内接长三丈”，意思是说把淡青褐与白斜褐从里边缝起来共三丈长。淡青和白色这两种颜色不同的褐不可能是一块褐布，因此官布和昌褐也不可能是从属关系，不是指官布中的昌褐，而是指官布和昌褐从里边接起来。纳赠历中凡是记载物品带有接者都是指两件或者两件以上交接起来的，如 P.4975《辛未年三月八日沈家纳赠历》记载

---

①参见刘进宝：《唐五代敦煌棉花种植研究——兼论棉花从西域传入内地的问题》，《历史研究》2004 年第 6 期，第 27—40 页。

②唐耕耦、陆宏基编：《敦煌社会经济文献真迹释录》第 1 辑，北京：书目文献出版社，1986 年，第 364 页。

③[汉]许慎撰，[清]段玉裁注：《说文解字注》十二篇上手部，上海：上海古籍出版社，1981 年，第 600 页。

纳赠的丝织品带内接很多，一种丝织品有带内接者也有不带内接者，但是凡是两种丝织品放在一起者必须带内接字样，因为文书很长，引用起来比较麻烦，但记载到内接地方很多，很能说明问题：

1. 辛未年三月八日，沈家纳赠历。

2. 阎社长：绯绵绫内妾(接)二丈三尺，又非绵绫内妾二丈五尺；紫绵绫内妾一丈三尺，又紫绵绫二丈；绿绢内妾一丈四尺。

3. 窦社官：白绵绫古破内妾一丈一尺，绿绫子内妾一丈八尺，非绵绫内妾一丈五尺，又非绵绫八尺，黄绢、紫绵绫内妾一丈，古破白绵绫六尺，白绫六尺，白绵绫一丈九尺。

4. 邓都衙：紫绵绫一丈八尺，白绵绫二丈四尺，非绵绫二丈，生绢一匹。

5. 张录事：碧绸内妾二丈一尺，非绵绫内妾八尺，黄画被柒尺，紫绵绫内妾二丈三尺，非绵绫白绵绫内妾八尺。

6. 邓县令：生绢一匹，白绵绫二丈六尺，又白绵绫一丈一尺；非绵绫二丈。

7. 索押衙：白绵绫二丈八尺，又白绵绫二丈五尺，又白绵绫内妾、绿绢内妾二丈，生绢一匹。

8. 阴押衙：小绫子一匹，紫绫子[illegible]丈[illegible]尺，非绵绫、紫绵绫内妾一丈三尺，非绵绫二丈。

9. 小阴押牙：黄绫子八尺，白绵绫一丈，非绵绫内妾一丈八尺，白绵绫一丈三尺内妾，又古破白绵绫一丈，白绵绫一丈一尺。

10. 米押衙：白绵二丈四尺，紫绵绫内妾二丈三尺，白绵绫一丈三尺，楼绫一匹。

11. 齐法律：非绵绫内妾一丈八尺，白绵绫一丈九尺，黄绫子、紫绵绫内妾一丈二尺,炎绵绫一丈九尺,白绵绫二丈。

12. 邓兵马使:黄画被子七尺,白绵绫一丈,又白绵绫二丈,白绵绫二丈一尺,碧绸内妾一丈五尺,又碧绸六尺,又白绵绫二丈五尺。

13. 邓南山:白绵绫内妾一丈八尺,非绵绫内妾一丈五尺,又非绵绫内妾紫绵绫三丈四尺,白绵绫二丈,又白绵绫一丈八尺。

14. 杨残奴:紫绵绫二丈五尺,又紫绫一丈八尺,非绵绫七尺,又非绵绫一丈七尺,碧师内妾二丈六尺,又白绵绫二丈。

15. 李愿盈:楼绫半匹,白绵绫一丈八尺,碧绢、白绵绫内妾二丈六尺,又白绵绫一丈五尺。

16. 长千

(后缺)[①]

本件文书记载将"内接"全部记载成"内妾",接与妾通,乃音同假借或者音同致误。同类丝织品有带内接的,也有不带内接的,但是凡是两种丝织品作为一个计量单元的都带内接字样。如窦社官名下的"黄绢、紫绵绫内妾一丈",张录事名下的"非绵绫白绵绫内妾八尺",阴押衙名下的"非绵绫、紫绵绫内妾一丈三尺",齐法律名下的"黄绫子、紫绵绫内妾一丈二尺",李愿盈名下的"碧绢、白绵绫内妾二丈六尺"。黄绢与紫绵绫、碧绢与白绵绫不是一个品种,绯绵绫与白绵绫、非绵绫与紫绵绫、黄绫子与紫绵绫不是一种颜色,必须有接缝。一般不好理解的是将内接放在句后,另外两笔账就很容易理解:索押衙名

①唐耕耦、陆宏基编:《敦煌社会经济文献真迹释录》第1辑,第363页。

下“又白绵绫内妾、绿绢内妾二丈”，邓南山名下“又非绵绫内妾紫绵绫三丈四尺”，前者衍一“内接”，这两条很容易理解成将两种丝织品缝接起来。就是刘进宝先生所引用的 P.4887《己卯年八月廿四日袁僧定弟亡纳赠历》就有同样的记载，“谈青褐又内接白斜褐内接长三丈”，只是没有给予足够的重视而已。

接，不能理解成节或者段。敦煌文书 S.1845《丙子年四月十七日祝定德阿婆身故纳赠历》记载该社纳赠的各种褐布 45 段，其中“碧褐白斜褐内接二丈二”仅算两段，段为个体计量单位而不是长度计量单位。段，从这件文书看，一段最短 7 尺，最长达 35 尺，无一定标准。[①]接，在很多情况下表示接缝，前引 P.4887《己卯年八月廿四日袁僧定弟亡纳赠历》记载，“侯定残：白昌出斜褐内壹接壹丈，斜褐壹丈二尺”。壹接，就表示一个接缝。P.2842《乙酉年正月廿九日孔来儿身故纳赠历》记载，“武社官生褐三丈八尺，非(绯)褐内接二丈九尺”，“罗英达非(绯)褐内三接□丈□尺”。[②]前者表示红色的褐布里边有一个接缝，后者说红色褐布里边有三个接缝。S.2472《辛巳年营指挥葬巷社纳赠历》记载孔幸子“故烂半幅碧绢生绢内三接计丈五”，高员佑“帛练紫绵绫内两接一丈六尺”，[③]表示前者三个接口，后者两个接口。S.4472《辛酉年十一月廿日张友子新妇身故聚赠历》记载安再恩“紫褐、非斜内一接一丈付杜善儿”，梁庆住“紫粗褐、白斜褐内一接二丈”，王丑子“非褐、白褐裙段内四接二丈二”，马再定“白粗褐内一接二丈二尺”，李粉定“白褐、非绫褐、碧褐内接三段二丈”，王友子“立机

①唐耕耦、陆宏基编：《敦煌社会经济文献真迹释录》第 1 辑，第 366—369 页。
②唐耕耦、陆宏基编：《敦煌社会经济文献真迹释录》第 1 辑，第 362 页。
③唐耕耦、陆宏基编：《敦煌社会经济文献真迹释录》第 1 辑，第 373—374 页。

二丈碧褐七尺故破内一接”，王残子“细紫褐七尺、非粗褐丈三内一接”，张清儿“白细褐、又非粗褐内两接三段三丈”。[①]从这些记载段和接区别很清楚，接就是接缝，两种褐布连接最少有一个接缝，三段连接必须有两个接缝。另外S.5509《甲申年二月十七日王万定男身亡纳赠历》记载社长韩友松“碧绵绫内四妾五段故破一丈二尺”，录事张通盈“黄绢壹匹白练故破内四妾五段”就更好理解，[②]五段丝织品缝接在一起有四个接缝。

通过以上分析，内接就是从里边缝接，作为名词就是指接缝，作为动词就是缝接。既然官布与昌褐作为一件需要缝接，那么官布与昌褐之间不是从属关系，而是并列关系。不是指昌褐中也有官布，而表明官布就是官布，昌褐就是昌褐，是两种不同的东西。刘进宝先生的官布昌褐“阎苟儿纳赠的是官布，其质地为昌褐，显然是毛织品无疑”的论断，有失偏颇。

官布质地是棉布还是其他。刘进宝先生根据《晋书·刘隗传》《南齐书·王敬则传》认为官布是上缴官府之布，即入官之布，既可以指麻布，也可以指棉布、毛布。晚唐五代敦煌地区官布的含义显然与中原地区不同，显然刘进宝先生没有给予足够的重视。

首先，敦煌地区的官布是否单纯是上缴官府之布或者入官之布。不可否认晚唐五代归义军政权按土地面积征收的官布具有上缴官府之布（入官之布）的性质，相当于唐代调布，问题是晚唐五代敦煌地区的官布有没有质地含义。唐代的赋税政策是随乡所出任土所宜，作为归义军政权一旦将官布征收对象固定化，就赋予了官布本身以质地

①唐耕耦、陆宏基编：《敦煌社会经济文献真迹释录》第1辑，第375—376页。
②唐耕耦、陆宏基编：《敦煌社会经济文献真迹释录》第1辑，第377—378页。

性质。如果官布仅仅指入官之布，没有特指对象和质地含义，那么就不会在官府之外或者拥有者发生变化时还使用其官布名称。通过对敦煌文书分析研究，可知晚唐五代敦煌地区的官布除了按地征收之外，官布还作为商品在寺院民间大量流通，如 P.3234《壬寅年(942)正月一日已后净土寺直岁沙弥愿通手上诸色入历》记载净土寺为张万川车头、索家小娘子念诵收入官布各一匹，[①]P.2032《后晋时代净土寺诸色入破历算会稿》记载净土寺为连兴押衙患病时诵经收入官布一匹立机一匹、为王都头车头念诵收入官布一匹，又为润子收新妇、莲台寺起钟楼各支付官布一匹。[②]官布作为念诵经价支付给寺院，或者寺院将官布作为礼品送给其他寺院个人，都是寺院与私人之间的商品流通，与官府无涉，特别是 P.2846《甲寅年(945)都僧政愿清交割讲下所施麦粟麻豆等破除见在历》记载的收入布匹有土布和官緤，[③]官緤就是棉布，即官布和緤布。既然寺院将官布与緤放在一类，就表明官布与緤都属于棉布，是棉布中的一个品种。晚唐五代敦煌地区商品贸易中官布往往用作支付物价，北京图书馆殷字 41 号记载张修造西州充使曾于押衙王通通、押衙贾延德面上分别雇佣骆驼一匹，雇价分别为官布十六匹、官布拾个。[④]官布的来源和支付对象都与官府没有关系，之所以用官布支付驼价，这与西州贸易所得有很大关系。通过以上资料可知，官布不仅仅为向官府缴纳的布，就是在民间商业贸易中特别是寺院与寺院、寺院与个人、个人与个人间都用官布支付物

---

①唐耕耦、陆宏基编:《敦煌社会经济文献真迹释录》第 3 辑，北京:全国图书馆文献缩微复制中心，1990 年，第 440 页。

②唐耕耦、陆宏基编:《敦煌社会经济文献真迹释录》第 3 辑，第 455—513页。

③唐耕耦、陆宏基编:《敦煌社会经济文献真迹释录》第 3 辑，第 525 页。

④北图殷字 41 号《癸未年四月十五日张修造雇父驼契》，见唐耕耦、陆宏基编:《敦煌社会经济文献真迹释录》第 2 辑，第 38 页。

价，因此官布已经突破了单纯的入官之布性质，成为当时布匹的一个品种。

其次，关于官布的质地是棉布还是其他，经过对敦煌籍账类文书分析，官布与緤属于同种类别，都是棉布。前引 P.2032《后晋时代净土寺诸色入破历算会稿》记载有緤破类总共九匹 225 尺，其中八匹就是官布。[①]P.2040《后晋时期净土寺诸色入破历算会稿》记载緤破类的 51 匹官布、各类緤共“緤计一仟一百七十五尺”，其中官布为 23 匹。[②]P.3763《年代不明(10 世纪中期)净土寺诸色入破历算会稿》记载緤入类有“计緤八百一十三尺”，其中官布十七匹一丈七尺。[③]只有緤入緤破类有官布，其他类如布(土布)、褐类都没有记载有官布，表明官布与緤属于同一质地的棉布。最能说明问题的是 P.3234《年代不明(10 世纪中期)诸色入破历算会稿》，在布破类将“官布一匹乾元寺写钟人事用”，发现入错类后马上划去，又记入緤破类，[④]说明官布不是麻布而是緤布。

敦煌文书中保留的大量的支出账中有緤入、緤破类别，又有布入、布破类别及褐入、褐破类别，这里緤、布、褐含义是指什么，笔者认为緤指棉布，布(土布)指麻布，褐指毛织品。关于褐布指毛织品这一点，刘进宝先生也没有异议，布(土布)到底指什么，刘进宝先生论文没有涉及，作为麻织品没有异议，问题的关键是緤的质地是指棉布还是毛织品。刘进宝先生认为吐鲁番文书记载的西州地区的緤是指棉布，而将相邻的敦煌地区使用的緤布判定为毛织品，显然使用了不同

①唐耕耦、陆宏基编:《敦煌社会经济文献真迹释录》第 3 辑，第 472 页。
②唐耕耦、陆宏基编:《敦煌社会经济文献真迹释录》第 3 辑，第 407 页。
③唐耕耦、陆宏基编:《敦煌社会经济文献真迹释录》第 3 辑，第 513 页。
④唐耕耦、陆宏基编:《敦煌社会经济文献真迹释录》第 3 辑，第 443 页。

的标准，另外敦煌地区从西州地区贩运来了大量的棉布，有安西緤、西州布等称谓，这里的安西緤是棉布还是毛织品，如果是棉布的话就在敦煌地区出现了出产于西州地区棉织品的緤和出产于敦煌地区毛织品的緤，为什么在敦煌籍账类文献中没有将把安西緤和西州布放在褐类而加以区别呢，这就表明晚唐五代敦煌地区作为棉织品的緤与作为毛织品的褐有严格的区别。

晚唐五代敦煌地区从西州地区贩运了大量的緤布到敦煌市场上出售，主要体现在两个方面，一是借贷文书记载出使西州前借贷的物品主要是丝绸，西州归来还贷的物品主要是緤，表明他们贩运回来的物品就是緤。这一点笔者在《晚唐五代敦煌地区种植棉花研究》第二部分“晚唐五代敦煌地区棉布的来源与产地”引用大量文书加以论述，如就弘子、张修造、贾彦昌、龙钵略、僧法宝、武达儿等西州充使回来后归还的本利都是緤，[①]证实了緤是从西州贩往敦煌的主要产品，这些緤布肯定是棉布无疑。二是晚唐五代敦煌地区有了经营西州緤的商贾。P.3156《庚寅年(930 或 990)十月已后破緤数》记：

> 庚寅年十月一日已后住儿西州到来破粗緤数：官家土物安西緤一匹、粗緤一匹，瓜州家棋价粗[緤□匹]。官家骆驼价粗緤一匹，东河北头刺价与孔目细緤一匹，粗緤一匹。贴绫价细緤二匹，粗緤六匹。肃州去细緤六匹，粗緤十一匹。子弟粗緤一匹。音声粗緤一匹。高家粗緤一匹。宋郎粗緤一

①S.4504《乙未年(875 或 935)就弘子等贷生绢契》、北图殷字 41 号《癸未年(923)四月十五日沈延庆贷布历》、P.3453《辛丑年(941)十月二十五日贾彦昌贷生绢契》P.3627《壬寅年(942)龙钵略贷生绢契》、P.3051《丙辰年(965)僧法宝贷绢契》，载唐耕耦、陆宏基编：《敦煌社会经济文献真迹释录》第 2 辑，第 110、115、120、121、125 页。

匹。[①]

住儿无疑是从事西州棉布生意的商贾。文书中记载他经营的緤无疑是棉布。既然晚唐五代敦煌地区将西州地区出产的緤与敦煌地区出产的緤没有严加区分,证明二者质地没有本质区别。

通过对敦煌文献的分析，基本上可以认定晚唐五代敦煌地区使用的官布各种緤中有很多是从西州地区贩运而来，敦煌地区没有将其与产自敦煌地区的緤加以区分，并且在分类账中将它们放在同一类,表明它们之间没有质地差异;敦煌官布中有褐类毛织品,是对文书的错误理解;官布不仅仅是官府征收的赋税,而且敦煌民间、寺院也大量使用官布,说明官布是敦煌地区流行布中的一种,与緤为同类质地,属于棉布中一个品种。

（原文发表于《历史研究》2005 年第 5 期,第 174—178 页）

①唐耕耦、陆宏基编:《敦煌社会经济文献真迹释录》第 3 辑,第 288 页。

《康秀华写经施入疏》与《炫和尚货卖胡粉历》研究

P.2912，王重民先生《敦煌遗书总目索引》定名为《残佛经(背为施舍疏及账目)》[1]，黄永武博士《敦煌遗书最新目录》曰，“伯2912号《大乘稻芊经随听疏》；伯2912号背面《施舍疏及写经施银账》”[2]。唐耕耦、陆宏基编《敦煌社会文献真迹释录》第三辑施入疏类把背面分作两部分：《丑年正月已后入破历稿》(以下简称“《入破历》”)和《某年四月八日康秀华写经施入疏》(以下简称“《施入疏》”)[3]。审P.2912抄写内容，正面是吐蕃统治敦煌后期到归义军初期敦煌名僧吴法成讲经记录，背面实际分三部分，按照顺序分别是：《入破历》《施入疏》和《炫和尚货卖胡粉历》(以下简称“《胡粉历》”)。唐耕耦先生在释文时将《胡粉历》接录于《入破历》之后，又未为之定名、还将《施入疏》单独辑录定名。这样一来，使人很难注意到它们之间的内在联系、故在从事敦煌学及丝绸之路粟特人研究时，十分注重《施入疏》，而忽视了对其余两篇的研究，低估了它们在敦煌学研究中的作用与价值。

姜伯勤先生《敦煌吐鲁番文书与丝绸之路》已注意到《施入疏》与《胡粉历》之间的关系：“在吐蕃管辖时期，若干粟特裔民仍具有丝路

---

①王重民：《敦煌遗书总目索引》，北京：商务印书馆，1962年，第275页。

②黄永武：《敦煌遗书最新目录》，台北：新文丰出版公司，1985年，第691页。

③唐耕耦、陆宏基编：《敦煌社会经济文献真迹释录》第3辑，北京：全国图书馆文献缩微复制中心，1990年，第55—58页。

商人的色彩，如 P.2912《某年四月八日康秀华写经施入疏》……据同号文书中，有 23 行中有炫和尚签字的出卖胡粉的记录，‘胡粉半两准麦两石’至两石五斗，则四斤胡粉折合麦 128—160 石。胡粉是一种化妆品，也是丝绸之路上的一种进口货物。”[①] 受姜伯勤先生的启发，我们对 P.2912 背面三篇文书之间的关系和年代，特别是第二、三两篇之间的关系，以及两篇文书反映的问题作了一些探讨，现将我们的看法写出来，以求教于有关专家学者。

一、《康秀华写经施入疏》与《炫和尚货卖胡粉历》

P.2912 背第一篇记载丑年“正[月]已后”儭布施入者具数、“四月已后”儭布破用历及折麦账。在这篇入破历稿中记载人名有张似嘉、宋教授、慈灯、都督宋国宁、瓜州论乞林没热及正严、惠剑、张惠、薛善等，这些人名及丑年将是我们判定年代的主要根据。同时我们由此得知敦煌市场布麦间比价关系是：一匹布等于四石到四石五斗麦，相当于一两胡粉。第二篇记载康秀华这位粟特胡商为写一部《大般若经》施银盘子三枚共卅五两，麦壹佰硕，粟伍拾硕，粉肆斤，以充写经值。这篇文书虽无年代，但从书写字体看，与第一篇相同，故时间相去不会太远，文书中记载到的炫和尚也是判定年代的主要根据。第三篇无名称，连抄于《施入疏》之后，当是货卖胡粉得麦的详细账目，每笔账人名前打有钩，当指该笔账已清，没有拖欠，并且傍注小字，表明该笔账由谁经手，支出情况。其中多处标有炫、阎等，炫指前件所载之炫和尚。为了便于研究，现将 P.2912 移录于后：

---

①姜伯勤：《敦煌吐鲁番文书与丝绸之路》，北京：文物出版社，1994 年，第 196 页。

(一)1. 丑年正[月]已后大众及私偏儭施布入者，具数如后：

2. 正严壹匹，张似嘉壹匹，惠剑壹匹，张惠壹匹，薛善壹匹。

3. 四月已后，儭家缘大众要送路人事及都头用使破历：

4. 五月十五日，上宋教授柒综布壹拾伍匹。

5. 十七日，瓜州论乞林没热儭绢一匹，慈灯收领。

6. 廿四日，奉教授处分，付都头慈灯乐综布拾匹。

7. 奉教授处分，送路(都督布两匹)宋国宁两匹。

8. [大]云寺主都师布二匹出福渐下。

9. 教授送路布十五匹，准麦六十七石五斗。都头分付。

10. 慈[灯]布十匹，准麦四十五石。与宋国布两匹，

11. [准]麦九石。都计一百廿一石五斗。

12. □斋儭布一匹四石四斗，□□藏□斋儭布一匹四石二斗。

13. □众儭布▭石九斗；布一匹四石二斗。

14. (一行墨迹太淡)

15. ▭付启缘坚修布一匹出福渐下。

(二)1. 写《大般若经》一部，施银盘子叁枚共卅五两。

2. 麦壹佰硕，粟伍拾硕，粉肆斤。

3. 右施上件物写经，谨请

4. 炫和尚收掌货卖，充写经

5. 直，纸墨笔自供足，谨疏。

6. 四月八日弟子康秀华疏。

(三)1. 胡粉半两准麦两石(入了。付广广、善因麻将)，半两准上(其麦付孔孝、王佑，付氾寺主，付贞凑。炫)。张三

一两准麦四石(曹勿多五斗,对到官期碾课八斗,阴智清两石,……张三□□先麦□折入八斗)。

2. 陈二一两,张贲一两,翟丘一两,索秀一两,索庭兴二两(已上炫)。又半两准两石(龙兴官人麦,付金田)。

3. 又粉一两四石(炫,内三石付解谦)。宋荣粉二两准八石(收了)。张贲半两准麦两石(收了)。

4. 大麻粉半两准两石(田师入四斗)。田上座粉二两准八石(阎,入了)。何老粉二两准麦八石(阎,入了)。

5. 齐老粉二两准麦八石(收了。法持)。赵庭琳粉半两准二石五斗(付索兴)。广逸妹一两准麦五石(收了。入四石六斗,付田上座,内一石四斗小麦)。

6. □进进共半两准麦两石五斗(入麦一石二斗,又入一石二斗五升)。广逸妹又一两准五石(收了。入青一石付田上座,又一石四斗,付田上座一石二斗)。朱法贞一两准五石(收了)。

7. 高张六一两准五石(收了)。彭光谦妻半两准二石五斗(入一石三斗,又一石二斗)。贺进玉半两准两石五斗(入青麦,□)。

8. 八八妇半两准二石五斗(入了)。十六娘半两准两石五斗(入二石青)。净心半两准两石五斗(入了。付法建)。吕江青妻

9. 一分麦一石二斗五升(入小麦了)。赵家粉半两准两石五斗(入小麦了)。道岸粉半两准两石五斗(付了。收了)。石回鹘

10. 粉一两准麦五石 (入三石七斗五升付真诠并吕·及唐家)。程贲母半两一分准三石七斗五升(入了。付真诠)。宋

友友妻半两准麦二石

11. 五斗(付粟滔收了)。田光润半两准麦两石五斗(入了。付法建)。雷紧子妻一分准一石二斗五升(入了。法进)。杨山岳妻半两准

12. 两石五斗(入了)。正信半两准二石五斗(入一石八斗,后入六斗)。法云一分一石二斗五升(入了)。阎滔一分一石二斗

13. 意意一分准麦一石二斗五升(入七斗)。王应半两准麦两石五斗(入了)。氾什德半两准麦两石五斗(入了青)。

14. 正信又半两准二石五斗(又入一石八斗,入大郎一分一石二斗五升)。罗寺主一两准麦五石(又入二石四斗)。氾什德妻半两准二石五斗(手了青)。

15. 金振半两准两石五斗(收了)。陈家半两准两石五斗(收了)。光明粉一两准麦五石(入三石四斗,一石六斗支法持)。

16. 赵上座半两准麦二石五斗(收上)。幽一两准麦五石(入一石四斗,一石折贞顺儭)。侯阇梨半两准二石五斗(对付法持)。

17. 法照半两准麦二石五斗(对付索兴)。宠宠半两准两石五斗(一石折□□儭, 付法持)。李评妻半两准二石五斗(付康二娘□价)。

18. 张王八半两准二石五斗(入了)。宋海清妻姊一两准麦五石(入了)。刘思母半两准

19. 麦二石五斗(四斗付□户令狐顺)。法光半两准两石五斗(一石折儭,一石惠定入五斗□面)。氾加进一分准一石二斗五升(入了)。赵祚一分准

20. 一石二斗五升(入了)。妙有半两准二石五斗(支康二娘儭)。兴子母半两准二石五斗(入小麦)。启直半两准二石

21. 五斗 (支康二娘衬)。真惠半两准二石五斗 (支像海)。惠兴半两准二石五斗(折经)。惠恩一两准五石。

22. 法福一两准五石。已上卌八。氾寺主半两准麦两石五斗(支法持)。氾张八半两准麦两石五斗(折什作寺)。

23. 阴米老母一分一石五斗(对付道荂)。氾兴国半两二石五斗(折画幡)。

(后缺)

唐耕耦于《施入疏》后注,“此件时代当属吐蕃占领敦煌时期”①。亦于《胡粉历》录文后注,“此件属吐蕃占领敦煌时期”②。这是完全正确的。

第一件入破历稿中所载“瓜州论乞林没热”是指吐蕃派驻瓜州任节度使的吐蕃贵族大臣。虽然第一件不是我们探讨的重点,由于抄写笔迹相同,时代相近,故它的年代判定,有利其余两件年代确定。

入破历稿中记载到“奉宋教授处分”,这位宋教授毫无疑问是指吐蕃占领敦煌时出任都教授一职的宋正勤。宋正勤最早见载文书是S.2729《吐蕃辰年(788)三月沙州僧尼部落米净辩牒》,是敦煌灵图寺僧。又见载于S.3920《法诠正勤等祭康上座文》:“维岁次乙未(815)五月辛未朔十二日丙午当寺徒众法诠、正勤等,谨以香乳之奠,敬祭□□康上座之灵。”宋正勤约于821年前后出任都教授,北图咸字59号

①唐耕耦、陆宏基编:《敦煌社会经济文献真迹释录》第3辑,第58页。
②唐耕耦、陆宏基编:《敦煌社会经济文献真迹释录》第3辑,第57页。

《辛丑年(821)二月龙兴寺等寺户请贷麦牒及处分》收有贷麦牒五件，每件后都有“正勤”批复和签署，特别是第五件《报恩寺人户刘沙沙牒及处分》后宋正勤的签署及慈灯的批复表明他的身份是都教授，“依教授处分，任支给”，时间为“丑年二月”。是证P.2912第一件中的宋教授亦宋正勤，丑年即辛丑年(821)。

P.2912第一篇中还提到都头慈灯，显然慈灯是在教团中任职。该篇中记载到慈灯的有三处：瓜州论乞林没热施的䌷绢一匹由慈灯收领；教授处分付都头慈灯柒综布拾匹；都头分付慈灯布十匹准麦四十五石。这些记载向我们表明这位都头慈灯是管理都司仓的僧官。P.3600《吐蕃戌年普光寺具当寺应管尼数牒三件》中于胜坚、胜念、胜德、胜贤、净修等尼名傍皆注“都头毛价五斗”，是指以上诸尼从都司仓得到毛的价格相当于五斗麦，而主管僧官是都头。《沙州文录补》收有《丑年五月金光明寺直岁明哲向都头仓贷麦粟牒》：“金光明寺状上：贷便麦拾伍驮、粟伍驮。右缘当寺虚无，家客贫弊，寺舍破坏，敢不修营。今现施工，未得成办。粮食罄尽，工值未填。……伏望教授都头仓贷便前件斛斗，自至秋八月填纳。……丑年直岁明哲谨牒。都维那惠微，寺主金粟。”[①] 都头仓即都司仓。北图咸字59号《报恩寺人户刘沙沙牒及处分》：“报恩寺人户状上：都司仓请便麦贰拾伍驮。……丑年二月日团头刘沙沙牒。依计料支给，至秋征收。十七日。正勤。依教授处分，任支给。即日。慈灯。”[②] 都头慈灯所管主要是都司仓。S.6233《年代不明某寺诸色斛斗破历》记载有：“(前缺)付都师。胜四月，出麦六斗沽苏都头用。”“寺家出毡三领，付都头用。”“十八日，出

①唐耕耦、陆宏基编：《敦煌社会经济文献真迹释录》第2辑，103页。

②唐耕耦、陆宏基编：《敦煌社会经济文献真迹释录》第2辑，102页。然唐录未释“慈灯”二字。

白面三斗，都师往千渠食用。同日出铁半斤都头用。”从历中记载有番教授来看，当属吐蕃时，都头可能是都师总管。北图咸字59号《寅年(822)氾英振承造佛堂契》记载有：“寅年八月七日，僧慈灯于东河庄造佛堂一所，为无博士，遂共悉东萨部落百姓氾英振平章造前佛堂，断作麦捌汉硕。……其麦平章日付布壹匹，折麦肆硕贰斗，又折先负慈灯麦两硕壹斗，余欠氾英振壹硕去。柒斗，毕功日分付。……博士氾英振年三十二。见人僧海德。”[①] S.1475《酉年(817)下部落百姓曹茂晟便豆种帖》后署有“见人僧慈灯”，同卷《某年(823?)僧义英便麦契》后署有“见人灯判官”。P.3947《亥年八月寺卿蔡殷牒》记载龙兴寺转经四十一人分两番，第一番人名中有“灯判官”。P.t.1261《吐蕃占领敦煌时期斋儭历》除记载宋教授外，四处记载有“灯判官”，一处记载为“慈灯判官”，一处记载为“灯判”[②]。是证灯判官即慈灯。从以上文书记载看，819年左右慈灯僧官是判官，到丑年(821)升任都头，故可以确定P.2912号第一篇之丑年是821年。

张似嘉，或作张寺加，亦多次见载于敦煌文书中。P.2583《申年比丘尼修德等施舍疏》第十二件：“法会为薛阇梨亡斋儭施布两匹，布二匹回充法阇梨写价，与李颛一匹，准麦四石五斗。又与张寺加一匹，准麦四石五斗，其布却入法阇梨，布两匹充都头人士赏法宝讫。”申年指828年，李颛名见P.4660《沙州缁门三学法主李和尚写真赞》和《沙州释门都法律大德泛和尚写真赞》，官职“宰相判官兼太学博士”[③]。据S.6604《四分律疏卷第一》题记亥年(819)李和尚还活着，从侧面说明申年指828年。S.5129《金光明最胜王经》卷第十、S.283《大般若波罗蜜

①唐耕耦、陆宏基编：《敦煌社会经济文献真迹释录》第2辑，第54页。
②唐耕耦、陆宏基编：《敦煌社会经济文献真迹释录》第3辑，158—168页。
③参拙著《敦煌碑铭赞辑释》，兰州：甘肃教育出版社，1992年，第209、212页。

多经》卷第四百五十二、上海图书馆008《大般若波罗蜜多经》卷第廿二题“张寺嘉”“张寺加写”“张寺嘉写”，池田温一概判定为9世纪前期①。说明张似嘉活动主要在吐蕃统治中期。

其次正严名亦见载于P.t.1261号中。

从以上宋教授、慈灯、张似嘉及正严等人名见载文书时代看，入破历稿作于吐蕃占领敦煌的821年。那么写于同时的《施入疏》亦应作于821年，《施入疏》所载之炫和尚又见载于《胡粉历》，故推知《胡粉历》年代亦是821年。

关于《施入疏》与《胡粉历》之间的关系，前者文称施胡粉四斤，请炫和尚货卖充写经值，后者是炫和尚等货卖这四斤胡粉的明细账目。由于货卖胡粉历的末尾残缺，所以这还不是账的全部。在历的第二十二行“氾寺主半两准麦两石五斗”条之前和“法福一两准五石”条之后傍注小字“已上卌八”，当指以前已卖出去了三斤胡粉，共四十八两。这还可以从每条累计中得到证实：

买胡粉人名	买胡粉数（两）	得麦数（石）	买胡粉人名	买胡粉数（两）	得麦数（石）
失名	0.5	2	何老	2	8
失名	0.5	2	齐老	2	8
张二	1	4	赵庭琳	0.5	2.5
陈二	1		广逸妹	1	5
张贲	1		进进	0.5	2.5
翟丘	1		广逸妹	1	5

①参[日]池田温：《中国古代写本识语集录》，东京：日本大藏出版株式会社，1990年，第382、372、354页。

续表

买胡粉人名	买胡粉数（两）	得麦数（石）	买胡粉人名	买胡粉数（两）	得麦数（石）
索庭兴	2		朱法贞	1	5
索庭兴	0.5	2	高张六	1	5
索庭兴	1	4	彭光谦妻	0.5	2.5
宋荣	2	8	贺进玉	0.5	2.5
张赍	0.5	2	八八妇	0.5	2.5
大麻	0.5	2	十六娘	0.5	2.5
田上座	2	8	净心	0.5	2.5
吕江清妻	0.25	1.25	侯阇梨	0.5	2.5
赵家	0.5	2.5	法照	0.5	2.5
道岸	0.5	2.5	宠宠	0.5	2.5
石回鹘	1	5	李评妻	0.5	2.5
程赍母	0.75	3.75	张王八	0.5	2.5
宋友友妻	0.5	2.5	宋海清妻姊	1	5
田光润	0.5	2.5	刘思母	0.5	2.5
雷紧子妻	0.25	1.25	法光	0.5	2.5
杨山岳妻	0.5	2.5	氾加进	0.25	1.25
正信	0.5	2.5	赵祚	0.25	1.25
法云	0.25	1.25	妙有	0.5	2.5
阎滔	0.25	1.25	兴子母	0.5	2.5
意意	0.25	1.25	启直	0.5	2.5

续表

买胡粉人名	买胡粉数（两）	得麦数(石)	买胡粉人名	买胡粉数（两）	得麦数（石）
王应	0.5	2.5	真惠	0.5	2.5
氾什德	0.5	2.5	惠兴	0.5	2.5
正信	0.5	2.5	惠恩	1	5
罗寺主	1	5	法福	1	5
泛什德妻	0.5	2.5	索秀	1	
金振	0.5	2.5	泛寺主	0.5	2.5
陈家	0.5	2.5	泛张八	0.5	2.5
光明	1	5	阴米老母	0.25	1.5
赵上座	0.5	2.5	氾国兴	0.5	2.5
幽	1	5	合计	49.75	206.5

首先得弄清楚分与两之间的换算关系。《辞源》称分是重量单位，两的十分之一。1 两胡粉准麦 5 石，以此推算，1 分粉应准麦 5 斗。但文书记载却与此不合。从账中看，一分胡粉准麦一石二斗五升，相当于二分之一半两，四分之一两。故四分胡粉准麦五石，正好是一两胡粉准麦数，四分相当于一两。本篇《胡粉历》在第 22 行标注“已上卌八”之前计卖出胡粉共四十六两又八分，八分等于二两，正好四十八两。四十八两胡粉得麦一百九十七石五斗，其中第二行“陈二一两，张贲一两，翟丘一两，索秀一两，索庭兴二两，已上炫”。未载准麦数，按前后文得知此处省略准麦数共计二十四石，推知炫和尚货卖四十八两胡粉得麦二百二十一石五斗，四斤胡粉最少应得麦约二百九十五

石二斗。因此,《施入疏》与《胡粉历》连抄在一起不是偶然的,它们是吐蕃占领敦煌时期佛教教团儭司收支的账目。由于抄写者为同一个人,所以它不是原件,而是儭司或都司仓等机构留底存档的东西,归义军初作为废弃档案让僧徒听经作记录用。

其次从货卖胡粉得麦的用途看,寺院并没有完全直接用于写经支付费用上。所记载的七十二笔账中,仅惠兴一笔傍注"折经"。说明康秀华施入银碗、麦、粟、胡粉等请寺院货卖后充写经价,而寺院根据实际情况支用这些东西,只是最终雇人或寺院自写完成一部《大般若经》亦可。从敦煌写本《大般若经》题记看,在吐蕃统治中期,敦煌出现过一次大规模的抄写《大般若经》事,当与康秀华施物写经有关。写经人中有僧人,像法坚、智照、悟真等名僧都参与写经;也有一般俗人,见载者有张寺加、王瀚、索兴等;其中有不少是粟特人,如康他龙(S.4746)、安颙(北淡字33)、史英秀(S.6634)、曹兴朝(S.6357)、安文德(S.449、S.4588)、翟师子(北巨字77)、安国典(北784)、翟文才(S.1772)等。

其三,货卖胡粉支付的是麦,其中少数实际支付是青和粟,或直接以胡粉作为儭价,但目标是准麦,计价与实际支付不符合,我们认为货卖历把麦祇是作为商业交换中的中介物来计价的。吐蕃占领敦煌之后,货币缺乏,白银又满足不了地方市场的需要。因此,在敦煌市场交换活动中,普遍以物易物。但是计价困难,故人们日常生活必需品如粮食(麦、粟)、布匹等就被用作等价物出现于一般交换活动中。

其四,胡粉这种价格昂贵的化妆品在敦煌居民中普遍使用,特别是敦煌上层妇女中。账中记载索庭兴三次向炫和尚购买胡粉三两半,宋荣一次二两,广逸妹两次二两。索、宋乃敦煌地区古老的名门大姓,在吐蕃占领时期,仍然是敦煌的上层大姓。寺院的高级僧侣也购买胡粉,数量在二两以上者有田上座、齐老宿、何上座等,这些人购买胡粉作何用途，是自用还是投入市场，拟或珍藏，还有待研究，但一般购买一两以下为数众多的僧徒肯定是使用。居民中购买胡粉的，有汉姓人也有西域诸胡姓人，由此得知胡粉在敦煌市场销售、妇女中使用较普遍。除康秀华之外，P.2837 号辰年二月八日十二娘也向寺院舍施："胡粉半两，施入修造。镜一面，施入行像。右所施意者，为慈母舍化以来，不知神识，今头（投）道场，请为忏念。"[①] P.2706 号《年代不明某寺常住什物交割点检历》中记载该寺库存有"胡粉伍两"[②]。胡粉被大量向寺院舍施，其数量在敦煌市场中就不会是少量流通，说明吐蕃时敦煌市场在粟特等胡商的作用下中外贸易非常繁荣。

二、康秀华等粟特胡人与吐蕃统治时期的敦煌佛教

池田温先生认为敦煌的粟特人聚落"在 8 世纪末吐蕃占据敦煌时就基本消亡了，其中有势力的人有的归还了本国，有的散入回鹘势力圈内或其他地方，剩下的一些粟特人后裔则依附于汉人的寺院，结果最终被汉人社会所淹没"[③]。其他学者则普遍认为吐蕃占领敦煌时期敦煌仍有大量粟特裔民存在。[④] S.542《戌年敦煌诸寺丁壮车牛役簿》记载 818 年敦煌龙兴、大云、莲台、开元、安国、永安、乾元、灵图、金光明、报恩、兴善、灵修、大乘等 13 寺寺户中有 48 户是粟特人，约

---

①唐耕耦、陆宏基编：《敦煌社会经济文献真迹释录》第 3 辑，第 60 页。

②唐耕耦、陆宏基编：《敦煌社会经济文献真迹释录》第 3 辑，第 7 页。

③[日]池田温：《八世纪中叶敦煌的粟特人聚落》，参刘俊文主编《日本学者研究中国史论著选译》第 9 卷民族交通，北京：中华书局，1993 年，第 201 页。

④姜伯勤：《敦煌吐鲁番文书与丝绸之路》，第 196 页。许新国：《都兰吐蕃墓出土含绶乌织锦研究》，《中国藏学》1996 年第 1 期，第 3—26 页。陆庆夫：《唐宋间敦煌粟特人之汉化》，《历史研究》1996 年第 6 期，第 25—34 页。

占总人数的26%，这些寺院的位置一般都在敦煌子城内及其周围的罗城中①，是知吐蕃时敦煌城中居住有大量的粟特人，安城仍然是粟特人居住的中心地区。归义军时期赛祆主要集中于安城、东水池，亦其延续②。吐蕃时改唐敦煌的乡制为部落制，几乎所有部落居民中都有粟特裔民③。当时粟特人居住最集中的是行人、丝绵、擘三等部落。S.2228《亥年修城夫丁使役簿》记载丝绵部落有12位，擘三部落有2人为粟特胡人，约占总人数的1/4。S.5824《经坊供菜关系牒》记载有行人部落和丝绵部落的粟特胡人。丝绵部落与吐蕃时沙州丝绸的生产与销售有关④，行人部落当与沙州商业贸易有关⑤。P.2162《寅年沙州右三将纳突历》记载蚕坊十余处，同百尺及百尺下一样，是当时纳突的主要地点，居住有石藏、安恒等一批粟特人。蚕坊位于敦煌子城

---

①陆庆夫、郑炳林：《俄藏敦煌写本中的九件转帖初探》，《敦煌学辑刊》1996年第1期，第3—13页。

②参姜伯勤：《敦煌吐鲁番文书与丝绸之路》第五章第四节之“三、论敦煌祆寺与神主”和“四、论敦煌赛祆”，第243—263页。

③S.1475《未年(827)安环清卖地契》《酉年(817)曹茂晟便豆契》《卯年(823)四月十八日悉董萨部落百姓翟米老便麦契》及P.2964《巳年二月十日令狐善奴刻麦价契稿》、S.1291《某年三月一日曹清奴便豆麦契》。

④许新国：《都兰吐蕃墓出土含绶乌织锦研究》据S.2228号吐蕃时期丝绵部落中着籍有粟特人而推测“直到8—9世纪，粟特人仍活跃在沙州丝绸生产与销售中。”

⑤[日]藤枝晃：《吐蕃统治时期的敦煌》，《东方学报》第31号，京都，1961年，第232—237页。池田温《八世纪中叶敦煌的粟特人聚落》“吐蕃占领时期在占领地编制千户(部落)，其中有的千户名为ãan-rnahi-sde(行人部落？)和Dar-pahi-sde(丝绵部落？)。藤枝晃认为前者是以往来各国或其他都市为生业的集团，后者是经营绢类的商人集团。”见刘俊文主编：《日本学者研究中国史论著选译》第9卷，第200页。

或罗城内，丝绵部落亦应在敦煌罗城或子城内。S.5812《丑年八月女妇令狐大娘牒》记载吐蕃三部落监军于丝绵部落张鸾借堂、南房、厨舍、小庑舍居住，吐蕃三部落监军肯定住在敦煌城内，那么丝绵部落也位于敦煌城内，蚕坊当属丝绵部落的作坊。表明吐蕃占领敦煌时期商业网点在城里，居住于城里的粟特人主要从事着商业、手工业。P.2912背所载之康秀华就是其中一员，主要经营胡粉生意，遂成巨富，出手大方，为写一部《大般若经》一次向寺院舍施的财物除麦粟壹佰伍拾石以及价值相当于295石的胡粉外，还有银碗三枚共三十五两。据P.2583《申年比丘尼修德等施舍疏》："宰相上讫结罗福施僧拾伍两金花银盘壹，拾两银盘壹，柒两银盘壹，三事准麦陆拾驮。"共三十二两银，那么三十五两银碗按此推算应得麦65.6驮。又据S.1475《未年(827)安环清卖地契》安环清卖宜秋西支渠地一段共柒畦拾亩与同部落武国子，"其地亩别断作斛斗汉斗壹硕陆斗，都计麦壹拾伍硕、粟壹硕，并汉斗"[①]。P.3774《丑年(821)十二月沙州僧龙藏牒》："先家中种田不得丰饶，齐周自开酒店，自雇人，并出本床粟卅石造酒。其除吃用外，得利刈价七十亩，柴十车、麦一百卅石"[②]。七十亩地价折合麦112石，十车柴折麦20石，齐周酒店一年收入共折麦262石，而康秀华一次向寺院舍施约相当于两个酒店整整一年的收入。足见康秀华的财力非一般从事农牧经济的人可以比拟。

吐蕃时敦煌粟特人经商变作富商大贾不仅仅是康秀华一人，还有安勿赊。S.6064《未年正月十日报恩寺诸色入破历算会稿》为吐蕃占

---

①唐耕耦、陆宏基编：《敦煌社会经济文献真迹释录》第2辑，第1页。

②唐耕耦、陆宏基编：《敦煌社会经济文献真迹释录》第2辑，第283—286页。

领时期所写，其记载，“五十三石五斗麦，安勿赊施入，附”[①]。这位安勿赊肯定是粟特人，出手这样大方，家富于财，不是单一从事农业经济，很可能和康秀华一样，是位著籍的敦煌粟特商人。这说明，吐蕃占领敦煌后，居住敦煌的粟特裔民同唐代中叶一样，分布于敦煌城及诸部落，主要从事手工业、商业和农业。并不完全像池田温先生推断的那样，大部分逃往粟特及回鹘地区而少数人沦为寺户。

吐蕃统治时，敦煌地区的手工业及对外商业贸易都比较发达，这可以从敦煌地区使用的产品看出它的发展程度。P.3432《龙兴寺卿赵石老脚下依蕃籍所附佛像供养具并经目录等数点检历》记载有番锦[②]，P.2706《年代不明某寺常住什物交割点检历》记载有白地緤氍毹、西州布、玉钏子、珊瑚等物品[③]。唐耕耦据 P.3432 有蕃籍及寺卿、箭等，P.2706 每行字数与 P.3432 近，第十一行有索教授等，断定其时代当属吐蕃占领敦煌时期[④]。番锦，可能是出产于西域的一种粟特锦。緤、西州布当由西州传入，玉钏当自产于于阗，珊瑚等可能由波斯、印度或内地传入。龙兴寺所藏丝绸制品种类繁多，除自产外，如高离锦等，亦是由外地传入。法器中很多外围装饰真珠这种艺术品显然深受粟特风格的影响。是知吐蕃占领敦煌时期粟特人的商业活动对寺院佛教教团产生了较大的影响。S.2228《辰年（九世纪前期）麦布酒付历》记载当时敦煌活跃着一批叫作兴胡的商团：“（前缺）日□发布九匹，并付兴胡胡充悬欠”[⑤]。P.2567《癸酉年（793）二月沙州莲台寺诸散施

---

①唐耕耦、陆宏基编：《敦煌社会经济文献真迹释录》第 3 辑，第 296—298 页。

②唐耕耦、陆宏基编：《敦煌社会经济文献真迹释录》第 3 辑，第 2—6 页。

③唐耕耦、陆宏基编：《敦煌社会经济文献真迹释录》第 3 辑，第 7 页。

④唐耕耦、陆宏基编：《敦煌社会经济文献真迹释录》第 3 辑，第 6—7 页。

⑤唐耕耦、陆宏基编：《敦煌社会经济文献真迹释录》第 3 辑，第 149 页。

历状》记载莲台寺收藏有红花、银镙子、金、银、十两金花银瓶子、八量银胡禄带、银火铁、银靴带、琉璃瓶子、钥石瓶子一双等及丝织品，其施入莲台寺与敦煌商人活动有关，其中肯定粟特人不在少数。

又从药物的传播看，西域出产的许多名贵药材充斥敦煌市场，很多寺院都收藏有西域产的药物。P.3850《酉年四月神威等牒》残卷记载某寺一次道场得诃梨勒一百廿九颗，而诃梨勒产于西域地区。这些药物传入敦煌与敦煌粟特人的商业活动有密切关系，而这些药物施舍给寺院，并不排除粟特等胡商所为。

作为吐蕃占领敦煌时期粟特胡商的代表康秀华信仰佛教施舍财物做功德不是孤例，应当是吐蕃时敦煌粟特胡商的普遍现象。因此，敦煌的粟特人对吐蕃时期敦煌佛教的发展起了巨大的推动作用。

吐蕃统治下的敦煌粟特人不但信仰佛教，并且在佛教教团中有一定的势力。吐蕃统治初期，敦煌的粟特僧人已形成规模。吐蕃占领敦煌后，于辰年(788)第一次对敦煌各个寺院的僧尼进行清查登记。S.2729《吐蕃辰年三月沙州僧尼部落米净辩牒》就是吐蕃派往敦煌的算使论悉诺罗检谟敦煌诸寺僧尼的清查名单，共有僧尼 310 人，其中粟特等胡人有 49 人①，约占十一分之一，这个数目与从化乡为唐敦煌县十一乡之一的情况相符。粟特僧人不仅仅人数众多，而且控制了佛教教团的领导权。从牒文附注得知，吐蕃占领敦煌后先由石惠捷任都统之职，788 年农历三月十三日他死后，由康智诠任都统，米净辩担任的可能是僧尼部落使，康志定后任灵图寺上座。

吐蕃占领敦煌初期是这样，就是到宋正勤任都教授的中期也是这样。P.t.1261《吐蕃占领敦煌时期斋儭历》记载有宋教授、图教授，皆

①唐耕耦、陆宏基编:《敦煌社会经济文献真迹释录》第 4 辑，第 194—204 页。

指宋正勤,年代约在815至821年前后。分配斋儭的名单中一般僧人仅具僧名而不载俗姓,故无法确定当时粟特僧人所占的比重,仅从其中粟特僧官来推测粟特人在佛教教团中势力发展状况。其所载敦煌粟特僧官有史阇梨、史判官、曹上座、康法阇梨、康法律、康阇梨等[①],所载敦煌佛教教团僧官十余人,而近半数是粟特人,足见吐蕃时粟特人在敦煌佛教教团中势力大、地位高、影响深。尽管这样,记载也不是全部,仍然不能反映粟特僧人的全貌。Дx.6056《吐蕃占领敦煌时期乘恩帖》在宋教授、李教授、索教授之后又记载到"康阇梨二人"。S.4192《丑年悲济花等唱卖得入支给历》,土肥义和《西域出土汉文文献分类目录初稿非佛教之部古文书类》II断为9世纪前期。[②]支给历中记载了一位安姓教授:"安教授合请先儭八斗伍升。"丑年可能是821年,而斋儭历就没有记载这位安教授。安教授虽然不是都教授,但作为教授一类僧官并不多见,说明粟特安氏在佛教教团中势力是相当大的。北图鳞字2号《金光明最胜王经》卷第二题:"子年安阇梨,龙。"池田温先生判定为九世纪前期[③],是证吐蕃占领敦煌时龙兴寺有位安姓的高级僧官,为僧徒讲授《金光明最胜王经》。S.6233《年代不明诸色斛斗破历》记载到一位安老宿:"(三月)十四日,出恪面一石,付安老食。"安老即安老宿之简称。

吐蕃占领敦煌时期敦煌佛教教团中还有一位主持讲坛以讲经说法出名的粟特高僧法匠石公,见载于P.2326《愿文》:

> ……然今敷宝地,列真场,建熏羞,崇大会者,有我释门教主爰及法将石公奉为圣神赞普,次及法界有情之所建

①唐耕耦、陆宏基编:《敦煌社会经济文献真迹释录》第3辑,第158—168页。
②唐耕耦、陆宏基编:《敦煌社会经济文献真迹释录》第3辑,第150页。
③[日]池田温:《中国古代写本识语集录》,第380页。

也。……则有首出千僧，才备三端者，则我法将公焉。公俊骨天资，聪灵神假；威容挺持，纵辩流珠；谈唯识则疑是天亲，演维摩状同无垢。……

P.2358记载与此同。法将，敦煌文书有时记作法奖，即敦煌唱导法将。其职责主要是作为“一郡轨仪”“开畅玄宗”“匡救大纲”“密传法印”[①]。据姜伯勤先生研究，法奖、法将乃法匠，是主持讲坛以讲经为主的高僧[②]。愿文中虽然没有记载这位法将石公的释名，但石公是位粟特高僧当问题不大。又从愿文记载得知，某年正月的这次法会是由石公主持举办的，为办这次法会，敦煌佛教教团专门为他修建了法堂，朱粉妆饰，参加的有张、刘二位都教授及该寺纲首勃（渤）海高公及张公、索公和令狐寺主等，由法匠石公讲授《唯识论》《维摩经》，足见他在敦煌佛教教团中地位之高。

关于这位法匠石公的释名，我们据P.t.1261《吐蕃占领敦煌时期斋儭历》记载第九部分人中有“法海，石。”表明法海俗姓石，是位敦煌粟特僧人。其名见S.1154《瑜伽论》第五十四卷末题：“法镜，法海，法海，法镜，法镜和尚。”[③] S.5972《维摩经疏》末题：“河西管内京城讲论临坛供奉大德赐紫都僧政香号法镜手记，前后三会，说此经百法九遍，接踵学徒。敦煌释门讲百法论大法师兼释门都法律沙门法海恳切传授时。”[④] 法镜即曹法镜，名见P.t.1261号中，死于中和三年（883），

①参P.4660《敦煌唱导法将兼毗尼藏主广平宋律伯彩真赞》，录文参郑炳林：《敦煌碑铭赞辑释》，兰州：甘肃教育出版社，1992年，第158页。

②参姜伯勤：《变文的南方源头与敦煌的唱导法匠》，《华学》第一辑，第149—163页。

③［日］池田温：《中国古代写本识语集录》，第423页。

④［日］池田温：《中国古代写本识语集录》，第441页。

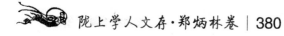

一生中主要讲授《瑜伽论》《百法论》《净名经》《维摩经》等[①]。石法海与曹法镜为同时代人，法名同时见于S.1154号与S.5972号，故知石法海讲授《维摩经》《瑜伽论》《百法论》等，与P.2326《愿文》所载石公讲授《唯识论》《维摩经》有一定相同之处，又以讲经为其特长，故我们认为法匠石公可能就是后来在归义军时期担任敦煌释门讲百法论大法师兼释门都法律并与都僧政曹法镜齐名的石法海。

P.5000《沙州诸寺僧尼籍》也是吐蕃占领敦煌时期，记载的僧官有开元寺的史阇梨、灵修寺的米阇梨、罗阇梨、贺阇梨。P.3947《亥年八月寺卿蔡殷牒》龙兴寺应转经人第一番人名中有翟寺主。P.3730《寅年正月尼惠性牒并洪辩判辞》记载有贺阇梨。唐敦煌县从化乡的粟特人聚落中除康、安、史、米等九姓胡之外还有罗、贺、翟等姓，归义军时罗、贺、翟诸姓中亦有粟特人名。这些僧官中可能有相当部分是粟特胡人。P.2689《年代不明僧义英等唱卖得入支给历》记载“尼康坚意四石三斗”。唐耕耦先生认为“此件用硬笔书写，其年代当在吐蕃占领敦煌以后”[②]。表明吐蕃占领敦煌时期，不但有大量粟特胡僧活动在敦煌佛教教团，而且有许多粟特尼姑住在各个尼寺。

吐蕃占领敦煌时期敦煌的粟特人在佛教教团中势力的发展，是与粟特裔民信仰佛教、支持佛教的发展分不开的。以康秀华、安勿赊等商团及康再荣部落使、安都督、康都督、康判官、安判官等一批官员为首的敦煌粟特人从政治经济等方面给予佛教教团以巨大的支持，他们开窟造寺、舍施财物、做法会等这些举措都推动了敦煌佛教的发展。当时一般粟特民众向寺院施舍财物现象非常普遍。P.3047《吐蕃

---

①P.4660《入京讲论大德兼管内都僧政赐紫沙门故曹僧政邈真赞》，录文参郑炳林《敦煌碑铭赞辑释》，第112、158页。

②唐耕耦、陆宏基编：《敦煌社会经济文献真迹释录》第3辑，第153页。

占领时期康喜奴等施入历》记载舍施人中的粟特等西域胡姓人有安庭金、康喜奴、翟什一、罗什一、竹上座、曹结□、米进荣、石什一、米老、何僧奴等。P.2837《辰年支刚刚等施入疏》其中有一件记载:“白杨树壹根,施入修造。右件弟子所施意者,为亡母愿神生净土,今投道场,请为念诵。二月八日弟子康为谨[疏]。”粟特等西域胡人向寺院舍施的东西从头发、衣物、木材到粮食、金银器皿、高级化妆品都有。同时还出资造窟,敦煌莫高窟第 44 窟有康秀华供养题记,南壁中部观音像上端供养人题名:

观世音菩萨……使康秀华一心供养①。

其中“使”字以前残缺,据之可以推测康秀华曾担任部落使一类的官职。莫高窟第 144 窟东壁门南侧供养人像列北向第一身题名:

夫人蕃任瓜州都□(督)□仓□曹参军金银间告身大虫皮康公之女修行顿悟优婆姨如祥□(弟)一心供养②。

我们从吐蕃占领敦煌时期粟特人活动看,他们对敦煌佛教发展的影响主要体现在:

第一,康秀华等为代表的粟特胡商以舍施做功德形式向寺院提供了大量财物,从经济上支持了敦煌佛教的发展。我们从敦煌文书的记载看有这样两方面的内容,一是康秀华、安勿赊等直接以粮食、经营的商品施入寺院,而寺院以写经、诵经等劳作来回报;二是寺院籍账所载物品内容与中外商业贸易关系密切,有些物品与当地手工业制造有关,而更多的是经贸易从西域地区得来的,像诃梨勒一类药材,琉璃一类工艺品及西州布、番锦等纺织品。更为重要的是西域科

---

①敦煌研究院编:《敦煌莫高窟供养人题记》,北京:文物出版社,1986 年,第 14 页。

②敦煌研究院编:《敦煌莫高窟供养人题记》,第 65 页。

学技术的传入，印度、波斯眼科医术在当时是很先进的，敦煌名僧张金炫之母双目冥而再睹，很可能与医术兼备中西的粟特医家活动有关，故吐蕃时寺院医学事业特别发展，出现了许多著名僧医。因此，可以说吐蕃时敦煌佛教的发展离不开粟特胡商从经济上的支持，他们向寺院施舍的财物无论从数量上还是从质量上皆非其他民族所能比拟。除了经济上支持外，粟特胡商们还直接出资造像建窟做功德。

第二，吐蕃敦煌地方政权中任职的粟特人信仰佛教参与佛教事业推动了佛教在敦煌的发展。吐蕃占领敦煌时期，敦煌的粟特人担任了吐蕃政权中的各级官吏，如前提及莫高窟第144窟题记中的蕃任瓜州都督□仓□曹参军金银间告身大虫皮康公，这是我们唯一见到的在瓜州节度使衙门中任职的敦煌粟特人，表明吐蕃瓜沙地区最高统治集团中有敦煌粟特人参与。粟特人在吐蕃敦煌地方政权中任职比较普遍，康秀华、康再荣任部落使一类官职。P.3258《愿文》记载吐蕃敦煌地方政权中任职的粟特人康公："康公骏豪迎机，挺用济时，耿直不群，指挥无滞。"同时还记载到康、安两位判官："梁卿，阎、康、张、安判官等，愿天禄弥厚，宠寄逾增，勤王之□转新，干济之端益远。"P.3774《丑年十二月沙州僧龙藏牒》记载有安都督，"又知己亲情与耕牛：安都督一头……安恒处二齿牛二""大兄度女平娘，于安都督处买度印一，用驴一头，牸牛一头"。当时出度僧尼，得经安都督认可后，方可出资买度印。P.2770《愿文》于圣神赞普、皇太子殿下、节儿、监军、都督杜公之后又记载到安公："伏惟我良牧安公，明鉴时政，清肃乡人，或识望弘深，聊扬今古；或推穷审察，妙尽否藏。嘉名遍于寰中，善积盈于宇宙。"这位安都督不但主管僧尼，而且亲自作道场，为敦煌粟特胡人在佛教教团中的发展提供了便利条件。P.3551《药师琉璃光如来赞并序》记载吐蕃时敦煌郡大都督赐紫金鱼袋并万户侯张公之妻为粟特安氏。归义军初，出任节度副使有安景旻，瓜州刺史康使君等[①],都表明吐蕃时敦煌粟特人在政界影响很大,他们通过行政力量扩大粟特人对佛教的影响,加强其在佛教教团中的权力。

第三,敦煌粟特等西域胡人在吐蕃时普遍信仰佛教,这可以从大量舍施文书看出。

第四,吐蕃占领敦煌时期敦煌佛教教团有大量粟特僧人充斥其中。吐蕃占领初期,粟特僧人占僧尼总数的1/11,并把持了佛教教团的首领之职——都统。之后又有许多粟特僧人,特别是出现了许多粟特僧官,有S.3920所载康上座,P.t.1261所载之康法律等七位粟特僧官,S.4192所载之安教授,P.2326所载之法匠石公等。他们担任了各级僧职,一度控制了教团和讲坛。由于吐蕃占领敦煌初期粟特人在佛教教团中发展顺利,掌握了最高权力,因此,大批粟特裔民纷纷依附寺院变为寺户,在寺院的庇护下发展。S.542《戌年敦煌诸寺丁壮车牛役簿》所载寺户中有很多是敦煌粟特人,北图59:500(咸字59号)《辛丑年(821)二月龙兴等寺寺户请贷麦牒及处分》记载有曹昌晟、石奴子、石胜奴、石什一、石再再、石曲落、康娇奴、贺再晟、史太平、安胡胡、安进汉、安进子等粟特寺户,其来源可能就是这个原因。

(原文发表于《敦煌吐鲁番研究》1998年第3卷,第191—208页;《敦煌归义军史专题研究续编》2003年,第444—464页)

①荣新江:《归义军及其与外围民族的关系初探》,《敦煌学辑刊》1986年第2期,第24—44页。

附录

郑炳林主要论著目录

一、著作

1.《敦煌地理文书汇辑校注》,兰州:甘肃教育出版社,1989年。

2.《敦煌碑铭赞辑释》,兰州:甘肃教育出版社,1992年。

3.《敦煌写本解梦书校录研究》,北京:民族出版社,2004年。

4.《敦煌与丝绸之路文明》,南京:江苏人民出版社,2018年。

二、合著

1.《敦煌本梦书》,兰州:甘肃文化出版社,1995年。

2.《敦煌写本相书校录研究》,北京:民族出版社,2004年。

3.《敦煌石窟艺术概论》,兰州:甘肃文化出版社,2005年。

4.《敦煌历史地理》,兰州:甘肃教育出版社,2013年。

5.《敦煌占卜文献叙录》,兰州:兰州大学出版社,2014年。

6.《敦煌石窟彩塑艺术概论》,兰州:甘肃教育出版社,2016年。

7.《舟曲金石叙录》,兰州:甘肃文化出版社,2017年。

8.《敦煌碑铭赞辑释(增订本)》,上海:上海古籍出版社,2019年。

三、主编

1.“归义军史专题研究”丛书(已出5种),兰州:兰州大学出版社等,1995年—2009年。

2.《敦煌佛教艺术文化国际学术研讨会论文集》,兰州:兰州大学出版社,2002年。

3.《麦积山石窟艺术文化论文集》(上、下),兰州:兰州大学出版社,2004年。

4.《丝绸之路民族古文字与文化学术讨论会文集》(上、下),西安:三秦出版社,2007年。

5.《敦煌佛教与禅宗学术讨论会文集》,西安:三秦出版社,2007年。

6.《佛教艺术与文化国际学术研讨会论文集》,西安:三秦出版社,2009年。

7.《2009丝绸之路国际学术研讨会论文集》,西安:三秦出版社,2010年。

8.《中国敦煌吐鲁番学会2008年度理事会议暨"敦煌汉藏佛教艺术与文化学术研讨会"论文集》,西安:三秦出版社,2011年。

9."敦煌学博士文库"丛书(已出28种),北京:民族出版社,2003年—2016年。

10."敦煌学研究文库"丛书(已出28种),北京:民族出版社,2004年—2019年。

11."敦煌往事丛书"(已出5种),北京:民族出版社,2004年。

12."西北史地文化研究文库"(已出8种),兰州:甘肃文化出版社等,2005年—2018年。

13."丝绸之路石窟研究文库"(已出6册),兰州:甘肃人民出版社等,2006年—2014年

14.《敦煌莫高窟百年图录》(上、下),兰州:甘肃人民出版社,2008年。

15.《甘肃出土魏晋唐墓壁画》(上、中、下),兰州:兰州大学出版社,2009 年。

16.“法国汉学研究丛书”(已出 10 种),兰州:甘肃人民出版社,2010 年。

17.“敦煌吐蕃文献丛书 ”(已出 7 种),北京:民族出版社,2011 年—2019 年。

18.“中国北方古代少数民族历史文化丛书”(已出 11 种),兰州:甘肃人民出版社,2012 年。

19.“港台敦煌学文库”第一至三辑(全 100 册),兰州:甘肃人民出版社,2015 年。

20.“敦煌与丝绸之路石窟艺术丛书”(已出 23 种),兰州:甘肃教育出版社,2016 年—2020 年。

21.《中国西行文献丛书》第一、二辑(全 50 册),兰州:甘肃文化出版社,2017 年。

22.《陇右稿抄本文献丛书》(全 20 册),兰州:甘肃文化出版社,2017 年。

23.“敦煌与丝绸之路研究丛书”(已出 20 种),兰州:甘肃教育出版社,2018 年—2020 年。

24.“丝绸之路石窟艺术丛书”(已出 7 种),兰州:甘肃人民美术出版社, 2019 年。

25.“国际敦煌学研究文库(日本卷)”,兰州:甘肃教育出版社,2019 年。

26.《中国西部民俗文献丛书》第一至六辑(全 80 册),天津:天津古籍出版社,2020 年。

四、论文

1.《试论唐贞观年间所并的大碛路——兼评〈大唐西域记史地研究丛稿〉》(1/1),《敦煌学辑刊》1985 年第 1 期,第 121—129 页。

2.《高昌城诸门考》(1/1),《兰州大学学报》1985 年第 4 期,第 25—32 页。

3.《〈沙州伊州地志〉所反映的几个问题》(1/1),《敦煌学辑刊》1986 年第 2 期,第 66—75 页。

4.《高昌王国的民族和人口结构》(2/2),《西北民族研究》1988 年第 1 期,第 80—86+282 页。

5.《秦汉吴郡会稽郡建置考》(1/1),《兰州大学学报》1988 年第 3 期,第 91—97 页。

6.《论〈诸山圣迹志〉的成书年代》(1/1),《中国历史地理论丛》1989 年第 1 期,第 143—150 页。

7.《敦煌文书 S.373 号李存勖唐玄奘诗证误》(1/1),《敦煌学辑刊》1991 年第 1 期,第 21—26 页。

8.《仇池国二十部护军镇考》(1/1),《西北民族研究》1991 年第 2 期,第 207—215 页。

9.《伯 2641 号背莫高窟再修功德记撰写人探微》(1/1),《敦煌学辑刊》1991 年第 2 期,第 43—56 页。

10.《〈梁幸德邈真赞〉与梁愿清〈莫高窟功德记〉》(1/2),《敦煌研究》1992 年第 2 期,第 62—70+123—53 页。

11.《敦煌碑铭赞三篇证误与考释》(1/1),《敦煌学辑刊》1992 年第 Z1 期,第 96—103 页。

12.《敦煌碑铭赞部分文书拼接复原》(1/1),《敦煌研究》1993 年第 1 期,第 53—59 页。

13.《〈索崇恩和尚修功德记〉考释》(1/1),《敦煌研究》1993 年第 2 期,第 54—64+124 页。

14.《前凉行政地理区划初探(凉州)》(1/1),《敦煌学辑刊》1993 年第 1 期,第 32—42 页。

15.《前凉行政地理区划初探(河州沙州)》(1/1),《敦煌学辑刊》1993 年第 2 期,第 69—80+101 页。

16.《敦煌碑铭赞抄本概述》(1/1),《兰州大学学报》1993 年第 4 期,第 137—143 页。

17.《唐五代敦煌酿酒业初探》(1/2),《西北史地》1994 年第 1 期,第 29—36 页。

18.《敦煌本〈张淮深变文〉研究》(1/1),《西北民族研究》1994 年第 1 期,第 142—155 页。

19.《唐五代敦煌新开道考》(1/1),《敦煌学辑刊》1994 年第 1 期,第 43—48 页。

20.《敦煌汉文吐蕃史料综述——兼论吐蕃控制河西时期的职官与统治政策》(2/2),《中国藏学》1994 年第 3 期,第 44—54 页。

21.《唐五代敦煌私营酿酒业初探》(1/2),《社科纵横》1994 年第4期,第 64—66+51 页。

22.《张淮深改建北大像和开凿 94 窟年代再探——读〈辞弁邈生赞〉札记》(1/1),《敦煌研究》1994 年第 3 期,第 37—41+16+164 页。

23.《西秦赤水、强川、甘松地望考》(1/1),《西北民族学院学报》1994 年第 3 期,第 70—75 页。

24.《〈索勋纪德碑〉研究》(1/1),《敦煌学辑刊》1994 年第 2 期,第 61—76 页。

25.《读〈中国古代写本识语集录〉札记》(1/2),《西北史地》1994 年第 4 期,第 44—49+38 页。

26.《唐五代敦煌金鞍山异名考》(1/1),《敦煌研究》1995年第2期,第127—134页。

27.《唐五代归义军政权对外关系中的使头一职》(1/2),《敦煌学辑刊》1995年第1期,第17—28页。

28.《敦煌本〈修文殿御览残卷〉考释》(2/2),《敦煌学辑刊》1995年第1期,第36—48页。

29.《千佛洞南区石窟群》(1/2),《敦煌学辑刊》1995年第1期,第132—136页。

30.《关于北凉后遗政权的有关问题》(1/2),《西北民族学院学报》1995年第2期,第40—46页。

31.《唐五代敦煌种植林业研究》(1/1),《中国史研究》1995年第3期,第32—38页。

32.《敦煌写本解梦书概述》(1/1),《敦煌学辑刊》1995年第2期,第9—30页。

33.《关于〈诸山圣迹志〉的撰写年代》(1/1),郑炳林主编《敦煌吐鲁番文献研究》,兰州:兰州大学出版社,1995年,第289—296页。

34.《读敦煌文书伯3859〈后唐清泰三年六月沙州??司教授福集等状〉札记》(1/1),郑炳林主编《敦煌吐鲁番文献研究》,兰州:兰州大学出版社,1995年,第609—620页。

35.《河西都僧统唐悟真作品和见载文献系年》(2/2),郑炳林主编《敦煌吐鲁番文献研究》,兰州:兰州大学出版社,1995年,第621—640页。

36.《唐代敦煌僧医考》(1/2),敦煌学会编《敦煌学》第20辑,1995年12月,第31—46页。

37.《俄藏敦煌写本中九件转帖初探》(2/2),《敦煌学辑刊》1996年第1期,第5—15页。

38.《唐五代敦煌手工业研究》(1/1),《敦煌学辑刊》1996 年第 1 期,第 22—40 页。

39.《吐蕃统治下的敦煌粟特人》(1/2),《中国藏学》1996 年第 4期,第 43—53 页。

40.《唐五代敦煌粟特人与归义军政权》(1/1),《敦煌研究》1996 年第 4 期,第 81—89 页。

41.《唐五代敦煌畜牧区域研究》(1/1),《敦煌学辑刊》1996 年第2期,第 11—27 页。

42.《论晚唐敦煌文士张球即张景球》(1/1),《文史》第 43 辑,北京:中华书局,1997 年,第 111—120 页。

43.《从敦煌文书看唐五代敦煌地区的医事状况》(1/2),《西北民族学院学报》1997 年第 1 期,第 70—75 页。

44.《唐五代敦煌的粟特人与佛教》(1/1),《敦煌研究》1997 年第2期,第 154—171+191 页。

45.《晚唐五代敦煌园囿经济研究》(1/1),《敦煌学辑刊》1997 年第 1 期,第 24—37 页。

46.《都教授张金炫和尚生平事迹考》(1/1),《敦煌学辑刊》1997年第 1 期,第 96—102 页。

47.《晚唐五代敦煌贸易市场的物价》(1/1),《敦煌研究》1997 年第 3 期,第 18—36+189 页。

48.《晚唐五代金银在敦煌的使用与流通》(1/1),《甘肃金融》1997 年第 8 期,第 45—48 页。

49.《敦煌西域出土回鹘文文献所载 qunbu 与汉文文献所见官布研究》(1/2),《敦煌学辑刊》1997 年第 2 期,第 19—27 页。

50.《唐五代敦煌金山国征伐楼兰史事考》(1/1),《敦煌归义军史专题研究》,兰州:兰州大学出版社,1997 年,第 1—24 页。

51.《晚唐五代宋初归义军政权中都头一职考辨》(1/2),《敦煌归义军史专题研究》,兰州:兰州大学出版社,1997 年,第 71—93 页。

52.《唐末五代敦煌都河水系研究》(1/1),《敦煌归义军史专题研究》,兰州:兰州大学出版社,1997 年,第 179—191 页。

53.《唐末五代敦煌的社与粟特人聚落》(2/2),《敦煌归义军史专题研究》,兰州:兰州大学出版社,1997 年,第 391—399 页。

54.《唐五代敦煌的医事研究》(1/1),《敦煌归义军史专题研究》,兰州:兰州大学出版社,1997 年,第 514—528 页。

55.《〈康秀华写经施入书〉与〈炫和尚货买胡粉历〉研究》(1/1),季羡林主编《敦煌吐鲁番研究》第 3 卷,北京:北京大学出版社,1998 年 9 月,第 191—208 页。

56.《晚唐五代敦煌地区种植棉花研究》(1/1),《中国史研究》1999 年第 3 期,第 83—95 页。

57.《晚唐五代宋初敦煌文书所见都师考》(1/2),《西北民族学院学报》1999 年第 3 期,第 96—100 页。

58.《唐五代敦煌医学酿酒建筑业中的粟特人》(1/1),《西北第二民族学院学报》1999 年第 4 期,第 19—25 页。

59.《培养复合型敦煌学研究人才》(1/1),《光明日报》2000 年 9月 5 日,第 C02 版。

60.《2000 年纪念敦煌藏经洞发现一百周年敦煌学国际研讨会(香港)综述》(1/2),《敦煌研究》2001 年第 2 期,第 174—177 页。

61.《晚唐五代敦煌贸易市场的外来商品辑考》(1/1),《中华文史论丛》第 63 辑,北京:中华书局,2001 年,第 55—91 页。

62.《晚唐五代敦煌归义军行政区划制度研究(之一)》(1/1),《敦煌研究》2002 年第 2 期,第 11—19+111 页。

63.《俄藏敦煌文献〈新集文词九经抄〉写本缀合与研究》(1/2),

《兰州大学学报》2002年第3期,第9—19页。

64.《敦煌写本P.3973〈往五台山行记〉残卷研究》(1/2),《敦煌学辑刊》2002年第1期,第1—12页。

65.《晚唐五代敦煌地区〈大般若经〉的流传与信仰》(1/1),兰州大学敦煌学研究所、麦积山石窟艺术研究所编《麦积山石窟艺术文化论文集(下)——2004年麦积山石窟艺术与丝绸之路佛教文化国际学术研讨会论文集》,兰州:兰州大学出版社,2004年,第112—140页。

66.《麦积山与乙弗后有关之洞窟》(1/2),兰州大学敦煌学研究所、麦积山石窟艺术研究所编《麦积山石窟艺术文化论文集(上)——2002年麦积山石窟艺术与丝绸之路佛教文化国际学术研讨会论文集》(1/1),兰州:兰州大学出版社,2004年,第42—63页。

67.《麦积山石窟第76窟建窟时代考》(1/2),兰州大学敦煌学研究所、麦积山石窟艺术研究所编《麦积山石窟艺术文化论文集(上)——2002年麦积山石窟艺术与丝绸之路佛教文化国际学术研讨会论文集》,兰州:兰州大学出版社,2004年,第64—80页。

68.《晚唐五代敦煌归义军行政区划制度研究(之二)》(1/1),《敦煌研究》2002年第3期,第68—73页。

69.《晚唐五代敦煌贸易市场的等价物》(1/1),《中国史研究》2002年第3期,第85—94页。

70.《晚唐敦煌归义军官府一件珍贵档案〈张议潮处置凉州进表〉研究》(1/1),甘肃档案学会编:《第二届敦煌历史档案与徽州历史档案开发利用研讨会论文集》,兰州:甘肃档案学会,2002年,第106—122页。

71.《晚唐五代敦煌吐谷浑与吐蕃移民妇女研究》(2/2),《敦煌学辑刊》2002年第2期,第1—10页。

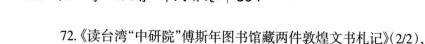

72.《读台湾“中研院”傅斯年图书馆藏两件敦煌文书札记》(2/2),《兰州大学学报》2003 年第 2 期,第 37—42 页。

73.《论晚唐五代敦煌贸易市场的国际化程度》(1/2),《中国经济史研究》2003 年第 2 期,第 14—18 页。

74.《晚唐五代敦煌佛教教团阐扬三教大法师与敦煌佛教兼容性形成》(1/2), 甘肃省敦煌研究会编:《炳灵寺石窟学术研讨会论文集》,兰州:甘肃人民出版社,2003 年,第 310—330 页。

75.《晚唐五代敦煌占卜中的行为决定论》(1/1),《敦煌学辑刊》2003 年第 1 期,第 1—11 页。

76.《读〈俄藏敦煌文献〉第 12 册几件非佛经文献札记》(1/2),《敦煌研究》2003 年第 4 期,第 81—89 页。

77.《晚唐五代敦煌归义军节度使多妻制研究》(1/2),《西北第二民族学院学报》2003 年第 4 期,第 38—45 页。

78.《俄藏敦煌文献 Дx10787〈解梦书〉札记》(1/1),《敦煌学辑刊》2003 年第 2 期,第 1—8 页。

79.《敦煌文献中的解梦书与相面书》(1/1),国家图书馆善本特藏部敦煌吐鲁番学资料研究中心编,《敦煌与丝路文化学术讲座》,北京:北京图书馆出版社,2003 年,第 153—174 页。

80.《晚唐五代归义军疆域演变研究》(1/1),郑炳林主编《敦煌归义军史专题研究续编》,兰州:兰州大学出版社,2003 年,第 1—32页。

81.《晚唐五代敦煌佛教转向人间化的特点》(1/1),郑炳林主编《敦煌归义军史专题研究续编》,兰州:兰州大学出版社,2003 年,第 533—556 页。

82.《北京图书馆藏〈吴和尚经论目录〉有关问题研究》(1/1),郑炳林主编《敦煌归义军史专题研究续编》, 兰州: 兰州大学出版社, 2003 年,第 557—577 页。

83.《晚唐五代敦煌村庄聚落辑考》(1/1),敦煌研究院编《2000 年敦煌学国际学术讨论会文集历史文化卷上》,兰州:甘肃民族出版社,第 122—162 页。

84.《张氏曹氏归义军政权的胡汉联姻》(1/1),《中国史研究》2004 年第 1 期,第 63—72 页。

85.《晚唐五代敦煌佛教教团的科罚制度研究》(1/2),《敦煌研究》2004 年第 2 期,第 48—57+111 页。

86.《晚唐五代敦煌三界寺藏经研究》(1/1),《西北第二民族学院学报》2004 年第 2 期,第 11—17 页。

87.《晚唐五代敦煌地区粟特妇女生活研究》(1/2),《新疆师范大学学报》2004 年第 2 期,第 36—40 页。

88.《敦煌写本邈真赞所见真堂及其相关问题研究——关于莫高窟供养人画像研究之一》(1/1),兰州大学敦煌学研究所编《佛教艺术与文化国际学术研讨会论文集》,西安:三秦出版社,2004 年,第 10—30 页。

89.《粟特人在中国——历史、考古、语言的新探索国际研讨会综述》(1/2),《敦煌学辑刊》2004 年第 1 期,第 158—163 页。

90.《俄藏敦煌写本唐义净和尚〈西方记〉残卷研究》(1/1),《兰州大学学报》2004 年第 6 期,第 14—18 页。

91.《晚唐五代敦煌地区人口变化研究》(1/1),《江西社会科学》2004 年第 12 期,第 20—30 页。

92.《晚唐五代敦煌佛教教团的戒律和清规》(1/2),《敦煌学辑刊》2004 年第 2 期,第 26—40 页。

93.《敦煌写本〈张议潮处置凉州进表〉拼接缀合与归义军对凉州的管理》(1/1),季羡林主编《敦煌吐鲁番研究》第 7 卷,北京:中华书局,2004 年,第 381—389 页。

94.《晚唐五代敦煌诸寺藏经与管理》(1/1),兰州大学敦煌学研究所编:《敦煌归义军史专题研究三编》,兰州:甘肃文化出版社,2005年,第15—38页。

95.《晚唐五代敦煌归义军政权与佛教教团关系》(1/1),兰州大学敦煌学研究所编:《敦煌归义军史专题研究三编》,兰州:甘肃文化出版社,2005年,第48—74页。

96.《敦煌写本〈诸山圣迹志〉撰写人与敦煌僧人的中原巡礼》(1/2),兰州大学敦煌学研究所编:《敦煌归义军史专题研究三编》,兰州:甘肃文化出版社,2005年,第191—208页。

97.《敦煌写本许负相书残卷研究》(1/1),国家图书馆善本特藏部敦煌吐鲁番学资料研究中心编,《敦煌学国际研讨会论文集》,北京:北京图书馆出版社,2005年3月,第162—173页。

98.《敦煌写本〈往五台山行记〉与敦煌地区巡礼五台山活动》(1/1),兰州大学敦煌学研究所编:《敦煌归义军史专题研究三编》,兰州:甘肃文化出版社,2005年,第209—229页。

99.《晚唐五代敦煌酿酒业研究》(1/1),兰州大学敦煌学研究所编:《敦煌归义军史专题研究三编》,兰州:甘肃文化出版社,2005年,第407—427页。

100.《晚唐五代敦煌畜牧业研究》(2/2),兰州大学敦煌学研究所编:《敦煌归义军史专题研究三编》,兰州:甘肃文化出版社,2005年,第428—475页。

101.《晚唐五代敦煌归义军政权的婚姻关系研究》(1/1),兰州大学敦煌学研究所编:《敦煌归义军史专题研究三编》,兰州:甘肃文化出版社,2005年,第527—561页。

102.《晚唐五代敦煌地区的胡姓居民与聚落》(1/1),兰州大学敦煌学研究所编:《敦煌归义军史专题研究三编》,兰州:甘肃文化出版社,2005 年,第 610—630 页。

103.《敦煌写本〈诸山圣迹志〉作者探微》(1/2),《敦煌研究》2005 年第 1 期,第 1—8 页。

104.《晚唐五代归义军政权与佛教教团关系研究》(1/1),《敦煌学辑刊》2005 年第 1 期,第 1—15 页。

105.《2004 年麦积山石窟艺术学术研讨会综述》(1/2),《敦煌学辑刊》2005 年第 1 期,第 177—179 页。

106.《修筑学术新“丝绸之路”》(1/1),《社会科学报》2005 年 5 月 12 日第 3 版。

107.《晚唐五代敦煌地区的吐蕃居民初探》(1/1),《中国藏学》2005 年第 2 期,第 40—45 页。

108.《俄藏敦煌写本王玄策〈中天竺国行记〉残卷考释》(1/2),《敦煌学辑刊》2005 年第 2 期,第 3—11 页。

109.《晚唐五代敦煌种植棉花辨析——兼答刘进宝先生》(1/1),《历史研究》2005 年第 5 期,第 174—178+192 页。

110.《敦煌写本 P.2572(B)〈相法〉(拟)残卷研究》(1/2),《敦煌学辑刊》2005 年第 4 期,第 24—30 页。

111.《敦煌写本〈籯金〉研究》(1/2),《敦煌学辑刊》2006 年第 2 期,第 1—20 页。

112.《归义军时期敦煌佛教教团的道德观念初探》(1/2),《敦煌学辑刊》2006 年第 2 期,第 91—101 页。

113.《晚唐五代河西地区的居民结构研究》(1/1),《兰州大学学报》2006 年第 2 期,第 9—21 页。

114.《麦积山第 127 窟为乙弗皇后功德窟试论》(1/2),《考古与文物》2006 年第 4 期,第 76—85 页。

115.《唐代佛教寺院地理分布的辑补——兼评〈唐代佛教地理研

究〉》(1/2),《世界宗教研究》2006 年第 3 期,第 147—151 页。

116.《敦煌写本相书理论与敦煌石窟供养人画像——关于敦煌莫高窟供养人画像研究之二》(1/1),《敦煌学辑刊》2006 年第 4 期,第 1—23 页。

117.《敦煌:晚唐五代中外文化交融与碰撞》(1/1),《龟兹学研究》2007 年,第 94—111 页。

118.《敦煌写本 P.2625〈敦煌名族志残卷〉撰写时间和张氏族源考释》(1/2),《敦煌学辑刊》2007 年第 1 期,第 1—14 页。

119.《〈大唐国公礼葬故祐墓志铭〉考释和太宗令诸王之藩问题研究》(1/2),《敦煌学辑刊》2007 年第 2 期,第 1—12 页。

120.《唐李恪墓志铭考释与有关问题研究》(1/3),《敦煌学辑刊》2007 年第 3 期,第 5—22 页。

121.《晚唐五代敦煌佛教教团僧尼违戒——以饮酒为中心的探讨》(1/2),《敦煌学辑刊》2007 年第 4 期,第 25—40 页。

122.《晚唐五代敦煌社会风气之胡风胡化》(1/1),刘进宝、高田时雄主编:《转型期的敦煌学》,上海:上海古籍出版社,2007 年,第 49—62 页。

123.《唐李若立〈籯金〉编撰研究(上)》(1/2),《天水师范学院学报》2008 年第 6 期,第 22—29 页。

124.《阴庭诚改编〈籯金〉及有关问题》(1/2),《敦煌学辑刊》2008 年第 4 期,第 1—26 页。

125.《麦积山石窟北朝雕塑艺术体现的佛教人间化倾向》(1/2),郑炳林主编:《天水麦积山石窟研究文集下册》,兰州:甘肃文化出版社,2008 年,第 265—276 页。

126.《唐李若立〈籯金〉编撰研究(下)》(1/2),《天水师范学院学报》2009 年第 1 期,第 13—23 页。

127.《晚唐敦煌张景球编撰〈略出籝金〉研究》(1/2),《敦煌学辑刊》2009 年第 1 期,第 1—17 页。

128.《敦煌写本〈籝金字书〉研究》(2/2),《敦煌研究》2009 年第 2 期,第 63—68 页。

129.《敦煌古藏文 P.T.55〈解梦书〉研究》(1/2),《兰州学刊》2009 年第 5 期,第 1—3+6 页。

130.《晚唐五代时期金河黑河水系变迁与环境演变》(2/2),《兰州大学学报》2009 年第 3 期,第 30—36 页。

131.《晚唐五代瓜州都河水道变迁与环境演变》(1/2),《敦煌学辑刊》2009 年第 4 期,第 1—16.

132.《黄陵县发现乾隆年间平定准噶尔告成碑》(2/2),《敦煌学辑刊》2010 年第 1 期,第 156—162 页。

133.《唐玄奘西行取经瓜州停留寺院考》(3/3),《敦煌学辑刊》2010 年第 2 期,第 29—40 页。

134.《唐玄奘西行路线与瓜州伊吾道有关问题考察》(1/2),《敦煌学辑刊》2010 年第 3 期,第 1—13+201 页。

135.《汉唐瓜州苦水流域地理环境演变研究》(1/2),《敦煌学辑刊》2010 年第 4 期,第 1—15 页。

136.《晚唐五代宋初河西地区羌胡交往考》(1/1),郑炳林、俄军主编《2009 丝绸之路国际学术研讨会论文集》,西安:三秦出版社,2010 年,第 116—129 页。

137.《汉唐间瓜州冥水流域环境演变研究》(1/2),《敦煌学辑刊》2011 年第 1 期,第 1—16 页。

138.《晚唐五代敦煌寺院香料的科征与消费——读〈吐蕃占领敦煌时期乾元寺科香帖〉札记》(1/1),《敦煌学辑刊》2011 年第 2 期,第 1—12 页。

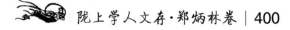

139.《敦煌写本李若立〈籯金〉残卷研究——以S.2053v号为中心的探讨》(2/2),《敦煌学辑刊》2011年第3期,第1—20页。

140.《类书与中国文化》(1/2),《北京理工大学学报》2011年第5期,第122—126页。

141.《敦煌写本P.2683〈瑞应图〉研究》(1/2),樊锦诗、荣新江、林世田主编:《敦煌文献·考古·艺术综合研究——纪念向达先生诞辰110周年国际学术研讨会论文集》, 北京: 中华书局,2011年,第493—513页。

142.《韦孝謇墓志考补》(1/2),郝春文主编:《2011敦煌学国际联络委员会通讯》,上海:上海古籍出版社,2014年8月,第125—135页。

143.《汉唐敦煌罗布泊间的交通与环境演变》(1/1),王三庆、郑阿财合编:《2013敦煌、吐鲁番国际学术研讨会论文集》,台湾成功大学中国文学系,2014年。

144.《研究生发表论文才能毕业吗》(1/1),《中国社会科学报》2012年2月1日第(B07)版。

145.《做好思想政治工作重在行动》(1/1),《长治日报》2012年4月28日第3版。

146.《汉唐间疏勒河下游地区环境演变》(1/2),《敦煌学辑刊》2012年第3期,第1—20页。

147.《乌氏考》(1/2),《中国历史地理论丛》2012年第4期,第37—41+58页。

148.《汉初羌中和羌中道考》(1/2),中央文史研究馆、敦煌研究院、香港大学饶宗颐学术馆编:《庆贺饶宗颐小声九十五华诞敦煌学国际学术研讨会论文集》,北京:中华书局,2012年,第799—813页。

149.《晚唐五代敦煌佛教教团僧尼违戒蓄财研究》(2/2),《敦煌学辑刊》2013 年第 2 期,第 1—19 页。

150.《汉唐间疏勒河党河流域的湖泽考》(1/2),《兰州大学学报》2013 年第 5 期,第 1—7 页。

151.《敦煌曹氏归义军时期修功德记文体的演变》(2/2),《敦煌学辑刊》2014 年第 1 期,第 1—11 页。

152.《榆林窟和东千佛洞壁画上的拉弦乐器研究》(1/2),《敦煌学辑刊》2014 年第 2 期,第 48—59 页。

153.《曹议金节度使位继承权之争——以“国太夫人”、“尚书”称号为中心》(1/2),《敦煌学辑刊》2014 年第 4 期,第 1—12 页。

154.《敦煌写本〈住三窟禅师伯沙门法心赞〉考释》(1/2),《丝绸之路》2014 年第 12 期,第 8—12 页。

155.《宁可教授与兰州大学敦煌学研究》(1/1),郝春文主编:《2014 敦煌学国际联络委员会通讯》,上海:上海古籍出版社,2014 年 8 月,第 255—257 页。

156.《〈俄藏敦煌文献〉中的黑水城文献补释》(2/2),《敦煌学辑刊》2015 年第 2 期,第 129—150 页。

157.《冯德遐使蕃考》(1/2),《中国藏学》2015 年第 3 期,第 302—306页。

158.《莫高窟、榆林窟明代游人题记研究》(2/2),《兰州大学学报》2015 年第 5 期,第 110—118 页。

159.《从五德相生看金山国的立国时间》(2/2),《社会科学战线》2015 年第 12 期,第 114—119 页。

160.《读傅斯年图书馆藏〈辛酉年(901)归义军都押衙曹光嗣牒〉札记》(1/1),《敦煌学辑刊》2015 年第 4 期,第 1—5 页。

161.《壁画音乐图像与社会文化变迁——榆林窟和东千佛洞壁画上的拉弦乐器再研究》(1/2),《东北师大学报》2016 年第 1 期,第 1—

6页。

162.《蒙、元时期敦煌行政体系述论》(2/2),《西北民族研究》2016年第1期,第193—200页。

163.《英藏黑水城文献〈天地八阳神咒经〉拼接及研究》(2/2),《敦煌学辑刊》2016年第2期,第167—180页。

164.《让文博会成为促进人类和平发展的盛会》(1/1),《丝绸之路》2016年(第19期),第37页。

165.《黑河流域历史时期环境演变研究回顾与展望》(1/3),《敦煌学辑刊》2017年第1期,第137—150页。

166.《敦煌归义军节度使承袭制度研究(上)——张氏归义军节度使的承袭引发的有关问题》(2/2),《敦煌学辑刊》2017年第1期,第1—11页。

167.《敦煌写本〈曹议金重修开元寺功德记〉考释》(2/2),《敦煌学辑刊》2017年第2期,第19—27页。

168.《北魏至隋唐罗布泊地区的生态修复与城市重建》(1/3),《敦煌学辑刊》2017年第3期,第1—8页。

169.《武周〈阎泰墓志〉考证》(2/2),《兰州大学学报》2017年第5期,第80—90页。

170.《隋唐之际的气候变化与边境战争——兼论突厥社会生态韧性》(2/2),《青海民族研究》2017年第4期,第139—144页。

171.《曹氏归义军时期敦煌文献书写特征研究》(2/2),《敦煌学辑刊》2017年第4期,第1—7页。

172.《敦煌文书P.2642〈释门文范〉释录》(2/2),《敦煌学辑刊》2018年第1期,第1—13页。

173.《晚唐五代敦煌康氏家族与归义军瓜州刺史康秀华考》(1/1),《敦煌研究》2018年第3期,第9—18页。

174.《新见〈唐米钦道墓志〉考释——敦煌相关金石整理研究之一》(1/2),《敦煌学辑刊》2018 年第 2 期,第 103—117 页。

175.《敦煌归义军节度副使安景旻考》(2/2),《敦煌学辑刊》2019 年第 1 期,第 124—130 页。

176.《怀念陈国灿先生》(1/1),《敦煌学辑刊》2019 年第 1 期,第 10—12 页。

177.《清代敦煌建置沿革考》(2/2),《丝绸之路》2019 年第 1 期,第 26—31 页。

178.《近二十年来罗布泊地区生态环境研究综述》(2/2),《生态学报》2019 年第 14 期,第 5157—5165 页。

179.《河西陇右陷落期间的回鹘道》(2/2),《敦煌学辑刊》2019 年第 3 期,第 7—19 页。

180.《敦煌学研究工作的根本遵循和实践指南——关于贯彻落实习近平总书记视察甘肃重要讲话精神的一些思考》(1/2),《敦煌学辑刊》2019 年第 3 期,第 1—6+202 页。

181.《敦煌写本〈大蕃沙州敦煌郡摄节度功德颂〉研究》(1/2),《敦煌学辑刊》2019 年第 4 期,第 43—59 页。

182.《唐敦煌米钦道墓志与嶲州都督张审素冤案》(1/2),《兰州大学学报》2020 年第 1 期,第 93—98 页。

183.《唐河西节度使西迁和吐蕃对敦煌西域的占领》(2/2),《敦煌学辑刊》2020 年第 1 期,第 1—19 页。

184.《敦煌碑铭赞及其有关问题研究》(1/1),《中国社会科学报》2020 年 6 月 1 日第 5 版。

185.《做大做强敦煌学 提升文化软实力》(1/1),《甘肃日报》2020 年 8 月 18 日第 7 版。

186.《敦煌写本〈都僧统康贤照和尚邈真赞并序〉与石城镇粟特

部落徙居敦煌考论》(1/2),《敦煌学辑刊》2020 年第 3 期，第 1—17 页。

187.《海外藏对鹿纹挂锦所见丝绸之路多元文化交融》(1/2),《中央民族大学学报》2020 年第 5 期,第 21—26 页。

188.《走近敦煌》(2/3),《秘书工作》2020 年第 11 期,第 68—72 页。

189.《汉唐时期南山亦即吐谷浑贺真城地望考》(1/2),《西北民族研究》2020 年第 4 期,第 152—159 页。

190.《西汉敦煌郡移民研究》(2/2),《敦煌学辑刊》2021 年第 1期,第 41—49 页。

191.《从叛将到神灵:明甘州地区武烈帝信仰研究——以〈武烈庙旧迹记〉为中心》(1/2),《青海民族研究》2021 年第 1 期,第 196—201 页。

192.《传承敦煌文化 坚定文化自信》(1/1),《丝路百科》2021 年第 3 期,第 48—49 页。

193.《西汉敦煌郡的设置和敦煌城的修筑》(1/2),《敦煌学辑刊》2021 年第 2 期,第 3—13 页。

194.《严格的学者 亲切的长者》(1/1),《光明日报》2021 年 8 月23 日第 11 版。

《陇上学人文存》已出版书目

第一辑

《马　通卷》马亚萍编选　《支克坚卷》刘春生编选
《王沂暖卷》张广裕编选　《刘文英卷》孔　敏编选
《吴文翰卷》杨文德编选　《段文杰卷》杜琪　赵声良编选
《赵俪生卷》王玉祥编选　《赵逵夫卷》韩高年编选
《洪毅然卷》李　骅编选　《颜廷亮卷》巨　虹编选

第二辑

《史苇湘卷》马　德编选　《齐陈骏卷》买小英编选
《李秉德卷》李瑾瑜编选　《杨建新卷》杨文炯编选
《金宝祥卷》杨秀清编选　《郑　文卷》尹占华编选
《黄伯荣卷》马小萍编选　《郭晋稀卷》赵逵夫编选
《喻博文卷》颜华东编选　《穆纪光卷》孔　敏编选

第三辑

《刘让言卷》王尚寿编选　《刘家声卷》何　苑编选
《刘瑞明卷》马步升编选　《匡　扶卷》张　堡编选
《李鼎文卷》伏俊琏编选　《林径一卷》颜华东编选
《胡德海卷》张永祥编选　《彭　铎卷》韩高年编选
《樊锦诗卷》赵声良编选　《郝苏民卷》马东平编选

第四辑

《刘天怡卷》赵　伟编选　《韩学本卷》孔　敏编选
《吴小美卷》魏韶华编选　《初世宾卷》李勇锋编选
《张鸿勋卷》伏俊琏编选　《陈　涌卷》郭国昌编选
《柯　杨卷》马步升编选　《赵荫棠卷》周玉秀编选
《多识·洛桑图丹琼排卷》杨士宏编选
《才旦夏茸卷》杨士宏编选

第五辑

《丁汉儒卷》虎有泽编选　《王步贵卷》孔　敏编选
《杨子明卷》史玉成编选　《尤炳圻卷》李晓卫编选
《张文熊卷》李敬国编选　《李　恭卷》莫　超编选
《郑汝中卷》马　德编选　《陶景侃卷》颜华东　闫晓勇编选
《张学军卷》李朝东编选　《刘光华卷》郝树声　侯宗辉编选

第六辑

《胡大浚卷》王志鹏编选　《李国香卷》艾买提编选
《孙克恒卷》孙　强编选　《范汉森卷》李君才　刘银军编选
《唐　祈卷》郭国昌编选　《林家英卷》杨许波　庆振轩编选
《霍旭东卷》丁宏武编选　《张孟伦卷》汪受宽　赵梅春编选
《李定仁卷》李瑾瑜编选　《赛仓·罗桑华丹卷》丹　曲编选

第七辑

《常书鸿卷》杜　琪编选　《李焰平卷》杨光祖编选
《华　侃卷》看本加编选　《刘延寿卷》郝　军编选
《南国农卷》俞树煜编选　《王尚寿卷》杨小兰编选
《叶　萌卷》李敬国编选　《侯丕勋卷》黄正林　周　松编选
《周述实卷》常红军编选　《毕可生卷》沈冯娟　易　林编选

第八辑

《李正宇卷》张先堂编选　《武文军卷》韩晓东编选
《汪受宽卷》屈直敏编选　《吴福熙卷》周玉秀编选
《蹇长春卷》李天保编选　《张崇琛卷》王俊莲编选
《林　立卷》曹陇华编选　《刘　敏卷》焦若水编选
《白玉岱卷》王光辉编选　《李清凌卷》何玉红编选

第九辑

《李　蔚卷》姚兆杂编选　《郗慧民卷》戚晓萍编选
《任先行卷》胡　凯编选　《何士骥卷》刘再聪编选
《王希隆卷》杨代成编选　《李并成卷》巨　虹编选
《范　鹏卷》成兆文编选　《包国宪卷》何文盛　王学军编选
《郑炳林卷》赵青山编选　《马　德卷》买小英编选